Cher

A autobiografia

PARTE UM

Tradução
Isabella Pacheco

HarperCollins
Rio de Janeiro, 2024

Título original: *Cher: The Memoir, Part One*

PRODUÇÃO EDITORIAL	Ulisses Teixeira
COPIDESQUE	Laura Folgueira
REVISÃO	Rodrigo Austregésilo e Vanessa Raposo
DESIGN DE CAPA	Mark Robinson
FOTO DE CAPA	Richard Avedon © The Richard Avedon Foundation
ILUSTRAÇÃO DA BORBOLETA	© Muhammad Zulfan / Adobe Stock
PROJETO GRÁFICO	Renata De Oliveira
DIAGRAMAÇÃO	Abreu's System

Dados Internacionais de Catalogação na Publicação (CIP)
(Câmara Brasileira do Livro, SP, Brasil)

Cher
Cher: a autobiografia (parte um) / tradução Isabella Pacheco. – Rio de Janeiro: HarperCollins Brasil, 2024.

Título original: Cher: the memoir (part one).
ISBN 978-65-5511-645-8

1. Cantoras – Estados Unidos – Autobiografia 2. Cher, 1946-
I. Título.

24-237118 CDD-782.42164092

Índice para catálogo sistemático:
1. Estados Unidos: Cantoras: Autobiografia 782.42164092
Bibliotecária responsável: Cibele Maria Dias – CRB-8/9427

HarperCollins Brasil é uma marca licenciada à Casa dos Livros Editora LTDA.
Todos os direitos reservados à Casa dos Livros Editora LTDA.

Rua da Quitanda, 86, sala 601A - Centro
Rio de Janeiro/RJ - CEP 20091-005
Tel.: (21) 3175-1030
www.harpercollins.com.br

Este livro é dedicado a:

mãe ~ georgia

gee ~ georganne

chaz

elijah

Feeling broken
Barely holding on
But there's just something so strong
Somewhere inside me
And I am down but I'll get up again
Don't count me out just yet

I've been brought down to my knees
And I've been pushed way past the point of breaking
But I can take it
I'll be back
Back on my feet
This is far from over
You haven't seen the last of me
You haven't seen the last of me

They can say that
I won't stay around
But I'm gonna stand my ground
You're not gonna stop me
You don't know me
You don't know who I am
Don't count me out so fast

I've been brought down to my knees
And I've been pushed way past the point of breaking
But I can take it
I'll be back
Back on my feet
This is far from over
You haven't seen the last of me...

YOU HAVEN'T SEEN THE LAST OF ME
(música de Cher)

Sentindo-me partida
Mal conseguindo me segurar
Mas há algo simplesmente muito forte
Em algum lugar dentro de mim
E posso ter caído, mas vou me levantar
Não conte com a minha saída ainda

Fui colocada de joelhos
Muito além do ponto de ruptura
Mas eu aguento
Vou voltar
De pé
Isso está longe de acabar
Você ainda vai ouvir falar de mim
Você ainda vai ouvir falar de mim

Eles podem dizer
Que não vou ficar por perto
Mas vou cravar meus passos no chão
Você não vai me impedir
Você não me conhece
Você não sabe quem eu sou
Não conte com a minha saída ainda

Fui colocada de joelhos
Muito além do ponto de ruptura
Mas eu aguento
Vou voltar
De pé
Isso está longe de acabar
Você ainda vai ouvir falar de mim...

sumário

nota da autora

Este livro é baseado nas minhas (às vezes imperfeitas) memórias.

Nele, me refiro ao meu filho Chaz como Chas, o nome que ele usava durante os anos cobertos neste volume. Chaz deu sua bênção para esse uso. No próximo volume, no momento apropriado, vou passar a me referir ao meu filho como Chaz.

prefácio

Los Angeles, verão de 1956

Vidrada na televisão, boquiaberta, deixei meu sanduíche de pasta de amendoim com geleia cair no prato que estava no meu colo, e um calafrio percorreu todo o meu corpo.

Sozinha em casa após a escola, eu estava sentada no chão de pernas cruzadas (minha posição favorita até hoje), na frente da TV, curtindo a paz e o silêncio e assistindo ao meu programa favorito, *American Bandstand*. "E agora, senhoras e senhores, Ray Charles", anunciou Dick Clark, enquanto a câmera focava em um homem bonito de óculos escuros sentado ao piano. "*Georgia, Georgia...*", começou ele, e me debulhei em lágrimas. Não conseguia acreditar que ele estava cantando uma música sobre a minha mãe. As lágrimas caíam no sanduíche, e percebi que, em toda a minha vida, nunca havia me sentido tão conectada com algo. A voz de Ray Charles e a melodia da canção pareciam expressar exatamente o que eu sentia.

Demorei semanas para superar aquela apresentação (e, de certa forma, nunca superei), mas aí uma pessoa cujas músicas eu tinha ouvido pela primeira vez no rádio radicalizou meu entendimento do mundo, e eu nunca, nunca mais, fui a mesma. Assistindo ao *Ed Sullivan Show* com a minha mãe, um jovem cantor popular chamado Elvis Presley preencheu a tela. Ela e eu éramos duas dos 60 milhões de americanos que testemunharam aquela apresentação histórica em setembro de 1956.

Apesar de Elvis Presley estar vestido de um jeito bem tradicional naquela noite de domingo, sua aparência e seus movimentos eram diferentes dos de qualquer outro artista que eu já tivesse visto. Ele começou a cantar "Don't be Cruel" e, quando chegou em "Love me Tender", senti como se ele estivesse cantando só para mim. Queria entrar na televisão e *ser* o Elvis.

Um ano depois, quando soube que ele faria um show no auditório Pan-Pacific, em Los Angeles, corri para casa com os meus olhos de 11 anos de idade brilhando. "Mãe, mãe! O Elvis vai cantar no Pan-Pacific! Podemos ir...? Por favor!" Eu estava convencida de que precisava estar lá. Em segredo, imaginava que ele me veria no meio na multidão e me escolheria, embora com certeza isso fosse exatamente o que toda garota pensava.

Por sorte, minha mãe de 31 anos de idade era tão louca por Elvis quanto eu, algo que impressionava as minhas amigas, cujas mães não aprovavam a sexualidade escancarada dele. Até hoje, não sei como ela arrumou dinheiro para os ingressos, mas, de alguma forma, Georgia conseguiu. Nós nos arrumamos e seguimos em direção ao centro, mais como irmãs do que como mãe e filha. Sentindo a tensão aumentar conforme nos aproximávamos do distrito de Fairfax, logo estávamos no meio de uma multidão pulsante de 9 mil garotas barulhentas.

Fomos arrastadas para dentro daquele auditório em uma onda de pura adrenalina. Nossos assentos ficavam mais ou menos no meio da plateia, mas por mim estava ótimo. Eu observava todas as garotas ao redor gritando de ansiedade para o palco ainda sem luz e sentia o coração batendo forte dentro do peito — uma sensação com a qual ainda ia ficar muito familiarizada.

O palco estava escuro, mas, quando as luzes recaíram sobre ele, Elvis estava lá e era mágico. O urro da multidão era diferente de tudo que eu já tinha ouvido. Uma explosão de flashes disparou. Me arrependi de não ter levado a nossa pequena Kodak Brownie. Elvis estava lá de pé, com seu famoso terno dourado que brilhava e mudava de cor com as luzes.

Ele era bonito demais, com aquele sorriso cativante e os cabelos pretos lustrosos, exatamente da mesma cor dos meus. Todo mundo ao nosso redor ficou de pé e começou a gritar de um jeito tão histérico que mal conseguimos ouvir uma única palavra de "Heartbreak Hotel". Mas, caramba, dava para ver os movimentos dele — o jeito como girava os quadris e sacodia as pernas até elas tremerem. Não satisfeitas em fazer o máximo de barulho possível, as meninas começaram a subir nas cadeiras para ver melhor, o que significou que, daquele momento em diante, eu só consegui ver a cabeça e os ombros de Elvis.

Estar no meio daquela multidão berrante era como ser sugada pela correnteza de uma onda imensa de quadris rebolando, arrastada junto com a histeria na direção do palco. Eu não fazia a menor ideia de por que todo mundo agia de um jeito tão insano. Para ser sincera, era nova demais para entender essa parte (mas se fosse três anos mais velha e minha mãe, três anos mais nova, teríamos desmaiado). Eu só sabia que era a experiência mais emocionante que eu já tinha vivido, porque, pela primeira vez na vida, entendi que também queria, um dia, estar naquele palco, sob aquele holofote.

Quando olhei para a minha mãe, ela estava embasbacada. Nós duas ficamos hipnotizadas. Ela estava tão linda, com uma roupa tão incrível que, de todas as garotas naquele lugar, incluindo eu mesma, tive certeza de que Elvis a escolheria.

Aproximei a boca ao seu ouvido, para que ela pudesse me escutar, fiz uma concha com as mãos e berrei: "Mãe, podemos subir nas cadeiras e gritar também?"

"Sim", respondeu ela, sorrindo como uma adolescente e tirando o salto. "Vem, vamos subir!" E assim fizemos, ficando na ponta dos pés para vê-lo.

Reluzente de felicidade, tentei pensar se Elvis seria velho demais para se casar comigo quando eu crescesse, para que pudesse cantar para mim todos os dias. Sonhando em ser a sra. Presley, não consegui parar de falar com a minha mãe sobre Elvis durante semanas, flutuando pela casa em uma nuvem de lamê dourado.

1

georgia on my mind

Em algum lugar no fundo de uma gaveta na casa da minha mãe, estava escondida uma foto minha em preto e branco que eu nunca tinha visto. Ela não conseguia juntar coragem para me mostrar e desabava em lágrimas toda vez que a mencionávamos. Até o dia em que ela faleceu, a dor do momento em que aquela fotografia havia sido tirada em 1947 fora brutal, uma dor que a mulher que mais tarde se tornaria Georgia Holt não suportava lembrar.

Do pouco que me foi contado, a pequena fotografia quadrada me retratava como uma bebê infeliz agarrada às grades do berço em um orfanato católico em Scranton, Pensilvânia. Tinha sido tirada através de uma pequena janela de observação pela minha chorosa mãe de 20 anos de idade, naquela época ainda "Jackie Jean", seu nome de registro, uma cantora da parte rural do Arkansas que trabalhava como garçonete em uma lanchonete 24 horas.

Ela tinha ido me ver em uma de suas visitas semanais ao orfanato onde meu pai me colocara — seu marido havia um ano — antes de partir para aplicar seu próximo golpe em alguém. Ainda não consigo acreditar que ele a deixou em Scranton com um bebê, sem dinheiro e com poucos recursos, e nunca mais voltou. As freiras aceitavam dois tipos de abandonados e errantes: meninas adolescentes que tivessem "se desviado do caminho da virtude" e crianças "resgatadas de ambientes malignos". Acho que eu me enquadrava na segunda categoria. As irmãs cobravam 4,50 dólares por semana da minha mãe, que, com as gorjetas que ganhava no restaurante, conseguia pagar as contas, mas não sobrava nada.

Frequentemente, quando penso na história da minha família, parece o início de um livro de Dickens, mas é a pura verdade. Somos aquela história triste e esquisita de pessoas do Sul que não tinham nada e lutaram para construir uma vida depois da Grande Depressão. Não era algo bonito ou fácil. Todo dia era uma luta por sobrevivência para a maior parte da minha família, desde as gerações mais antigas. A resiliência está no meu DNA.

Em outra foto que a minha mãe guardou durante anos, seus avós maternos e os respectivos filhos estavam retratados na varanda da frente de seu chalé de madeira todo estranho nas florestas do Missouri, com seu cão de caça ao lado. Só de olhar para a casa, dá para ver como a vida deles era difícil. Ninguém na foto sorria, muito menos meu tataravô Isaac Gulley, um trabalhador ferroviário com a barba cheia. Ele quebrou o pescoço do amado gatinho da minha avó depois que o bicho caiu dentro do balde de leite. Eles eram tão pobres que não dava para desperdiçar nada, nem por um gatinho. Ela se lembrou daquele acontecimento todos os dias pelo resto da vida, pois amava tanto aquele gato que até lhe ensinou alguns truques, como empurrar um carrinho de boneca.

Eu gostaria de saber mais sobre a minha tataravó Margaret, que usava tranças longas e era a mulher da sua comunidade que entrava na floresta para coletar ervas medicinais. Com o conhecimento herdado de sua própria mãe e dos indígenas, ou povos originários, como hoje sei que preferem ser chamados, ela sabia quais ervas e raízes catar para fazer medicamentos naturais. Também aprendeu algumas danças nativas, que ensinava aos filhos. Com as habilidades de vidência que também corriam na minha família, às vezes ela tinha premonições nos sonhos e, em 1923, teve um pesadelo vívido no qual o marido explodia e caía no chão em um milhão de pedacinhos, como se fosse confete de Carnaval. Foi tão real que, no dia seguinte, ela reuniu os filhos para contar a eles. À noite, seu marido Isaac estava morto. O trabalho de Isaac era explodir pedras que estavam no caminho das ferrovias e, naquele dia, ele acendeu o pavio perto demais da dinamite. Voou pelos céus junto com a explosão.

Viúva e sem dinheiro, Margaret teve dificuldades de alimentar a família e, quando perdeu sua pequena fazenda, só teve condições de bancar os dois filhos mais novos, enviando os outros para os cuidados de parentes que eles não conheciam. Magérrima, tímida e pequenina para os seus 10 anos, minha avó Lynda teve que se mudar para a casa de familiares que detestava. A fim de pagar por sua estada, foi enviada para trabalhar em um pensionato no qual uma de suas tarefas era buscar o pão na padaria local. Foi lá que ela conheceu meu avô Roy Crouch, um assistente de padeiro que havia fugido de uma infância abusiva em Oklahoma para trabalhar no café da sua irmã mais velha, Zella — uma mulher alta, respeitada e alegre que todos adoravam. Naquela época, nas áreas rurais, a história era passada de geração em geração. Não era escrita. O mesmo ocorreu na minha família, e, portanto, ninguém parecia ter certeza de quantos anos Roy e Margaret tinham quando se conheceram. Contaram para mim que Roy tinha 16 anos e Lynda, 12. Vai saber!

Penúltimo filho de nove irmãos, Roy não se dava bem com a mãe, Laura Belle Greene. De acordo com o folclore da nossa família, Laura Belle era uma figura imponente, com quase 1,85 metro de altura e descendente da tribo Cherokee. Tinha um temperamento ácido e usava um chicote de couro para bater no filho de língua afiada. Mesmo assim, eu gostaria de tê-la conhecido, já que, segundo todos os relatos, ela era uma mulher memorável que passou seu amor pela música para os filhos e, em última instância, para mim. Certa vez, ela bateu tanto em Roy que as irmãs dele, minhas tias-avós Clara e Zella, que mimavam o irmão mais novo, carregaram-no para a casinha fechada em que guardavam laticínios e cobriram seus cortes com pomada cicatrizante. Desesperado para fugir, Roy sonhava em se tornar um fora da lei como Jesse James ou Pretty Boy Floyd, mas aí conheceu a vó Lynda e se apaixonou pela menina da roça de 12 anos sem nenhuma experiência de vida. Após uma noite nadando juntos sob o luar, ela engravidou e, aos 13 anos, em 1926, deu à luz minha mãe, Jackie Jean. Lynda era jovem demais para lidar com um bebê, e Roy, já cansado das reclamações dela, voltou-se para outras mulheres e para o uísque ilegal conhecido como *moonshine* nos anos da Lei Seca nos Estados Unidos. Quando estava bêbado, às vezes batia nela, dando continuidade ao ciclo de violência que se iniciara quando era pequeno.

Enquanto eu crescia, ouvi falar que ele foi preso mais de trinta vezes por violência e embriaguez e, como o conhecia desde a infância por ele sempre vir nos visitar no verão, acreditava plenamente nisso. Após atacar o delegado local, que tentou prendê-lo por contrabando, Roy fugiu com Lynda e a filha, vivendo a vida de fora da lei que tanto sonhara. Os dois só conseguiam arranjar trabalho braçal, então ele e Lynda foram colher algodão. A memória de infância mais antiga da minha mãe é a de ser carregada por um solo irregular em um saco de juta amarrado, enquanto sua mãe colhia algodão, parando de duas em duas horas para amamentá-la. Uma bebê que chupava os dedos, Jackie Jean recebia uma "bolinha" branca macia para se acalmar no lugar de uma chupeta. Um dia inteiro de trabalho sob o sol quente valia um galão de melado, que a pequena família comia com biscoitos ou pão velho — sua única alimentação além dos ocasionais coelhos selvagens. O único momento em que ficavam de barriga cheia era quando se infiltravam nos fundos da padaria de Zella para uma refeição gratuita.

Eles escaparam da inanição com "auxílio" governamental: feijão, latas de leite, farinha e banha. Lynda enfrentava horas de fila para consegui-los. Era a época da Grande Depressão, o pior colapso financeiro da história dos Estados Unidos, no qual dezenas de milhares morreram de desnutrição e doenças. Jackie Jean era uma criança frágil que contraiu febre reumática e tinha frequentes acessos de garganta inflamada que sua avó Margaret tratava com emplastros de ervas. Quando ficou muito doente com rubéola, os pais não podiam pagar um médico, portanto, a entregaram para o Exército da Salvação até que ela estivesse bem o suficiente para voltar para casa.

Apesar de quase ter morrido, minha mãe se tornou uma criança linda com uma voz tão poderosa que parecia a de uma mulher adulta. Pelo jeito este peixinho aqui realmente é filha de peixe. As pessoas ficavam impressionadas ao ouvi-la cantar, e Roy se enchia de orgulho pela filha que chamava afetuosamente de "Jack". Lynda, ainda uma criança, nunca se entregou à maternidade, então Jackie Jean guardava seu amor para o pai, que era carinhoso e divertido — quando sóbrio. Ele a levava para todo canto, inclusive para bares clandestinos, colocando-a em cima do balcão para cantar enquanto bebia.

A primeira vez que passou o chapéu para ela no Shamrock Saloon, em Saint Louis, com suas escarradeiras e chão coberto de serragem, ficou chocado ao coletar dezesseis centavos. Depois de comprar mais bebida, deu o restante do dinheiro para a filha, que correu para o mercado e comprou uma caixa de chá, um saco de gelo e um pacote de açúcar para a mãe adolescente, pois sabia como ela sonhava com o chá gelado que a mãe fazia para ela. Com sua última moedinha, Jackie Jean se presenteou com balas.

No momento em que Roy viu que sua filha de 5 anos com voz de cantora de blues podia render algum lucro, ele a declarou a provedora da casa. Em uma noite boa, as pessoas lançavam tantas moedas que, quando ela as colocava no bolso, o peso quase arriava suas calças. Embora estivesse agradecida, sua mãe sentia ciúme da atenção que a filha recebia, e, cansada da negligência e da recusa de Roy de se casar, fugiu. Ela simplesmente desapareceu, abandonando a minha mãe.

Roy procurou Lynda em todos os lugares e a incluiu na lista de pessoas desaparecidas. Quando não conseguiu encontrá-la, levou Jackie Jean para morar com sua irmã Lodema e o marido dela, Wesley. O tio a molestava. Ele a fez prometer guardar aquele segredo, e ela nunca contou ao pai. Quando enfim confessou para a tia, teve a boca lavada com desinfetante. Sem esperanças, ela pediu a Jesus que a salvasse, e talvez tenha funcionado, pois minha mãe pegou catapora e se mudou para a cozinha, onde não podia sofrer abusos. A única fuga de Jackie Jean era cantar, algo que ensaiava todos os dias, com Roy de professor. Quando cantavam "Danny Boy" juntos, ela se sentia segura. "Eu voava para longe dos problemas e da dor quando cantava", disse ela. Tendo encontrado minha própria fuga na música a vida toda, eu entendia exatamente o que ela queria dizer.

Após sair de Saint Louis, a dupla foi para o sul da cidade de Oklahoma, a parte mais pobre, onde Jackie Jean soltava a voz em músicas como "Minnie the Moocher" e "The Saint Louis Blues" na estação de rádio WKY. "Um dia, Jack, você vai ser alguém grande de verdade", seu pai prometia. "Nem a Judy Garland canta que nem você." Ela também fazia duetos com a popular banda caipira que tinha Bob Wills como vocalista. Foi ele quem disse a Roy: "Essa garota vai te deixar rico." Cheio de esperanças, e com o fim da Lei Seca em 1933, meu avô continuou arrastando minha mãe para todos os bares e espeluncas tomadas de fumaça de cigarro da cidade. Não importava se estava cansada ou faminta e descalça em cima do balcão por não ter sapatos, ela cantava até conseguirem dinheiro suficiente para comprar comida e bebida alcoólica. Minha mãe guardou para sempre o fedor daqueles bares, e ela revisitava aqueles dias constantemente nas histórias que me contava na infância, para que eu pudesse entender os meus privilégios. Ela sempre dizia que o filme *Lua de papel* retratava perfeitamente sua infância, só que o pai não estava vendendo Bíblias e, sim, a voz dela.

Roy nunca parou de procurar a fugitiva Lynda e, quando finalmente a encontrou, a engravidou de novo e a convenceu a voltar para ele. O casal não tinha dinheiro para o aluguel e vivia de pão dormido mergulhado em molho aguado. Só se safaram da ordem de despejo porque a proprietária ficou com pena de Lynda quando ela quase morreu de uma infecção nos rins logo antes de o meu tio Mickey nascer. Mais pobre do que nunca, meu avô precisava de um sonho, e Jackie Jean era esse sonho. Bob Wills tinha dito a ele que o talento da menina estava sendo desperdiçado em Oklahoma, então Roy decidiu levá-la para Hollywood, onde estava convencido de que ela se tornaria a nova Shirley Temple, a estrela infantil que ganhava mil dólares por semana.

Foi no inverno de 1934 que minha mãe, aos 8 anos de idade, começou o trajeto de 2 mil quilômetros para o oeste com o pai, pedindo carona. Sem dinheiro e com fome, eles dormiam onde conseguiam, usando a voz da mamãe como moeda de troca para ficar em hotéis baratos. Não mais descalça, ela usava um par de botas de caubói desgastadas na ponta de suas perninhas de graveto, mas a neve era tão alta em alguns lugares que entrava por cima. Vestindo trapos, os dois sobreviveram à jornada cruel devido à caridade das pessoas. Um casal com quem pegaram uma carona comprou de presente o primeiro casaco da minha mãe, porque não conseguiram aguentar vê-la tremendo na beira da estrada, e um motorista de ônibus os deixou atravessar o Novo México de graça antes de pagar para eles passarem uma noite em um hotel de beira de estrada.

Ao longo do caminho, Roy colocou minha mãe para trabalhar vendendo cartões de Natal na rua e coletando garrafas de refrigerante vazias em cinemas em troca da entrada gratuita. Uma vez lá dentro, Jackie Jean olhava admirada para a tela, assistindo a filmes como *As quatro irmãs*, com Katharine Hepburn, e *Filhos do deserto*, com Laurel e Hardy, e rezava para ser uma estrela um dia. Hollywood se tornou sua obsessão, mas, quando enfim chegaram nas favelas de San Pedro, no sul de Los Angeles, ela ficou chocada ao descobrir que a famosa cidade não se parecia em nada com o que tinha visto no cinema. Ainda pior era o fato de que todo mundo ria deles, chamando-os de "idiotas de Okie" por causa do sotaque de Oklahoma e das roupas velhas. A vida e a genética já tinham ensinado à minha mãe que, a não ser que fosse forte o bastante para se manter caminhando dia após dia, não chegaria aonde queria. Podia ser paupérrima, mas andava pela vida como se fosse uma rainha.

Roy era um garoto do interior que não tinha ideia do que fazer para o talento da filha ser reconhecido, portanto, quando o sucesso repentino que ele havia imaginado nunca se materializou, aceitou um emprego de padeiro em uma filial da Clifton's — a maior rede de cafeterias do país e um ícone de Los Angeles. No momento em que seu chefe bateu os olhos em Jackie Jean, deu a ela dois dólares para comprar um par de sapatos, alegando ter encontrado o dinheiro caído embaixo de uma mesa. Apesar de parecer uma sem-teto com piolho, minha mãe ainda ganhava todos os concursos amadores de canto em que se inscrevia e participava regularmente de programas de rádio, cantando com Jimmy Wakely and His Saddle Pals. Chegou a receber uma bolsa para entrar na trupe jovem Meglin Kiddies, onde Judy Garland havia treinado, mas teve que recusar essa oportunidade única por não conseguir arcar com os custos do sapato de sapateado exigido.

Enquanto o pai estava no trabalho, ela passava o dia todo no cinema de cinco centavos, espreitando potenciais predadores no escuro. À noite, era perigoso demais ficar sozinha, então dormia nas mesas de abrir massa da padaria. Quando Roy conseguiu guardar dinheiro suficiente, pagou para trazer Lynda e o bebê Mickey de Oklahoma, mas Lynda ficou horrorizada ao descobrir que ele havia tido um outro filho com uma adolescente. Isso também era novidade para Jackie Jean, que se preocupou com o meio-irmão por bastante tempo. Diante da possibilidade de perdê-la de novo, Roy voltou a recorrer ao seu amigo de longa data: o bourbon. Nas veias da minha família, o vício não corre, ele galopa, e suas tristes consequências se repetiram com terrível simetria ao longo da minha vida. Forçado a desistir do seu sonho hollywoodiano, meu avô voltou para o leste com a mulher e o filho. Amarrou uma corrente com uma etiqueta no pescoço de Jackie Jean e a colocou em um trem para a casa de Zella, a irmã dele, em Arkansas. Apesar de sentir muita saudade do pai e do irmão, minha mãe passou os seis meses mais felizes da sua infância na casa confortável da tia.

Zella (que eu amava) era uma força da natureza que adorava Jackie Jean como se fosse sua filha. A menina que não tinha nada foi cuidada, colocada em vestidos bonitos, e seus cabelos foram presos com laços. Ela ganhou um concurso de talentos amador do estado cantando blues. Zella queria adotá-la e mandá-la para a faculdade, mas, quando Jackie Jean descobriu que Lynda tinha largado Roy de vez, deixando Mickey para trás, ficou com tanto medo por seu irmão mais novo que voltou para garantir que ele ficasse em segurança.

Encontrou os dois morando em uma favela em Oklahoma City, cercados de bêbados, mendigos e pedófilos. Roy ainda estava tão desesperado para ter Lynda de volta que, quando descobriu onde ela estava trabalhando, a chantageou para visitar as crianças. Com medo de contar a ele que tinha se casado com um homem siciliano, ela concordou. Chocada pelas condições em que seus filhos estavam vivendo, Lynda voltou alguns dias depois com algum dinheiro e roupas, mas Roy a forçou a se deitar com ele. Quando descobriu o que havia acontecido, o siciliano quebrou alguns dentes do meu avô e disse à esposa que adotaria os filhos dela. Logo depois, meu avô recebeu uma ordem judicial informando que havia perdido a custódia das crianças, uma notícia que finalmente o deixou à beira do abismo.

A memória da minha mãe sobre o que deve ter sido a pior noite da sua vida sempre foi confusa. Apenas anos depois, quando paguei para ela fazer terapia, que enfim conseguimos ter acesso aos detalhes. Morando naquele lugar imundo onde eram picados e mordidos por criaturas que se arrastavam na escuridão, Jackie Jean se obrigava a ficar acordada, por medo de que algum invasor os molestasse. Enquanto olhava pela janela, dizia a si mesma: "Quando eu crescer, *não* vou viver desse jeito." Deve ter caído no sono, pois um tempo depois acordou com um silvo. Ainda grogue de sono, imaginou por um instante que o cômodo estava cheio de cobras, e então viu uma silhueta atravessar o quarto. Atenta ao perigo, fingiu estar dormindo até o homem ir embora. Engasgada, percebeu que o barulho não era de cobras, mas de gás. Ela se levantou, pegou Mickey nos braços e correu com ele até um vizinho, que chamou a polícia. Só muito depois minha mãe se deu conta de que a sombra que havia visto às três da manhã era do próprio pai. Reconheceu seu jeito de andar marchando e o cheiro de fermento fresco. Roy tinha voltado do seu turno, ligado o gás e saído. Ela ouviu seus passos desaparecerem pela escada. A parte mais assustadora para ela era que Roy estava totalmente sóbrio, e durante muito tempo não conseguiu admitir para si que a única figura parental que parecia amar o tio Mickey e ela tinha tentado acabar com a vida deles.

As crianças foram morar com a mãe e o padrasto siciliano em um distrito de Los Angeles chamado Gardena. Com casas idênticas e jardins minúsculos, aquela parte da cidade se estendia por quilômetros. Roy permaneceu em Oklahoma, sem nenhum contato com as crianças que tentara assassinar, embora a filha ainda sentisse saudade dele. Aquele ano só foi suportável para Jackie Jean por causa do seu padrasto, que deu a ela o apelido afetuoso de "String Bean". Era o único homem bom que ela conhecia. Porém, mais uma vez, Lynda ficou com ciúme da proximidade dos dois e, quando minha mãe completou 13 anos — a mesma idade que sua mãe tinha quando ela havia nascido —, disse que ela teria que voltar a morar com Roy. Ia trocar o siciliano pelo sobrinho dele e levar Mickey junto.

Sério, caramba! Minha família. Inacreditável!

Jackie Jean não conseguiria enfrentar o caos da vida com o pai, então procurou nos classificados do jornal e encontrou um emprego de doméstica na área de Hancock Park da cidade. A casa do patrão era enorme, e as tarefas dela, árduas, mas minha mãe nunca reclamou, pois era o melhor lugar em que já havia morado: sem insetos ou ratos, com lençóis limpos e uma refeição quente na mesa todos os dias. Quando terminava todas as suas tarefas, ela tinha permissão de frequentar uma escola local durante o dia e estudar até tarde da noite.

Minha mãe tornou-se letrada, tirava boas notas e se esforçou para melhorar seu sotaque do interior lendo em voz alta para si mesma. Temendo que as garotas ricas do colégio descobrissem sua realidade, fez com que gostassem dela pelo seu talento vocal. Também passava uma imagem de nerd viciada em livros, ocupada demais editando o anuário da turma para socializar ou gastar o dinheiro que não tinha. Com o incentivo dos professores, ela finalmente se tornou o "alguém" que seu pai sempre sonhara, embora tenha ficado arrasada com o fato de que ninguém na sua família se importava com aquilo. Noite após noite, ela se encolhia no chão do banheiro e chorava, soluçando, em uma toalha, para que ninguém pudesse ouvi-la, e houve vezes em que até pensou em acabar com a própria vida. Algo a impediu, porém, uma determinação firme de sobrevivência que passava pelas gerações de mulheres. Estudando muito para conseguir uma bolsa de estudos tão desejada para frequentar a faculdade, Jackie Jean ficou desolada quando Roy lhe escreveu, implorando para que ela voltasse para casa. Ele tinha caído de um meio-fio em Oklahoma City e quebrado algumas costelas, tendo que ficar com o corpo inteiro engessado. Aos 15 anos de idade, ela desistiu do seu sonho de fazer faculdade e, com uma mistura estranha de pena, amor e dever, voltou para cuidar do pai.

Mas estava determinada a retornar para a cidade que considerava sua casa. Ela me disse: "Eu sabia que tinha que tentar crescer na vida e voltar para Los Angeles."

Mal sabia ela aonde essa decisão nos levaria.

2

i'm so lonesome I could cry

Aos 18 anos, Jackie Jean era um acidente prestes a acontecer. Ela parecia uma estrela de cinema: uma deusa com um corpo incrível, uma cabeleira castanha, e sempre vestida com um bom gosto perfeito; ninguém nunca diria que todas as suas roupas vinham de brechós. Mas, por dentro, ainda era a menina do interior de coração puro e facilmente manipulável.

Criada na igreja batista, fora ensinada pelo pai que não deveria fazer sexo com homem algum antes do casamento. "Jamais, *jamais* deixe um homem tocar você, a não ser que esteja casada com ele!", seu pai a avisara repetidas vezes, sem dúvida refletindo o próprio histórico. Com as palavras dele ecoando em seus ouvidos, Jackie Jean enfiou na cabeça que acabaria engravidando se desse um mísero beijo na boca de um garoto. E, após o abuso sofrido na infância, estava determinada a permanecer virgem até conhecer o homem perfeito. Meu pai armênio de fala mansa, Johnnie

Sarkisian, era bem imperfeito desde o início e, quando convidou minha mãe para dançar no baile de big band da banda de Harry James, em Fresno, Califórnia, no ano de 1944, os instintos dela lhe mandaram tomar cuidado. Filho mais novo mimado de uma família armênia grande, Johnnie era um ano mais velho que a minha mãe, mas usava o tipo de roupa e joias chamativas que lhe davam um ar de maturidade. Ele não fazia o tipo dela, além de ser baixo demais para o seu gosto, mas, quando dançaram juntos, sua blusa ficou presa no botão da camisa dele, e ela literalmente não conseguiu se afastar. No momento em que Johnnie a soltou, ela percebeu que ele não só era um bom dançarino como também tinha certo charme.

Os dois começaram a namorar em uma época em que a vida tinha uma realidade aumentada e um senso de urgência devido à guerra que se alastrava pela Europa. Apesar de Johnnie ter sido transferido para a guarda costeira dos Estados Unidos (antes de obter dispensa médica), nem ele nem minha mãe tinham qualquer experiência anterior com a Segunda Guerra Mundial. Quando Ann, amiga da minha mãe, começou a namorar o melhor amigo de Johnnie, Johnny Kevorkian, ela foi convencida a ir andar a cavalo com eles, mas quase caiu quando sua sela escorregou. Johnnie a salvou, seu primeiro movimento grandioso. O seguinte foi ensiná-la a dirigir, prometendo dar a ela um Buick conversível. Depois disso, o casal começou a se encontrar regularmente, mas ela nunca dormia com ele, pois não eram casados.

Certa noite, em uma boate onde Jackie Jean trabalhava como garçonete e cantora, um cliente que sabia da fraqueza de Johnnie por jogo lançou um dinheiro na mesa e disse a ele: "Pare de enrolar a garota. Peça-a em casamento." Ele desafiou Johnnie a levar minha mãe de carro até Reno, Nevada, onde casais podiam contrair matrimônio sem espera. Influenciado por amigos com uma ideia semelhante, quatro deles partiram naquela noite. Fascinada pelo seu charme e aparente estabilidade, e impressionada com sua idade e experiência, minha mãe achava Johnnie forte, silencioso e cheio de propósito. Antes que se desse conta, foi declarada sra. Sarkisian em um apressado casamento duplo. Ela tinha acabado de completar 19 anos e ainda não descobrira sua ousadia, portanto, não lhe ocorreu dizer não, apesar de ter pensado: *O que estou fazendo?* Estava tão infeliz que precisou se segurar para não chorar. Menos de 24 horas após a cerimônia e ainda virgem, ela abandonou Johnnie e voltou para Fresno, onde uma amiga prometeu ajudá-la a anular o casamento. Meu pai foi atrás dela e não queria saber de nada daquilo. "Como você sabe que não quer ser casada?", protestou ele. "Você nem tentou ainda. Vamos experimentar por três meses."

Ingênua e pressionada, minha mãe vivia em uma época em que as mulheres tinham pouco ou nenhum apoio da sociedade, portanto, quando não viu uma saída, voltou com Johnnie, embora tenha afirmado que nunca o amou nem confiava nele. "Ele sempre argumentava mais que eu, queria dizer o que eu pensava e se achava mais inteligente. Eu não conseguia brigar, e ele me seduziu a fazer aquilo." Com *aquilo*, ela queria dizer sexo.

As mulheres na minha família raramente escolhiam bem os homens, e Jackie Jean não foi exceção, mas, com Lynda como seu único modelo, ela tinha poucas chances. Sob um visual apresentável, meu pai se tornaria um viciado em heroína com tendência ao furto e teria uma relação conturbada com o trabalho. Não que ela soubesse disso desde o início. Como recém-casados, meus pais levavam uma existência caótica e nômade, sobrevivendo com o salário da minha mãe e morando com parentes armênios até a paciência — ou o dinheiro — deles acabar. A família de Johnnie estava decepcionada, pois nenhum dos parentes havia se casado com uma mulher que não fosse armênia, mas, como meu pai era o "filho mimado", foi perdoado. Com exceção da minha avó, que ficou muito triste e disse: "Hovhannes, ela é comprida demais pra você!" O único parente que tratava bem minha mãe era a tia Roxy, que, diferente do restante da família, não era nem um pouco tradicional. Ela queria ser uma garota americana e fazer tudo que a minha mãe fazia. As duas eram fogo e gasolina. Mas aquilo não foi o suficiente para mantê-la casada. E assim, infeliz, ela foi embora após os três meses e buscou consolo com a sua mãe de 32 anos. Mas, em vez de ficar com pena dela, a vó Lynda exigiu saber se ela estava grávida. Quando um exame provou que sim, Lynda, uma garçonete que não tinha intenção alguma de que sua vida fosse atrapalhada por "uma pestinha", levou a filha para fazer um aborto.

Sem ter para onde ir, minha mãe concordou com relutância e foi levada a um médico solidário em Long Beach, um dos pouquíssimos profissionais que ajudava as mulheres de forma ilegal, apesar dos riscos de prisão (não muito diferente de hoje). Minha mãe ficou petrificada. Ela me contou anos depois: "Me lembro de esperar em uma cadeira antiga cromada. O metal era frio, e mesmo assim o suor escorria pela minha pele, de tanto que eu estava assustada. Quando me disseram que era a minha vez, eu subi na mesa. Mas, enquanto estava lá deitada, de alguma maneira soube que não podia ir adiante com aquilo, então desci e saí correndo. Você acredita que estive tão perto de não ter você?" Ela estava em um momento crucial da sua vida tão jovem, com somente dois caminhos a seguir, sendo que nenhum deles era fácil. Confusa e com medo, escolheu um, mas voltou atrás e pegou o outro. A consequência foi que eu vim ao mundo, e nunca a julguei nem a questionei sobre ter chegado tão perto de não me ter. O corpo era dela, a vida era dela e a escolha também era dela. Mas graças a Deus minha mãe saiu daquela mesa, caso contrário, eu não estaria aqui para escrever estas páginas.

Lynda ficou furiosa com a mudança de ideia de Jackie Jean e avisou a ela: "Se não fizer o aborto, não vai morar comigo." Atordoada, minha mãe fugiu da clínica onde meus batimentos cardíacos quase haviam sido silenciados. De volta com Johnnie, ela estava com tanta raiva que os dois não se falaram por meses. Quando a barriga começou a aparecer e não era mais considerado decente ela cantar em público, Jackie Jean teve que parar de trabalhar. Sem dinheiro entrando, meu pai fez a mudança deles para a cidade fantasma de El Centro, perto da fronteira com o México, onde planejava administrar uma empresa de caminhões que havia convencido meu avô a comprar. Os motoristas levavam produtos frescos para os mercados de Los Angeles, e, durante um tempo, a vida foi boa. Johnnie arrumou uma casa para eles e agiu com mais responsabilidade, mas aí começou a jogar pôquer toda noite e, às vezes, não voltava para casa.

Infeliz, estressada e se sentindo em um beco sem saída, minha mãe entrou em trabalho de parto um mês antes do previsto e foi levada para o único hospital de El Centro, com uma pequena maternidade. Não havia anestésico, e o trabalho de parto foi longo. Quando nasci, às 7h30 da manhã de segunda-feira, dia 20 de maio de 1946, ela estava exausta. Nasci sob o signo de Touro, mas na cúspide Touro-Gêmeos, então é como se houvesse três de nós aqui dentro. Prematura, queria me mandar logo lá de dentro, pegar um carro e sair por aí. Mas, pesando apenas cerca de 2,5 quilos, tive que passar mais algumas semanas no hospital.

A vó Lynda não falava com a minha mãe desde que ela havia fugido da clínica de aborto, mas, na véspera do meu nascimento, teve um sonho premonitório e acordou meu avô Charlie no meio da madrugada. "Levante. Temos que ir", disse ela. "Jackie Jean vai ter uma menina." Em um raro instante de culpa materna, ela o fez dirigir a noite toda até El Centro para poder me receber.

Enquanto minha mãe se recuperava no hospital, uma enfermeira entrou no quarto e perguntou: "E qual nome você vai dar para a sua bebê?" Ela não fazia a menor ideia, mas a mulher insistiu, e ela respondeu: "Ah, Lara Turner é a minha atriz favorita, e a filha dela se chama Cheryl. O nome da minha mãe é Lynda, então que tal Cherilyn?" Acreditei que Cherilyn fosse meu nome até o dia em que, anos mais tarde, decidi mudá-lo legalmente só para Cher. Quando solicitei minha certidão de nascimento, fiquei chocada ao descobrir que havia sido oficialmente registrada como Cheryl e perguntei à minha mãe: "Você por acaso sabe meu nome verdadeiro?"

"Deixa eu ver!", retrucou ela, pegando o documento. Com as provas na mão, ela deu de ombros. "Eu era só uma adolescente e estava sentindo muita dor. Me dê uma trégua."

Para comemorar meu nascimento, Johnnie comprou um relógio de ouro rosé com rubi e diamante para minha mãe, além de um berço e um carrinho. Feliz em seu ninho maternal, ela se tornou "mulherzinha" na cozinha pela primeira vez na vida, e até bordou o pequeno quimono no qual o hospital me mandou para casa. Ainda tenho essa roupinha, pois minha mãe mandou emoldurar para mim de presente de aniversário. A casa era modesta, mas eles tinham o suficiente, e ela estava feliz. Até que, seis meses mais tarde, Johnnie chegou em casa uma noite e contou que havia perdido a empresa de frotas de caminhão do pai no jogo. Tudo tinha se esvaído. Minha mãe não conseguia acreditar no que estava ouvindo.

Em poucos dias, ela teve que deixar a casa em que moravam, penhorar o relógio e se mudar para um barracão horroroso de metal, uma construção em arco pré-fabricada usada como abrigo durante a guerra. Em temperaturas que beiravam os 50°C no deserto, era como morar dentro de um forno. Quando ela ameaçou ir embora de novo, Johnnie apareceu com dinheiro e um plano. Eles iriam para Nova York, onde ele tinha uma irmã que esperava que topasse investir em sua próxima empreitada. Não parecia plausível, mas minha mãe estava tão desesperada para sair daquele "caixão de metal" que não teve escolha a não ser arrumar as malas.

Durante uma viagem interminável de cinquenta horas em um ônibus da Greyhound, eles percorreram 4 mil quilômetros e atravessaram nove estados, fazendo inúmeras baldeações. No caminho, Johnnie confessou que tinha roubado um carro e vendido no México para pagar as passagens, mas quase foi pego, e havia um mandado de prisão com seu nome. Talvez absorvendo o estresse da minha mãe, eu chorava sem parar, e ela não sabia como me acalmar. "Não fui uma boa mãe", admitiu ela. "Eu ficava histérica o tempo todo por causa do turbilhão em que estava metida."

A irmã de Johnnie, Liz, morava em um apartamento pequenino em Nova York e não tinha dinheiro para investir em negócio algum ou espaço para dividir sua casa conosco. Caminhando pelas ruas congelantes enrolada no sobretudo de Johnnie, minha mãe me pressionava contra seu corpo para me aquecer. O marido ficava cada vez mais paranoico quando via um policial e achava arriscado demais se candidatar a uma vaga de emprego. O dinheiro deles estava acabando, e Jackie Jean sabia que precisava fazer algo. Candidatou-se a uma vaga na chapelaria da boate Copacabana, na East 60th Street, onde o patrão — um gângster — exigiu ver suas pernas. Depois que ela levantou o vestido, nervosa, ele ficou tão impressionado que a promoveu a vendedora de cigarros, para que os clientes na boate e no restaurante com temática brasileira pudessem admirá-la também. O local, que se tornaria famoso nos anos 1950 e 1960 por receber shows de Dean Martin, Jerry Lewis e Sammy Davis Jr., e mais tarde seria imortalizado na música homônima de Barry Manilow, estava bombando, e minha mãe fazia um bom dinheiro. Conseguia até algumas gorjetas ilícitas, mas, após receber o cheque do seu primeiro pagamento, Johnnie anunciou que eles iam embora da cidade, pois a polícia de Nova York estava atrás dele.

Garantindo para minha mãe que arranjaria um emprego em Scranton, Pensilvânia, 160 quilômetros a noroeste de Nova York, ele prometeu nos levar de volta à Califórnia. Após mais uma longa viagem de ônibus, ficamos em um hotel barato, mas os empregos dos quais ele tinha se gabado nunca se concretizaram. Era o pior pesadelo da minha mãe. Quando só tinham mais alguns centavos — o suficiente apenas para comprar duas garrafas de leite para mim —, ela se desesperou por completo. "Você precisa fazer alguma coisa, Johnnie!", disse ela. "Temos uma filha que depende de nós agora!" Anos depois, ela virou uma tigresa quando se tratava de proteger a mim e à minha irmã, mas, naquela época, não sabia a força que tinha.

Meu pai disse que ia pegar carona de volta até Nova York para tomar um dinheiro emprestado com a irmã, enquanto minha mãe encontrava um emprego de garçonete. "Mas e a bebê?", perguntou ela, horrorizada.

Católico de criação, meu pai tinha uma solução para isso também. "Com certeza há uma organização da igreja por aqui onde possamos deixar a menina até termos dinheiro suficiente para sustentá-la." Com o dom da persuasão, ele vendeu sua história triste para um padre, que o colocou em contato com uma freira de um orfanato para crianças e mães desamparadas. "Vai ser só por duas semanas", prometeu ele a Jackie Jean. "E aí volto para você e para a pequena Cherilyn, e todos vamos para casa juntos."

No início, minha mãe se acalmou. Na cabeça dela, havia um plano traçado. Tudo daria certo, seu marido e sua filha voltariam para os seus braços em duas semanas. Mas, depois que o meu pai foi embora, a realidade da situação começou a massacrá-la. Ela não conhecia uma única alma na extensa cidade mineradora, não tinha um centavo no bolso e sua bebê estava em uma instituição estranha. Quando Johnnie partiu, ela se mudou para um quartinho de 2 por 2,5 metros, pouco maior que um cubículo, e encontrou um emprego em uma lanchonete 24 horas, onde esperavam que ela trabalhasse em turnos de doze horas, das 19 horas às 7 horas, sete dias por semana. Como mãe, só posso imaginar como foi isso, e esse pensamento me dá calafrios na espinha. A instituição onde ela me deixou era uma das centenas espalhadas por todo o país que acolhiam órfãos e outras crianças em situação de pobreza até que a família pudesse bancar novamente seus cuidados. Jackie Jean ficou horrorizada com a ideia de me deixar com aquelas irmãs vestidas de preto, que pareciam rigorosas, ainda que fosse somente algo temporário. Sua preocupação só aumentou quando sentiu a desaprovação das freiras ao saberem que ela era batista. Desolada, foi embora aos prantos enquanto meu choro ecoava em seus ouvidos.

De volta às suas apertadas acomodações, todo amanhecer após seus turnos ela se encolhia na cama e chorava até dormir. Sozinha no mundo, sem amigos, sem sua bebê e com o marido longe, Jackie Jean não sabia quanto mais aguentaria e procurou nos classificados do jornal por um emprego com um salário melhor. Deu sorte com uma vaga no Manila Bar & Grill, onde foi contratada como garçonete e cantora. O dono era uma pessoa gentil, as gorjetas eram boas e ela conseguia ir me visitar duas vezes por semana. Tudo começou a parecer melhor, até que, para o seu pânico, Jackie Jean descobriu que estava grávida — do meu pai, o único homem com quem tinha feito sexo na vida.

Novamente, sua vida pareceu sair do controle. Além de cantar, a única coisa que minha mãe havia aprendido a fazer era usar sua beleza para sair de situações difíceis. Havia um cliente cativo no restaurante, um homem mais velho e casado chamado Dave, que dava a ela gorjetas generosas, sobretudo se ela cantasse sua música favorita, "My Man". Minha mãe implorou pela ajuda dele.

"Mas cadê o seu marido, menina?", perguntou ele e, quando ela se debulhou em lágrimas, concordou, relutante, dizendo a ela: "Você está pedindo demais de um homem que nem te deu um beijo." Mesmo assim, ele encontrou uma mulher que faria um aborto por cem dólares e combinou de uma pessoa levar minha mãe de carro até o endereço secreto e depois de volta para casa. Após o procedimento, Jackie Jean sentiu tanta dor que, em vez disso, teve que ser levada direto para a casa de uma enfermeira. Ficou na cama por três semanas para se recuperar. Quando Dave a visitou, ela perguntou o que ele teria feito se ela não tivesse sobrevivido. A resposta dele a chocou.

"Menina, não vou mentir para você. Nós teríamos jogado o seu corpo no rio, caso contrário, iríamos todos presos." Se isso tivesse acontecido, eu teria sido adotada ou permanecido com as freiras para sempre. Por mais chocante que a resposta de Dave pareça hoje, a prisão de pessoas que faziam abortos era comum. A polícia invadia clínicas e casas clandestinas tanto quanto bordéis e porões de jogos. Quem era encontrado ajudando as mulheres encarava penas de três a cinco anos (novamente, não muito diferente de hoje) e, se fosse da área médica, perdia o registro. As mulheres em geral eram consideradas vítimas e coagidas a testemunhar, mas o estigma do julgamento poderia arruinar suas vidas também, portanto, os riscos eram altos para todo mundo.

Assim que se recuperou, após as três semanas, minha mãe correu para o orfanato para pagar pela minha estada e me levar para passear. Ficou chocada quando as freiras a proibiram. Ela não podia sequer me pegar no colo.

A única coisa que a deixaram fazer foi olhar para mim através de uma janelinha em uma porta. "Enquanto eu olhava lá para dentro, você estava de pé no berço se segurando nas laterais e chorando. Eu chorava também. Me senti tão humilhada."

Seus protestos foram em vão, e a madre superiora foi especialmente maldosa com ela por trabalhar em um local que vendia bebida alcoólica. Ela nem acreditava que minha mãe fosse casada e ficava perguntando: "Por que seu marido não está aqui? Ele não está preocupado com a menina?" Sem malícia para lidar com o mundo, Jackie Jean sentia medo de que, caso se defendesse, a instituição ficaria comigo para sempre. Sem ter como falar com Johnnie e ninguém para quem pedir ajuda, ela decidiu que, no minuto em que meu pai voltasse de Nova York, insistiria para que me tirasse de lá. O mentiroso do meu pai nunca voltou e nem mandou um mísero recado. Simplesmente desapareceu. Ela se convenceu de que o único motivo para o destino colocar aquele homem em seu caminho era meu nascimento. Eu era a única coisa boa que ele havia feito.

"Chorei durante tantas noites no meu quartinho pensando no que iria fazer e onde será que Johnnie tinha se metido. Eu odiava muito aquele homem." Mas tudo que ela podia fazer era ir ao orfanato toda semana e exigir me ver. A visão do meu rostinho pela pequena janela partia seu coração, mas foi em uma dessas visitas que ela pegou uma câmera emprestada e tirou a foto que guardava com tanto carinho. No início de 1947, a madre superiora declarou que Jackie Jean Sarkisian não era uma boa mãe e que seria melhor que me entregasse para adoção. Minha mãe se recusou, mas era quase impossível questionar uma autoridade sendo uma mãe solteira sem um centavo.

Ela recorreu outra vez a Dave, lembrando que ele trabalhava na câmara municipal. Com relutância, ele concordou, afirmando: "Não posso passar por cima de toda a Igreja Católica, mas vou dar um jeito." Quando ele a levou para jantar no dia de folga dela, Jackie Jean ficou insegura com até onde aquilo poderia chegar, mas teria feito até um pacto com o diabo para me salvar.

Dave se ofereceu para comprar uma passagem de trem. Então, foi até o orfanato e disse à madre superiora: "Você não tem direito legal de manter Cherilyn Sarkisian aqui." Apavorada, ela me entregou para minha mãe de imediato. Até o dia de sua morte, minha mãe não conseguia ou não queria se lembrar de quanto tempo fiquei naquele lugar, mas deve ter sido por alguns meses, pois cheguei lá um bebê que mal engatinhava e, quando saí, já andava.

O comportamento daquelas freiras me assombrou até a idade adulta. A minha era uma das centenas de histórias semelhantes de crianças mantidas pela igreja ou colocadas para adoção contra a vontade de suas mães jovens e assustadas, condenadas por serem pecadoras ou irresponsáveis. Esse tipo de merda acontece com as mulheres desde o início dos tempos. De lá para cá, conheci muitas freiras maravilhosas e amáveis, mas ainda acho difícil perdoar aquelas que tentaram tirar a filha da minha mãe e arruinar a nossa vida.

Quase cinquenta anos depois, finalmente expressei meus sentimentos sobre aquela época em uma música que escrevi para minha mãe chamada "Sisters of Mercy" [em tradução livre, "Irmãs de misericórdia"]. Foi uma das poucas que escrevi, cantei e produzi sozinha. Acordei um dia, em 1994, em um castelo na França onde havia sido convidada para um simpósio de escrita de música, e as palavras simplesmente brotaram de dentro de mim de uma vez. Começa assim: *"Your faith is not faithful. Your grace has no grace. Your mercy shows no mercy. Is there no way out of this place?"* Não parei por aí, continuei: "*There's a baby sobbing softly, in a crib that's now a cage. She's done nothing to deserve this, but it sanctifies their rage.*" O refrão era: "*Sisters of Mercy, daughters of hell.*"* Quando toquei a música pela primeira vez para minha mãe, ela chorou muito, mas acho que se sentiu vingada, e isso ajudou a aliviar um pouco da dor.

Furiosos, alguns representantes da Igreja Católica condenaram minha música como "extremamente revoltante". Entendi a reação deles, era uma música dura. Mas fiz pela minha mãe, e a canção proporcionou a ela algum tipo de alívio. "Sisters of Mercy" não era uma condenação de toda a Igreja, mas uma resposta válida e profunda às pessoas que usaram seu poder para machucar a minha mãe.

---

* Em tradução livre, em ordem: *"Sua fé não é confiável. Sua graça não tem graça. Sua misericórdia não é misericordiosa. Não há uma maneira de sair deste lugar?"* / *"Há um bebê chorando baixinho, em um berço que agora é gaiola. Não fez nada para merecer isso, mas é algo que santifica a raiva delas."* / *"Irmãs de misericórdia, filhas do inferno."* [N. da T.]

Durante todo aquele tempo, ela nunca conseguiu mostrar a única foto minha naquele orfanato proibido, uma imagem que ficou no fundo de uma gaveta. Não conseguia mencionar cinco palavras sobre o assunto sem começar a chorar. E, ainda assim, de todas as milhões de fotos tiradas de mim ao longo dos anos, aquela era a única que eu queria desesperadamente ver, mas nunca pude.

3

a dream is a wish your heart makes

Uma coisa é certa: minha infância nunca foi normal, e só quando fiquei mais velha entendi completamente por que jamais gostei de ser deixada para trás. Talvez seja por isso que sempre fui a primeira a ir embora de tudo. Dado o meu histórico, provavelmente não é surpresa. Meu medo de ser abandonada, sem dúvida, vem de ter sido separada da minha mãe ainda bebê, e minha *drama queen* interna tornou-se parte integral do ser humano complicado que sou.

Depois que minha mãe me libertou das garras das freiras, pegou um trem para Twin Falls, Idaho, onde Roy e Mickey viviam na miséria. Após resgatar seu irmão de 12 anos, ela voltou para Los Angeles, onde morou com Lynda por um tempo enquanto ganhava a vida servindo mesas. Com pouco mais de 1 ano de idade, não tenho memória alguma dessa época, mas me contaram que eu ficava aos cuidados de Edith e Mackie, amigas da minha avó, enquanto mamãe trabalhava feito uma doida. Foi somente aos

30 e poucos anos, quando eu estava tocando no Caesars Palace, em Las Vegas, que a vó Lynda foi ao camarim logo antes do meu show enquanto eu me maquiava e me apresentou uma mulher chamada Mackie, que havia sido sua vizinha. Eu já tinha ouvido falar muito dela e sabia que fora minha babá quando eu era pequena. Mas, então, ela apareceu com uma cadeirinha de madeira antiga com um desenho do Bambi que reconheci no mesmo instante. "Isso era seu, da época em que morava com a gente", anunciou Mackie, ansiosa para que eu pegasse o objeto.

"Morava com vocês?", perguntei, tão chocada que mal consegui falar. Em silêncio, pensei: *Caralho, as surpresas não acabam!* Sabe quando você percebe que, se começar a falar sobre algo, vai acabar em lágrimas? Em vez disso, simplesmente me sentei e continuei a me maquiar. Eu sabia que tinha um show com ingressos esgotados para fazer e, naquela época da minha vida, já conseguia separar as situações, um truque que me serviu muito bem por toda a minha carreira. (Isso de algo me chatear logo antes de um show aconteceu mais vezes do que consigo me lembrar. É estranho, é como se você entrasse em uma animação suspensa.) Só mais tarde consegui pegar a minha avó desprevenida, e ela revelou que minha estada no orfanato das freiras não havia sido a única vez que eu tinha ficado sob os cuidados de estranhos. Quando eu tinha cerca de 2 anos de idade, Mackie me levou para a casa dela, assim como Edith, uma jovem mãe na época. Pensei: *Porra! Esse abandono não tem fim!*

"Por quanto tempo fiquei com essas mulheres?", perguntei, confusa.

"Ah, por bastante tempo", respondeu Lynda. Como também não teve uma infância normal, esse fato não a perturbava nem um pouco, e ela fez essa revelação para mim de forma casual, como se não fosse importante eu ter sido largada de novo porque minha própria família não podia ou não queria cuidar de mim. Foi por isso que me sentia insegura e tive ansiedade de separação durante toda a vida. As emoções que surgiram com essa nova informação me assombraram durante muito tempo. Comecei a me lembrar de coisas estranhas, peças de um quebra-cabeça do passado que me faziam sentir como se não tivesse qualquer conexão com algumas partes da minha história. Não sabia como juntar essas peças e precisava que alguém me ajudasse. "Mas não entendo", falei para a minha avó. "Onde estava minha mãe durante todo esse tempo?"

Lynda hesitou. "Bem... ela era jovem e ocupada, e aí conheceu esse rapaz em Reno, e ele era rico..."

Eu a interrompi. Simplesmente soube, naquele instante, que Lynda, obcecada por encontrar um marido abastado para a minha mãe, a teria incentivado a ficar com um homem rico, mesmo que isso significasse abrir mão de mim. Portanto, embora minha mãe tivesse lutado por mim em Scranton, pressionada pela minha avó, ela havia me abandonado de novo. Mas que merda é essa?

A história do que aconteceu depois disso veio aos poucos, e a cronologia não é muito clara. Depois de ser resgatada das freiras, fui deixada com Mackie e Edith, e Mickey foi alocado em outro lugar. Enquanto isso, minha mãe e minha vó viajaram para Nevada a fim de se divorciarem de seus respectivos maridos. Aproveitando-se do que era chamado de "cura de Reno", as duas precisavam comprovar moradia de seis semanas para a separação se tornar legal.

Durante a estadia em Reno, houve um concurso de beleza local, e Lynda cismou que minha mãe tinha que participar, apesar de nenhuma das duas achar que ela tinha chance de ganhar. Minha mãe ficou impressionada quando foi coroada "Model Miss". Recebeu um prêmio em dinheiro, e suas fotos foram publicadas nos jornais durante dias. Em uma delas, minha mãe piscava para alguém da plateia, e, quando perguntei para quem, ela respondeu que era para minha avó.

Minha avó ficou ainda mais animada quando viu Ernest Primm, um milionário que era cliente frequente do Gardena Club, em Los Angeles, onde Lynda era sua garçonete favorita. Ernie era um texano de meia-idade, um pouco calvo, com um império de propriedades que incluía o Palace Club Casino e o Primadonna Club de Reno. Era um par perfeito: a ganância da minha avó e o dinheiro dele. Lynda estava ansiosa para apresentar sua filha solteira para o homem a quem chamava de "chefão". Vovó Lynda logo cismou em tornar Ernest Primm seu genro. Como ela gostava de dizer: "É tão fácil se apaixonar por um homem rico quanto por um homem pobre." E, se você ouve essa frase com bastante frequência quando jovem, começa a acreditar nela, sobretudo quando é a sua mãe quem organiza os seus encontros.

Até hoje, lamento pela minha avó e a vida que teve, e lamento ainda mais por ela ter infundido tanta coisa tóxica na minha mãe, que precisava muito do seu amor e da sua aprovação. Ela me dizia a mesma coisa sobre me casar com um homem rico quando eu estava crescendo, e foi de onde ela tirou que, se você fosse bonita, merecia um indivíduo de posses.

O esquema de Lynda saiu melhor do que o planejado, pois Ernie se apaixonou pela minha mãe após vê-la cantar "Can't Help Loving Dat Man" em um restaurante chique. A partir daí, ele ficou em cima dela como um cão sem dono e lhe deu de presente um casaco de pele e uma pulseira de diamante. Era uma grande mudança comparada à sua experiência com meu pai, Johnnie, e ela ficou nas nuvens. Ernie também era muito mais educado, e a conquistou ao ensiná-la a se vestir, comer, caminhar, dançar e até a jogar dados no cassino. Com sua postura natural e suas memórias carinhosas da escultural tia Zella, minha mãe endireitou os ombros e se tornou uma mulher tão elegante que poucas pessoas adivinhariam que tinha vindo da pobreza (embora ainda fosse desbocada entre amigos, que é de onde peguei esse hábito). Ainda aos 20 e poucos anos, minha mãe se afeiçoou por Ernie e sabia que os dois poderiam ter uma ótima vida juntos quando o divórcio dele fosse finalizado. Só havia um problema: Ernie não me queria por perto. Com a promessa de que eu seria educada nas melhores escolas dos arredores, Ernie deixou claro que eu não fazia parte do acordo. Minha mãe atentou-se ao conselho de Lynda de ter paciência: "Ele vai lhe dar a lua com um laço de fita quando você se tornar esposa dele."

Quando o divórcio das duas tornou-se oficial, elas voltaram para Los Angeles, onde minha mãe venceu outro concurso. Essa coroa era de "Miss Holiday on Wings". Ela foi fotografada sentada em cima de um avião de plástico, com uma perna de cada lado, vestindo um maiô. O prêmio era de impressionantes 750 dólares, muito mais do que ela ganhava como garçonete em um mês inteiro. Dessa vez, Jackie Jean foi abordada por um caça-talentos, que ofereceu uma bolsa de estudos na Ben Bard School of Dramatic Arts, uma das mais respeitadas escolas de atuação em Hollywood. Era tudo que ela tinha sonhado ao jurar, ainda na pobreza, que teria uma vida melhor. Seria o primeiro passo para cumprir a promessa que havia feito a si mesma tantos anos antes, sentada e acordada a noite toda, cuidando do irmão. Mas, ainda à espera de Ernie, ela postergou sua matrícula, e eu permaneci com Mackie e Edith.

Certa noite, ela foi a um evento de gala no Hollywood Palladium. Minha mãe foi tirada para dançar por um jovem ator incrivelmente bonito chamado Chris Alcaide. Perto dela, ele parecia uma torre, com 1,93 metro. Chris trabalhava no Dolores' Drive-In, no Wilshire Boulevard, mas estudava atuação na Ben Bard, o que, para minha mãe, parecia coisa do destino. Após alguns encontros, eles começaram a namorar escondido de Ernie. No dia em que levou Chris pela primeira vez para me conhecer, minha mãe o viu se agachar e abrir os braços para que eu corresse para ele. Ernie jamais teria feito algo parecido. *Vou me casar com esse homem*, minha mãe pensou, sabendo naquele instante que jamais conseguiria ficar com alguém que não me amasse. Ela largou Ernie e tudo o que ele tinha a oferecer, dizendo simplesmente que não podia me abandonar. Ela e Chris se casaram alguns dias depois, tornando-o Marido nº 2. Minha mãe, então, se matriculou na escola de atuação, onde, ironicamente, Shirley Temple aprendeu seu ofício. Foi o mais próximo que Jackie Jean chegou de ser a "Pequena Notável" que seu pai um dia havia sonhado.

Ben Bard, fundador da escola de atuação, era um ex-ator de teatro e estrela do cinema mudo que foi um talento da 20th Century Fox. Minha mãe era da mesma sala que algumas figuras que se tornaram grandes talentos, como Rod Steiger, que estrelou *Sindicato de ladrões* e *No calor da noite*; Stuart Whitman; David Janssen; e Robert "Bob" Mitchum. Com todos esses grandes personagens ao meu redor, não era surpresa alguma eu acabar virando artista.

A vida parecia resolvida para minha mãe, Chris e eu. Ela estudava à noite, o que adorava, e durante o dia ganhava dinheiro fazendo comerciais das máquinas de lavar Hotpoint, carros, relógios e até do chiclete de menta Beech-Nut em programas como *The Dinah Shore Show*. Minhas babás me deixavam na aula de atuação dela no fim da tarde, e eu assistia a ensaios de produções como *Oklahoma!* e *Um conto de Natal*. Sendo a única criança ali, eu recebia muita atenção e, quando não conseguia mais manter os olhos abertos, me encolhia debaixo no casaco da minha mãe, no fundo do auditório, e dormia.

Decorei meu primeiro monólogo de Shakespeare na Ben Bard. Aos 4 anos, não entendia nada de prosa antiga nem pentâmetro iâmbico, simplesmente gostava do ritmo das palavras e dos sons que elas emitiam. Tampouco entendia a peça que minha mãe estava ensaiando, mas achava as bruxas legais. Surpreendi todo mundo quando apareci cantando a música das bruxas de *Macbeth*, que começava com *"Dobrem males e aflição, nas bolhas do caldeirão...*". Ninguém acreditava que eu conseguia pegar algo tão complicado e repetir após escutar uma única vez. Era uma habilidade excepcional para uma criança de 4 anos e me serviu muito bem durante toda a minha vida. Sempre que a escola de atuação ensaiava um musical, minha mãe ganhava o papel principal, pois era disparado a melhor cantora. Estava acostumada a ouvi-la cantar em casa, mas era diferente vê-la dominando o palco, e eu amava. Ela e todo o elenco eram tão bons que, naquela idade, me parecia real quando ela interpretou Laurey em *Oklahoma!*, e Michael Ansara, o vilão Jud, tinha que atacá-la. No momento em que minha mãe começou a gritar por socorro, fiquei tão histérica que tive de ser retirada do auditório. Só me acalmei quando Michael gentilmente me explicou que nada daquilo era de verdade. Ele era tão fofo comigo. Muito bonito, com feições sombrias, eu sentia uma afinidade especial com aquele ator sírio que se parecia comigo. Ele acabou fazendo o papel de Cochise na série de TV *Broken Arrow*.

Foi Michael que fez com que minha mãe, sem avisos prévios, largasse o marido após alguns meses de brigas. Chris Alcaide era ciumento e não suportava que outro homem desse atenção alguma a ela. Isso era ainda pior quando ele estava bêbado, o que era frequente. Em uma festa, ele viu Michael Ansara fazer um movimento íntimo quando minha mãe pegava os casacos na chapelaria. Chris agarrou Jackie Jean e a sacudiu até ela achar que sua cabeça sairia do corpo. Quando chegaram em casa, a briga se transformou em algo mais violento. Ele a empurrou contra a parede, seus dedos se fecharam ao redor do pescoço dela e, em um instinto de sobrevivência, ela gritou: "O que vai acontecer com Cher se você me matar e for preso?" Em seu estado de embriaguez raivosa, foi apenas seu carinho por mim que o fez parar.

Eles se divorciaram logo depois, e Lynda sugeriu que minha mãe tentasse reconquistar Ernie Primm, mas, quando Ernie deixou claro que eu nunca moraria com eles, ela o largou de vez. Não me lembro de Ernie e tenho somente uma vaga memória de Chris. Sei que ele era lindíssimo, mas todos os amigos da minha mãe pareciam estrelas de cinema para mim. Eram muito talentosos e artísticos: cantores, dançarinos, pintores, escultores. Eu não conhecia uma única pessoa que trabalhasse em um escritório. Sabia que alguns eram motoristas de táxi. Aos 4 anos, esse era o meu mundo, e essas pessoas eram meus modelos de referência.

Não muito tempo depois do término com Chris, ela conheceu o primeiro grande amor da sua vida, um ator chamado E.J. "John" Southall. Minha mãe se apaixonou por ele no minuto em que se entreolharam, algo que nunca tinha acontecido antes. Ela se casou com John (Marido nº 3), mas desta vez por amor. Ele foi e é o único homem que considero meu pai. Tendo declarado que homens eram "coisas que você ama contra a sua vontade", minha mãe estava se tornando uma monógama em série. O novo homem em sua vida era charmoso, bonito e não tinha um tostão. Suspeito que um dos motivos pelos quais o texano bronzeado de fala doce que havia comandado bombardeios de B-29 na Guerra da Coreia nunca tenha obtido sucesso como ator era que não conseguia perder o sotaque. Não era tão enraizado a ponto de as pessoas começarem a cantar "The Yellow Rose of Texas", mas era suficiente para ele sempre ser chamado para fazer o mesmo tipo de papel. Se beleza fosse uma habilidade comercial, ele seria milionário. Os dois formavam um casal espetacular.

A melhor amiga da minha mãe era Jacquie, conhecida por todos como "Jake". O marido dela era Kenny. John e Kenny eram da mesma turma e os quatro ficaram muito próximos.

Filho único, John não tinha memória alguma do próprio pai, Eunice James Harmon Southall, conhecido como "E.J.", que fora intoxicado por gases letais durante a Primeira Guerra Mundial e morrera em 1934, aos 41 anos. Meu novo padrasto havia sido batizado em homenagem a ele, mas todos fora da família o chamavam de John. Criado no Texas pela avó e duas tias amorosas, queria muito formar uma família. Logo após ele e minha mãe se casarem, John mandou ela me buscar na casa das minhas babás e me levar para morar com eles, e foi assim, aos 4 anos e meio, que me vi com um pai pela primeira vez. Em algum lugar no fundo da minha mente, eu sabia que ele não era meu pai verdadeiro, mas nunca tinha pensado muito sobre isso. (Também sabia que havia uma outra pessoa por aí, uma figura sombria sobre a qual ninguém falava, um pedaço que faltava no quebra-cabeça.) O mais importante era que o único homem que um dia chamei de papai me amava e me tratava como se eu fosse filha dele. Isso era suficiente para mim.

Assim como a maioria dos atores no início da carreira, meu padrasto estava sempre sem grana e ganhava a vida fazendo outra coisa, no caso, vendendo revestimentos de alumínio de porta em porta com Kenny. Os dois eram tão bonitos que fico impressionada por não terem sido magnatas do revestimento. Com exceção de Bob Mitchum e Rod Steiger, todos os atores amigos dos meus pais faziam bicos para pagar o aluguel, de atendente de bar a decorador. Não sabiam como ter empregos de escritório, e nenhum deles queria isso, de qualquer forma. Sem nenhuma formação, minha mãe se aprofundava nas habilidades de atuação e pegava qualquer trabalho que surgisse. Chegou até a tentar ser dublê e participou de alguns comerciais. Atuou como uma dançarina na série faroeste de TV *Gunsmoke*, e fez algumas participações em programas como *The Adventures of Ozzie & Harriet* e *I Love Lucy*. Em um episódio hilário com Lucille Ball, que foi reprisado repetidas vezes ao longo dos anos, minha mãe e duas outras atrizes faziam modelos parisienses que usavam vestidos feitos de saco de batata e chapéus surrealistas de vaso de planta. A mulher que minha mãe conhecia como "Lucy" gostou dela porque era jovem e bonita e tinha os cabelos ruivos e escuros, e assim, a contratava regularmente. Minha mãe admirava e respeitava Lucy, então, foi ainda mais difícil quando teve que se esquivar de Desi Arnaz, marido dela. Ela teve um problema semelhante com Ozzie, de *Ozzie & Harriet*, que certa vez tentou mostrar a um ator — repetidas vezes — como beijar minha mãe "de forma adequada" em uma cena.

Quando não conseguia personagens fixos, minha mãe pegava trabalhos de figurante por 25 dólares por dia e procurava vagas de cantora de bar, o que significava noites fora, longe de mim e do papai. Quando o dinheiro apertava, tínhamos que nos mudar para a casa da mãe de John, Betty, chamada de "Vovó", e seu marido George, chamado de "Vô". Eu não me incomodava nem um pouco, pois eles me tratavam como um anjo precioso, o que eu adorava. Conhecê-los foi uma grande mudança na minha vida. No dia em que os vi pela primeira vez, fui levada até a casa deles à noite, e a Vovó saiu pela porta da varanda da frente, olhou para mim e disse: "Então essa é a minha pequenina?" Eles moravam em uma linda casa de três quartos com um jardim enorme e árvores frutíferas, em Miracle Mile. Com eles na nossa vida, ser texano na nossa casa era motivo de orgulho. A Vovó era texana, o Vô era texano, o papai era texano, e acho que ele sempre pensava que um dia iríamos morar lá.

Quando o trabalho dos meus pais ficou mais estável, nós nos mudamos para lugares como Crescent Heights Boulevard, em Hollywood Hills, ou

Laurel Canyon, onde tivemos a primeira casa de verdade de que me lembro — uma propriedade autêntica na ponta de uma rua íngreme e curvada chamada Lookout Mountain. Ao norte do Hollywood Boulevard, Laurel Canyon era um distrito barato que atraía artistas, músicos e boêmios para seus bangalôs na beira da montanha e cabanas de cedro entre mansões decadentes. Eu tinha 5 anos quando moramos lá pela primeira vez. Minha babá, na época, era uma adolescente mexicana chamada Maria, cujo trabalho era me distrair do sofrimento de ver meus pais saindo à noite. Toda vez que saíam de casa, eu me jogava no chão e fazia um escarcéu, me debatendo, chorando e gritando. Eu era pequena e temia o que iria acontecer quando meus pais saíssem à noite. Também sabia que as coisas tinham mudado e estava reagindo de um jeito um pouco exagerado. Às vezes, no meio dessas birras, eu chegava a me perguntar: *Porra, Cher, mas por que você está fazendo isso?* (Sei que era cedo para esse palavrão, mas eu estava sempre rodeada de adultos, então já tinha ouvido.) *Eles só estão indo jantar fora!* Mas eu não entendia essa sensação de abandono, mesmo que fosse uma emoção sincera.

Durante o dia, esses medos não me incomodavam, pelo contrário, eu tinha uma veia bem aventureira. Minha brincadeira preferida com Maria era esconde-esconde.

Certa tarde, resolvemos brincar na floresta perto da nossa casa. Animada, saí para me esconder — descalça, como de costume —, determinada a encontrar um bom esconderijo para que Maria não me achasse tão rápido. Foi só quando eu já tinha me distanciado muito mais do que estava acostumada e me vi em uma pequena clareira cercada de árvores gigantescas que percebi que estava perdida. Não conseguia mais ouvir Maria me chamando, e as sombras estavam começando a ficar maiores. Assustada, me sentindo ainda menor do que já era, comecei a gritar por ela com a voz rouca, enquanto minha imaginação criava coiotes e pumas espreitando atrás de arbustos para devorar esse lanchinho humano. Devo ter ficado perdida por menos de vinte minutos antes de Maria me encontrar, mas pareceram dias.

Minha solução nos momentos mais assustadores ou tristes da infância era me isolar dentro da minha própria cabeça. Acho que parte de mim faz isso desde aquela época. Minha imaginação era tão aguçada que decidi que eu era um anjo enviado por Deus cuja missão era curar a pólio, uma doença infecciosa que causava paralisia e podia matar crianças, a população mais afetada. Os noticiários mostravam crianças trancadas em respiradores conhecidos como "pulmões de aço" ou todas curvadas e caminhando com dificuldade em terríveis aparelhos ortopédicos de couro e metal. Uma teoria inicial era de que a pólio era transmitida através de mosquitos, portanto, um dia, quando a minha mãe me encontrou brincando em uma poça de lama, ficou tão louca que me arrancou dali de um jeito quase violento. "Cher! Saia já daí senão vou raspar sua cabeça!", gritou, convencida de que eu seria infectada e morreria. Eu era tão obcecada com a ideia de ser um anjo enviado para a cura da doença que, quando o virologista americano Jonas Salk inventou a vacina, fiquei muito brava.

De anjos, minha imaginação saltou para Jesus, pois, pouco depois disso, achei que tinha visto o rosto de Cristo nas dobras da cortina do meu quarto. Meio sonolenta um dia de manhã, olhei para cima e vi Jesus me observando, e depois ele desapareceu. Eu deveria ter dito algo, mas não falei nada e perdi a chance de me tornar a Santa Cher.

Sozinha com minhas babás durante muito tempo, uma vez que meus pais estavam trabalhando, eu inventava amigos imaginários que só eu conseguia ver. Peculiar como era, inventei "Sam e Pete", dois lenhadores/motoristas de caminhão barbudos que vestiam calça jeans, camisa quadriculada e chapéus com abas sobre as orelhas (embora eles nem sempre usassem os chapéus). Viviam debaixo do limoeiro no quintal da casa da Vovó e do Vô, e eu parecia uma anã perto deles. Eram cem por cento reais na minha cabeça. Eu era só uma criança, então de onde será que tirei essa ideia maluca?

Depois que inventei esses dois gigantes na minha vida, ficava feito pinto no lixo conversando com eles sobre tudo, desde por que os homens bebem até os lugares dos nossos sonhos para morar. Nunca ficávamos sem assunto. Na minha cabeça, eles moravam com a Vovó e o Vô, que nunca questionaram minha necessidade de amigos imaginários.

Sempre que eu ia para a casa deles, esticava uma toalha de piquenique sob o limoeiro, perto do balanço que a Vovó tinha feito para mim com panos e cabos de vassoura, e nós dávamos as melhores festinhas, tomávamos limonada caseira e comíamos tomates-cereja colhidos diretamente do pé que crescia ao lado da cerca da minha avó. Quando minha mãe me viu conversando com o ar e descobriu sobre eles, surtou. Mas a Vovó a acalmou e disse a ela para deixar de ser ridícula. "Ela é apenas uma criança — e é filha *única*. É só uma fase." Com Sam e Pete ao meu lado, eu não ficava mais tão solitária.

A música era outro refúgio para minha cabeça cheia e, quando pequena, eu amava me juntar à minha mãe, que estava sempre cantando. Eu passeava pela casa de calcinha, usando uma escova como microfone, cantando com a minha mãe.

Durante anos, sempre que o vô Roy vinha de Oklahoma para sua visita anual (e antes de começar a beber demais), meu tio Mickey aparecia e nós todos cantávamos juntos, em família. Roy, fraco por causa de tantos anos de alcoolismo, ainda tocava muito bem violão, cantarolando o tempo todo. Aquele senhor era uma máquina e me ensinou muitas das minhas músicas favoritas, como "Hey, Good Lookin'" e "Your Cheatin' Heart". Eu conheci a música country antes de qualquer outro gênero musical, principalmente as canções de Hank Williams. Conhecido como "Shakespeare do interior", Hank era imortal aos meus olhos.

Os filmes também foram bem importantes na minha infância, uma paixão que herdei da minha mãe e que, para mim, começou quando meus pais me levaram para ver *Dumbo* no Grauman's Chinese Theatre aos 5 anos de idade. Aquele local histórico construído no Hollywood Boulevard quase vinte anos antes de eu nascer era um paraíso para uma criança como eu. Era grande como uma cidade e, para mim, tão maravilhoso quanto a Grande Muralha da China. Era tudo. Se você não conseguisse ter uma experiência transcendental naquele lugar mágico, jamais teria. Pela primeira vez naquele local com meu sapatinho boneca, fiquei sem palavras de tanta animação, no mínimo porque havia o maior balcão de doces na história do universo, com balas que eu nem sabia que existiam. Enfeitiçada e grudada no vidro, fiquei muito impressionada e escolhi uma pipoca e uma bala que conhecia. Depois seguimos uma menina vestida com uma linda roupa chinesa até uma sala vermelha e dourada, tão grande que o King Kong poderia sapatear no palco. As paredes eram rodeadas por colunas imensas, e havia pinturas, estátuas e molduras ornamentadas, assim como um candelabro do tamanho de um Buick. Sentada ao lado dos meus pais, com os pés esticados à minha frente, levantei os olhos maravilhada quando as luzes diminuíram, as cortinas de veludo subiram como mágica, e a música começou.

E então, milagre dos milagres, imagens começaram a piscar naquela tela gigante. Foi a primeira vez que vi algo colorido em uma tela em toda a minha vida. Quando os animais começaram a cantar e dançar, eu pirei.

Estava tão imersa naquele filme que achei que fosse real, principalmente o bebê elefante com as orelhas grandes demais de quem todos riam, até que ele ganha uma pena mágica e aprende a voar. Eu me senti tão conectada àquele personagem que estava ali, voando junto com ele. Me lembro de decidir: *Tenho que estar lá em cima.* No meio do filme, depois de beber Coca-Cola demais, fiquei desesperada para ir ao banheiro, mas não conseguia cogitar sair da minha cadeira. Eu me recusava a perder uma parte sequer e tomei a decisão consciente de permanecer ali, ainda que aquilo significasse fazer xixi nas calças. Ficar sentada em uma poça molhada pelo restante do filme era um preço baixo a pagar para permanecer diante de tamanha grandeza.

Saí do Grauman's naquele dia flutuando e declarei que queria ser amiga dos corvos e que seria Dumbo quando crescesse, o que me parecia um passo perfeitamente lógico. Ao ver minha mãe rir, protestei: "Mas, mãe, é isso que quero fazer!" Na minha cabeça, me via tomando o lugar do Dumbo, sem ser exatamente um elefante, mas *fazendo o papel* dele. Fiquei arrasada quando ela me contou: "Não dá, querida. Não tem pessoas em *Dumbo*. Ele é um personagem animado, que nem *Tom & Jerry*. As pessoas não podem ser desenhos — nem elefantes. Você vai precisar seguir por um caminho diferente."

Na vez seguinte, eles me levaram para ver *Cinderela*, e eu amei ainda mais. Como era uma sonhadora sem preconceitos, anunciei ao final: "Tudo bem, então vou ser a Cinderela", pensando que, uma vez que ela era uma personagem humana, resolveria o problema do elefante em *Dumbo*. Além disso, a Cinderela saía por cima. O Dumbo não cantava nenhuma música. No banco de trás do carro do papai, a caminho de casa, cantei cada palavra de "Sonhar é desejar", enquanto minha mãe cutucava o braço dele. "Escuta só, John! A Cher está cantando a música todinha, palavra por palavra, nota por nota!", gritou. "Você está ouvindo essa menina? Eu falei que ela era especial."

Acho que fui desse jeito a vida inteira.

Para economizar com as babás, minha mãe e meu pai me levavam para quase todos os lugares aonde iam. Um reduto favorito era um prédio de adobe desbotado chamado Original Spanish Kitchen no Beverly Boulevard, que tinha uma dançarina de flamenco espanhola de, no mínimo, um andar de altura pintada na parede de fora. Eles também serviam as melhores *enchiladas* do mundo. Certa noite, meu pai e seu amigo Kenny fizeram uma competição para ver quem comia o molho de pimenta mais forte. Meu pai ganhou, embora tenha ficado roxo e encharcado de suor antes de vomitar. Eu era tão apaixonada por aquele lugar que, na minha vívida imaginação, me lembro de uma dançarina de flamenco linda com uma saia de babados de quem eu não conseguia tirar os olhos, rodando e girando pelo salão. Ela era real para mim, mas, pensando em retrospectiva, talvez eu a tenha inventado. Minha conexão com a realidade era bem frágil. De qualquer forma, eu sonhava com aulas de dança, apesar de saber que meus pais não tinham dinheiro para pagar. Meu amor pela dança está praticamente dentro das minhas células e nunca me abandonou. Nos fins de semana, nós pulávamos no "calhambeque" caquético da nossa família e seguíamos para o norte de Malibu, perto da praia de Trancas, para o Cap's Place, cujo proprietário era um velho marinheiro que lembrava o Popeye, conhecido simplesmente como Cap. Era uma casa branca com janelas verdes em uma curva íngreme. Para chegar até ela, tínhamos que atravessar uma ponte de corda e ripas de madeira que se balançavam conforme passávamos. Eu era a única criança na viagem, e tem uma foto minha lá tomando o último gole de uma cerveja Brew 102, pois gostava do sabor e, além disso, os adultos sempre riam quando eu bebia.

Os anos 1950 eram a era das festas com drinques e martinis. Os drinques fluíam livremente entre os esperançosos jovens atores que entravam e saíam da nossa vida para jogar cartas, dançar e frequentar jantares em que cada pessoa levava um prato. Eles eram a minha turma. Quase sempre, nossa sala ficava barulhenta de tanta risada e cheia de fumaça de cigarro, enquanto eles jogavam tranca por horas e horas. Fofocas, bebidas e uma abundância exagerada de testosterona. Eu ficava sentada em silêncio no cantinho, na esperança de que, se ficasse "quieta como um ratinho", como minha mãe dizia, ninguém ia me notar e assim não me mandariam para cama.

As mulheres do grupo se tornaram minha tribo, sobretudo Jake, uma segunda mãe para mim, mas também Viv, Evelyn, Ginger, Jan e uma atriz chamada Kathryn Reed que tinha cabelos ruivos fabulosos e se casou com o diretor Robert Altman. Cercada de tantas mulheres divertidas, glamourosas e fantásticas, eu absorvia tudo sobre elas, das roupas à maquiagem, do perfume aos trejeitos. Aquelas mulheres encantadoras foram minhas mentoras. Foram elas que ajudaram a moldar a Cher que as pessoas veem hoje.

É claro que a minha mãe era a mais bonita de todas. Recentemente, eu a vi fazendo uma ponta em um filme de 1951 chamado *Amor vai, amor vem*, e ela estava tão estonteante que fiquei sem ar, apesar de ter desaparecido em um piscar de olhos. É assim que me lembro dela quando eu era pequena. Tenho memórias muito vívidas, principalmente de um vestido de festa que a fazia parecer uma rainha. Era de chiffon azul-claro com um laço que passava pela frente e um plissado na parte de trás que caía além da altura do vestido. Ela combinava com brincos compridos fabulosos com os quais eu brincava quando ela saía, rezando para ficar mais velha logo e usá-los um dia com aquele vestido que parecia uma flor. Quando, anos depois, ela me deu as duas coisas, quase chorei de felicidade.

Papai era muito estiloso também, e era a pessoa mais carinhosa do mundo, um homem bom, engraçado e generoso. Ele me deixava sentar no colo dele e dirigir o volante do carro enquanto controlava o acelerador e o freio, rindo. A partir dali, eu só queria que me dessem um carro, o que ele prometeu fazer um dia. Ele era adorável, tudo o que se desejaria de um pai. Mas, quando bebia demais, as coisas mudavam e ele deixava de ser aquele cara tão legal. Esse temperamento é uma maldição da família, que sou grata por não ter herdado.

Apesar de odiar as brigas e os momentos em que estávamos sem dinheiro, assim que fui capaz de me expressar sobre o assunto, eu implorava para minha mãe: "Por favor, nunca vamos ser como essas outras pessoas. Eu me mataria se tivéssemos uma vida normal." Meu Deus, como eu era dramática!

Não precisava ter me preocupado, pois minha mãe estava longe de ser convencional. Ela evitava que nossa vida fosse chata, mesmo quando não era fácil. Era o tipo de mãe que me deixava matar aula desde o jardim de infância para que pudéssemos ir à praia juntas no dia de folga dela. Ainda uma criança de coração, ela nos deixava deitar sob as estrelas em cobertores espalhados pelo jardim de casa enquanto sussurrava histórias de fantasmas para nós e para as crianças da vizinhança. No carro, cantávamos tão alto juntas que as pessoas paravam para olhar. Uma dessas músicas, que minha mãe sabia desde a infância (e eu nunca mais consegui encontrar), tinha uma letra que falava assim: "*Um dia, conheci uma menina, eu a achei divina, pois tinha beleza de sobra. Ela tirou a perna de pau ao se deitar. Tirou a dentadura e os cabelos da cabeça. Dormi na cadeira, pois havia mais dela ali. Ah, elas não me enganam mais.*"

Todos os dias eram diferentes, e a diversão nunca acabava — até o momento em que acabava, sim. Um dia de banquete e um dia de fome, assim como fora a vida inteira da minha mãe. A labuta do cotidiano a lembrava de sua infância, quando a sobrevivência muitas vezes dependia do sucesso ou fracasso da colheita ou — no caso dela — de quantas moedas os bêbados haviam lançado no bar. Quando o dinheiro ficava escasso e nós não podíamos nos mudar para a casa da Vovó e do Vô, íamos para apartamentos baratos em San Fernando Valley, um lugar onde eu não me encaixava, pois nenhum dos nossos amigos morava lá. Eu não odiava o Valley em si, mas não gostava porque era equivalente a tempos difíceis e também porque sentia falta de estar em Hollywood. Sempre entendi a diferença, mesmo quando era pequena. Simplesmente sabia que não era o lugar onde eu deveria estar, mesmo tendo as melhores barraquinhas de hambúrguer e cachorro-quente. Assim que tinha bastante trabalho de novo, nós íamos embora daqueles apartamentos velhos e voltávamos para a cidade, para ficar mais perto dos nossos amigos e de todo o agito.

Era inquietante se mudar tanto de casa. Às vezes, eu acordava no meio da noite depois de um pesadelo e não sabia onde estava. Tinha que ficar deitada por alguns minutos para lembrar. Não é irônico eu ter escolhido uma carreira em que passei a vida toda na estrada e nunca sabia em que cidade ia acordar? Até hoje, ainda desperto algumas vezes sem saber onde estou.

Seja lá onde morássemos ou quanto dinheiro tivéssemos, minha mãe me emperiquitava toda no meu único vestido decente e sapato boneca com meias brancas de babadinho. E então me levava até o Hollywood Boulevard para andar na loja de departamento da Broadway antes de comprar cachorro-quente para nós duas. Sentadas dentro do carro comendo, minha mãe me contava histórias sobre as pessoas que passavam. Era fascinante, pois as pessoas que caminhavam pelo Hollywood Boulevard eram realmente peculiares e interessantes. "Está vendo aquele homem de azul? Aposto que é mágico", dizia ela. Ou: "Olhe as maçãs do rosto daquela moça. Ela poderia ser a próxima Joan Crawford." Minha mãe poderia ter sido a próxima Lana Turner, pois, vestida com um terninho feito sob medida com um chapéu combinando para complementar sua postura elegante (ela costumava me cutucar nas costas, dizendo: "Cher, ajeita a postura"), ela foi parada um dia na rua por um estranho que correu até ela e perguntou: "Você é atriz de cinema? Ah, só pode ser! Você parece uma estrela!" E ele tinha razão, ela parecia mesmo.

Quando os tempos estavam especialmente difíceis, nós deixávamos a Califórnia e íamos para o Texas. Eu devia ter uns 5 ou 6 anos quando fomos para Galveston, no Texas, onde papai arrumou um emprego. Eu ingressei em uma nova escola, e a Gee ficou em casa com a minha mãe. Uma das professoras me falou: "O jeito de lembrar o nome da nossa cidade, Cher, é pensar em *Gal* com um *vest*ido l*on*go." Depois da aula, minha mãe, Gee e eu íamos à praia, onde eu brincava toda feliz enquanto ela torrava no sol, um hábito que levei ao extremo na vida adulta. Apesar de ter medo do mar desde que levei um caldo quando era pequena, eu amava ficar perto da água com a minha mãe, e me lembro do Texas como um lugar feliz para onde o papai nos levou muitas vezes.

Não sei por que saímos de Galveston, mas eu nunca sabia de nada até o dia em que acontecia. Eu simplesmente precisava aceitar. Um dia, arrumamos as malas e nos mudamos 480 quilômetros ao noroeste para morar com as minhas tias Did e Ethel em Burleson, cidade natal do meu pai. Aquela cidade com uma única estrada de terra só tinha uma loja e um frigorífico onde os adolescentes passavam seu tempo, na falta de coisa melhor para fazer. As pessoas levavam seus vegetais para um galpão refrigerado, para serem congelados durante o inverno. A casa das minhas tias havia sido construída no século XIX e era tão pequena que eu dormia em uma alcova ao lado da cozinha, onde era protegida dos mosquitos por uma tela, mas aconselhada a tomar cuidado com escorpiões e cascavéis.

Minhas tias tinham pouquíssimo dinheiro e, sem nenhum banheiro dentro de casa, nós nos revezávamos para tomar banho na banheira de lata que enchíamos com água fervida no fogão e que ficava na cozinha, o único cômodo quente. Eu lavava os cabelos uma vez por semana, o que significava me deitar na tábua ao lado da pia com a cabeça apoiada para trás na borda, enquanto minha mãe passava xampu e desfazia os nós, e eu gritava de dor. Toda mulher na minha família deixava os cabelos compridos, até a vó Lynda (cujas tranças longas se estendiam abaixo da cintura, quando não estavam amarradas como uma coroa no topo da cabeça), então, minha mãe queria que o meu fosse comprido também, embora ameaçasse cortá-lo se eu não parasse de resmungar. Se tivesse levado a promessa a sério, acho que ela teria sofrido mais do que eu. Em certo momento, compramos um banheiro para elas, o que foi o fim da banheira na cozinha, e as duas ficaram muito entusiasmadas.

Aprendi a amar Burleson, e minha mãe adorava as minhas tias, mas não queria morar no Texas. Ela e meu pai começaram a discutir. Ou estavam perdidamente apaixonados, ou brigando até a morte. Depois de dizer ao meu pai pela milésima vez que não queria morar no Texas, minha mãe arrumou as malas enquanto ele estava no trabalho e nos levou de volta a Los Angeles. Não só meu pai não estava conosco como havia um estranho no carro, um homem que eu não conhecia. Fiquei puta. Não dei nenhuma confiança a ele, e certamente não gostei da maneira como eles se tratavam. Contei ao meu pai sobre o homem quando ele apareceu de volta em LA, o que deixou minha mãe furiosa. A briga que tiveram enquanto eu me escondia no quarto praticamente acabou com o casamento deles.

Voltei a Burleson décadas depois. Fiquei feliz pela cidade ser exatamente como eu me lembrava. Estacionei meu carro e, quando saí, me deparei com um senhor mais velho. Parada em seu caminho, ele me olhou com curiosidade, sorriu e perguntou: "Cherilyn Southall? É você? Caramba, menina, como cresceu!"

Até hoje, não faço a menor ideia de quem ele era. Não era da minha família, somente alguém que se lembrava de mim naquela pequena cidade. Fiquei impressionada e animada, apesar de não conseguir, de maneira alguma, me lembrar dele. Pela conversa educada que se seguiu, eu apostaria um bom dinheiro que ele nunca havia sequer ouvido falar de uma cantora chamada Cher.

4

unforgettable

Uma das minhas melhores memórias de infância foi o dia em que compramos nossa primeira TV. Minha mãe ia para uma consulta médica, e meu pai disse que haveria uma surpresa especial para nós depois. Eu estava pensando: *sorvete*. Em vez disso, ele nos levou até uma loja de eletrônicos onde tinha comprado uma TV gigante e incrível. Estava em um aparador de madeira de bordo. Eu nunca tinha visto uma TV em cima de um móvel. Provavelmente não era tão grande quanto parecia, mas lembro que minha mãe ficou extasiada. Levamos a TV para casa e meu pai e Kenny a colocaram no lugar, e todo mundo olhava para ela como se fosse um bebê. Eu queria ficar com os adultos fazendo *aaahhh* e *ooohhh*, mas meu pai arruinou meus planos dizendo que eu precisava tirar um cochilo antes de nos sentarmos juntos e assistirmos a um filme. Pensei: *Qual é o problema dele?* Fiquei me revirando para lá e para cá, mas não conseguia dormir. Passei o tempo sentada, olhando pela janela com o queixo apoiado nas mãos, até meu pai finalmente entrar no quarto. Jake e Kenny estavam na sala com a minha mãe, todos ao redor da TV. Então, o filme *O despertar do mundo* começou. Era inacreditável.

Victor Mature foi minha primeira paixão nas telas. Não sei por quê, mas eu o amava. Assisti a todos os seus filmes, incluindo *Paixão dos fortes*, que devo ter visto umas cem vezes. Minha mãe finalmente disse: "Bem, é óbvio que você gosta dele." Fiquei sem fazer ideia do que ela queria dizer com isso até muito tempo depois.

No período entre a infância e a adolescência, comecei a fantasiar sobre ser atriz. Minha mãe e eu amávamos entrar debaixo das cobertas juntas e devorar um balde de pipoca. Era o nosso momento especial. Naquela época, não era possível escolher o filme a que iríamos assistir, mas isso não fazia diferença alguma, pois eu amava todos. Minha mãe me contava sobre os atores e as atrizes, todas as fofocas de Hollywood que ela sabia. Cantar e cinema eram as coisas que ela amava e se tornaram o que eu amava também. Ela parecia gostar de todos os filmes que víamos, mas acho que gostava mais da minha reação do que do filme em si, eu via em seus olhos. Nós assistíamos a grandes clássicos, como *Gilda*, com Rita Hayworth, e *À meia-luz*, com Ingrid Bergman. Eu adorava Hedy Lamarr em *Sansão e Dalila*, e Betty Davis em tudo que ela fazia. Lana Turner era a atriz favorita da minha mãe, a ídola dela. Chegou até a pintar os cabelos de louro para ficar parecida com a atriz. Em *O amor que me deste*, Lana interpretava uma personagem chamada Snapshot, e Clark Gable fazia um cirurgião que se apaixonava por ela no pós-guerra. Era um dos meus filmes preferidos. Só voltei a assistir a ele uns trinta anos depois e senti na hora uma afinidade que não conseguia entender, tinha me esquecido completamente de tê-lo visto pela primeira vez ainda pequena, com a minha mãe.

Mas o filme pelo qual eu era doida era *Seu milagre de amor*, estrelando Dorothy Maguire e Robert Young, que teve um grande impacto em mim. O filme, do qual planejo fazer uma refilmagem antes de morrer, conta a história de um piloto veterano tragicamente desfigurado que foge para uma cabana remota após sua noiva o rejeitar. Lá, ele fica amigo de uma mulher de aparência comum. Quando se apaixonam, eles só se enxergam como lindos, graças à mágica da cabana encantada. É uma grande lição sobre a beleza estar nos olhos de quem vê — algo que carreguei para um filme que fiz muitos anos depois.

Com meu pai e minha mãe trabalhando, eles precisavam de uma babá. A vó Lynda não era uma opção, então a Vovó e o Vô assumiram esse papel. Os dois tinham uma relação tradicional, sob as regras masculinas. A Vovó fazia torrada com ovos e bacon, pãezinhos e suco de laranja fresco para o Vô toda manhã, mesmo que estivesse morrendo de pneumonia. Ele simplesmente esperava isso dela. Mas os dois se amavam do jeito deles.

A Vovó era uma exímia costureira. Tinha trabalhado na loja de moda Mildred Moore em Beverly Hills, que fazia roupas de alta costura para as mulheres. Trabalhava com os tecidos mais finos e modelava-os nos estilos mais chiques, transformando matéria-prima em lindas roupas. Fui abençoada pelo acesso que tive à minha avó. A Vovó também tinha uma coleção incrível de chapéus e bolsas com sapatos combinando para os seus pezinhos tão pequenos. Quando eu me comportava, podia passar horas brincando de experimentar tudo do seu armário, com a exceção dos sapatos, que não cabiam nos meus pés. Ela tinha pés minúsculos, como os de uma criança. Minha mãe me contou que todas as atrizes da época tinham pés pequenos como os dela.

Eu amava ficar perto da Vovó e, muitas vezes, me enfiava debaixo da máquina de costura Singer dela, enrolada em veludos e pedaços de seda ou brincando com botões da sua enorme caixa de costura redonda, enquanto ela criava roupas belíssimas para si mesma, para minha mãe e para mim. Ela dizia: "Estou confiando em você, Cher. Não perca nenhum botão." Posso jurar que separar aqueles lindos botões com *strass*, lantejoulas e madrepérola em pequenas pilhas despertou meu amor da vida inteira por coisas brilhantes. Pergunte a Bob Mackie. Continuo amando vasculhar aquela caixa de botões. Até hoje, é dos meus pertences mais preciosos. Caso você esteja se perguntando, Sam e Pete nunca puderam mexer na caixa de botões.

Minha mãe não era mais Jackie Jean, nem mesmo "Jack", a essa altura. Tinha mudado seu nome para Georgia Pelham em 1949. Sua melhor amiga Ann, de Fresno, havia morrido muito jovem de uma forma trágica; ela era de Pelham, na Geórgia. Minha mãe achou que um novo nome e uma nova cor de cabelos poderiam fazê-la parecer mais glamourosa. Como ela dizia: "Sempre estive a caminho do estrelato. Só nunca cheguei lá." Ela perdeu muitos papéis principais por se recusar a dormir com homens que lhe prometiam trabalhos. Décadas antes do movimento Me Too, os anos 1950 e 1960 eram a era do teste do sofá, e, apesar de a minha mãe ter sido abençoada com um rosto e corpo fenomenais, por dentro ainda era a menina ingênua do interior. Chegou até a dizer não para um convite pessoal do infame produtor cinematográfico, engenheiro aeroespacial e multimilionário Howard Hughes. Mais tarde, reclamou com amargura: "Eu podia ter tido meu próprio programa de TV se tivesse me deitado no sofá dele."

Quem atua nunca se esquece daqueles momentos excitantes quando recebe um telefonema dos seus agentes dizendo que agendaram um teste para um longa em um estúdio grande. No dia em que foi escalada para o teste para interpretar Angela, "a loura de olhos verdes e boa vida" no filme dos anos 1950 da MGM *O segredo das joias*, ficou superanimada. Seu agente disse a ela: "Eles querem alguém jovem e sexy, Georgia, então, pode colocar enchimento nesse sutiã." Extremamente nervosa, ela encontrou o diretor e fez o teste. No final, seu agente disse: "Garota, você conseguiu o papel!" Deve ter sido o dia mais feliz da vida dela. Cinco dias depois de não ter mais notícias do agente, ela descobriu que havia sido substituída por uma atriz desconhecida chamada Marilyn Monroe. Acabou sendo seu primeiro papel de destaque. Como minha mãe diria: "Filha de uma égua."

Minha mãe não teve muito tempo para pensar na decepção por não ter conseguido o papel em *O segredo das joias*, porque, pouco depois, descobriu que estava grávida. Sem perceber o impacto da sua gravidez na renda da nossa família, fiquei delirantemente feliz com o fato de que um bebê de verdade seria trazido para nós "por uma cegonha", que foi como me disseram que eles chegavam. Na mesma hora, esqueci que estava arrasada por meus pais não poderem me dar uma bonequinha de seis dólares que chorava "lágrimas de verdade" e fazia xixi na fralda — embora em algum momento eu tenha ganhado uma, provavelmente da Vovó e do Vô.

Com meu pai sem trabalho no momento e sem qualquer fonte de renda, nós nos mudamos de volta para a casa da Vovó e do Vô. Logo depois, insisti que queria cachear meus cabelos. Minha mãe concordou em me conceder esse desejo e me levou ao salão, onde usaram uma máquina elétrica de ondas permanentes muito doida que, por acidente, queimou os cabelos pretos sedosos com que eu havia sido abençoada e os transformou em cabelos frisados. Queimou tanto que eu parecia um polvo, e ela teve que cortar. Quando me olhei no espelho e vi meu corte de poodle horroroso, me debulhei em lágrimas.

Minha chateação foi esquecida quando a casa inteira foi acordada no meio da noite com o início do trabalho de parto da minha mãe. Estávamos em setembro de 1951, e fiquei louca de animação vendo minha mãe se lançar dentro do carro e ser levada para o hospital. Eu estava a ponto de ter um ataque de nervos quando ela retornou alguns dias depois com Georganne (em homenagem ao Vô George), que seria para sempre chamada de Gee. Mal podia esperar para brincar com a minha irmãzinha, mas eu devia ter cuidado com o que desejava, pois, desde o dia em que ela chegou, eu me senti invisível. Todo mundo era obcecado pela minha irmã. Todos em casa fumavam e ficavam de pé ao redor do berço fazendo biquinhos e gracejos, soprando fumaça na cara dela. Ninguém sabia que o cigarro matava naquela época. É óbvio que ela chorava o tempo todo.

Minha mãe estava extremamente ansiosa, e a bebê ocupava todo o seu tempo. Disseram para mim que eu era pequena demais para pegá-la no colo, então não podia brincar com ela como imaginei e mal podia chegar perto dela com todo o agito dos adultos. Decepcionada e magoada, fui para o quarto de hóspedes desenhar, meu novo hobby.

Meu pai deve ter me visto indo para o quarto, pois, alguns minutos depois, entrou e se sentou na beira da cama. Sabia exatamente como eu estava me sentindo, pois a primeira frase que saiu da sua boca foi: "Não entendo o que tem de tão incrível na bebê. Ela é só uma bebê, né? Não faz nada além de chorar. Não é nada divertida. Mas acho melhor a gente ficar com ela durante um tempo e ver como ela vai se sair. Agora, por que não vamos tomar um sorvete, eu e você?" Senti que meu pai entendia o que eu estava passando e como tinha ficado triste. Pensei: *Beleza, tenho alguém do meu lado.* E, como ele amava a nós duas igualmente, não me lembro de jamais pensar nele só como "o pai da minha irmã". Na verdade, eu sentia que a prioridade era minha porque nós estávamos juntos havia mais tempo. John Southall fez com que eu me sentisse vista pela primeira vez, e foi ele quem me ajudou a aprender a amar Gee, mesmo tendo perdido meu lugar precioso de filha única.

Aquele primeiro Natal com a minha irmã foi um dos melhores de que me lembro. Estávamos reunidos ao redor de uma árvore lindamente decorada na casa da Vovó e do Vô e todos os presentes já tinham sido entregues quando minha mãe apontou para uma caixinha e perguntou:

"O que é aquilo atrás da árvore?" Quando puxou, vi que o papel de presente tinha um gatinho de veludo em relevo, além do meu nome. "Você comprou isso?", ela perguntou para a Vovó. "Não, foi você?" A pergunta pipocou pela sala, com todos meio perplexos, até que meu pai falou: "Deve ter vindo do Papai Noel." Ofegante de animação, rasguei o papel, abri a caixa e encontrei um lindo gatinho de pelúcia com pelo amarelo e botões de vidro no lugar dos olhos. Fiquei apaixonada na mesma hora. Não consigo me lembrar do nome que dei a ele, mas carreguei aquele brinquedo até perder todo o pelo e se desintegrar completamente.

Estávamos todos muito felizes naquele primeiro ano de vida da Georganne, mas a embriaguez do papai ainda era um problema. Às vezes, ficava sob controle, mas quando ele bebia demais virava um cara horroroso. Ele começava brigas que se tornavam assustadoras, nas quais, muitas vezes, ficava violento. Perdia completamente o controle. Aprendi alguns truques para tentar distraí-lo se ele entrasse no estágio que acabava em lágrimas para todos os lados. Quando se é um alcoólatra, há sempre aquele último copo que transforma tudo em caos. Eu me sentava no colo dele ou o chamava para ir ao jardim comigo, mas, se não funcionasse, eu desaparecia e tentava me tornar invisível. Sentada quieta na minha cama, ficava uma pilha de nervos ouvindo meus pais gritarem no quarto ao lado.

Certa noite, estávamos na casa da modelo Betty Martin, que havia sido casada com o cantor Dean Martin por oito anos, até ele abandoná-la sozinha com os quatro filhos. A casa era em Holmby Hills, e Betty era famosa por dar festas havaianas conhecidas como luaus, decoradas com tochas de palha flamejantes e flores enviadas de Honolulu. Eu amava aquela casa gigantesca, a primeira em que entrei que tinha duas escadas, e as crianças eram enviadas por uma delas para passar a noite lá em cima. Mais tarde, meu pai enfiou na cabeça já embriagada que minha mãe estava flertando com alguém. Minha mãe não era necessariamente uma pessoa oferecida, mas os homens sempre acabavam seduzidos por ela. Enfurecido, ele a segurou pelos cabelos e começou a arrastá-la para fora da casa, mas, quando ela caiu dos saltos, continuou arrastando-a pelo chão de ladrilhos na frente de todo mundo. Nenhum dos homens fez nada.

Eu estava brincando com as filhas da Betty, e nós todas descemos a escada para ver o que era aquela comoção, bem no momento em que vimos

Betty, com seu 1,52 metro de altura, marchar até o meu pai, cutucá-lo no peito e gritar: "Ei! Ninguém se comporta desse jeito na minha casa. Se manda!" Minha mãe ficou visivelmente constrangida, todos os outros homens ficaram imóveis e eu senti meu rosto enrubescer de vergonha. Uma coisa era o meu pai se comportar daquele jeito em casa, mas em público era bem diferente. Mais tarde, Betty arrumou um quarto para mim e minha mãe. Sempre fui grata a ela por não termos que voltar para casa naquela noite.

Na manhã seguinte, fiquei brincando com as filhas dela, Deana, Gail e Claudia, que eram mais ou menos da minha idade. Elas disseram que eram amigas de uma outra família que morava do outro lado da rua, e nós decidimos lhe fazer uma visita. Quando entramos pela porta da frente, levantei os olhos e vi uma mulher pequenina e linda de pé no meio da escada gritando com alguém no andar de cima. Ela usava um salto alto e uma calça justa debaixo de uma saia curta fabulosa de um lindo tecido estampado. A blusa era da mesma estampa, com a gola para cima, e ela segurava o que imaginei ser um copo de suco de laranja.

Quando nos viu na porta, parou de gritar na mesma hora e disse: "O que estão fazendo aqui dentro, meninas? O dia está lindo. Vão brincar lá fora." Ela mandou sua filha mais nova, Liza, junto conosco. Fizemos o que foi mandado, e, quando nos sentamos nos degraus da frente da casa, Liza instantaneamente começou a cantar "Somewhere Over the Rainbow". Me lembro de pensar que aquilo era estranho, já que nunca tinha visto uma criança começar a cantar assim do nada, apesar de ela ser boa para caramba. Foi bem depois que percebi que ela era Liza Minnelli, e que a mulher na escada era Judy Garland. Hoje sei que provavelmente ela também não estava bebendo suco de laranja.

Apesar de a minha mãe amar o meu pai, havia momentos em que ficava tão arrasada que o abandonava por um tempo, o que era um movimento tão corajoso quanto burro para se fazer com duas filhas para sustentar. "Qualquer coisa é melhor que isso!", declarava ela antes de nos enfiar no carro e ir embora. O problema era que, cada vez que a relação terminava, ficava ainda mais difícil para ela pagar as contas. Minha mãe entrava em um modo de sobrevivência e, por consequência, eu também. Não ajudava o fato de termos de nos mudar toda hora e eu precisar trocar de escola, o que significava que tinha que aprender a me enturmar de novo ou tentar ficar escondida. Essa imprevisibilidade constante me deixou hipervigilante aos humores ao meu redor e me deu o que chamo de termostato emocional desregulado, uma vez que também comecei a ter extremas mudanças de humor. Há fotos minhas na infância em que estou com a cara amarrada e, segundos depois, fazendo uma pose de Rita Hayworth. Até hoje, sou capaz de pular da felicidade para o drama ou de uma pose alegre para Lady Macbeth em um piscar de olhos.

Encontrar trabalho como atriz sem um agente era muito difícil; portanto, no minuto em que minha mãe chegava em casa após um longo dia no set de filmagem, ela pegava uma lata de Dr. Pepper — seu refrigerante preferido, que se tornou o meu também — e começava a fazer ligações. Era terrível assisti-la e ouvi-la ligando por horas para todos os diretores de elenco tentando descolar um trabalho. Na época, os telefones eram de discagem giratória, e ela girava aquilo sem parar por horas e horas. Tentava falar com todos os diretores de elenco que conhecia, mas todo mundo estava ligando na mesma hora tentando os mesmos trabalhos, então, ela nunca sabia quanto tempo teria que ficar no telefone até conseguir alguma coisa. Aquela gente a amava porque ela era muito bonita, o que também podia ser uma desvantagem, pois ela não podia ofuscar a estrela, e por isso só a colocavam em cenas em que a estrela não aparecia. Se não continuasse tentando conseguir qualquer papel, sabia que suas rivais conseguiriam, cada uma delas na esperança de que um papel divisor de águas na carreira estivesse a um telefonema de distância. A coragem e a determinação da minha mãe me impressionavam, e eu me atentava a cada palavra dela, sabendo que o resultado ditaria o humor da noite.

Assim que o dia clareava, ela se levantava da cama e começava a se maquiar para qualquer trabalho que tivesse arrumado no dia anterior. Já era duro o suficiente para qualquer mulher deixar sua marca nos anos 1950, mas estar no sistema sexista de Hollywood deve ter sido ainda mais difícil. Todo o peso caía sobre os ombros da minha mãe. A não ser que fôssemos para a casa da Vovó e do Vô, ela não tinha apoio algum, quanto mais dos homens em sua vida, e nunca recebeu um centavo do meu pai biológico, Johnnie.

Minha mãe ficava exageradamente magra, pois algumas vezes não tinha como pagar o almoço no trabalho com os outros atores, e com frequência fingia que não estava com fome e só ficava tomando Coca-Cola. Com 1,70 metro de altura, ela não devia pesar mais de 45 quilos, e olhe lá. Também ficava doente de preocupação e parecia viver em um estado constante de estresse. Era impossível não absorver e sentir a tensão. Ela tinha jurado que seria uma mãe melhor que Lynda, mas era a primeira a admitir que muitas vezes falhava. E, embora reclamasse de Lynda todo santo dia — de tantas brigas que tinham —, de vez em quando ficavam unha e carne, o que era bastante confuso. Lynda amava minha mãe, mas achava difícil demonstrar de qualquer forma que não fosse passivo-agressiva e, quando o fazia, era algo passageiro, o que deixava minha mãe ainda mais insegura. Era tudo profundo demais para que eu pudesse entender.

Mesmo eu sendo muito nova, minha mãe me tratou como uma confidente adulta durante toda a vida. Nunca vou me esquecer de quando ela não aguentou e me perguntou: "Cher, como vamos fazer para pagar o aluguel?" Sem conseguir pensar em uma resposta, uma voz dentro de mim gritou: *Eu sou criança, mãe! Como vou saber?* Sempre fui mais velha do que minha idade real, talvez porque tenha sido tratada como adulta desde muito pequena.

Mudar tanto de casa exigia muita força de vontade, e, ainda assim, de alguma forma, ela conseguiu fazer isso incontáveis vezes, além de nos manter alimentadas e vestidas, apesar de vivermos como ciganas. Terminou o ensino médio trabalhando como doméstica e criou uma profissão estável para si. Fez o melhor que conseguiu. Nunca senti tanto orgulho como quando cheguei um dia da escola e a encontrei em cima do telhado, com pregos entre os dentes e um martelo nas mãos, trocando as telhas porque não tinha dinheiro para pagar alguém, um homem, para fazer o serviço.

Embora soubesse que minha mãe conseguia cuidar de nós, eu ainda sentia saudade dos períodos em que ela e meu pai ficavam unidos entre as brigas, pois nossa vida melhorava de imediato. Nós nos sentíamos seguras e protegidas com nosso pai lá. Todo mundo ficava mais feliz quando meus pais estavam juntos e nossa mãe não precisava trabalhar. Era só mais uma instância da minha infância sendo ótima e logo depois terrível. Aprendi cedo que a maioria dos adultos era imprevisível, portanto, não podia contar com eles e tinha que ficar constantemente atenta. Nunca quis uma vida tradicional, mas um toque de normalidade era bom de vez em quando.

Poucas crianças têm a oportunidade de ver sua mãe em uma luta com a vizinha na frente de casa, mas eu posso dizer que vi. Minha mãe estava se preparando para fazer o papel da rainha Anne da Áustria em uma versão para o teatro de *Os três mosqueteiros*, no Coronet Theatre. Enquanto encaracolava os cabelos em um milhão de cachos como Maria Antonieta antes de prendê-los em uma tiara, pediu para que eu soltasse nosso cachorro para que fizesse xixi. Quando abri a porta, o vira-lata peludo que chamávamos de Blackie fugiu, e não conseguia encontrá-lo até que avistei a intrometida que morava na casa ao lado arrastando-o para dentro da casa dela. Uma massagista sueca, ela parecia o Godzilla e vivia reclamando dos latidos do Blackie. Pouco depois, vi o caminhão do canil municipal estacionar lá na frente e comecei a entrar em pânico. Corri até minha mãe e contei para ela o que tinha visto. Ela abandonou o modelador e correu até o caminhão. O homem do canil já estava com Blackie preso e se recusava a devolvê-lo, pois ele não estava usando uma identificação. Ao me ver triste, ele amoleceu, disse que poderíamos buscá-lo à noite e foi embora.

Após prometer para mim que Blackie ficaria bem até que ela fosse resgatá-lo, minha mãe saiu batendo os pés até a casa da vizinha, subiu os degraus de concreto e bateu na porta. A mulher nem deu atenção. Eu nunca tinha visto minha mãe com tanta raiva, ameaçando acabar com a raça dela. A vizinha tinha três vezes o seu tamanho e, quando abriu a porta, lançou minha mãe de costas nos degraus de concreto. Furiosa e com cachos perfeitos, minha mãe pegou a mulher pelos cabelos e começou a girá-la no jardim. Eu não via alguém fazer aquilo desde quando assisti ao lutador preferido da Vovó, Gorgeous George, na TV. Enquanto olhava aquilo, boquiaberta, um homem do outro lado da rua gritou: "Pega ela, lourinha!" Quando conseguiu externalizar toda a raiva, os cabelos e a maquiagem já estavam destruídos, mas ela dirigiu até o teatro em seu Studebaker velho e fez a peça naquela noite, resgatando Blackie no caminho de volta para casa. Que mulher!

Com uma vida tão incomum, muitas vezes eu tinha dificuldade de me relacionar com as outras crianças com famílias "normais". Havia acabado de entrar em uma escola nova, e a professora anunciou o "dia de compartilhar". Na manhã seguinte, meus colegas se levantaram, um por um, e compartilharam os detalhes chatos de suas bonecas, brinquedos, animais de estimação ou o que tinham feito no verão com seus pais perfeitos, até que fiquei tão entediada que pensei: *Foda-se*. Não me importava com nada daquela vida boba deles. Já estava de saco cheio. Quando chegou a minha vez de falar, fechei a cara e disse: "Acho que isso é uma bobeira e que vocês são todos idiotas. Odeio estar aqui. Não vou compartilhar nada. Vou para casa." Em seguida, saí daquele prédio e ninguém tentou me impedir. Quando cheguei em casa e contei para a Vovó o que tinha feito, ela chorou de tanto rir.

Quando eu tinha 9 anos, tudo desandou de vez entre meus pais. Minha mãe tinha abandonado meu pai de novo e nós três estávamos morando sozinhas em nosso casebre em Corteen Place, em San Fernando Valley. As propriedades haviam sido construídas em um semicírculo em formato de ferradura, em uma rua sem saída ao redor de um pequeno jardim. Uma noite, o novo namorado da minha mãe, Bill, estava na nossa casa, e nós quatro nos sentávamos para ver TV. Eu detestava Bill e não conseguia entender o que minha mãe via nele. Durante um comercial, ela me mandou tirar o lixo. Fui até a cozinha, peguei o lixo e saí pela porta dos fundos, que bateu atrás de mim. O que não sabíamos era que meu pai estava na frente da nossa casa e ouviu a porta bater. Achando que Bill tentava fugir pelos fundos, ele saiu correndo do carro e invadiu a casa pela porta da frente. A porta se escancarou e bloqueou Bill do ângulo de visão do meu pai, que entrou na cozinha e saiu pelos fundos, pensando que estava indo atrás de Bill lá fora. Quando meu pai caiu na real e voltou para dentro de casa, percebeu que tinha perdido o idiota e lançou um copo de chá gelado contra a parede, espalhando chá e vidro por todo canto. Depois, foi até a cozinha e pegou a faca de cortar carne, que parecia maior do que nunca. Minha mãe pensou que ele ia matar todos nós. Como um louco, meu pai foi até o Cadillac de Bill e começou a perfurar o conversível, rasgando o teto e o interior de couro. Aproveitando a chance, minha mãe pegou o cobertor da Gee e me empurrou pela porta dos fundos, na direção da cerca de arame no fundo do nosso pequeno quintal. Descalça, como minha mãe e eu costumávamos ficar, pulei por cima da cerca com a ajuda dela, que me entregou minha irmã ainda bebê. Felizmente, Gee era pequena demais para entender o perigo, embora deva ter sacado nosso pânico. Na pressa de pular, minha mãe arrancou toda a unha do dedão do pé. Nós, então, corremos o mais rápido que conseguimos para a primeira casa que vimos com a luz acesa. O dedo da minha mãe jorrava sangue enquanto ela batia freneticamente na porta. Uma senhora de idade apareceu na porta, e minha mãe implorou: "Por favor, deixe a gente entrar. Meu marido está tentando me matar!" Nós nos escondemos lá até a polícia chegar. No fim, deixaram meu pai ir embora somente com uma advertência. Sempre davam a ele o benefício da dúvida. A atitude naquela época era dizer: "Ei, cara, se você ficar violento com a sua mulher, vai assustar as crianças, então saia daqui." O policial chegou inclusive a entrar na casa e perguntar à minha mãe: "Você acha que fez algo para desencadear isso?" Mas em segredo, achei o máximo o papai ter furado o carro de Bill.

Muita coisa acontecia nos fundos de casa. Foi no jardim dessa mesma propriedade que dei um mortal de costas do balanço certa tarde e caí com todo o meu peso na ponta de uma lata de café em que a Gee guardava seus gizes de cera. Sem a tampa, a borda da lata era muito afiada. Foi sangue para todo lado, minha perna ficou toda molenga e meus dedos do pé giraram em um ângulo incomum. Ao olhar para baixo, vi a pele esfolada até o osso. Era tanto sangue que comecei a gritar, chamando minha mãe. Ela permaneceu calma e envolveu meu pé em toalhas brancas, que não foram suficientes e ficaram vermelhas na mesma hora. Ela ligou para meu médico, mas ele não estava disponível, então corremos para a emergência. Ela era fabulosa nas crises. Entramos no hospital com meu sangue jorrando, mas tivemos que nos sentar e esperar. Eu me acalmei um pouco quando vi um homem asiático mais velho sentado na nossa frente, muito calmo, apesar de estar coberto de bolhas azuis gigantes. Vê-lo ali sentado, tão pacífico, me tranquilizou. Fiquei tão impressionada que ainda me lembro exatamente de como ele era. Minha mãe só desabou quando fui levada para o centro cirúrgico e os médicos começaram a usar uma ferramenta cirúrgica longa com garrinhas na ponta para puxar os tendões que tinham estourado como elásticos de borracha até a altura dos joelhos. Enquanto eu estava sedada na mesa de operação, os médicos contaram à minha mãe que meus tendões haviam sido rompidos. Ela ficou vendo enquanto eles inseriam a pinça de metal. Vendo a pressão da ferramenta debaixo da minha pele, ela desmaiou.

Precisei fazer uma cirurgia no pé esquerdo, e os médicos a avisaram que eu poderia perder o movimento total dele, embora ela tenha escondido essa informação de mim. Felizmente, minha tendência atlética natural e meu amor pela dança eram poderosos o suficiente para superar qualquer deficiência, embora esse episódio tenha me dado minha forma distinta de caminhar, que parece um trote. Durante semanas após a cirurgia, tive que usar um gesso que coçava para cacete. Perdi a conta de quantos palitos ficaram perdidos ali dentro enquanto eu tentava coçar minha pele que descamava. Anos depois, meu dedo ainda tinha espasmos e ficava paralisado em uma certa posição, e eu tinha que esfregá-lo para voltar a se mover. A única coisa boa desse acidente todo é que consegui ver papai, que nos visitou e me mimou muito.

Como ele e minha mãe terminavam com frequência, pensei que o último término fosse só mais um desses rompimentos e esperava que papai voltasse para as nossas vidas a qualquer momento. Quando isso não aconteceu e minha mãe pareceu esperar que o sumiço dele não fosse percebido, entendi pela primeira vez que o amor machuca. Mesmo sabendo que provavelmente ficávamos melhor sem ele, eu amava John Southall mais do que ele poderia imaginar. Fiquei profundamente triste, mas não podia nem contar à minha mãe o quanto sentia saudade dele, pois sabia que isso só a deixaria mais aborrecida. É bem verdade que, nos quatro anos em que ele esteve na minha vida, dos meus 4 anos e meio aos 9, testemunhei brigas terríveis. Me lembro de pensar: *Será que eles não ficam com vergonha de agir assim?* Eu o vi imprensar minha mãe na parede, arrastá-la pelo chão, derrubar portas e atacar fisicamente alguns namorados dela, mas essas explosões eram raras e sempre compensadas pela sua bondade. Eu tinha medo quando ele puxava o cinto da calça, mas nunca o confrontei, apesar de até hoje não suportar o barulho de cinto saindo dos passadores de uma calça.

Apesar da violência e do caos que ele trouxe para nossa vida, eu o perdoei. Ainda penso nele como meu pai. Ele amava a mim e a Gee de verdade. Sinto muito que minha irmã não tivesse idade suficiente para se lembrar dos bons momentos. Ele foi o primeiro homem que amei de forma incondicional, embora algumas vezes sentisse medo dele. Perdê-lo foi extremamente doloroso. Um dia ele estava lá e, no outro, não estava mais. Eu não percebi direito os sinais para me preparar para aquela perda.

5

i'm movin' on

Meus pais me deram um triciclo de presente e *aquelas* foram, de fato, minhas primeiras rodas. Eu me sentei no banco, olhei ao redor, olhei para os meus pais e pensei: *Tá certo, acho que aprendi tudo o que poderia com esses aí*. Tipo, era hora de partir. E, então, pedalei pelo complexo residencial e não fui, realmente, a lugar algum, mas tinha minhas rodas e me senti livre.

Aos 4 ou 5 anos, decidi fugir de verdade. Não sei o que aconteceu naquele dia específico, mas fiquei de saco cheio de todo mundo. Morávamos em Laurel Canyon, e fiquei sentada no meio-fio, ao lado da cerca de madeira da nossa casa, dizendo à minha mãe — que tinha vindo conferir se eu estava bem — que eu basicamente ia embora. Ela não se incomodou. Eu tinha comigo minha mala de boneca, em que levava seja lá o que uma criança dessa idade considera itens fundamentais. E então percebi que estava começando a escurecer e resolvi: *Vou esperar até amanhã*. Minha mãe falou: "Está bem, é uma boa ideia." Como sempre, ela me apoiou. Pegar a estrada começava a ser uma tradição para mim.

Distante dos amigos, minha mãe, Gee e eu morávamos sozinhas em um apartamento que eu detestava, lá para dentro de San Fernando Valley. Eu não estava indo bem na escola e sentia falta do meu pai, que tinha ido embora havia menos de um ano. Um dia, quando minha amiga Anita e eu voltávamos a pé da escola, vimos um descampado e passamos algum tempo deitadas na grama alta, onde joguei minha lancheira longe, tendo decidido que não precisava mais dela. Eu vivia decepcionada com o conteúdo mesmo, que costumava ser um sanduíche de pão de forma com uma maçã ou uma laranja (nunca uma banana, porque ela ficava toda esquisita; e eu não gostava, de qualquer forma). Se estivesse com sorte, havia um saco de salgadinhos e uma garrafa térmica pequenina de leite.

Olhei ao longe e avistei um velho cavalo cinza com manchas em um pasto gigantesco. Fiquei feliz, já tinha montado em pôneis antes, adorava ir ao Kiddieland (parque que inspirou Walt Disney) com minha mãe e irmã. Pulei a cerca e chamei Anita para vir comigo. Levei o animal de natureza doce até um bloco de concreto. Segurei firme em sua crina e montei em suas costas arqueadas. Aquele cavalo era velho. Quando Anita se sentou atrás de mim, nós cavalgamos aquele coitadinho o mais longe que conseguimos, até que o pasto chegou ao fim. A sensação de liberdade e aventura era uma coisa insana. Foi só a cerca de arame farpado no fim do campo que nos parou. Marcava o início de um trilho ferroviário no qual havia uma fila de vagões abandonados. Antes de pensar ou dar algum tempo para Anita discordar, gritei: "Vamos!", e dei pezinho para ela pular a cerca. Não sei como conseguimos. Eu tinha assistido a filmes em que bandidos e indigentes andavam pelos trilhos para fugir de seu passado, e aquele trem parecia exatamente como o dos filmes — sujo e úmido, cheio de palha no chão. Por sorte, estava desocupado.

Acomodada em um canto, rindo, mal podia esperar para contar aos nossos amigos o que havíamos feito. Nossa conversa infantil foi interrompida por um tranco repentino, e o trem começou a andar. Nós nos levantamos, olhamos pela janela e o cavalo nos encarou enquanto nos distanciávamos lentamente. Anita ofegou, e eu gritei: "Uhuuuul! Isso é muito melhor do que cavalgar!" E, então, quando nosso vagão saiu da cidade, a realidade veio à tona. Em cerca de uma hora, a luz do dia foi diminuindo e minha colega de fuga começou a chorar.

Tentei animá-la, mas ela não conseguia ser confortada. Quando sentimos que os vagões começaram a desacelerar antes de parar em uma estação de carga em algum lugar perto de Santa Ana, Anita correu até a porta e eu a ajudei a saltar para os trilhos. Não tive escolha a não ser segui-la, pois não era corajosa o suficiente para seguir sozinha. Caminhando pelos trilhos, vimos um trabalhador ferroviário e pedimos ajuda. Surpreso de ver duas meninas no meio do nada, com a noite caindo, ele nos levou até um telefone público e nos deu um punhado de moedas. Depois que Anita ligou para a mãe, aos prantos, percebi que era melhor ligar para a minha também. Ouvi seu suspiro inicial de alívio por eu não estar morta. Ela não estava trabalhando naquele dia e ficara me esperando, preocupada, em casa. Mas, no meio da nossa conversa, ouvi o tom da sua voz mudar e soube que ela estava ficando brava.

"Espera. Onde exatamente você está?", perguntou. "Cherilyn, o que você fez?" O uso do meu nome inteiro normalmente significava que eu estava prestes a levar umas boas palmadas.

Comecei a contar a ela o que tinha acontecido, mas não entrei em detalhes. "Nós vimos um cavalo e ele parecia muito solitário, então fomos dar uma volta cavalgando nele...", falei, sabendo que nada de bom viria do que eu dissesse depois. Lembrei que uma das coisas mais estranhas da minha mãe era que, por pequenas infrações, ela ficava inacreditavelmente brava, mas, quando eu fazia algo grandioso, ela ficava chocada ou tão aliviada por eu estar viva que em geral me liberava sem castigo. Ou ela dizia: "Bem, espero que tenha aprendido uma lição, mocinha."

Não sabia se ela ia surtar ou ficar tranquila, mas, após uma pausa breve, ela disse apenas: "Vou aí te buscar." Como que por milagre, ela até que estava calma quando chegou, após dirigir os sessenta e tantos quilômetros até nós. Então, dando uma única olhada em mim, gritou: "E o que você fez com a sua lancheira?"

Dei de ombros. "Joguei fora."

Minha mãe falava muito palavrão em casa, mas não tanto em público, a não ser que estivesse furiosa. Então, quando ela gritou: "Por que você fez essa merda?", eu sabia que estava ferrada.

Constrangida, respondi: “Era só uma aventura.” E então: “Não cheguei tão longe quanto gostaria.” Eu e minha boca grande.

Foi só bem depois, quando estava deitada na cama, de castigo, que a ficha do que eu tinha feito caiu. Eu havia subido em um cavalo e pulado dentro de um trem, e tudo tinha valido a pena.

Aos 10 anos, eu tinha tantas cicatrizes que minha mãe e a Vovó fizeram uma aposta de que eu jamais chegaria aos 21. Ia ao pronto-socorro com tanta frequência que minha mãe pensava se não deveria sempre parar lá primeiro na volta para casa.

Todo mundo na família tinha um grande senso de humor, mesmo que fosse um pouco inapropriado. Na maior parte do tempo, eu me comportava bem e era quietinha, mas, de repente, uma chave virava dentro de mim. Certa vez, fiz uma brincadeira com meu tio Mickey e coloquei um grilo em um envelope e entreguei a ele. Mickey tinha pavor de insetos e, quando abriu o envelope endereçado a ele, surtou. Ele me perseguiu porta afora. Corri e tentei escalar a cerca. Ele me pegou pelas pernas, me puxou para baixo e amassou o inseto na minha cara. Eu deveria saber que ele ficaria irritado. Quando morávamos em Laurel Canyon, em um dia muito quente, deixamos a porta aberta e uma tarântula entrou, sorrateira como de costume. Foi Mickey que a avistou. Ele subiu no sofá e começou a gritar: “Pega ela, George! Pega ela, George!” Minha mãe bateu na aranha com uma vassoura, mas as perninhas dela continuaram andando. Meu pai só ficou lá sentado.

Logo antes de eu fazer 10 anos, nós nos mudamos para o que foi minha casa favorita e o lugar mais aconchegante em que moramos. Era o paraíso para mim. Apesar de o nosso bangalô de madeira de dois quartos e um banheiro na Beeman ainda ser no Valley, aquela casinha se tornou um divisor de águas na vida de nós três depois que o papai foi embora. Tinha a decoração de uma cabana na serra, com painéis nodosos de pinheiros e uma lareira de verdade na sala, com pés de damasco e pêssego no jardim. Minha mãe, que nunca havia colocado papel de parede em nenhum lugar na vida, aprendeu em um dia como fazer e decorou o quarto que eu dividia com Gee com uma estampa linda de borboletas azuis, que combinava com nossas colchas, e achei que aquilo significava que éramos ricas. E o melhor de tudo era que Jake morava bem próximo, e isso era uma bênção. Ter Jake por perto sempre deixava minha mãe calma. Ela causava esse efeito em todos ao redor, mas principalmente na minha mãe. As duas eram melhores amigas.

Jake, espontânea e divertida, era uma segunda mãe para mim, uma mulher que dava jantares coletivos do nada, chamando todo mundo e mandando trazerem algo para comer e beber. Ela nunca ficava brava. Seria preciso caminhar uns 8 mil quilômetros em qualquer direção para encontrar alguém que não amasse Jake, e eu a adorava, mas não só porque ela me deixava ler suas revistas de fofoca depois que terminava. Ela tinha sido cantora de sucesso com o nome artístico Jacquie Reach, e voado por todo o Pacífico entretendo tropas durante a guerra. Quando voltou para casa, passou a ganhar a vida cantando em boates antes de se casar com Kenny e ter seu filho Kevin, que dava um trabalhão. Ele brincava com a Gee de vez em quando, o que era uma surpresa, pois, enquanto ela vivia com a cara enfiada nos livros, ele estava sempre se metendo em encrenca. Minha mãe tinha dado um jeito de conseguir um Cadillac usado, não sei como. Logo, Kevin entrou no carro com um isqueiro e deixou marcas de queimadura em todo o couro. Minha mãe ficou muito brava, e Jake só disse: "George, desencana, já foi." Nada a abalava. Às vezes, Jake cantava para nós, e eu amava sua voz, sobretudo quando cantava minha música favorita "All the Things You Are". Tenho uma vida inteira de memórias felizes com Jake e Kevin. Ela era parte da minha família. Minha irmã tinha urgência na voz quando me ligou décadas mais tarde para contar: "Jake está morrendo. Vem logo." Fui o mais rápido que pude. Entrei na casa e ela estava dormindo, tão pálida após uma vida inteira de bronzeado e bochechas rosadas, então agarrei seus pés, sacudindo-os, e disse: "Ei, que porra você acha que está fazendo?" Ela abriu os olhos e respondeu: "Cher...", ao que falei: "Não me venha com essa de Cher. Pode acordar!" Quando saí da casa, ela estava com as bochechas rosadas de novo, cantando todas as suas antigas músicas, incluindo a minha favorita. Foi a última vez que a vi, mas a amarei para sempre.

A propriedade de Beeman era de um casal sulista que amava minha mãe como se fosse filha deles. Sempre que ficava disponível, eles avisavam e nós três nos mudávamos de volta para lá, se ela pudesse pagar o aluguel. Acho que fizemos isso umas três vezes, e em alguns períodos moramos lá com o tio Mickey, que dividia uma cama de solteiro com a mulher, Rita, enquanto Gee e eu dividíamos a outra, e a minha mãe ficava com a única cama de casal. Mick era meu parente preferido, apesar de ter amassado um inseto na minha cara. Era a pessoa mais engraçada que já conheci, e minha mãe sempre ficava de bom humor quando ele estava por perto. Com bem mais de 1,80 metro de altura, ele era louro e lindíssimo. Após uma infância quase tão instável quanto a dela, ele se alistou no exército. Quando saiu da corporação, casou-se com minha linda tia Rita, e os dois davam aula na escola de dança Arthur Murray. Rita teve as pernas esmagadas em um acidente quando estava comprando gelo. Um homem deu ré em cima dela, e um médico lhe disse que ela perderia uma das pernas. Ela respondeu: "Mas aí eu não vou poder ensinar você a dançar." Ela não perdeu a perna e se tornou uma grande dançarina. Ela e Mickey costumavam levar trabalho para casa e, em um dia qualquer, eu os encontrava praticando mambo e chá-chá-chá pela nossa sala de estar minúscula, e tentava me juntar. Eles me apresentaram à música de Tito Puente, que se tornou meu segundo herói musical depois de Hank Williams. Às vezes, um pouco alucinados demais da maconha que escondiam em um ninho de pássaros no jardim da casa, eles convidavam uns amigos e, de repente, tínhamos uma festa.

Fazíamos excelentes churrascos para comemorar o Quatro de Julho na Beeman, comendo frango frito, milho na espiga e salada de repolho, antes de soltar fogos de artifício com os vizinhos, incluindo Mary e Hans, um simpático casal holandês que tomava conta de mim e da minha irmã de vez em quando. O homem tinha feito parte da resistência e sido levado para um campo de concentração durante a guerra. Conseguira dar um jeito de fugir. Lembro que ele sempre trocava os sapatos por pantufas quando chegava em casa. Um ano, correndo descalça, queimei a sola dos meus pés em uma faísca. Nunca mais cometi esse erro.

Em um Dia das Bruxas, minha mãe me deixou usar sua saia longa e sua blusa fluida, e passou um pouco de batom e rímel em mim, a primeira vez na vida que tive permissão de usar maquiagem. Eu pulava na ponta dos pés de animação enquanto ela me maquiava, desesperada para sair parecendo adulta. Quando olhei meu reflexo no espelho, a transformação era incrível.

Foi quando morávamos na Beeman que comecei a brincar de apresentar peças de teatro para minha mãe e Jake, delimitando um espaço para o palco no chão da nossa sala. Eu amava entretê-las. Esticava um varal de parede a parede e pendurava um cobertor trançado por cima, como uma cortina. Minhas primeiras apresentações eram esquetes curtos escritos e atuados por mim, além de também ser a produtora e a diretora, enlouquecendo com cada produção, como um magnata atormentado de Hollywood. Tenho certeza de que ver minha mãe na escola de teatro despertou meu amor pela atuação, mas, como tantas pessoas no show business, eu também era muito tímida, o que nunca combinou com minha vontade de subir no palco. Talvez fosse uma necessidade de me expressar de um jeito além de simplesmente cantar e dançar sozinha, que nunca era suficiente. As pessoas costumam pensar nos artistas como extrovertidos, mas isso nem sempre é verdade. Conheço muitos grandes artistas que são extraordinários no palco, mas não fazem nada parecido quando estão fora dele. Muitas vezes, parece que há duas Cher dentro de mim — uma que fica ansiosa ao pensar em subir no palco e a outra que se sente completamente em casa sob os holofotes. Testar esse paradoxo com minha mãe e Jake era fácil — elas eram uma plateia incentivadora, e minha mãe amava o fato de eu ser como ela nesse quesito. Por ter sido carregada pelo país inteiro para se apresentar na minha idade, ela sempre aplaudia com entusiasmo e me parabenizava por cada produção.

Gee era minha assistente e sempre interpretava o papel da mocinha, usando tranças entrelaçadas com um fio de lã. Ela era pequena demais para decorar falas, então eu lhe ensinava algumas ações básicas e a deixava improvisar. Normalmente, eu era o homem, e fui ficando tão exibida que montei uma performance inteira de *Oklahoma!* praticamente sozinha em uma das tantas escolas que frequentei. Era uma escolha óbvia após assistir à minha mãe interpretar Laurey, então tentei fazer uma versão Cher da peça que me causou tamanho *frisson*. Não sei como tive tanta coragem nem por que minha professora de música me deixou seguir adiante com essa ideia, exceto pelo fato de ter descoberto que pelo menos eu conseguia sustentar uma nota. Escolher o elenco era meu maior problema, já que crianças do quarto ano não são tão interessadas em ajudar a montar uma produção completa da Broadway, portanto, eu fazia tudo sozinha. Só convenci um menino e quatro meninas a participar, e eles eram tão ruins que eu tive que fazer todo o resto: interpretar o papel de todo mundo, de Laurey ao vilão Jud, ainda mais quando o menino que fazia o papel dele desistiu no meio da apresentação. Reclamando que precisava de mais tempo e pessoas, acabei cantando todos os números principais, de "Pore Jud is Daid" a "I Cain't Say No". Para minha primeira apresentação da vida, acho que até que fomos bem… Mas foi um caos.

Frequentar aquela escola me trouxe alguns dos dias mais felizes da minha infância, e lá fiz bons amigos. Dava para fazer tudo a pé na vizinhança e, como líder não oficial da nossa gangue de "pequenos trombadinhas", era eu quem liderava os outros, corria mais rápido e escalava as árvores mais altas. Era o paraíso para crianças, e nós apostávamos corrida para lá e para cá o dia inteiro, e nunca ficávamos sem algo para fazer. Durante um extraordinário verão, nós brincamos de corrida de cilindro, na qual rolávamos descalços sobre um conjunto vazio de cilindros de tambor de água de cerca de 1 metro de altura. Convenci meus amigos a subir naquele tambor de água velho e enferrujado, para que pudéssemos rolá-lo. Um homem às vezes aparecia e gritava conosco por estarmos brincando com aquilo. Quando ele ia embora, continuávamos a brincadeira. Imaginei que seria fácil entrar para um circo.

Se minha mãe tivesse dinheiro na bolsa, Gee e eu podíamos comprar um picolé de dez centavos do homem do Good Humor, cujo caminhão refrigerado tocava uma melodia ao andar devagar pela nossa rua. Assim que ouviam aquela música, todas as crianças corriam até a mãe e imploravam por dinheiro para comprar uma bomba de chocolate ou um sanduíche de sorvete. Melhor ainda era o homem da Helms Bakeries, que dirigia uma van enorme e tocava um apito de navio para avisar que havia chegado. Assim como o homem do Good Humor, ele usava um uniforme com boné e gravata, só que era cáqui em vez de branco. Ele passava durante o ano inteiro e, como minha mãe também adorava doce, nós sabíamos que tínhamos uma boa chance de conseguir uma guloseima se ela saísse de casa e o visse junto conosco. A van tinha gavetas gigantescas na parte de trás, repletas de doces deliciosos, como donuts glaceados, cookies e meus preferidos: quadradinhos de nozes com açúcar de confeiteiro — sessenta centavos por uma latinha de vinte por 25 centímetros. Quando ele abriu as gavetas diante de nossos olhos, decidi que queria me casar com ele quando crescesse.

No meu aniversário de dez anos, minha mãe fez uma festa para mim no jardim da frente da nossa casa. Já tinha se passado um ano desde que meus pais haviam se separado e, apesar de a casa estar lotada de gente, ainda parecia que faltava uma pessoa. Meu pai agora morava no Texas com sua nova mulher, uma menina de 19 anos que ele tinha trazido para nos conhecer na sua última visita. Jane era muito bonita, com os cabelos ruivos, pele clara e olhos verdes. Eu era louca por ela — e ele também. Até minha mãe gostava dela. Jane e meu pai se mudaram para Burleson, onde planejavam começar uma nova família, então me dei conta de que era melhor não pensar mais nele. Eu era só uma criança, mas já tinha aprendido a engolir a tristeza — algo em que me tornei muito boa mais velha.

O divórcio dos meus pais não impediu que víssemos a Vovó e o Vô, que compareceram à minha festa junto com Jake, Kenny e todos os amigos da minha mãe. Todo mundo foi. Minha mãe tinha feito um excelente trabalho para tornar a festa um momento especial, decorando nosso jardim com balões e uma árvore com pirulitos. A Vovó e o Vô me compraram um bolo de aniversário de 1,79 dólar da Ralphs Bakery, uma tradição de longa data da nossa família. Tinha sorvete e jarras de chá gelado. Nós brincamos de jogos bobos como cabra-cega, que minha mãe se lembrava dos seus dias mais felizes da infância em Arkansas. A Vovó também me deu um biquíni listrado de branco e rosa lindo, que chegou em uma hora perfeita, já que o meu antigo estava se desfazendo. Eu amei. Minha mãe sabia que o que eu realmente queria era uma bicicleta de corrida, pela liberdade que me daria. Eu era a única criança do meu grupo que não tinha uma e pegava emprestada de um amigo ou ia de carona no guidão da bicicleta de alguém. Mas jamais ousaria pedir uma bicicleta de presente, pois sabia que minha mãe não tinha dinheiro para isso.

No meio da festa, ela saiu no seu Pontiac verde caindo aos pedaços, e eu imaginei que o sorvete devia ter acabado. Dez minutos depois, ela estacionou na calçada e abriu o porta-malas, e fiquei boquiaberta. Lá estava uma bicicleta marrom inglesa linda, com listras douradas, três marchas e pneus finos. Não se parecia com nenhuma bicicleta americana que eu já tinha visto. Todo mundo se reuniu ao nosso redor, rindo alto, enquanto minha mãe me dava o presente que havia comprado na promoção, de uma amiga que tinha uma loja de produtos esportivos. Eu a abracei. Estava chocada. Segurei no guidão, e as pessoas aplaudiram e riram.

Pela primeira vez desde o meu triciclo, quando estava com 4 anos de idade, eu tinha minhas próprias rodas. Sem pensar muito, descalça e vestindo só meu biquíni novo, pulei no banco e saí pedalando. Deixei para trás minha festa, meus amigos e as risadas. Pedalei, pedalei e não voltei pelas três horas seguintes. Não consigo me lembrar de onde fui, mas só fui seguindo, pedalando pelo bairro, saindo da segurança das calçadas para me enfiar no meio de uma rua movimentada. Quando enfim voltei para casa, logo depois do pôr do sol, encontrei minha mãe me esperando na varanda da frente da casa. Ela não gritou, o que era estranho. Em vez disso, falou calmamente: "Todo mundo já foi embora, Cher. Você se divertiu?"

"Sim, mãe. Eu me diverti."

Agora que eu já tinha dois dígitos de idade, a encrenca passou a ser também em dose dupla, uma vez que eu estava começando a reparar nos meninos. Não fui de uma menina boa para uma menina má, mas de uma menina boa para uma menina desenfreada. Um garoto bonitinho chamado Milton Broadlight, que tinha sardas e estava no sexto ano, me deu uma pulseira de flor para usar no que era basicamente um convite para brincar juntos. Nós tínhamos 10 anos. No final, ele me beijou, e eu pensei: *Ah, isso é legal.* Yan Kovaleski também era da nossa turma e me deu uma flor, um vidro de perfume e um sabonete decorativo. Pensei: "Ele deve ser rico."

Não havia muitos beijos rolando em casa, já que minha mãe trabalhava o dia todo e só saía para encontros de vez em quando. Lou era o nosso preferido, pois nos fazia rir e me ajudou a tirar dez em um trabalho da escola. A essa altura, se minha mãe não gostasse de um cara, ela o cortava logo e era sempre muito protetora comigo e com a minha irmã, dizendo constantemente para a gente: "Não falem com estranhos. Nunca entrem no carro de ninguém, mesmo que a pessoa diga que tem bala ou um filhotinho de cachorro lá." Eu já era bastante tímida, tanto que, durante um bom tempo, tive vergonha até de pedir informação pelo telefone e falar com um desconhecido. "É só uma voz, Cher", dizia minha mãe, me repreendendo. "Ninguém pode te machucar pelo telefone." Ora, eu não queria colocar um garfo pequeno na gaveta junto com um garfo grande porque ficava preocupada de o garfo grande maltratar o pequeno! Esse era o tanto que eu era intensa, e tenho certeza de que muitas vezes levava minha mãe ao limite.

Em outro aniversário, de 11 anos, acho, ela me deu um conjuntinho lindo de saia e blusa. A parte de cima era regata, azul-clara com nuvens brancas fofas, e a saia tinha nuvens também, mas que se transformavam em flores. Era tão bonito que resolvi usar em um domingo na igreja. Minha mãe estava em uma das suas fases "vamos experimentar todas as religiões", e naquela semana nos deixou na igreja luterana, onde passei cerca de uma hora feliz da vida colorindo um livro de parábolas. Depois, Gee e nosso amigo Bobby correram um quarteirão e meio comigo até a loja de conveniência do casal Hornsby, que davam uma guloseima de graça para qualquer criança que estivesse fazendo aniversário. No caminho, conversamos animados sobre se escolheríamos chocolate, sorvete, Coca-Cola ou as balas compridas de alcaçuz que vinham em uma caixa, separadas com papel de seda. Estávamos nos divertindo tanto que esqueci completamente que nossa mãe ia nos buscar na igreja naquele dia. Ao chegar lá, descobriu que tínhamos ido embora, e alguém disse a ela que achava que um homem tinha nos levado. Foi aí que minha mãe ficou histérica e começou a dirigir pelo bairro, em pânico. Quando nos encontrou em casa, no nosso quarto, comendo doce, começou a chorar tanto que mal conseguia falar. Correu até o quarto, bateu a porta e começou a soluçar tão alto que conseguíamos ouvi-la através da parede. Eu nunca quis deixá-la chateada; simplesmente esqueci. Sempre que ela ficava sem energia emocional, se recolhia na cama, e eu sabia que devia deixá-la em paz.

Quando ela não tinha dinheiro para pagar o aluguel de Beeman por causa do trabalho escasso, nós arrumávamos nossas coisas e partíamos. Era sempre assustador e incômodo, pois nunca sabíamos onde iríamos parar. Mas a pior vez de todas foi quando ela estava tão dura que não conseguiu pagar por um lugar para podermos morar todas juntas. Gee e eu fomos morar com a Vovó e o Vô na casa deles em La Puente, trinta quilômetros ao leste do centro de Los Angeles. No início, não liguei muito, pois foi onde o Vô me ensinou a dirigir o seu Ford, mas a escola em La Puente era muito mais difícil do que a que eu estava acostumada. Havia brigas, e as pessoas eram más. Um dia, fui a uma feira e um grupo de meninas da minha escola chegou correndo perto de nós gritando: "Corram! Rápido! Tem umas meninas atrás de nós. Elas têm tesouras e estão cortando os cabelos das pessoas." Eu *definitivamente* não queria que cortassem os meus cabelos. Todo mundo na minha família, minha mãe, minha irmã e minha avó, tinha cabelos compridos. E certamente não queria que fosse cortado por um monte de idiotas que não eram treinadas para isso e provavelmente teriam cortado a minha orelha também. Corri, e nós escalamos uma cerca de arame para fugir. Na escola, havia pelo menos um menino que era legal e conversava comigo de vez em quando. Uma vez, a namorada dele viu nós dois conversando por alguns minutos. Mais tarde, quando me encontrou, ela abriu o armário e forçou a minha cabeça lá dentro, tentando fechar a porta em cima de mim. Ela era alta e loura, com os cabelos curtos. E me disse: "Me encontra no estacionamento." Pensei: *Que merda será que vai acontecer lá?* Achei que ela fosse me matar. Vi um grupo de pessoas se reunindo no estacionamento e achei mesmo que a menina fosse me dar uma surra. Quando cheguei lá, um milagre aconteceu. Só me lembro de ouvir uma buzina. Olhei e vi a minha mãe dentro do carro. Ela abriu a porta e falou: "Entra." Quando saímos, vi as pessoas da minha escola aglomeradas. Sei exatamente o que aquela garota teria feito comigo. Ainda bem que a minha mãe chegou.

Gee não foi tão afetada quanto eu em La Puente. Ela ficava bem confortável com a Vovó e o Vô. Afinal de contas, tinha nascido na casa deles. Eu só queria ficar com a minha mãe.

Ela permaneceu na cidade para continuar disponível para testes e esperava nos reunir de volta em breve, mas a separação durou quatro meses. Ela penhorou os nossos móveis e alugou um apartamento minúsculo de um quarto na garagem de uma ruela, com um frigobar, um fogão elétrico emprestado e um colchão no chão. Todo domingo à noite, nós nos encontrávamos para jantar em um restaurante, pois ela não tinha uma cozinha onde pudéssemos preparar uma refeição. Sozinha, sem dinheiro, com 31 anos e incapaz de cuidar das próprias filhas, minha mãe chegou perto de surtar e, mais tarde, confessou que passou por tantos ataques de pânico graves que quase saiu correndo e gritando pela ruela de camisola — qualquer coisa para sair daquele lugar.

Ela não foi a única que sofreu durante aquele período terrível. Eu me debulhei em lágrimas em um domingo à noite, no nosso jantar. Aos prantos, falei: "Não consigo mais viver assim, mãe. Quero morar com você." Ela me contou que só tinha um colchão. Eu disse: "Não ligo. Posso dormir no chão."

Ela me respondeu: "Você viu como eu estou vivendo, Cher? Não tenho nem um único móvel e não tenho como mandar você para escola de lá.

A assistência social a tiraria de mim." Eu sabia que ela estava certa, mas pensei: *Resolve isso, então.*

Ainda estava triste quando cheguei de volta à casa dos meus avós, mas não quis contar a eles, pois não queria parecer ingrata nem magoá-los. Corri para dentro de casa, enchi a banheira e chorei muito debaixo d'água. Levou 25 anos para que um banho de banheira quente não me deixasse com vontade de chorar.

6

because you loved me

A escola nunca foi fácil para mim, apesar de alguns momentos bons. Eu adorava desenhar, praticar esportes e as aulas de história. Era muito boa em *kickball*, queimada e handebol, e todos os garotos me queriam no time. Ainda assim, eu era a aluna mais pobre da sala e muitas vezes me sentia constrangida e isolada.

Houve um tempo de tamanha pobreza que o meu sapato Oxford estava se desfazendo, e tivemos que reforçá-lo com papelão para cobrir o buraco e passar elásticos para impedir que a sola descolasse. Parecia um romance de Dickens. Eu implorei para a minha mãe me deixar ficar em casa até ter dinheiro para comprar um sapato novo, mas ela não permitiu. Sabendo que eu preferiria fugir a encarar os meus colegas, ia comigo até o portão da escola, até estar à vista da professora, para que não pudesse escapar. Ainda assim, eu queria morrer, mas ela me disse:

"Já ouviu falar do homem que chorou porque não tinha sapatos, até que viu o homem que não tinha pés?"

Quando ela dizia esse tipo de coisa, eu queria estrangulá-la.

O final do quarto ano da escola, depois de papai ter nos deixado, foi o pior de todos para mim. A única parte boa era o meu professor preferido, o sr. Shippo, que entendia muito de história, e a maneira como ensinava despertou meu amor pela matéria. Era um homem bondoso, de uns 35 anos de idade. Amava falar sobre história e fazia debates com a gente. Dava vida à matéria, em vez de simplesmente nos mandar ler. Foi a primeira pessoa a tentar me explicar o Holocausto. Um dia, eu estava procurando algo em uma enciclopédia e me deparei com uma foto de diversos corpos nus empilhados, um sobre o outro. O corpo de cima tinha a cabeça caída para trás, a boca aberta e o olhar perdido. Nunca vou me esquecer daquela imagem, consigo vê-la até hoje na minha mente. Era horrível. Fui até o sr. Shippo e perguntei o que significava. Ele me levou para o pátio, passou o braço sobre os meus ombros e me contou o que havia acontecido. Eu não sabia que existiam coisas no mundo que podiam ser tão terríveis. Ele viu como aquilo me deixou triste e explicou de um jeito bastante delicado.

Era uma tradição que os alunos se arrumassem para o último dia de aula, mas, no fim do quarto ano, minha mãe não tinha dinheiro para me comprar nada especial. Ela escolheu uma sandália marrom horrorosa que estava com desconto e, ao calçá-la sem meia, eu parecia um velho de Palm Beach. Odiei tanto aquela sandália que preferia ter calçado a sua caixa de papelão. Depois, passei as pregas do vestido salopete rosa todas erradas e não quis ir para escola, mas a minha mãe se recusou a me deixar ficar em casa. Na esperança de permanecer invisível, quase morri quando a garota mais pobre da nossa turma chegou com um vestido branco de nylon com flores pretas e um sapato boneca combinando. Tentei ser corajosa, mas uma menina malvada da minha turma olhou para mim de cima a baixo e disse: "Ah, Cher, você resolveu não se arrumar para hoje?" Eu queria que um buraco se abrisse no chão dali até a China.

Depois disso, eu tirava aquele calçado tenebroso em qualquer oportunidade, correndo descalça, mas isso só fez com que a sandália durasse mais. Apesar de ter milhões de sapatos hoje em dia, ainda sou mais feliz descalça e só calço algo se estiver com frio ou precisar sair de casa.

Por ser uma criança que fantasiava em ter roupas lindas um dia, eu achava algumas das roupas que a minha mãe comprava para mim constrangedoras, ainda mais as de segunda mão. Ela era mestre em encontrar coisas em brechós, e achou para mim uma blusa de seda com punho duplo da qual gostei, mas, para ser sincera, me dava nervoso usar uma roupa que tinha sido de outra pessoa. Também ficava morta de vergonha de pensar que alguém podia reconhecer a roupa e adivinhar onde tínhamos comprado, então reclamava: "Todo mundo vai saber!"

"Ninguém vai saber, Cher", retrucava a minha mãe. "Comprei as minhas melhores roupas neste lugar."

O dinheiro não dava em árvores, como ela gostava de me falar, e, em comparação à infância dela, a minha era mamão com açúcar. Se houvesse uma competição sobre quem tivera a pior infância na história do universo, ela teria vencido, pois tudo, de alguma forma, a lembrava de algo terrível do seu passado. Aquelas memórias eram preciosas para a minha mãe e, embora carregar a sua infância terrível pela vida toda fosse difícil, ela não podia desistir.

Não importava o quanto eu estivesse me sentindo mal, minha mãe sempre surgia com exemplos da sua infância que eram piores. Em comparação, minhas reclamações pareciam uma bobagem. Ela sempre ganhava os Jogos Olímpicos da Desgraça, dizendo: "Você já teve que cantar no balcão de um bar por dezesseis centavos aos 5 anos de idade?", ou "Sua mãe já te ninou em um saco de batata enquanto colhia algodão?", ou "Seu pai já tentou te intoxicar com gás enquanto você dormia?", ou uma das outras milhões de coisas. Ou seja, como minha vida poderia competir com a dela?

Minha mãe sempre nos lembrava do quanto deveríamos ser gratas pelo que tínhamos. Apesar de a nossa comida não ser chique, ela nos alimentava com broa de milho, frango frito, vagem e excelentes saladas, e nós fazíamos *fudge* e biscoito de gengibre de sobremesa. Nunca passamos fome, mas houve momentos em que comíamos feijão até ficarem azedos. Às vezes, o leite estragava ou havia formigas nas bolachas doces de arroz. Eu odiava aquelas formigas. Odeio até hoje. Esses eram os momentos em que ser pobre realmente me chateava, e eu prometia a mim mesma que, um dia, seria rica e cuidaria de todas nós.

Naquela época, a vó Lynda ainda trabalhava como garçonete e era casada com Charlie, seu último marido, o que aguentou ela por mais tempo, que era padeiro-chefe da enorme empresa Johnston Pie. Eu o amava porque ele era como uma criança grande e, certa vez, me deixou comer uma torta de mousse de chocolate inteira sozinha, dizendo a Lynda — que estava tentando tomá-la de mim —, "Amor, deixa a menina se divertir". Eles podiam ter nos ajudado, se quisessem, e Charlie teria trazido comida para nós, se soubesse, mas a minha avó nunca contava a ele e esperava até estarmos miseráveis para oferecer algo.

Mesmo assim, eu ainda achava um jeito de me relacionar com ela. Me candidatava a cuidar de seus dois poodles, Samson e Chanson. Estava convencida de que ela amava aqueles cachorros mais do que qualquer um de nós, porque vivia polindo as unhas e aparando os pelos deles em cortes ridículos de animais de exposição. Ela adorava quando eu também os mimava. Eu era a única da família que se dava bem com ela, pois não agia como uma criança e sabia como dar à minha vó a atenção de que precisava. Talvez, por ter sido enviada para morar com estranhos depois que o seu pai morreu, ela tenha acabado ficando daquele jeito.

Eu amava quando a minha mãe recebia um reembolso de impostos do governo, pois nós nunca tínhamos dinheiro extra. Ela levava Gee e eu para uma loja de departamentos pequena com uma excelente seção de papelaria no Valley, onde eu comprava um bloco de papel e todo tipo de lápis de cor. A primeira vez que ganhei minha própria caixa de 64 gizes de cera Crayola, eu nem os usei, pois não queria gastar a ponta. Só abria a caixa e olhava para eles, admirada. Nunca me senti tão rica. Depois da nossa extravagância, ela nos levava ao restaurante Du-par's em Fairfax, que existe até hoje. Eu pedia camarão frito ou torta de frango e uma Coca-Cola, e Gee sempre queria batata frita. Às vezes, íamos ao famoso Pink's, que tinha formato de cachorro-quente, ou para a nossa barraquinha mexicana favorita, Los Tres Burritos, no Lankershim Boulevard, no Valley, que era de um casal adorável que servia a melhor comida mexicana que já experimentei — e por apenas nove centavos. Para uma celebração de verdade, íamos ao cinema drive-in Victory, em Van Nuys, um lugar onde a comida era muito cara, então, escondíamos pipoca, melancia e um balde do frango frito preferido da minha mãe debaixo de um lençol ou no porta-malas do carro, para não precisarmos comprar nada. Levávamos quarenta minutos para entrar no drive-in, e nós três nos sentávamos naquele carro cantando músicas country antigas a plenos pulmões para o tempo passar mais depressa.

Certa noite, nesse cinema, minha mãe disse que teria uma grande surpresa, avisando somente: "Vocês vão amar esse filme. Ele mudou a minha vida na primeira vez que assisti." Quando *O Mágico de Oz* começou a passar em preto e branco, fiquei rabugenta. *Nós viemos até aqui para ver um filme em preto e branco?* Pensei: *Como isso pode ter mudado a vida dela?* Mas, assim que a Dorothy abriu aquela porta para um mundo colorido, fiquei de queixo caído pelo resto do filme. Nem se o filme tivesse um anzol teria me fisgado mais. Com o ciclone perigoso, a bruxa assustadora, um Espantalho, um Homem de Lata, um Leão e uma mensagem sobre encarar nossos medos, aquele filme nunca perdeu a magia para mim.

Em outra noite, nós tivemos uma surpresa maior ainda, e dessa vez o filme mudaria a *minha* vida. Não sei por que a minha mãe achou que era apropriado levar Gee e eu para ver *Psicose* no drive-in, mas ela levou. Dois dias depois, eu estava tomando banho e, de repente, as luzes se apagaram. Minha irmã começou a rosnar e fazer barulhos de dentro do cesto de roupa suja, e então saltou lá de dentro, deu um grito e abriu a cortina do box. Fiquei tão assustada que desatei a chorar. Minha mãe, furiosa, deu umas boas palmadas em Gee.

Rica ou pobre, minha mãe sempre fez do Natal um dia especial para nós, tentando recriar o que não tivera na própria infância. Ela economizava para comprar a árvore mais cara, com ponta prateada, que arrastávamos para dentro de casa e decorávamos juntas (eu era encarregada pelas fitas). Quando terminávamos, ela trazia os presentes para colocarmos embaixo, incluindo os lindos vestidos feitos à mão todo ano pelas nossas tias texanas Did e Ethel. O Natal de 1954 foi especialmente memorável, pois foi logo depois de a minha mãe sair daquele cubículo terrível na garagem e recuperar os nossos móveis penhorados. O dinheiro ainda era escasso, então nos mudamos para uma área ainda mais pobre na Bakman Avenue, bem lá no meio do Valley. O apartamento era pequeno, e nossos amigos não o frequentavam como acontecia em Beeman, onde conhecíamos toda a vizinhança. Parecia que estávamos dando passos para trás. Minha mãe só teve dinheiro para uma árvore de Natal normal naquele ano, que eu decorei com festões natalinos, como sempre. Determinada a não nos decepcionar, ela visitou "Nudie" Cohn, amigo da vó Lynda. Nudie tinha começado produzindo tapa-mamilo para strippers seminuas, e depois foi fazer roupas country e de faroeste fabulosas para estrelas de TV como Roy Rogers e Dale Evans. Mais tarde, ficou famoso por desenhar o terno de lamê dourado de Elvis Presley. (Depois, também fez roupas para Sonny e para mim.) Salvando o Natal para todas nós, aquele ucraniano bondoso mandou minha mãe de volta para casa com dinheiro para duas bonecas novas e um par de jaquetas brancas de couro com franjas, botas de caubói e calças jeans da sua loja. Alguém tirou uma foto da gente sentada em uma cerca de ferro na frente do apartamento vestindo aquela roupa com muito orgulho. Ainda tenho a foto — queria ainda ter a roupa também.

Assim que fiz 11 anos, minha mãe passou a me deixar responsável pela casa sempre que tinha testes ou filmagens o dia todo. "Você já está grandinha, Cher", dizia ela. "Precisa me ajudar a cuidar da sua irmã." Ela sabia que podia confiar em mim, já que eu cuidava de Gee desde bebê e não tinha matado a minha irmã até então, nem mesmo quando dei a ela meu carrinho azul para brincar e ela comeu as rodas. Minha mãe ficou histérica, mas o médico falou: "Dê uma olhada na fralda dela por uns dois dias e você vai encontrá-las." Nem sempre era fácil. Se eu cortasse a laranja do jeito errado, Gee não comia, mas o lado bom é que ela e eu temos uma ligação que durou a nossa vida inteira. Ela só precisava me lançar um sorriso e um olhar tão fofos que o meu coração derretia todinho.

Nos dias em que não estávamos na escola e a minha mãe me deixava tomando conta de tudo, ela se certificava de que havia comida em casa antes de sair voando pela porta, deixando para trás uma névoa de perfume e spray de cabelos. "Vou tentar voltar antes de anoitecer e, lembre-se, nunca deixe ninguém entrar em casa", repetia ela o mantra da minha infância. Embora fosse uma pessoa naturalmente organizada, às vezes deixava uma bagunça de blush, batom e rímel no banheiro. Depois que a porta da frente batia atrás dela, eu brincava com a maquiagem e fuxicava seu armário, colocava algumas de suas roupas, posava para o espelho com os sapatos que pareciam lanchas nos meus pés e vestidos curtos que se alongavam até o chão. Sendo a pessoa que basicamente comandava a casa àquela altura, eu passava o restante do dia vestindo um dos seus suéteres como se fosse um vestido enquanto arrumava a casa, lavava a louça, passava a roupa e fazia as camas. Não importava quantas vezes eu tentasse ensinar Gee a ajudar com as tarefas de casa, ela sempre pedia: "Cher, me mostra como dobrar a minha blusa? E, Cher, me mostra como colocar meu travesseiro na cama?" Então eu acabava fazendo tudo sozinha mesmo. Mas ela era engraçada e doce, e ficava bem feliz brincando com os seus brinquedos ou — mais tarde — escondida atrás do sofá com o nariz enfiado em um livro, o que fez desde o dia em que aprendeu a ler. E então eu tinha um tempo para mim, desenhava e dançava ao som das minhas músicas preferidas pela sala.

Na hora das refeições, eu fazia um sanduíche de bacon, alface e tomate, um queijo quente ou um sanduíche de pasta de amendoim com geleia para nós, e isso era o máximo que eu tinha de habilidade culinária. As coisas não mudaram muito, embora meu molho de macarrão hoje em dia seja tão bom que eu já coloquei em potes e dei aos amigos com a etiqueta "Molho de macarrão da diva". Ser deixada como a responsável pela casa era algo importante e me ajudou a sobreviver psicologicamente àqueles primeiros anos. Eu não podia fazer nada para ajudar a pagar o aluguel ou as compras do supermercado, mas podia manter tudo organizado para minha mãe. Era a única coisa que eu podia controlar, apesar de não fazer com perfeição.

Foi mais ou menos nessa época que fiquei doente pela primeira vez. Foi algum tipo de vírus, pois a penicilina — o único remédio que tínhamos — não resolvia. Durante duas semanas, fiquei com uma febre de 39,5°C que me dava alucinações. A Vovó veio cuidar de mim, pois a minha mãe estava fazendo uma participação no set de um filme chamado *Uma esperança nasceu em minha vida*, estrelando Debbie Reynolds e Eddie Fisher. O médico não sabia o que havia de errado comigo, então a Vovó lavava minha cabeça com água gelada e me dava aspirina para baixar a febre.

Quando eu estava bem o suficiente para voltar para a escola, minha mãe descobriu que eu podia almoçar de graça se ajudasse no refeitório nos horários entre as aulas. Eu tinha vergonha, então, me escondia na cozinha, guardando biscoitos em sacos de papel ou fazendo alguma outra tarefa, e, em troca, ganhava uma refeição. Quando terminava o trabalho, voltava para junto dos meus amigos que ficavam nas arquibancadas do campo de futebol. Era bom saber que ser descolada ganhava de ser rica e de basicamente qualquer outra coisa.

Minha ortografia era — e ainda é — pavorosa. Assim como a gramática. A pontuação para mim são símbolos lançados no ar, que pousam onde quiserem. Não entendia naquela época e não entendo até hoje (como meus seguidores do Twitter bem sabem). Nunca sequer li um livro inteiro antes dos 17 anos, pois as palavras não se organizavam dentro da minha cabeça. Os professores repetidamente diziam à minha mãe que, apesar de inteligente, eu não estava me "dedicando", quando a verdade era que eu me dedicava para caramba. O que ninguém sabia era que eu tinha uma dificuldade de aprendizagem não diagnosticada. Nem havia um termo para isso. *Dedicação* virou uma palavra que instigou fúria em mim pelo restante da minha vida. No fundo do coração, eu não acreditava que fosse burra e sabia que não era preguiçosa. Não entendia por que todo mundo achava tudo tão fácil e eu não. Hoje me tornei uma leitora ávida e sei bastante sobre os assuntos mais variados, mas é sempre algo obscuro e pontual. Sei detalhes sobre assuntos específicos que despertam meu interesse, como Napoleão, Lincoln, a mulher de Lincoln, a rainha Elizabeth, design de interiores, direção... Muda sempre, mas toda vez mergulho profundamente em qualquer assunto que me interesse naquele momento.

Matemática era mil vezes pior, podia muito bem ser escrita em hieróglifos. Eu e os números nunca fomos amigos. Um dia, levei meu boletim para casa, com um D em matemática. Estava com um pouco de medo do que a minha mãe diria, mas a resposta dela foi tão inesperada que eu não conseguia imaginar de onde aquela ideia tinha vindo. Ela falou: "Não se preocupe, *babe*. Quando você crescer, vai ter alguém para mexer com os números para você." Minha mãe chamar todo mundo de "*babe*" foi um hábito que se tornou parte de mim, e Sonny fazia o mesmo. O *babe* na música "I've Got You, Babe" veio da minha mãe.

Tive dificuldade com números a vida inteira, e um dia, quando era mais velha, meu namorado Robert e eu estávamos indo de carro almoçar quando perguntei a ele a hora, pois não conseguia entender o horário no relógio do carro dele. Ele me respondeu que estava no sistema de 24 horas, mas aquilo não fez diferença alguma para que eu compreendesse. Ele ficava dizendo: "É muito fácil, é muito fácil." Aquilo era irritante, e ele falou: "É só olhar. Boneca, você não está se dedicando." Ao ouvir aquilo, respondi: "Vai se foder. Para o carro." E fui a pé até o restaurante. Até hoje, ai de quem pronunciar as palavras "você não está se dedicando" para mim.

7

trouble

Minha mãe nunca se cansou de me surpreender, portanto, lidei bem quando seu quarto marido chegou e virou nossa vida de ponta-cabeça. O magnata imobiliário Joseph Harper Collins se apaixonou pela minha mãe quando os dois se conheceram em uma festa no verão de 1957 e a pediu em casamento imediatamente. Duas semanas depois, ela disse sim.

Fiquei feliz, pois gostava de Joe, um homem musculoso e cheio de personalidade, que adorava estar rodeado de crianças. Minha mãe o amava. Quando eles se casaram, nós nos mudamos para sua mansão rosa gigantesca em Beverly Hills. A cerimônia foi na igreja Little Brown, no Valley, uma capela de madeira datada de 1939 que a minha mãe escolheu. Gee e eu vestimos roupas novas para a ocasião, e aquilo foi só o início. Durante pouquíssimo tempo, tivemos uma casa em uma montanha com empregados que moravam lá, comandados por John Hames, um homem enorme com uma perna de pau que fazia as tortas mais incríveis do mundo para a gente.

Também tínhamos uma piscina aquecida, algo que me deixava doida, pois amava tanto nadar que teria vendido Gee em troca de conhecer alguém que conhecesse alguém que tivesse uma piscina. Mas o que eu mais amava era que a minha mãe podia relaxar. Todo o estresse de antes desapareceu, uma vez que ela não precisava se preocupar com dinheiro ou trabalho, nem com colocar comida na mesa. Quando nos mudamos para a casa de Joe, ela se tornou uma pessoa totalmente diferente, feliz e livre. Joe amava companhia, e ela convidava amigos e família para a nossa casa enorme, só para se mostrar. Jake e a turma iam para lá com os filhos e nós brincávamos na piscina e fazíamos churrasco enquanto Joe garantia que não faltassem drinques. Nós nos divertíamos muito naquela casa, e minha mãe, Gee e eu brincávamos muito juntas. Apesar de Gee ainda ser pequena, as pessoas sempre diziam que parecíamos três irmãs, rindo das mesmas coisas e terminando as frases uma da outra. Éramos felizes antes, mas sempre com o estresse do dinheiro nos rondando.

Morar com Joe parecia uma outra cena do filme da minha vida. Graças a ele, fui estudar em uma escola particular e comia filé, e — durante um verão glorioso — lagosta se tornou minha comida favorita. Minha mãe ria muito com ele, que usava tudo do mais caro e tinha uma casa decorada com um bom gosto impecável. Mas, para a minha mãe, Joe passava do ponto também, pois, debaixo daquela pose, era um grande festeiro que gostava de beber e era ousado demais entre quatro paredes. Ele disse que queria experimentar mais sexualmente e começar a envolver outras mulheres, mas isso era algo que a ingênua "Jackie Jean" de Arkansas simplesmente não conseguia encarar. Chocada, ela retrucou: "Você sabe que eu te amo, Joe, mas não posso fazer isso." Eles tentaram fazer dar certo por um tempo, pois nem Joe nem minha mãe queriam enfrentar o término do casamento, mas o conto de fadas chegou ao fim.

Nós quatro ficamos arrasados quando a minha mãe finalmente disse que iríamos nos mudar. Arrumar a mala e ir embora daquela vez foi difícil para mim, pois eles pareciam muito felizes e nós todos nos dávamos muito bem. Minha experiência havia me ensinado que, quando as pessoas terminam, tudo desanda, mas a minha mãe e Joe ainda pareciam se amar.

Nós estávamos nos divertindo tanto. Eu não entendia por que estávamos indo embora. Gee e eu perdemos mais um pai e sentíamos saudade de tudo dele, sobretudo de seu bom humor — e da piscina. Como parte do acordo do divórcio, Joe alugou uma casa linda para nós, um lugar com o sistema de som de alta tecnologia mais legal de todos e alto-falantes pela casa toda. Isso significava que, quando a minha mãe estava ouvindo Elvis, Hank Williams ou Ritchie Valens, nós todos também ouvíamos, e por "todos" refiro-me a tio Mickey, Rita e o bebê recém-nascido Michael, que foram morar conosco de novo por um período. Os primeiros seis meses de aluguel já estavam pagos, e depois ficaríamos por nossa conta, vivendo do dinheiro que Joe tinha dado para a minha mãe, apesar de terem ficado casados por menos de um ano. Ele até enviou John, que Gee e eu amávamos, para nos ajudar na nova casa durante um tempo. Joe era um homem de classe.

Mais tarde, minha mãe admitiu que não foi coincidência meu pai biológico ter entrado em contato com ela pela primeira vez em onze anos imediatamente após as semanas que se seguiram aos anúncios do divórcio dela do meu padrasto milionário nas páginas dos jornais. Ela tinha visto Johnnie Sarkisian pela última vez em Scranton, mais de uma década antes. Eu não sabia o que ela tinha na cabeça para aceitar vê-lo. E então, minha mãe perguntou do nada, adentrando o meu quarto em uma noite depois da escola: "Quer conhecer o seu pai verdadeiro?" Ela agiu como se fosse a coisa mais normal do mundo ser apresentada ao homem que havia sido meu pai onze anos antes e desaparecido. Como se me perguntasse se eu queria torrada de centeio ou de trigo.

Fiquei olhando para ela, chocada. Tudo o que eu sabia sobre Johnnie Sarkisian era que ele era uma figura obscura do passado, sobre a qual ninguém falava. Além disso, eu já tinha um pai que amava profundamente e de quem ainda sentia saudade.

Embora eu não tivesse nenhum desejo profundo de vê-lo, uma pequena parte de mim sempre foi curiosa. Um dia após eu concordar em conhecer meu pai "verdadeiro", minha mãe me mandou tomar banho e vestir a minha melhor roupa de domingo, o que significava que eu não poderia passar batom escondido para sair com as minhas amigas para a pista de patinação, minha nova atividade preferida. Ela até fez cachos nos meus cabelos e me colocou debaixo daquele secador de metal enorme, que quase derretia as minhas orelhas. Quando a campainha tocou, ela me mandou ir lá abrir. Sem sentir nada de especial, mas ainda assim interessada em conhecer o homem, obedeci. Abri a porta e vi Johnnie parado ali, com seus cabelos escuros. Ele sorriu para mim e eu sorri de volta, pensando: *Ah, então é por isso que a minha mãe me olha de um jeito estranho às vezes.*

Houve um senso de reconhecimento de ligação genética entre nós, pois nele vi minha própria pele morena e minha boca em formato de coração. Com sobrancelhas escuras e grossas e olhos castanhos amendoados, ele tinha uma estranha semelhança com o meu ator favorito, Victor Mature, por quem eu sempre tivera uma quedinha. Estava explicado porque, alguns anos antes, minha mãe havia comentado: "É óbvio que você gosta dele."

"Então, essa é a minha menina?", perguntou Johnnie, todo feliz, para minha mãe. Ele estava muito bem-vestido e claramente era bastante estiloso. Um pouco tímida, olhei para o seu mocassim marrom chique e, intrigada, perguntei: "Do que são feitos?"

"Couro de jacaré."

"Quê?" Eu nunca sequer tinha ouvido falar em sapato de couro de jacaré, embora soubesse que a Vovó tinha um par feito de pele de lagarto. "E quanto custaram?" Essas foram as primeiras palavras que falei para o meu pai, que não tinha dado nem um mísero passo para dentro de casa.

"Mil e cem dólares", respondeu ele sem pestanejar, o que me impressionou. Minha posse mais preciosa eram os patins de couro branco de 21 dólares que a minha mãe tinha comprado como recompensa por eu ter terminado um projeto de artes de colorir *Os girassóis*, de Van Gogh, já que eu não costumava terminar as coisas. Mesmo naquela idade, pensei que havia algo incomum no fato de ele usar um mocassim de couro de jacaré.

Johnnie ficou para jantar, e o observei com fascínio. Parecia tranquilo, extrovertido e equilibrado, como eu. Minha irmã e minha mãe eram dois vulcões, e eu demorava mais para sentir raiva (se bem que, se alguém me irritar — e a pessoa tem que chegar a níveis inacreditáveis para isso, acredite —, é melhor sair do recinto, e depois do estado, e do país, e por fim do planeta). Também reparei que ele comia muito devagar, como eu. Minha mãe sempre ficava irritada comigo pelo que chamava de "ficar enrolando" com a comida, mas, quando o vi, pensei: *Sim, estou vingada!* Pois cá estava Johnnie. Eu tinha um novo pai e ele também brincava com a comida.

Ao observá-lo, entendi que o motivo pelo qual minha mãe às vezes me olhava de um jeito estranho era o fato de ele e eu termos o mesmo meio-sorriso.

Absorvi calmamente todas essas conexões, mas fiquei analisando-o. De algumas maneiras, eu era diferente da minha irmã e da minha mãe. Minha personalidade era mais tranquila. Eu comia mais devagar do que elas. Tinha um meio-sorriso. Meus olhos eram diferentes. O que eu enxergava nele era a parte de mim que nunca consegui explicar, pois jamais tinha visto em outra pessoa da família. As coisas que não temos como saber a não ser conhecendo a outra metade dos seus pais. Mas esse homem chegou e foi como a peça de quebra-cabeça que faltava para mim. Ele agia de forma intencional e silenciosa, como eu. A raiva não crescia rapidamente dentro dele.

Embora eu soubesse ser filha de Johnnie, era difícil pensar nele como pai. Ele era alguma outra coisa que eu não conseguia exatamente nomear. Minha mente estava repleta de pensamentos complicados, alguns dos quais entravam em conflito com o amor que eu ainda sentia pelo meu pai.

Essa reunião de família surpresa durou mais do que eu esperava, pois o meu tio Mickey gostava de Johnnie e continuou convidando-o para nos visitar. Em certo momento, depois que ele começou a frequentar mais a casa, minha mãe concordou em reatar com Johnnie — uma decisão que até hoje acho difícil de engolir. E mais tarde, quando nos mudamos de volta para Beeman, ela concordou que ele fosse morar conosco. E aí se casou com ele de novo! Não fiquei nada feliz com aquilo — estava acontecendo rápido demais para mim. Eu gostava dele, mas ainda não o conhecia. Sempre pisava em ovos para saber como chamá-lo — "Johnnie" parecia estranho, mas "pai" definitivamente não estava correto. Meu pai tinha ido embora, então aquilo me deixava desconfortável.

O que esse cara, que a minha mãe dizia nunca ter amado, tinha? Ele a havia convencido a entrar em um casamento que ela não queria e a não seguir adiante com a anulação que ela queria. Ele era um apostador, tinha perdido uma casa e uma empresa, roubado um carro e depois abandonado nós duas, e só havia aparecido porque achava que ela tinha dinheiro. E, ainda assim, minha mãe quis voltar com ele. Se ele tivesse largado a minha filha e a colocado em um orfanato, eu teria enfiado uma faca nas costas dele. Bem, talvez não uma faca, porque seria presa. Um garfo não faria estrago suficiente. Um garfo de churrasco, talvez? Ah, foda-se, um garfo.

É difícil de entender, mas encontrar um marido era o grande objetivo das mulheres daquela geração. Parecia que a minha mãe nunca tinha realmente deixado de lado a sensação de que casamento significava segurança. As mulheres eram cidadãs de segunda classe naquela época, era assim que o mundo funcionava (e, sinceramente, ainda estamos lutando pelos nossos direitos). Seja lá por que razão, ela continuava em busca de proteção por meio do casamento. Até hoje, é difícil lembrar — foram sete ou oito maridos, no fim? Ela se casou com Johnnie duas ou três vezes? Nunca consegui entender o motivo de ela ter se casado com ele da primeira vez, então por que fazer isso de novo quando ele não tinha mudado e não ajudava em nada, nem financeira nem emocionalmente? Casar-se com ele três vezes parecia um exercício de futilidade. Dito isso, ele tinha qualidades. Era gentil, cuidava da gente, em algum nível, e tinha um charme magnético.

O que é estranho para mim hoje é que, apesar de todos esses padrastos e pretendentes terem passado pela nossa vida, eu mal me lembro de ter um homem em casa. Em geral, éramos só a minha mãe, Gee e eu, nós três criando o nosso próprio universo, um grupo de mulheres que pensavam da mesma forma. E estávamos sempre rodeadas de outras mulheres.

Embora a vida dela tenha me ensinado a ser resiliente, independente e adaptável, também me mostrou que o casamento quase nunca era o que deveria ser. Portanto, quando Johnnie foi morar conosco, achei que ele era só mais um homem passando por ali. Só que, ao contrário de Joe, este homem não tinha nenhuma habilidade e não contribuía em nada. Eu entendia que ele era caloroso e charmoso, mas, para mim, era fácil ignorar aquilo. Eu pensava: *É sério isso, mãe? Você é tão inteligente, e mesmo assim tem a cabeça de um mosquito quando se trata dele!*

Não muito depois de estar de volta em cena, Johnnie me levou para almoçar, para tentar se explicar. Ele falava com doçura. Analisava a temperatura do ambiente assim que entrava, e então não fazia nenhum movimento imediato; ele esperava e esperava antes tomar uma atitude. Depois de pedir o meu milk-shake favorito, ele disse: "Quero que você saiba que não vim te ver durante esse tempo todo porque fiquei preso por quatro anos." Ele descreveu detalhadamente e com muito remorso como entrou no mundo das drogas para ajudar com a dor de uma cirurgia de emergência no intestino e como aquilo o levou à heroína e, por fim, a uma pena de prisão por narcóticos. Chegou a me mostrar a cicatriz da cirurgia, que era enorme e ia da barriga às costas. Tempos difíceis o levaram a um caminho de fraude e furtos, acrescentou ele. Parecia importante para Johnnie me contar o quanto tudo tinha sido terrível e o quanto ele estava arrependido, mas, aos 11 anos, eu não estava interessada nessa parte da história. Minha mãe podia ter comprado toda a história dele de bom moço, mas eu era mais cautelosa e resolvi esperar para ver como me sentia com esse desconhecido simpático que se parecia comigo. Não desgostei dele, mas não ia sair correndo para os seus braços até saber que estava, eu mesma, com os pés firmes no chão. Simplesmente não sabia se podia confiar nele — ele era gentil demais. Bebendo o meu milk-shake enquanto conversávamos, tentei dar a ele um voto de confiança, mas na verdade só queria que aquilo acabasse para poder ir logo para o rinque de patinação no Valley, passar a maquiagem que eu tinha escondido na bolsa e — assim que eu calçasse as minhas rodas mágicas — me exibir para um garoto que eu estava paquerando chamado Foxy, cujo trabalho era patinar pelo rinque com um apito, embora o que ele fizesse mesmo fosse se mostrar.

Não me lembro de nada do casamento dos meus pais em Vegas, mas também mal me lembro dos casamentos da minha mãe em geral, já que a maioria aconteceu quando eu era bem pequena. Ou talvez eu simplesmente não tenha ido. O que lembro é que, logo depois de se mudar conosco para Beeman, meu pai, muito bom de lábia, convenceu a minha mãe a nos realocar 320 quilômetros ao norte, para uma área de Fresno conhecida como Pequena Armênia. Iríamos morar com a família dele — mais pessoas que nunca havíamos conhecido e de cuja existência sequer sabíamos até aquele momento. A Vovó colocou Gee e eu em um trem de Los Angeles para Fresno sozinhas.

Fiquei menstruada pela primeira vez naquele dia. Quando contei à Vovó, ela disse que haveria absorventes no trem, mas só consegui encontrar um absorvente interno, e não sabia o que fazer com aquilo. De improviso, coloquei um monte de papel higiênico na calcinha. Calculei cuidadosamente o momento de entrar de volta no vagão do bar, quando o trem estivesse em um túnel, porque assim estaria escuro e eu não ficaria constrangida. Infelizmente, havia luzes internas no vagão e, para o meu terror, quando cheguei no meio, todos os pedaços de papel caíram por baixo da minha saia. Sabendo que eu não iria sobreviver a catá-los no chão, sussurrei para minha irmã recolher. Ela o fez — lenta e delicadamente, um por um, como se fosse uma dama de honras espalhando pétalas, mas ao contrário. Ela veio até mim e me perguntou o que eram. Contei, e ela cobriu a boca, rindo. Quando chegamos a Fresno, não acreditava que não tinha morrido de tanta vergonha.

Ao chegarmos, fui apresentada aos meus familiares armênios pela primeira vez, chocada de descobrir quantos deles se pareciam comigo. Na casa dos meus avós, dezenas de parentes apareceram para ver o filho pródigo e sua filha perdida. Apenas alguns falavam inglês, mas todos pareciam encantados em me conhecer e passavam a mão nos meus cabelos ou davam tapinhas na minha cabeça.

Os armênios são hospitaleiros, e eu parecia me encaixar perfeitamente naquele ambiente. Pela primeira vez nos meus 12 anos de existência na Terra, foram a minha irmã e a minha mãe, e não eu, que ficaram de fora, observando. Os parentes de Johnnie foram educados com a minha mãe, mas não deram muita atenção à esposa "de tanto tempo" nem à sua outra filha.

Me levar para conhecê-los foi o seu movimento mais engenhoso até então, pois, como era o bebê adorado da família que havia sido perdoado pelos seus pecados, ele se redimiu apresentando a eles a neta desaparecida. Por mais que Johnnie tivesse perdido a empresa de caminhões refrigerados do pai, meu avô dera um jeito de ficar com um dos veículos e reerguera a empresa. Como um bobo, recebeu seu filho de volta de braços abertos. Ao ver Johnnie falando com todo mundo, entendi como era fácil cair na lábia dele. Eu era jovem, mas não era ingênua quando o assunto era o meu pai — sabia que eu também era uma commodity, uma dose extra de poder, que valia alguns milhares de dólares.

Ainda assim, gostei de conhecer meu avô Ghiragos, conhecido como George; minha avó Siranoush, conhecida como Blanche; e minha bisavó Noussapa, conhecida como Lucy, além de tias e tios que não poderiam ter sido mais legais. Eram meus, só meus. Todo mundo parecia ter um lar adorável e, ainda melhor, eles me apresentaram à deliciosa comida armênia, incluindo *kufta* e *sarma* (folhas de uva recheadas com arroz e carne, que a minha avó me ensinou a fazer). Também tinha *shish kebab* e um tipo de pizza azeda com espinafre chamada *lahmajoun*, que adoro até hoje. Nunca tendo visto na vida um homem cozinhar nada além de churrasco, observava, impressionada, enquanto Johnnie e suas irmãs preparavam o que, para mim, parecia um banquete todas as noites.

Acho que ficamos em Fresno por um bom tempo, pois tínhamos a nossa própria casa, e eu fui para uma escola que não me lembro de odiar durante um semestre inteiro. Até fiz alguns amigos com quem brincava perto do aqueduto depois da aula. Nós entrávamos escondidos em um pomar e pegávamos ameixas, nectarinas e pêssegos, e depois colocávamos as frutas dentro da água do aqueduto para ficarem geladas (acho que o fazendeiro fingia que não via). Sentia saudade dos meus amigos de Beeman e detestava estar longe de Jake e das amigas da minha mãe, mas ter outras crianças para brincar ajudava. Não sei por que fomos embora de Fresno, mas nos mudamos para Las Vegas para morar com a minha tia Roxy, meu tio Vincent e meus primos Dickie e Geralyn. A tia Roxy e o tio Vincent eram donos de uma rede bem-sucedida de lavanderias. O novo cliente grande deles era o grupo Tropicana, com quatrocentos quartos, que tinha acabado de abrir o maior e mais caro hotel da cidade, bem no fim da Strip. A lavanderia ficava dentro do hotel, e eu ia visitá-los lá. Amei a tia Roxy na mesma hora. Era o tipo de mulher "direta", que não ligava para o que ninguém pensava. Era histérica e ria alto. Tinha conhecido a minha mãe antes de eu nascer, e as duas se tornaram grandes amigas na época. Eu também gostava de morar em Las Vegas no final dos anos 1950 e adorava especialmente ir aos bufês de preço único no El Rancho, com sua temática de Velho Oeste. Estava começando a me acostumar com a vida lá e a fazer parte de uma família grande e amorosa quando o meu genitor fodeu com tudo — como sempre.

Sem nenhum de nós saber, ele tinha voltado a apostar e a usar heroína, torrando qualquer dinheiro que ganhasse em dados e drogas. Essa era a grande questão do meu pai. Não era possível confiar nele. Ele roubou e penhorou as últimas joias de diamante da minha mãe, presentes estimados de Ernie e Joe. Tudo chegou ao ápice em uma noite, quando Johnnie estava preparando sua dose no quarto da casa que a tia Roxy havia alugado para nós e pegou no sono, incendiando a cama. Gee e eu estávamos no nosso quarto quando a fumaça começou a entrar por baixo da porta. Minha mãe surtou, pegou nós duas e começou a gritar. Ela não gritava porque a casa estava em chamas; gritava com Johnnie, xingando-o de todos os palavrões imagináveis por quase nos matar. Ele estava tão drogado que não conseguia nem responder. Fomos embora de Vegas naquela noite e, em poucos dias, estávamos de volta a Beeman.

Nunca questionei a decisão da minha mãe nem perguntei se algum dia veria a minha família armênia de novo. Isso teria sido inútil. Também sabia que era melhor esquecer o homem que tinha o meu sorriso e que era a outra metade responsável pela minha existência. Ele era um monte de coisas, mas, acima de tudo, era um problema. Acho que a minha mãe sempre esperou que ele se tornasse o homem que ela gostaria, mas ele sempre a decepcionava. Não faço ideia de como ele conseguia, toda vez, que a minha mãe fizesse o que ele queria, sem importar se era bom para ela — ou para nós. Tudo o que ela dizia depois era: "Ah, ele conseguia me convencer a fazer qualquer coisa." Porra, jura? Minha mãe tentou agir como se toda a experiência Johnnie Sarkisian nunca tivesse acontecido, só que aconteceu — e teve consequências. Ela engravidou de novo e descobriu logo após abandoná-lo. A última coisa que ela queria era mais um bebê, muito menos dele, então fez outro aborto ilegal e, mais uma vez, quase morreu.

Eu era jovem demais para entender o que estava acontecendo, mas sabia que era algo misterioso e assustador. Não podia entrar no quarto e tinha que manter a minha irmã quieta, e era por isso que sabia que havia algo muito errado. Olhar de relance para a minha mãe deitada no quarto escuro com as amigas entrando e saindo em silêncio me apavorava. Eu tentava ler as expressões no rosto de Jake e Colleen, mas não conseguia. Todo mundo sussurrava, e novamente eu não podia ficar perto da minha mãe. Ninguém a levava no médico nem me explicava nada, então eu estava convencida de que ela ia morrer.

Por mais incrível que pareça, ela teve uma recuperação total. E, por ainda mais incrível que pareça, aceitou Johnnie de volta outra vez.

Durante um dos períodos de trégua, quando a minha mãe não estava com Johnnie, nós nos mudamos para uma enorme casa georgiana em Toluca Lake, perto do famoso restaurante Bob's Big Boy. Colleen tinha sido informada sobre um bairro que estava para ser destruído em prol da construção de uma estrada, cujas casas estavam sendo alugadas a preços baixos e com contratos curtos. A casa que ela encontrou para nós tinha dois andares, tijolos pintados de branco, uma entrada com pé-direito alto, um telhado cinza de ardósia, uma lareira enorme e uma chaminé de tijolo. Também tinha a maior árvore de Natal da história da humanidade plantada no jardim da frente. Para mim, aquela árvore parecia ter trezentos metros de altura e dez de largura.

Moramos naquela casa enorme em Toluca Lake com Colleen e a filha dela, Paulette, durante um ano. Eu amava morar com Colleen porque ela era muito zen, um termo que ela mesma me ensinou. Georganne adorava também, pois era muito próxima de Paulette. Colleen era uma modelo sustentada pelo ex-marido. Ela se vestia de um jeito esquisito e muito fabuloso, passeando pela casa com os seus lindos cafetãs asiáticos. Enquanto toda mulher que eu conhecia desenhava as sobrancelhas com linhas finas a lápis, ela mantinha as suas naturais e grossas. Tinha pele clara e cabelos escuros, como eu, e eu queria copiar o seu estilo. Nós duas acordávamos cedo e tomávamos o nosso chá Constant Comment, da marca Bigelow, juntas em silêncio, pois nenhuma das duas gostava de conversar de manhã. E então a minha mãe chegava e começava a falar, quebrando o silêncio, e Colleen e eu nos entreolhávamos.

Nossa casa ficava a uns oito quilômetros de Hollywood e dos lugares de que eu gostava, portanto, meu desejo de fugir se instalou mais uma vez e eu decidi dar uma volta — no Pontiac vermelho conversível da minha mãe. Eu tinha 13 anos e ela estava no trabalho, então matei aula, peguei a chave e chamei Gee para dar uma volta comigo pela cidade. Saí me sentindo estranhamente calma. Só Deus sabe como, mas consegui ir até a nossa barraquinha preferida de cachorro-quente no Hollywood Boulevard e voltar. No caminho de casa, ultrapassei alguns sinais vermelhos e derrubei algumas latas de lixo, mas, fora isso, chegamos intactas. Como me safei, fiquei confiante para repetir o feito, mas, no dia em que levei a minha amiga Della ao centro, vi mamãe parada no jardim da frente de casa assim que viramos na rua e tive certeza de que a minha aventura havia chegado ao fim.

Convencida de que ficaria de castigo até ficar velhinha, eu hesitei, mas segui dirigindo devagar. Minha mãe conversava com a mãe da Della quando parei o carro atrás da enorme árvore de Natal. Achando que estava totalmente ferrada, saí do carro com pesar, resignada ao meu destino, pois pensei que não tinha possibilidade de ela não ter avistado o seu Pontiac vermelho. Esperava ser morta bem ali, no jardim da frente de casa, mas, graças à árvore, ela não nos viu estacionar nem sequer deu falta do seu carro. Quando nos viu nos aproximando, sorriu e disse: "Ah, oi, meninas. Vocês saíram para caminhar?" Foi quando eu soube que Deus existe.

O Todo-Poderoso tornou-se um aspecto cotidiano da minha vida depois que fui enviada para a Villa Cabrini, um colégio interno católico só para meninas em Burbank. Johnnie Sarkisian, que havia sido criado como católico, disse que os seus pais gostariam que os netos tivessem uma educação religiosa que seguisse a tradição da família, embora eu nunca tivesse ido à missa em toda a minha vida. Seguindo o padrão com ele, minha mãe fez uma espécie de acordo em que a família dele pagaria pela minha educação. Apesar da sua própria experiência terrível com as freiras, ela me mandou para um lugar completamente diferente de tudo que eu já tinha vivenciado antes. As freiras eram mais rígidas do que qualquer professor que eu conhecia e, dentre as muitas regras, havia uma que bania sapatos de verniz, para nossas calcinhas não aparecerem no reflexo. Usar maquiagem também era proibido. Por sorte, a maioria das freiras era tão velha e enxergava tão mal que não percebia quando usávamos. Um dia, fui para casa com tanto delineador que a minha mãe falou: "Tira isso, Cherilyn. Você está parecendo uma prostituta!" Não seria a última vez que alguém me diria isso.

Todas as alunas tinham que usar uniforme, o que eu amava, pois não podia ser julgada pela forma como me vestia. Só podíamos usar roupas que não fossem o uniforme à noite e nos fins de semana, e eu, que tinha levado meus melhores shorts, calças jeans e blusas, descobri que nada disso era permitido. O único vestido que havia levado era o rosa com avental, que precisava usar todos os dias, e por isso ganhei o apelido de "Rosa Sarkisian", um nome que combinava com a minha vergonha. Era constrangedor ter apenas uma roupa manchada de espaguete, e eu ainda me sentia desconfortável com o meu sobrenome. Acho que, como era a família do meu pai que pagava a escola, minha mãe me matriculou como "Cherilyn Sarkisian".

As freiras eram completamente diferentes umas das outras. Minha preferida era uma jovem italiana de lindos cabelos ruivos e bochechas rosadas. Ela era muito doce e parecia a Sophia Loren, e tenho certeza de que a amava porque ela parecia muito glamourosa comparada às outras. Por um breve período, considerei fazer votos de santidade, pois amava aquele drama todo. As vestimentas, a música, as luzes que diminuíam e a fumaça do incenso que o padre passava. Sem querer desrespeitar os meus tantos amigos católicos, eu só pensava: *Este, sim, é o show business original.* Toda sexta-feira, o padre vinha conversar conosco, mas ficava de saco cheio das minhas eternas perguntas difíceis de responder, como: "Padre, por que os bebês vão para o purgatório se não tiveram tempo para fazer nada de errado?" Ele não gostava nem um pouco daquilo.

Certa noite, no dormitório, depois de as luzes se apagarem, comecei a contar piadas bobas, coisas como "A irmã Teresa anda agachada que nem um pato", "Os dentes da madre Josephine são como estrelas, saem à noite" e "A madre Benedetta se parece com o ator Joe E. Brown" enquanto as meninas riam debaixo do lençol. Sem que eu soubesse, uma das meninas fugiu, acordou a madre Josephine e me dedurou. No dia seguinte, a madre superiora, a madre Benedetta, me puniu. Ela começou dizendo: "Sabe, Rosa, estes mantos que vestimos são sagrados", e então — Pum! Vapt! Depois disso, ela me fez caminhar pelo jardim de joelhos, repetindo o rosário, antes de escrever "Eu nunca mais vou dizer nada de ruim sobre as irmãs" duzentas vezes (felizmente, a madre Bernadette deixou que todas as meninas me ajudassem, e consegui terminar a tempo de jogar no time de vôlei). Ela tinha esse temperamento nova-iorquino e falava como o ator Sheldon Leonard, mas pelo menos era legal. Ela me disse: "Ei, Rosa, dá um tempo. Por que não aprende a ficar com a boca fechada?" Bem, foi o fim da minha carreira de comediante naquela escola.

Com exceção da madre superiora, eu amava todas as freiras, as engraçadas e as idosas. Também gostava das novas amigas que fiz na Villa Cabrini e fiquei próxima de três meninas específicas — Anita, Rose e Donna, as garotas mais radicais que já conheci. Comecei a gostar da escola. Teria permanecido de bom grado na Villa Cabrini, não fosse pela minha boca enorme. Durante as férias de verão, deixei escapar para a minha mãe que a madre superiora tinha me estapeado. Lembrando sua própria experiência com uma madre superiora em Scranton, ela estava pronta para dirigir até lá e dar àquela freira o que ela merecia. Implorei para que deixasse o assunto de lado, mas ela nunca mais me deixou voltar, e, infelizmente, perdi o contato com Anita, Rose e Donna. E, contra a vontade de Johnnie, voltei para a escola pública.

Gee tinha uma lista de todas as escolas em que tinha estudado e afirmava que eram mais que 25. A menina inteligente que estava sempre lendo, até durante as refeições, dificilmente estaria errada. Eu nunca contabilizei. Depois da Villa Cabrini, em janeiro de 1959, comecei a estudar na Walter Reed. Certa noite, saí com duas amigas e o namorado de uma delas. Fomos dar uma volta de carro em um Chevy 1957, que o namorado estacionou em pista dupla no hoje icônico boliche Kirkwood, no Ventura Boulevard. Ele entrou para buscar algo e disse para nós: "Se alguém perguntar, digam que não demoro." Nós esperamos e esperamos, mas outros motoristas começaram a buzinar para que saíssemos do caminho. Passei para o banco do motorista, girei a ignição do Chevy e dei uma volta no estacionamento para as pessoas poderem passar. Como o namorado não voltava, fiz isso mais algumas vezes e então parei na rua.

"Vamos dar uma volta de carro no quarteirão, Cher", pediram minhas amigas, e assim o fiz. Animadas, elas sugeriram: "Agora vamos até o drive-in do Johnnie pegar um suco de laranja para misturar com a nossa vodca", e eu fui também. Elas tinham escondido vodca na bolsa, mas, quando entramos no estacionamento do drive-in, um carro de polícia apareceu atrás da gente, com as luzes piscando.

Foi humilhante ser retirada do Chevy por policiais armados e ser interrogada. Morta de medo, tentei explicar, mas o namorado tinha informado que seu carro havia sido roubado, e nós fomos levadas para a delegacia.

Os pais de todos foram até lá resgatar seus filhos assim que a polícia ligou, mas a minha mãe não estava em casa e não conseguiam encontrá-la. Não havia celular naquela época. Quando deu meia-noite, um policial me levou para uma sala de descanso vazia com uma janela, para que eu pudesse, pelo menos, me deitar. Exausta e emocionalmente arrasada, estava enfim pegando no sono quando ouvi um barulho vindo da cama de baixo. De repente, a mão de alguém apareceu e segurou o meu tornozelo. Arrastando-se, um velho bêbado doido começou a falar: "Ei, sua puta!" Eu o chutei, gritei socorro e permaneci grudada à parede até que os policiais me resgataram e fecharam a porta para o morador de rua que eles esqueceram que estava dormindo ali.

Minha mãe enfim apareceu para me buscar às duas da manhã e, após olhar para o meu rosto manchado de lágrimas, decidiu que eu já tinha sido punida o suficiente. O pior de tudo isso foi que nunca mais vi aquelas amigas, cujos pais resolveram que eu era má influência e mandaram ficarem longe de mim; eu era *persona non grata*. Um aparte humorístico: anos depois, alguém pegou uma foto minha do sexto ano e fez parecer uma foto de arquivo policial, embora os policiais nunca tenham tirado uma. Depois que fiquei famosa, essa foto apareceu em revistas e jornais do mundo todo como se fosse real — um caso precoce de *fake news* que me fez rir. Eu realmente pareço uma criminosa na fotografia.

Ainda que, às vezes, eu agisse como adulta, dirigindo pelo Valley, estava longe de ser a garota descolada que parecia. Portanto, quando meus peitos cresceram, os garotos não começaram exatamente a correr atrás de mim na rua, mas me vi desviando de investidas de garotos mais velhos e até de alguns amigos da minha mãe. Era assustador.

Um dos primeiros a cruzar esse limite foi o namorado de Colleen, Huntz, um ator que fazia uma série sobre uma gangue de adolescentes de Nova York. Ele tinha quase 40 anos quando perguntou se eu queria ir visitar minha mãe e Colleen no set de filmagem. Estávamos no carro, no que parecia ser uma viagem sem fim. Perguntei para me certificar de que estávamos na direção certa, pois parecíamos estar bem longe dos estúdios. E, então, ele colocou a mão na minha coxa. Esperei alguns segundos antes de tirar a mão dele e ameaçar contar para minha mãe, que o teria matado. Ele me disse que eu estava sendo ridícula. "Cher, fala sério, você é como uma filha para mim. Você acha que eu ia tocar em você de um jeito inapropriado?" As palavras dele me deixaram preocupada que eu estivesse interpretando errado a situação, e acabei pedindo desculpas a *ele*.

Huntz tinha um amigo ator chamado Gabe que namorava minha mãe naquela época. Eu e todas as meninas o achávamos um gato. Certa noite, Gabe chegou em sua moto nova para mostrá-la à minha mãe, mas ela não estava em casa, e ele me levou para dar uma volta. Era a primeira vez que eu andava de moto e estava muito feliz abraçada na cintura dele, sentindo o vento soprando nos meus cabelos. *Um dia, vou ter a minha própria Harley-Davidson*, falei a mim mesma. (E tive! Quando fiz 50 anos, comprei uma moto e saía para passear com os meus melhores amigos Richard e Laurie Stark todo domingo.)

Gabe nos levou até a sorveteria Wil Wright em Ventura, com as toalhas de mesa listradas de rosa e branco e cadeiras de ferro em formato de coração. Comprou dois sundaes com calda e amêndoas em cima. Depois demos mais uma volta antes de voltarmos para casa. Quando chegamos, ele subiu para ver a minha mãe e, do nada, declarou que estava apaixonado por mim. Foi uma declaração chocante e totalmente inapropriada em todos os sentidos, sobretudo porque eu tinha 14 anos. Ela o expulsou de casa na mesma hora. Ouvi a porta da frente bater, e ela veio pisando forte até o meu quarto. Nada poderia ter me preparado para a reação dela, que escancarou a porta e exigiu saber: "O que você fez com Gabe?"

"Como assim o que eu fiz?", perguntei, surpresa. "Nós fomos tomar um sorvete."

"Não, o que você fez com ele?" Seus olhos estavam em chamas.

"Mãe, nós demos uma volta e tomamos um sorvete. Só isso, juro." Apesar dos meus protestos, minha mãe ficou chateada. Ela era louca por Gabe e ficou arrasada. Fiquei magoada de verdade por ela não ter acreditado em mim, e logo depois ela me expulsou de casa. Não tive escolha a não ser ficar na casa da minha amiga Della até ela se acalmar.

Nunca mais vimos Gabe. Como nunca achei que fosse bonita por causa do osso alto do meu nariz, meus dentes tortos e meus cabelos escuros, nunca me ocorreu que ele me visse dessa forma. Não me entenda mal, eu queria ser atraente — só que não para caras que tivessem o dobro da minha idade.

Portanto, quando Fred Smith, o garoto mais fofo e legal da escola, me chamou para sair, fiquei doida. Fred era muito bonito e fazia parte do time de futebol americano; ele era o que o pessoal chamava de "soci" (de "social"), que significava um garoto rico e popular, do tipo que usava certas roupas, como camiseta de algodão com calça de veludo. Minha mãe ficou animada por mim e comprou uma linda chemise marrom-clara de uma loja chamada Judy's, que vendia roupas chiques. Eu estava me sentindo fabulosa quando Fred me buscou em casa e fomos para uma festa na casa de um amigo. Ele me beijou enquanto eu me deliciava com o seu peito e os seus braços musculosos de atleta. Nós nos divertimos muito e, por um instante, achei que o amasse. E aí ele bebeu tanta cerveja que vomitou no jardim da frente da minha casa depois de me deixar. Segurando a sua cabeça enquanto ele vomitava na nossa árvore enorme, meus sentimentos permaneceram intactos. Eu estava tão feliz por ele ter me chamado para sair. O problema foi que ele ficou tão constrangido que nunca mais falou comigo.

Eu gostava dele, mas felizmente também gostava de outro garoto (nunca é ruim ter um plano B). Uma família italiana na nossa rua tinha um filho gatinho que estava no último ano do colégio. Ele passava os fins de semana consertando o seu carro antigo, e eu entregava as ferramentas para ele. Depois, ele vinha até o meu quarto, nós nos beijávamos, ele queria que eu segurasse outro tipo de ferramenta e eu dizia não. Gostava mais do seu carro preto do que dele.

Não que sexo fosse algo distante da minha mente. As principais conversas entre as meninas da escola eram sobre como elas passavam fins de semana beijando os garotos, mas nunca "pegavam no taco". Tudo soava casual demais para mim, como se estivessem cortando itens de uma lista. Como alguém que praticava esportes, já estava de saco cheio dos eufemismos delas e falei: "Vocês são muito infantis. Não estão jogando beisebol, suas tontas. Estão fazendo sexo!" Quem elas achavam que eram, Joe DiMaggio?

O vizinho era até que legal quando estávamos sozinhos, mas, assim que seus amigos chegavam, me tratava como se tivesse vergonha de mim. Um dia, quando os seus amigos sugeriram ir até o Bob's Big Boy, ele respondeu: "Tá bem, deixa eu ir chamar a Cher." Eles riram e perguntaram: "Você vai levar aquela garota?", e ele me dispensou. Fiquei tão magoada quando fez aquilo que fiz sexo com ele para me vingar. Nunca quis fazer ou teria aceitado em uma das outras quinhentas vezes que ele me pediu. Mas estava com tanta raiva de ter sido dispensada que resolvi que, se não perder, ia emprestar minha virgindade a ele.

Quando terminou o que achei uma experiência extremamente superestimada, perguntei a ele: "Foi isso? Acabou?" E, então, o mandei ir embora e nunca mais voltar. Queria que ele se sentisse tão dispensado quanto eu me senti. Embora tenha se esforçado para fazer as pazes comigo, nunca mais falei com ele. De volta à escola, contei às minhas amigas que a "coisa" sobre a qual vivíamos conversando não era nada demais e que elas deviam continuar só beijando mesmo.

Minha mãe tinha me avisado que no minuto em que eu perdesse a minha virgindade ela saberia, pois veria nos meus olhos, então, após a experiência com o italiano, corri para o espelho para conferir. Esperava, de alguma forma, ver a palavra *SEXO* piscando florescente no meio da minha testa, mas não consegui enxergar nada diferente, e nem ela.

Havia outro garoto do outro lado da rua que era muito legal, mas a única coisa que ele queria... era passar as roupas para mim. E é só o que me lembro dele.

Logo, nosso tempo na casa de tijolos brancos e enorme árvore de Natal no jardim acabou, com ambas elegidas para demolição. Nós nos mudamos de volta para um duplex na Rosewood, dois quarteirões ao sul do Pink's, e fiquei muito feliz de voltar para Hollywood.

O duplex precisava de algumas reformas — pintura e reboco, e a janela grande e em arco da entrada havia sido vandalizada. O vidro estava completamente estilhaçado, e um amigo da minha mãe chamado Duffy, nossa vizinha de porta, Coco, que era uma modelo fabulosa e mais uma amiga da minha mãe, vieram ajudar a colocar um vidro novo na janela. Um garoto chamado Richard veio também. Ele era ator e tocava trompete, e me deu a minha primeira bebida alcoólica de verdade, com consequências desastrosas. Ele me levou ao teatro Players Ring para ver uma peça em que seu amigo atuava. Quando terminou, ele me perguntou se eu já tinha tomado bebida alcoólica, e é claro que respondi que sim, embora não fosse verdade, a não ser que contasse aquela Brew 12 no Cap's Place aos 3 anos de idade. Ele me deu algo chamado Country Club Stout Malt Liquor em uma latinha, que achei que fosse cerveja normal. Queria parecer adulta, então bebi tudo e acabei vomitando em cima do palco, igualzinho a Fred Smith na árvore do jardim. Richard foi gentilmente até o supermercado do outro lado da rua comprar um antiácido para mim e, enquanto eu ainda estava tendo engulhos, o amigo dele começou a tentar me beijar. Eu o afastei e gritei: "Você está doido? Vou vomitar de novo!" E vomitei. Queria lembrar o nome dele, pois era muito engraçado e devia estar bem desesperado para tentar beijar uma menina vomitando.

Um fim de semana, minha mãe foi para Nova York assistir a um monte de peças com o novo homem da sua vida, um banqueiro chamado Gilbert LaPierre, que tinha conhecido em uma festa em Los Angeles. Quando voltou de Manhattan, não parava de falar do musical *Amor, sublime amor* e trouxe o disco da trilha sonora, que havia comprado. Cara, como eu amei aquele musical. Sempre que estava sozinha em casa, colocava o disco no último volume da vitrola até sentir que entendia em um nível visceral. Pulando pela sala muito rápido, eu cantava todas as músicas e inventava movimentos de dança, mexendo o corpo para me levar para longe deste planeta. Nunca tinha assistido ao musical, e o filme só seria produzido em 1961, mas me identificava com cada personagem, "vendo-os" dentro da minha cabeça. Eles pareciam que eram só meus. O amor entre Tony e Maria era o que eu queria para mim, em vez de ser apalpada por algum adolescente bobo.

Assim que havíamos nos acomodado no duplex em Rosewood, tudo mudou de novo. Gilbert tinha se apaixonado perdidamente pela minha mãe, assim como Joe Collins, e ficava ligando para ela de Nova York, implorando para que se casasse com ele. Cansada de ficar sozinha e ainda tentando ser uma atriz famosa, ela tomou a decisão por toda a família e aceitou o pedido de Gilbert, tornando-o o Marido nº 5 (ou 6, dependendo de quantas vezes contarmos Johnnie Sarkisian). Em um instante, minha mãe virou a nossa vida de cabeça para baixo de novo. Após anunciar que iríamos nos mudar para a costa Leste depois do Dia de Ação de Graças, aos 8 e 14 anos respectivamente, Gee e eu fomos mais uma vez arrancadas de tudo o que conhecíamos e amávamos, o que basicamente resumia a nossa infância. No impulso do que a minha mãe achava ser o melhor para nós, eu estava aprendendo que, se quisesse ter o controle da minha própria vida, teria que encontrar um jeito de fugir.

Apesar do medo de perder a independência que tinha em Los Angeles, estava animada para ir para Nova York. Tinha 14 anos e estava me mudando para uma cidade que só tinha visto nos filmes. A cidade de *Amor, sublime amor*.

8

new york, new york

Já em Manhattan, nós todas relaxamos, apesar de o voo em si quase ter matado a minha mãe. Era a primeira vez que Gee e eu viajávamos de avião, e estávamos completamente maravilhadas. Aeromoças lindas de uniforme azul-escuro engomado nos levaram à primeira classe e nos serviram uma refeição de muitos pratos. Tudo preparado ali, na nossa frente — uma salada com todo tipo de ingrediente imaginável e uma enorme variedade de molhos, um assado que cortaram do jeito que pedimos e sundaes com cobertura e todos os acompanhamentos possíveis. Gee e eu estávamos com as nossas melhores roupas e amamos cada segundo sendo mimadas. Eu não sabia ainda que devia ter medo de avião, e estar dentro de um pareceu a melhor coisa que já tínhamos feito, melhor do que qualquer coisa na Disney. Minha irmã e eu brigamos pelo assento da janela, desesperadas para olhar do lado de fora e ver o mundo passando por nós. Três fileiras atrás, a ansiedade da minha mãe aumentava e ela teve um ataque de pânico completo. O braço de Gilbert ficou roxo e azul de tanto que ela o apertava, e um médico a bordo teve que lhe administrar oxigênio. "O que está acontecendo com a mamãe?", perguntamos uma à outra. Gee e eu ficamos olhando para ela e nos perguntando por que ela não estava vivendo essa grande aventura como nós duas. Aquilo era muito emocionante — mas nossa mãe claramente discordava.

Em terra firme, ela ficou animada ao ver o apartamento que Gilbert tinha alugado para nós. Ficava na East 56th Street, no Upper East Side, bem em cima de um supermercado D'Agostino. Minha mãe amou, Gee e eu também, pois cada uma tinha o próprio quarto, e a vista era incrível. Nosso novo padrasto, nascido em Nova Jersey, estava completamente em casa na cidade e animado para mostrar Manhattan para nós. Havia muitas atividades divertidas e animadas em Nova York, e descobri que a melhor delas era poder caminhar para qualquer lugar ou pegar um táxi, o que significava que eu não precisava de um carro. Em Los Angeles, era necessário entrar em um carro e ter um destino decidido e alguém para te levar até lá. Mas, em Nova York, você podia simplesmente andar pelas ruas junto com todo mundo, em meio a todo o agito, alvoroço e energia. Lá não ficávamos isoladas dentro de um carro. Minha mãe não gostava muito disso, mas Gee e eu achávamos maravilhoso. Podíamos simplesmente sair andando de casa e éramos livres.

Minha escola só ia começar no ano seguinte e, até lá, tudo parecia emocionante.

A princípio, minha mãe via tudo como uma aventura também. Ela e Gilbert assistiam a peças, saíam para comprar roupa, iam jantar nos restaurantes fabulosos da cidade, onde ela podia usar as suas novas roupas e joias sensacionais. Eles iam a lugares como o Persian Room ver óperas. Gilbert tinha amigos na cidade, e eles frequentavam o nosso apartamento. Tudo isso era muito glamouroso para a minha mãe, que gostava desse novo estilo de vida de mulher de um empresário poderoso.

Passei o nosso primeiro Natal ouvindo discos de 45 RPM na vitrola que minha mãe tinha me dado. Eu sabia que ela e Gilbert iam sair naquela noite e eu ficaria em casa com Gee, sem grandes planos. Provavelmente, fazia um certo drama — minha mãe estava se adaptando ao jeito de ser de Gilbert para se enquadrar no estilo de vida dele, e isso me incomodava. Além disso, minhas aulas ainda não tinham começado, e eu não tinha nenhum amigo de verdade. Quando o nosso ascensorista, Jesse, se ofereceu gentilmente para me levar a uma festa na noite de Réveillon, minha mãe permitiu que eu fosse na hora. Animada, comecei a planejar o que ia vestir, conversando com ela sobre opções enquanto a ajudava a descolorir os cabelos. Distraída, passei os dedos nos meus próprios cabelos, acidentalmente fazendo mechas louras de um lado. Minha mãe viu e começou a rir, histérica. Embora eu desejasse ter cabelos louros quando era mais nova, já tinha superado essa vontade. "Meu Deus, mãe, o que faço agora?", perguntei. "Está tudo bem. Senta aqui", disse ela, calma, e descoloriu o outro lado para deixar igual. Acabei ficando encantada com o resultado final. Melhor ainda, ela me emprestou seu casaco de vison para eu ir à festa como um agrado — foi um choque e, provavelmente, meio perigoso.

Enquanto eu me arrumava, sentindo-me totalmente adulta, começou a cair gelo e, em seguida, uma neve grossa, e a noite ganhou um toque mágico. A primeira vez que vivenciei um inverno de verdade foi em Nova York. Olhando pela janela do nosso apartamento altíssimo, vi uma neve tão espessa que mal conseguia enxergar o prédio ao lado.

Quando perguntei à minha mãe o que estava acontecendo, ela riu e respondeu: "É uma nevasca, *babe*." Mais à frente, depois de uma noite no cinema, andamos até a Times Square e vimos as ruas totalmente vazias, enquanto a neve cobria o chão de branco. Gee e eu corremos, escorregando e deslizando pelos táxis estacionados nas calçadas. Os poucos motoristas corajosos que tentavam dirigir percebiam que era quase impossível ir a qualquer lugar. Deslizar no meio da rua em Nova York era o tipo de diversão que certamente nós nunca tínhamos vivido antes, e ficava a mundos de distância de Los Angeles. A única coisa que eu já tinha visto em Los Angeles era uma tempestade de granizo — quando ouvi o barulho no telhado e saí correndo, encontrei gelo do tamanho de bolas de golfe no jardim e voltei para dentro, gritando: "Mãe, mãe, o que é isso?"

Era noite de Réveillon do começo de uma nova década, e eu iria à minha primeiríssima festa em Manhattan. Jesse, que tinha seus 20 e poucos anos, me levou em um táxi por cinco quilômetros até East Village. A festa era em um apartamento imenso e, no minuto que entrei ali, senti como se estivesse entrando em *Amor, sublime amor*. Nunca tinha visto nada parecido com aqueles convidados incríveis e toda aquela bebida, cigarro e diversão. Eles não se pareciam nem se vestiam como os adolescentes que eu conhecia. Os garotos usavam camisas coloridas e gravatas pretas por baixo de paletós pretos e calças afuniladas. As meninas eram lindas e fascinantes, com os cabelos presos a meio metro de altura e vestidos grudados que deixavam tudo empinado. Fiquei com inveja das curvas delas, já que não as tinha. Elas simplesmente tinham certo estilo, certa atitude.

Fiz o meu melhor para me encaixar, e ao menos pareci descolada quando as meninas ficaram impressionadas com o casaco de pele da minha mãe. Jesse e eu dançamos, e eu acendi um cigarro e conversei com algumas pessoas, só fingindo fumar. A diversão terminou de forma abrupta quando uma briga se deu na cozinha e um homem apareceu na sala cambaleando, com sangue na blusa. Havia sido esfaqueado e teve que ser levado para o pronto-socorro. Apesar de chocada, também achei o episódio estranhamente excitante, como se a gangue dos Sharks e a gangue dos Jets estivessem se enfrentando diante dos meus olhos.

Jesse era um cavalheiro, mas não havia nenhuma faísca entre nós. Além disso, acho que ele não sabia a minha idade exata, então, quando um dos seus amigos me chamou para sair, aceitei. Nós saímos alguns dias depois e foi ótimo, até ele me levar para o seu apartamento. Ele era a cara do Bernardo, de *Amor, sublime amor*. Assim que entrei, soube que estava encrencada. Pensei: *Ai, meu Deus, Cher, onde você se meteu? Nada de bom pode acontecer aqui.* Uma única lâmpada pendia do teto na ponta de um fio. Era assustador. O garoto começou a me beijar na mesma hora e, quando tentou ficar em cima de mim, de um jeito que hoje seria considerado abuso sexual, eu o empurrei e disse: "Opa, cara! Para. Não vou fazer isso, tá?" Embora ele tenha achado que eu era mais atrevida e muito mais velha, de alguma maneira dei um jeito de sair dali, totalmente consciente de que poderia ter sido estuprada ou algo pior. Nunca contei a uma mísera alma o que aconteceu e fiz um pacto mental comigo mesma de nunca me colocar em uma situação tão perigosa novamente, apesar de — claro — ter feito isso depois.

Gee e eu nos adaptamos à vida em Nova York, e Gilbert decidiu nos adotar, o que deixou a minha mãe muito feliz. Gee acabou mantendo nosso novo sobrenome, mas eu me senti um pouco boba com o nome "Cher LaPiere", porque rimava. Acho que um dos motivos pelos quais o homem que a minha mãe chamava de "Gil" gostava de nós era que ele tinha filhas da mesma idade. O problema era que ele tinha ideias muito caretas e tradicionais sobre como criar meninas, a anos-luz das minhas. Durante anos, fui tratada como uma adulta pela minha mãe e era praticamente a mulher da casa. Recebi um monte de responsabilidade e ganhei o seu respeito por cuidar da minha irmã e manter a casa limpa enquanto a minha mãe trabalhava. Mas em Nova York, de repente, fui demovida. Minha mãe e Gilbert me tratavam que nem criança. Um dia, eu era uma mulher e, no outro, eles agiam como se eu tivesse 5 anos! Eu não estava preparada para ser submetida a regras e limites. Era condescendente. Quando Gilbert reclamou que eu era jovem demais para fumar, minha mãe fingiu uma surpresa inocente — "Caramba, fumando? Não sabia disso!" — e rapidamente rescindiu a minha permissão de fazer isso. Toda vez que eu a via baforando, me sentia injustiçada (uma vez, tirei uma foto dela debruçada na janela do nosso apartamento fumando enquanto olhava para os carros nas ruas cheias da cidade).

Quando as férias terminaram, minha mãe e Gil me matricularam na escola local. No meu primeiro dia de aula, estava nevando muito de novo, então cheguei de táxi, o que foi o meu primeiro erro, pois quase apanhei por ser "fresca". Eu era muito diferente de todas as outras garotas, não tinha a malícia das ruas, e elas não me deram nem chance. Era um ambiente difícil que me deixava ansiosa — ainda mais porque eu já odiava escola, para começo de conversa! Três semanas depois, abandonei aquele lugar. A decisão me ocorreu um dia, de repente, e implorei para a minha mãe e Gilbert não me obrigarem a voltar. Disse a eles que não fazia sentido ficar lá, que eu me sentia desconfortável e não estava aprendendo nada, e isso pareceu funcionar. Eles não ficaram felizes, mas consegui ganhar um pouco de tempo. Não tinha um plano, só queria sair dali.

Porém, sem ir à escola, eu ficava à toa o dia inteiro e não tinha nenhuma maneira de fazer amigos. Comecei a me sentir sozinha, e isso ficou aparente. Tentando me ajudar, Gilbert marcou um encontro para eu conhecer Joyce, filha de um colega dele. Joyce era ótima — usava delineador escuro, maquiagem clara e as pontinhas dos cabelos viradas, e topava qualquer coisa. Ela me apresentou suas amigas, e de repente eu tinha locais para frequentar e amigas com quem sair. Garotas ricas que moravam em Upper West Side, todas já formadas no colégio, que não faziam ideia da minha idade e me ensinaram a viver naquela cidade — sair para dançar em boates, fazer compras com as amigas e pertencer a uma turma, enquanto jovens bonitos nos rodeavam. Em parte foi graças às meninas, em parte foi apenas Nova York mesmo — eu tinha descoberto um novo tipo de liberdade, e sequer precisava de rodas.

Eu já não estava solitária, saía com essas meninas que podiam ir a qualquer lugar e fazer qualquer coisa, a não ser que fosse feriado judaico. Nesses fins de semana, eu era até convidada para ir à sinagoga com as famílias delas, que ficavam felizes de me receber. Apesar de a mãe da minha melhor amiga Barbara me dizer um dia: "Cher, querida, nós te amamos, mas você poderia parar de cantar só um minuto, por favor?" Eu nem tinha percebido que estava cantando.

Um dia, Barbara disse que me levaria a Jones Beach. No caminho, ela saiu do metrô para pedir informação e, para o meu terror, as portas se fecharam atrás dela, e fiquei sozinha enquanto o trem se afastava. Ela fez gestos indecifráveis para mim pela janela do trem e: tcharam! Ali, meus caros, foi quando o zíper da minha calca jeans justa decidiu se partir. Graças a Deus eu estava com a parte de baixo do biquíni. Não que fizesse muita diferença para quem olhava. Morrendo de vergonha e só com uma camiseta curta, tive que me cobrir com a bolsa. Sentada ali, exposta e constrangida, senti que os olhos de todos os homens no metrô estavam concentrados na minha virilha. Entrei em tal estado de fuga que, no momento em que saí do trem, meus cabelos grudavam no rosto de tanto suor. Acabei encontrando o caminho para voltar ao apartamento de Barbara e desabei nos braços da mãe dela, um caco. Como a minha mãe teria dito com o seu sotaque sulista, eu parecia que "tinha saído da boca da vaca".

No meu aniversário de 15 anos, Gilbert nos levou para ver a cantora Eartha Kitt no lendário Persian Room, no Hotel Plaza. Minha mãe tinha um dos discos dela e nós o escutávamos toda hora. Minha música favorita era "My Heart Belongs to Daddy", do Cole Porter, que fui cantar nos palcos anos depois. As únicas cantoras que eu já tinha visto na vida eram a minha mãe e Jake. E, embora amasse as vozes delas, aquilo era outro nível. Eartha no Plaza foi a primeira vez que assisti a uma cantora dominar o salão inteiro e controlá-lo na ponta dos dedos. Ela era pequenina, mas tinha uma presença imensa. Nunca vou me esquecer de estar sentada naquele salão opulento art déco vendo-a no palco em um vestido justo de paetês com alça fina e uma estola de pele. Ela chamava a atenção de todos os homens, mulheres e crianças da plateia. Com 30 e poucos anos, ela estava em seu auge e tinha movimentos felinos. Eu queria ser ela, tão hipnotizante, sobretudo quando cantava em francês. Quando o show terminou, foi ovacionada de pé por mulheres gritando e homens batendo nas mesas e pedindo bis. Pulando e aplaudindo com muito entusiasmo, eu senti aquilo de novo — aquela coisa do Elvis, mas diferente. Em retrospecto, vejo que era um daqueles sinais, dizendo: *É isso, Cher, siga esse caminho.*

Em junho, Gilbert e minha mãe levaram Gee, eu e as filhas do Gilbert, Verna e Lisa, de férias para Vermont. Verna e eu ficamos doidas quando descobrimos que o quarto que iríamos dividir ficava do outro lado do hotel, bem longe do da minha mãe e de Gilbert. Fizemos uma dancinha de felicidade e ligamos para a recepção para pedir uma Coca-Cola. Tirei a roupa com que tinha viajado e estava lendo uma revista na cama só de calcinha e camisola quando as Cocas chegaram — entregues por um garoto alto de lindos olhos azuis e cabelos louros. Fiquei constrangida e curiosa. Ele se chamava Bodo e era um instrutor de esqui austríaco. Lindo de morrer, ele se parecia com o Oskar Werner. Naquela noite, no jantar, ele era o maître e nos conduziu à nossa mesa. Fiquei com vergonha, pois ele havia me visto de calcinha, mas também *encantada*. Depois do jantar, houve danças, nós conversamos e ele me levou para dar uma volta no seu lindo Thunderbird azul, onde tivemos nossos encontros românticos. Nós nos divertimos, mas, na hora de voltar para Nova York, eu já tinha perdido o interesse. Assim como Bodo, nenhum dos homens com quem eu havia saído sabia a minha idade, já que eu parecia mais velha e nunca confessava quantos anos realmente tinha. E, na verdade, eles nunca queriam saber. Quando vejo fotos minhas daquela época, me pergunto por que ninguém disse: "Opa, só um minuto. Você não tem 18 anos!" Com um namorado novo quase toda semana, eu era como uma versão rústica da minha heroína do cinema Holly Golightly, que havia me hipnotizado com a sua independência, o seu estilo e a sua ousadia no filme *Bonequinha de luxo*, de 1961.

De volta a Nova York, minha mãe e Gilbert iam assistir a peças na Broadway e faziam festas em casa para os colegas banqueiros dele, e nós deveríamos estar presentes. Um convidado frequente das festas era Noah Dietrich, que havia sido contratado pelo magnata Howard Hughes para torná-lo "o homem mais rico do mundo" e acabou administrando todas as empresas de Hughes até eles se desentenderem. Noah era adorável e sabia que suas histórias eram fascinantes, pois todo mundo realmente prestava atenção, mas só o que absorvi foi que Hughes era descompensado e tornou a vida dele um inferno. Se eu soubesse ouvir naquela época!

Para garantir que estivéssemos apresentáveis para as reuniõezinhas adultas, minha mãe quis comprar roupas melhores para nós, que se adequassem ao nosso novo estilo de vida. Ela ainda tentava escolher as minhas roupas, e eu era teimosa e não aceitava, então pedi a Gilbert para me levar para fazer compras no lugar dela. Com Gilbert, aprendi a arte de fazer compras com um homem. Eu fazia com que ele achasse que tudo era ideia dele. Ele se sentava e me deixava escolher as coisas de que eu gostava, entrando e saindo do provador e mostrando cada uma das roupas. Gilbert simplesmente dava sua opinião, perguntando o que eu preferia, e concordava com as minhas decisões. Nunca questionava os preços ou estilos do que eu escolhia. Era uma sensação maravilhosa. Tive uma experiência similar com Joe Collins quando, em uma viagem a Palm Springs, escolhi vários vestidos sensacionais, e ele perguntou: "Você tem sapatos de salto, não tem?" Eu enrolei um pouco e falei que tinha deixado os meus em casa, e então ele comprou o meu primeiro par. Quando minha mãe nos viu, ela disse: "Você não usa salto alto. Por que está usando esse sapato?" Queria que ela caísse em um buraco no centro da Terra... tão ingênua, de meia de algodão.

Deixei de lado a minha calça jeans e blusa curta em prol de roupas mais coloridas, e Gilbert comprou para mim um vestido preto de bolinhas brancas com um colete preto com forro combinando, também de bolinhas. Era emocionante poder escolher as roupas de que eu gostava e não precisar barganhar nem discutir.

Fazer compras era só um exemplo de Gilbert agindo como mediador entre nós duas. Ele era um gênio para lidar com a minha mãe quando ela era irracional, o que parecia ser cada vez mais comum. Ela sentia saudade das suas amigas de Los Angeles e da vida a que estava acostumada. Quanto mais saudade de casa ela sentia, mais as coisas azedavam. Eu gostava da minha vida em Nova York e sentiria falta das minhas amigas se fôssemos embora, mas nada compensava ver a minha mãe tão infeliz. E viver com alguém infeliz é um jeito terrível de se viver. Não ajudava o fato de eu ser uma adolescente difícil (ainda sou).

Eu tentava ficar fora do caminho da minha mãe, mas tudo explodiu no dia em que discordei dela sobre algo enquanto estávamos na mesa de jantar. Ela já estava no limite, contando a Gil uma história sobre algo que havia acontecido conosco, mas contou uma parte errada, e eu disse: "Não, mãe. Não foi assim, lembra?"

Ela parou, olhou e para mim e falou: "Eu sei o que aconteceu, Cher."

"Não, mãe, você está esquecendo a parte mais importante."

Olhando profundamente para mim, ela perguntou: "Você está contestando as minhas palavras, Cherilyn?"

"Não", respondi. "Mas eu estava lá e..."

Sem aviso algum, ela me deu um tapa na boca. Infelizmente, o anel com um domo de rubi e pérola incrustrados em uma garra que Gilbert tinha dado para ela tinha virado para dentro. Bateu no meu lábio e me cortou. Lembro-me daquele momento de forma muito vívida — onde eu estava sentada, o que disse e exatamente como me senti.

Fiquei muito surpresa, e Gilbert, visivelmente chocado. Minha mãe me dava umas palmadas quando eu era pequena, mas nunca tinha me batido daquele jeito — ela não acreditava em violência. Dizia que era humilhante. Aconteceu tão rápido; acho que ela nem percebeu o que estava fazendo. Chocada, machucada e depois com raiva, eu me levantei e olhei para ela. O que queria era gritar: "Você devia dar uma olhada em si mesma agora", mas segurei a língua, marchei para o meu quarto para pegar a minha bolsa e o meu casaco e voltei para a sala. Minha boca estava sangrando. Gilbert olhou para ela, repreendendo-a, me deu dinheiro, e saí pela porta.

O momento foi prova de o quanto ela estava sofrendo, e acho que ela sabia. Era meio assim: isto não está dando certo, alguém leve essa mulher de volta a Los Angeles. Acho que estávamos em Nova York havia menos de um ano quando declarou que não conseguia aguentar um segundo inverno na costa Leste e que tinha que voltar para o sol. Em Manhattan, ela se sentia enclausurada no prédio alto e detestava viver durante meses em uma cidade congelada. Quando ficou irritada e começou a descontar sua infelicidade em Gilbert, fiquei com pena dele, principalmente porque ele tentara me defender em mais de uma ocasião. O que ele não percebia era que a minha mãe acreditava que, se um homem não fosse tão rico quanto ela era bonita, ele não a merecia. Era a mesma ideia incutida nela por sua mãe quando jovem: "É tão fácil se apaixonar por um homem rico quanto por um homem pobre."

No momento em que Gilbert cedeu e levou a minha mãe de volta para casa, nós entramos em um avião. Quando pousamos, ela se ajoelhou e beijou o chão. Ainda tenho essa foto. Gilbert realocou-se para uma filial de LA do seu banco e comprou para ela um novo Cadillac reluzente e uma casa linda e enorme na Estrondo Drive, em Encino, com jardins planejados, uma piscina, uma vista do vale inteiro e dos cavalos pastando no terreno de Clark Gable. Feliz por estar em casa, ela se reconectou com as velhas amigas e fez novas no bairro, mulheres com quem fazia compras, fofocava e bebia até se fartar.

De certa forma, fiquei feliz por voltar, mas tinha amado morar em Nova York e estava chateada por perder a liberdade que tinha lá. Minha independência nova-iorquina não ia adiantar nada em uma cidade onde se precisava de uma carteira de motorista para ir a qualquer lugar digno.

Para o meu desgosto, minha mãe e Gilbert insistiram que eu terminasse os estudos e me matricularam na Escola Preparatória Montclair College, em Tarzana. A única coisa de que eu gostava lá era aprender francês com a mulher do diretor, a sra. Simpson, que dizia que eu tinha um ouvido natural para línguas. Também amava as aulas de teatro e de canto com o sr. Fiori, que me contou que a escola ia fazer uma apresentação de *The Mikado*, de Gilbert e Sullivan. Tive coragem de fazer o teste para o papel principal de Yum-Yum e fiquei arrasada quando, em vez do papel principal, o sr. Fiori me enfiou no coral. "Você é contralto, Cher", ele me informou. "Seu registro vocal é grave demais para cantar com as meninas, mas não grave o suficiente para cantar com os meninos." Era uma peculiaridade da minha voz que me perseguiria por anos. Pensei: *Bom, o sonho acabou.*

Foi durante o meu ano na Montclair que fiz meu primeiro amigo gay, Steve. Não era algo estranho para mim, já que o círculo de amizades da minha mãe tinha pessoas gays havia anos. Havia Shirley, uma mulher fabulosa que parecia a Brigitte Bardot. Scotti, que tinha feições de menino e que eu amava, pois ela me tratava que nem adulta. Mais tarde, teve a Joan, namorada da Scotti que era jovem, loura e extremamente feminina. Quando eu era pequena, minha mãe também tinha dois cabeleireiros que eram tão animados e engraçados que eu não conseguia entender por que todos os homens não eram daquele jeito. Embora eu entendesse o conceito de ser homossexual, não entendia por que eles precisavam esconder aquilo. Fiquei chocada quando soube que, quando eu era criança, era ilegal ser gay. Em alguns estados, se você fosse considerado um "pervertido moral ou sexual", podia ser esterilizado ou preso.

Steve e eu nos divertíamos muito e ficávamos secretamente aliviados pelo sexo não se meter no meio da nossa amizade. Eu só queria que todo mundo com quem eu saía fosse tão cuidadoso e carinhoso como ele. Não muito depois de seus pais lhe darem um carro de presente de aniversário, ele foi convidado para uma festa gay e me implorou para ir junto. "Claro", respondi, feliz por ir para qualquer lugar onde eu pudesse dançar. Steve não ia se assumir, mas era a primeira vez que estava preparado para expor a sua sexualidade em público, em um local onde era seguro, pois eu também estaria lá. Quando chegamos ao apartamento, ele estava muitíssimo nervoso, mas eu o acalmei. Ele começou a relaxar e até iniciou uma conversa com um outro cara quando houve uma comoção repentina. Ouvimos alguém gritar: "Polícia! Todo mundo parado!"

Estávamos em um cômodo dos fundos quando os policiais invadiram, então fugimos para um banheiro. Steve trancou a porta, abriu a janela, saiu e me puxou. Nós corremos até o carro dele e fomos embora antes que os policiais pudessem prendê-lo, apesar de Steve mal conseguir dirigir de tanto que tremia. Estava convencido de que, se os pais dele descobrissem o seu segredo, iriam enviá-lo para uma clínica psiquiátrica ou algo pior. Atordoados, dirigimos sem destino por um tempo, mas ele estava tão transtornado que já era bem tarde quando cheguei de volta à casa da minha avó — onde Gee e eu estávamos dormindo naquela noite —, e acabei ficando superencrencada. Ela ficou muito brava comigo, então contei que a polícia tinha entrado na festa que Steve e eu estávamos por causa do barulho. Jamais poderia ter contado o motivo real. Ela era do Texas, e esse tipo de coisa não era aceita no Texas. Passei os dias todos seguintes de castigo, mas não liguei muito. Eu sempre ficava feliz em casa, desenhando.

Aos 15 anos, eu mesma fui tema de algumas obras de arte, graças a um artista chamado Tony Mafia. Não sei como a minha mãe o encontrou, mas Tony tinha muito talento, e minha mãe pagou para ele fazer retratos em sépia de nós três individualmente. Ao entregá-los, Tony falou horas sobre como eu tinha traços interessantes, com os meus cabelos e olhos escuros comparados ao louro da minha mãe e irmã. Ela era linda, e minha irmã, adorável, mas ele dizia que, como toda criança, Gee não tinha idade suficiente para ter personalidade nas feições. Quando a minha mãe começou a fazer sons de espanto e admiração olhando para o meu retrato, aquilo me fez parar e pensar: *Certo, ela costuma avaliar bem as coisas, então eu devo ser... alguma coisa.* Foi a primeira vez que achei que era diferente, principalmente quando ela me disse que eu deveria tentar ser modelo e me mandou para um fotógrafo, para tirar algumas fotos de portfólio. Eu estava sentada no estúdio entre sessões quando a porta se abriu e um homem de uns 30 anos chegou e sentou-se na minha frente. Era o ator Telly Savalas, que ficou famoso em 1973 pela série de TV *Kojak.* Ele olhou para mim com um sorriso no rosto e disse: "O que você faria se eu me aproximasse e te beijasse agora?" Quando revirei os meus olhos de 15 anos, ele começou a rir. "Tá bem, tá bem. O olhar disse tudo", concluiu ele. Que bom.

Meses depois, Tony me pediu para posar para um mural de mulheres com traços italianos que havia sido pago para pintar no restaurante Martoni's, no North Cahuenga Boulevard, ao sul da Capitol Records. O Martoni's era um dos lugares que as pessoas bacanas do mundo do cinema e da música frequentavam, embora gente como Frank Sinatra e o Rat Pack preferisse o Chasen's. Durante anos, qualquer um que fosse até lá comer o melhor *manicotti* da cidade era rodeado por várias versões de mim na parede, apesar de apenas uma ter alguma semelhança.

Eu estava no Martoni's posando para Tony um dia quando um outro desconhecido começou a conversar comigo, só que dessa vez eu não revirei os olhos. Seu nome era Antonio LoTempio, mais conhecido como Nino Tempo, cantor e músico com uma bela voz, treze anos mais velho do que eu. Gostei muito dele, e nós estávamos começando a ficar próximos quando um amigo exigente chegou de Nova York e tomou todo o seu tempo. O amigo era o produtor de música e dono de gravadora Phillip Spector, de 22 anos, que estava gravando no Gold Star, no Santa Monica Boulevard, que se tornou um dos estúdios de maior sucesso do planeta. Todo mundo, de Brian Wilson e Jimi Hendrix aos Righteous Brothers e Ritchie Valens, gravou naquele lugar em que Spector aprendeu a sua arte. Quando ficou famoso, ele continuou usando o mesmo estúdio, e desde o dia em que foi enviado pela gravadora, esperava-se que Nino estivesse disponível. Os dois tinham morado juntos em Nova York. Nos primeiros discos de Phillip, Nino tocou saxofone, piano, bateria e guitarra, e foi backing vocal. Mesmo quando não precisava dele, Phillip o chamava e dizia: "Venha para o estúdio. Preciso de ouvidos extras."

Antes de Phillip chegar, Nino me avisou: "Phil precisa de mim no estúdio, então, desculpa, mas não vamos conseguir nos ver muito." O que não percebi é que isso significava que nós não nos veríamos nenhuma vez. Sempre que eu reclamava com Nino sobre isso, ele jurava que estava trabalhando, mas fiquei convencida de que estava mentindo e saindo com outra. Não sabia nada sobre Phillip nem tinha ideia do quanto ele era respeitado no cenário musical e não acreditava que um chefe pudesse exigir tanto de alguém.

No Gold Star, Phil e seu arranjador Jack Nitzsche trabalhavam com artistas como Jan e Dean, The Ronettes, Ike e Tina Turner, Darlene Love, e todos eram acompanhados pela banda conhecida como Wrecking Crew. Phillip tinha descoberto uma fórmula exclusiva para criar discos com uma qualidade profunda e sinfônica com a gravação multicanal, isolando cada instrumento e gravando o resultado final junto em uma câmera de eco. Isso ficou conhecido como "Muralha de Som", algo que não existia antes.

Nada disso tinha significado algum para esta adolescente apaixonada, emburrada com a falta de atenção de Nino. Ele ligava e perguntava: "Podemos nos ver? Tenho quinze minutos antes de voltar para o estúdio." Sem carro, isso era impossível para mim, e depois de um tempo surtei e mandei ele esquecer o meu número.

Como queria provar para mim que estava trabalhando, ele me levou para conhecer Phillip no seu hotel no Sunset Boulevard, e não gostei muito do que vi. Ele até podia ser um semideus para muitas pessoas, mas agia de um jeito esquisito e não gostei de como olhava para mim. Ele me olhou de cima a baixo e fez um comentário infame em francês na frente do amigo. "*Voulez-vous coucher avec moi*?", disse, sorrindo ironicamente e me chamando para dormir com ele.

Sem deixar escorrer uma gota de suor, olhei de volta para ele e respondi: "*Oui, pour l'argent*." Foi um soco no estômago. Ele não achou que eu fosse entender a pergunta, quanto mais responder.

Terminei com Nino logo depois disso, e ele ligou dizendo: "Você acabou comigo, Cher, e eu nunca mais quero te ver." Não tive a intenção de magoá-lo. Ele era um cara legal, mas eu não conseguia acreditar que estava trabalhando dia e noite de babá para um homem adulto. Fiquei muito feliz quando, naquele ano, ele e a irmã ganharam um Grammy pela música "Deep Purple".

Morar em Los Angeles sem uma carteira de motorista estava sendo um atraso na minha vida social. Minha mãe me deixou fazer a prova de direção no Cadillac dela, mas aquele carro parecia um barco. Apesar de dirigir desde os 11 anos de idade, fui reprovada. No exame seguinte, consegui passar usando o Buick Skylard de Gilbert, mais compacto. A partir daquele dia, sempre que eu pegava aquele carro emprestado, finalmente tinha a minha versão de liberdade em Los Angeles. Quando me sentava ao volante, nada me parava, e eu saía o tempo todo porque podia, após tomar a decisão de que não fazia mais sentido algum continuar na escola. Tive semanas de folga por causa da minha segunda rodada de mononucleose e depois fui suspensa por uma semana por me recusar a tirar os óculos escuros em sala de aula. Os óculos e meus dois rabos de cavalo eram uma homenagem à minha heroína, Holly Golightly. O diretor da Montclair, sr. Vernon Simpson, me chamou à sua sala e me disse: "Eu poderia expulsá-la da escola, Cher, mas acho que tem algo de bom em você. Quero que vá para casa e pense um pouco sobre isso."

Meus pais não ficaram felizes, mas minha mãe sabia que a escola não estava no meu destino. Prometi a eles que não ficaria em casa sentada sem fazer nada: iria para a escola de teatro. Finalmente livre do confinamento da escola, eu podia ir na direção que desejava, contanto que seguisse as regras da minha mãe e de Gilbert. Certa noite, peguei emprestado o Skylard e estava dirigindo pelo Sunset Boulevard quando um Lincoln branco conversível me cortou. Parei no estacionamento da famosa farmácia Schwab's, abalada por ter ficado tão perto de bater o carro de Gilbert. Saí do carro e gritei: "Qual é a porra do seu problema? Você quase bateu no meu carro!" O homem estava usando óculos escuros grandes e pretos, mas ainda assim dava para ver que era lindíssimo, com um dos sorrisos mais sensuais que eu já tinha visto. Quando ele tirou os óculos, percebi que era Warren Beatty. Tinha recebido o apelido de "Nova Estrela do Ano" pelo Globo de Ouro que ganhou — indicado pelo papel no filme do momento *Esplendor na relva*, no qual contracenava com a atriz casada Natalie Wood, que virou a sua amante. Minha mãe era doida por Warren, assim como a minha amiga Penny, então achei melhor não deixar o momento passar, pelo bem delas. Ganhando tempo, respirei fundo e perguntei: "Você tem um cigarro?"

"Não", respondeu ele, sorrindo. "Mas posso ir comprar para você." Ele atravessou a rua, entrou na loja de conveniência do posto de gasolina e fez exatamente isso.

Dez anos mais velho que eu, aos 25, Warren era tão inacreditavelmente bonito que tive que me conter enquanto ele se aproximava. "Como é o seu nome?", perguntou ele.

"Cher."

"Bem, Cher, quer comer alguma coisa?"

Hesitei. Estava perto do meu horário de voltar para casa, e eu já estava preocupada em me atrasar e acabar de castigo, mas pensei no quanto minha mãe era fã dele. Então, dei de ombros e falei: "Claro."

"Quer ir até a minha casa para comermos algo?"

Minhas pernas ficaram bambas diante daquele charme e daquele sorriso — uma combinação devastadora. "Tá." Segui o carro dele até uma enorme casa branca moderna em Trousdale Estates, em Beverly Hills. Era linda e tinha uma piscina maravilhosa. Ele me mostrou o lugar por dentro, preparou umas torradinhas com queijo para nós dois, e então inclinou-se para a frente e me beijou. *Agora está ficando interessante*, pensei enquanto o beijava de volta. Nós dois fomos nadar, eu usando um maiô de Natalie Wood, e nos divertimos muito. Depois, dirigi de volta para casa com um sorriso feliz, às quatro da manhã, e encontrei a minha mãe e Gilbert esperando na porta, de pijama, furiosos por eu ter desrespeitado o horário combinado mais uma vez.

"Você não vai sair de novo até ter 21 anos!", gritou a minha mãe antes de me mandar para o quarto, mas nada conseguiria estourar a minha bolha de alegria.

Na manhã seguinte, o telefone tocou. Era Warren. "Vamos sair para jantar", sugeriu ele. Eu conseguia ouvir o seu sorriso.

“Não”, respondi, com a minha mãe tentando ouvir ao fundo.

“E que tal irmos à piscina?”

Rindo do convite aleatório, eu não queria que ele soubesse a minha idade e nem que estava de castigo, por isso, respondi: “Minha mãe ficou puta comigo pela hora que cheguei em casa, então não vou a lugar nenhum. Nós brigamos e eu não posso sair.”

Rindo, ele pediu: “Deixa eu falar com a sua mãe.” Queria ter tirado uma foto da cara dela quando percebeu com quem estava falando. Ela literalmente se derreteu diante dos meus olhos. Dez minutos depois, minha mãe o convidava para vir à nossa casa. Quando desligou, gritou: “Por que não me contou que estava com Warren Beatty?”

“Você tinha acabado de me dizer que eu estava de castigo até fazer 21 anos, então não estava no clima de conversar.” Qualquer outra mãe teria ficado horrorizada com meu sarcasmo adolescente, mas a minha, que já amava Warren Beatty, estava disposta a me perdoar. Ela me implorou para apresentá-la ao astro famoso por dormir com praticamente todas as mulheres que encontrava em Hollywood (e Nova York, e Paris, e Londres, e Kuala Lumpur). Mais tarde, quando eu estava com David Geffen, Warren e eu viramos amigos, e eu adorava sair com ele, Jack, Robbie, Toots, Lou, Goldie e toda a turma.

Quando fui encontrar Warren, minha mãe ficou animadíssima. “Você tem que me contar tudo depois!”, sussurrou ela enquanto eu saía porta afora. Ele e eu saímos mais duas vezes, e eu adorava a sua companhia. Da última vez que ele ligou, eu estava com Sonny. Ele disse: “Você quer sair para jantar?” Respondi: “Bom, estou namorando.” Ele falou: “Tudo bem, quer sair para almoçar?” Foi muito fofo e a cara dele.

Eu tinha concordado em fazer aula de teatro. Minha mãe me matriculou em um curso de teatro duas vezes por semana, durante três meses, lecionado por Jeff Corey, ator que tinha virado professor. Ele dava aula em uma salinha dentro de um teatro não muito longe da sua casa, em Hollywood Hills. Foi uma boa sacada, pois Jeff foi uma pessoa que me causou uma grande impressão. Alto e magricela, aos 47 anos, ele usava calça de algodão grosso no estilo de um professor universitário e era igualmente intimidante. Tinha feições esculpidas, cabelos bagunçados e as sobrancelhas mais peludas que eu já vira. Às vezes, era rabugento, mas, na maior parte do tempo, inofensivo. Eu o amava.

Nos anos 1950, havia sido colocado na lista de excluídos pelo Comitê de Atividades Antiamericanas da Câmara dos Estados Unidos por se recusar a entregar supostos comunistas de Hollywood durante a caça às bruxas orquestrada pelo senador Joseph McCarthy e J. Edgar Hoover. Era um homem corajoso e de princípios. Mas, quando fui fazer um teste pela primeira vez, ele me olhou e disse: "Não aceito crianças. Como você pode saber alguma coisa sobre atuar? Você não tem nenhuma experiência de vida."

Chocada por ele ter me visto como criança, respondi: "Porra nenhuma! Tenho experiência de vida sim, tá?" Olhando para ele, pensei nas milhões de histórias que poderia usar. Ele deu de ombros e me mandou embora com uma cópia de *Ratos e homens*, de Steinbeck, e me mandou voltar quando tivesse terminado de ler. Não fazia ideia de como a leitura era difícil para mim nem de que eu nunca havia chegado ao fim de um livro em toda a minha vida. Dei meu melhor, mas a história de trabalhadores migrantes famintos na Grande Depressão era tão terrível que não consegui terminar. Preocupada que ele me fizesse perguntas, decorei alguns trechos, só por desencargo. Quando voltei, ele nem mencionou a porcaria do livro. E me deixou entrar para a turma. Com menos da metade da idade de todos os outros estudantes, eu era a aluna mais jovem que ele já havia aceitado.

A reputação de Jeff era lendária. Ele tinha dado aula para inúmeros atores vencedores do Oscar, incluindo Anthony Perkins, James Dean, Anthony Quinn, Jane Fonda e Rita Moreno, que ganhou seu Oscar na versão para o cinema de *Amor, sublime amor*. E a futura eu, que também acabaria ganhando um Oscar por *Feitiço da lua*. Jeff foi duro comigo desde o primeiro dia, e quase abandonei o curso centenas de vezes. Ele nos mandava fazer todo tipo de exercício maluco e rápido. Um dia, fingimos que estávamos no telefone e, de repente, ele gritou que o telefone era um detonador. Quando o coloquei entre os joelhos, peguei o telefone imaginário e o mergulhei para baixo, como se detonando uma dinamite, ele pareceu satisfeito. Mas, na maior parte do tempo, eu sentia o julgamento dele. Mais de uma vez, quis chorar na frente da turma toda quando ele chamou minha atenção.

Um dia, perguntei: "Por que você é tão duro comigo?" Inesperadamente, ele me deu um abraço e respondeu: "Porque você é a melhor da turma,

Cher. Você é uma atriz e tenho muito orgulho de você. É a minha preferida." Tudo fez sentido, e vi que essa podia ser uma possibilidade para mim. Fiquei muito animada. Nos filmes, o treinador é sempre mais rígido com o melhor atleta. Se Jeff era rígido comigo, devia significar que eu era a melhor da turma e que ele me amava.

No início, ninguém da turma me levava a sério, mas, quando comecei a trabalhar, tudo mudou. Jeff dizia que se eu simplesmente esperasse um colega ator terminar sua fala para então falar a minha, não estava atuando. "Só quando ouvimos o que uma pessoa fala é que sabemos como dizer o que precisamos dizer." Isso não só fazia sentido como era natural para mim. Foi o melhor conselho de atuação que já recebi na vida. Minha virada veio fazendo improviso, que parecia um jogo divertido. Descobri que eu era finalmente boa em algo e tinha a habilidade de fazer as pessoas sentirem alguma coisa. Jeff Corey ainda fazia um jogo de "morde e assopra" comigo, mas me tornei ávida por agradá-lo.

Infelizmente, minhas aulas de teatro não mudaram a minha situação em casa, onde a minha mãe estava começando a ficar infeliz de novo, e eu sentia que pisava em ovos. Eu podia passar por algo que me incomodasse, mas, quando contava, ela sempre tinha histórias piores. Não havia dúvidas de que a minha infância tinha sido milhões de vezes melhor que a dela, mas eu também sentia raiva, pois não precisava ser lembrada disso todo santo dia. E a minha irmã e eu nos sentíamos impotentes para mudar o que havia acontecido com ela. "Pelo menos seu pai não tentou te matar com gás!", dizia ela, narrando as imagens sempre frescas na sua cabeça. Gee e eu não tínhamos uma varinha mágica para fazer a dor dela desaparecer. Sem poder compartilhar a minha própria dor, simplesmente parei de falar, e Gee se tornou a única pessoa para quem eu contava as coisas, porque ela me amava incondicionalmente.

Eu não podia disputar com minha mãe na mesma moeda, mas sabia que o silêncio era a chave do sucesso. Respondia às suas perguntas com educação, mas não oferecia nada mais.

Minha irmã Gee era a boazinha, que ficava sentadinha no canto lendo livros sobre cavalos e colecionava figurinhas de equinos. Hoje percebo que ela estava apenas se dissociando da tensão, pois, em certo momento, encontrou a própria voz e bateu de frente com a nossa mãe também.

Havia muita tensão no casamento. Gilbert era um homem doce e louco por ela, que, apesar de amá-lo, não sei se tinha se apaixonado por ele algum dia. Estava mais feliz em Los Angeles do que em Nova York, mas a volta não havia sido o que ela esperava. A princípio, minha mãe e Gilbert continuaram a vida que tinham antes — dando festas, passando tempo com amigos, vivendo a vida nos subúrbios de classe média, de que a minha mãe parecia ter aprendido a gostar. Mas, pouco a pouco, começou a parecer que ela estava fazendo um papel do qual não gostava, e eu também não. Minha mãe ia para a terapia o tempo todo. Cortou os lindos cabelos como todas as outras mulheres do bairro. Suas roupas de marca ficaram mais conservadoras; sua vida, mais previsível. Pode ser até que ela tenha dito a si mesma que estava feliz. Mas, lá no fundo, não estava. Ela sabia disso e, em determinado momento, Gilbert começou a entender que nada do que ele fazia para deixá-la feliz importava.

Quando o meu aniversário finalmente chegou, recebi a minha primeira nota de cem dólares — um presente generoso de Gilbert. Foi um grande acontecimento. Ainda tenho minha foto segurando a cédula. Naquela mesma semana, arrumei as malas e saí de casa. Desesperada para morar sozinha e cansada dos altos e baixos dos humores da minha mãe, convenci o meu tão paciente padrasto a alugar um apartamento mobiliado para mim no Wilshire Boulevard, em Beverly Hills, com Josita, nossa empregada doméstica alemã de 22 anos. Era o paraíso. Josita era uma menina muito legal, mas uma empregada ruim de dar dó. Não tinha talento algum para trabalhar na casa de ninguém e, nas palavras da minha mãe, "não conseguia achar o próprio rabo com as duas mãos".

Josita e eu nos divertimos muito no apartamento de estilo espanhol que Gil encontrou para nós em um lindo prédio com pé-direito alto e torreões, em uma rua repleta de árvores. A primeira coisa que fizemos foi acender cigarros em todos os cômodos antes de pularmos nas camas só de farra. Com um orçamento limitado para decoração, fui até a loja Akron e comprei algumas toalhas de algodão quadriculadas, do tipo que se usa como colcha indiana. Fiz cortinas e um minivestido com o mesmo tecido e saía para dançar toda noite, embora as peças fossem tão frágeis que me faziam sentir que eu precisava voltar para casa à meia-noite ou iriam se desintegrar.

O acordo com Gilbert era que Josita e eu iríamos arrumar empregos para que pudéssemos ajudar com o aluguel, que custava cem dólares. Gilbert me arrumou um emprego de assistente, carimbando as folhas de ponto na loja de departamento Robinson's, no Wilshire Boulevard. Eu tinha que usar um vestido e trabalhar no horário comercial. Também envolvia matemática, o que, como se pode imaginar, fazia daquele o pior emprego possível para mim. Nunca entendi o sistema, mesmo quando Gilbert carinhosamente fez um quadro para que eu pudesse entender qual cartão ia onde. O trabalho era um tédio, assim como os outros funcionários, que pareciam anciões para mim. Além disso, eles me odiavam, pois era eu que descontava o pagamento deles. Um dia, estava prestes a carimbar minha própria folha de ponto quando disse para mim mesma: "Foda-se. Não vou trabalhar aqui mais nem um minuto." Subi para me despedir da única moça de quem gostava e então fui embora sem nem me importar em pegar o meu pagamento.

Jake me ajudou a conseguir meu próximo emprego, o último formal, na loja de doces See's Candies, em Beverly Hills. Eu amava trabalhar com as simpáticas senhoras de cabelos azuis, mas não gostava de servir as vadias ricas que gritavam comigo se a ponta do meu dedo encostasse em uma bala ou se parecesse que ia encostar, apesar de encostarmos nelas o tempo todo nos fundos da loja. Já era bem intenso, mas depois eu tinha que operar o caixa, suando e rezando para não cometer nenhum erro de cálculo gigantesco. Além disso, nós tínhamos que embalar as caixas em papel, com uma precisão militar, sem rugas nem dobras, de forma que uma moeda quicasse em cima. Quem precisa de um estresse desses? Fui transferida para os fundos da See's para embrulhar balas e montar cestas de Páscoa e Natal com um lindo papel de seda. Eu me tornei o Picasso da See's. Era rock and roll, *babe*! Jogava tanta coisa lá dentro que as crianças que recebiam deviam ficar loucas. Amava ficar nos fundos, pois era mais calmo e eu podia cantar sozinha, sem ninguém ouvir. A regra da empresa era que a gente podia comer quanto doce quisesse na loja, mas não podia levar para casa. No entanto, eu enchia secretamente uma bolsa com meu Scotchmallow de chocolate amargo preferido, bala toffee e pedaços de Rocky Road, e levava escondido.

Conforme o padrão da minha vida, eu me exauria trabalhando durante o dia e me acabava durante a noite. Não bebia nada além de Dr. Pepper e

Meus avós na varanda em Arkansas, nos anos 1930.

Mamãe e vovô Roy em Arkansas.

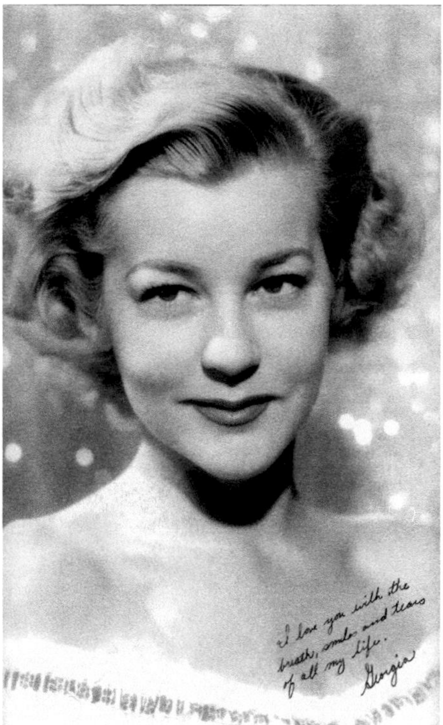

Uma foto com dedicatória de mamãe para o pai dela.

Mamãe, na frente.

Mamãe na Ben Bard's ensaiando para Oklahoma! *Eu estava na plateia.*

Mamãe e Colleen.

Mamãe no I Love Lucy *com o chapéu de vaso de planta.*

Uma das minhas fotos favoritas de mamãe.

Mamãe e Ernie Primm.

Mamãe e eu em Gardena, 1946.

Na frente da casa de Jackie. Mamãe, papai, Gee aos seis meses e eu com cinco anos.

Eu sendo erguida pelo papai Southall.

Mamãe, meu tio Mickey e eu.

Mamãe com papai Southall, em Gallup, Novo México.

Mamãe, vó Lynda, vô Charlie e eu. Eu tinha quatro anos.

O melhor presente de dez anos do mundo.

Papai, mamãe e Gee em Galveston.

Gee e eu prontas para a igreja.

Gee e eu no meu décimo aniversário.

No Beverly Park and Ponyland.

Tomando sol com mamãe e Jake.

Minha primeira foto como modelo, aos 15 anos.

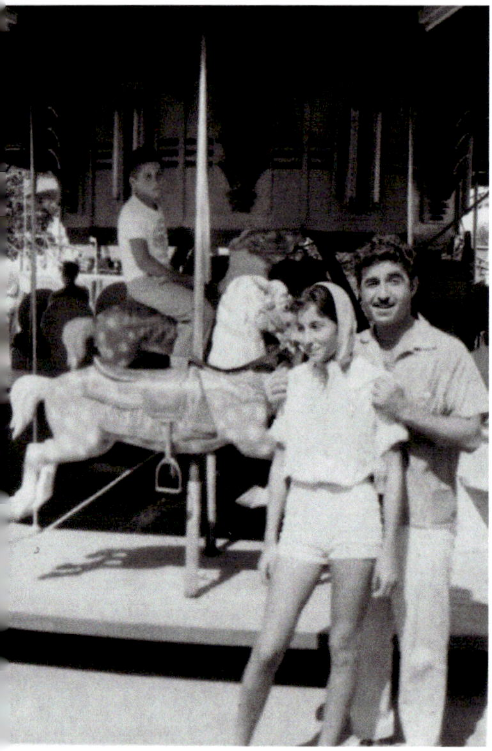

Papai e eu.

Natal em Encino, com mamãe, Gee e Gilbert.

Meu aniversário de 16 anos.

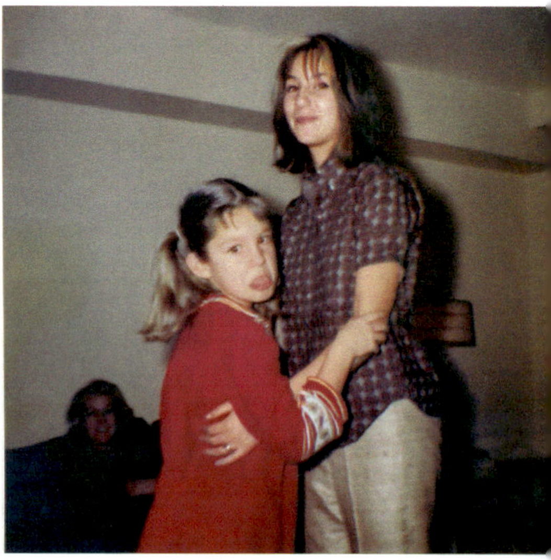

Dançando com Gee. A mecha loura no meu cabelo é de um acidente com a tintura de minha mãe.

Primeira foto no estúdio Gold Star. Estou assistindo à Wrecking Crew.

No Gold Star, por volta de 1962. Da esquerda para a direita: Phillip Spector, Darlene Love e eu.

Com as roupas de Rudi Gernreich que a vendedora disse que eu não poderia pagar. Comprei-a em três cores diferentes.

Sonny e eu com nossos Mustangs.

Sonny e eu em Londres, 1965, depois de termos sido expulsos do Hilton por causa das nossas roupas.

nem usava drogas; saía para dançar nas boates pequenas e mais baratas do Sunset Boulevard até não conseguir mais mexer as pernas, e então voltava para casa. Quase não comia nada. Nunca fui muito boa em cuidar de mim mesma nesse quesito. Tinha uma alimentação relativamente saudável, mas às vezes esquecia de comer. Com minha constituição estranha, que sucumbe se eu exagero, fiquei doente de novo — dessa vez, hepatite — e tive que largar o trabalho. Fiquei bem triste. Não pagava muito, mas eu me divertia.

Conheci um cara chamado Red que trabalhava como promotor de jazz.

O namorado alemão de Josita, Ulle, veio da Europa, e ela decidiu ir viajar com ele, me deixando sozinha e doente no apartamento em estilo espanhol que eu não conseguia bancar sem ajuda. Com pena de mim, Red sugeriu que eu me mudasse para a casa dele em Laurel Canyon até melhorar. Durante as semanas que fiquei hospedada na casa de Red, estava doente, com febre e as tonsilas inchadas, e meu peso chegou a menos de 45 quilos. Red cuidou muito bem de mim, mas deve ter sido difícil, porque eu estava péssima.

Conforme fui me recuperando aos poucos, comecei a me preocupar com o que faria depois e para onde iria. Se eu deixasse a casa de Red, ficaria sem casa e sem trabalho. Não conseguia cogitar voltar para a casa da minha mãe, mas não tinha nenhum dinheiro, nenhuma perspectiva e nada para mostrar pelos meus 16 anos no planeta. Jeff Corey estava me ensinando muitas coisas sobre atuação, mas eu tinha visto meus pais e seus amigos lutando para conseguir trabalho durante anos e não podia depender desse sustento. Achava que a minha voz era um talento, mas depois descobri que era incomum demais para se encaixar em algum lugar, o que me deixou confusa. Se eu não conseguia nem um papel em uma produção amadora, que esperança teria de ser a sensação da atuação e do canto que estava destinada a me tornar?

Eu me sentia como um barco sem leme, batendo contra uma pedra e depois outra, antes de ser derrubada de novo por mais uma onda. *Meu Deus, Cher. O que raios vai ser de você?*

9

tony conhece maria

Em um dia de semana à noite, em novembro de 1962, um siciliano com um sorriso maravilhoso sentou-se à nossa mesa na cafeteria Aldo's. Ficava exatamente embaixo do KFWB, então todos os promotores de rádio desciam após se reunirem com os DJs para bater papo e tomar um café.

Eu estava sentada com Red e minha amiga Melissa quando notamos um agito repentino e ouvi alguém dizer: "Ei, Sonny!" E então um monte de gente chamou: "Ei, Son, vem sentar aqui na nossa mesa!", "Vem sentar com a gente!" Todo mundo estava chamando o cara. Com tanta comoção, imaginei que um homem alto e lindo fosse surgir atrás de mim. Me virei e vi um sujeito esquisito e curioso, com um corte de cabelos à la César, caminhando na nossa direção. Ele vestia um blazer preto de lã, uma camisa mostarda com uma gola branca exagerada e uma gravata que combinava com a camisa. Nos pés, botas de cano baixo com salto, as primeiras que vi, embora mais tarde os Beatles tenham usado botas iguais e chamado de "botas Beatles". Juro por Deus, foi como Maria e Tony em *Amor, sublime amor*: todo mundo no ambiente desapareceu.

Até hoje, vejo esse nosso primeiro encontro em Hollywood na minha mente. Sorrindo de orelha a orelha enquanto as pessoas o cumprimentavam com "oi" e apertos de mão, Salvatore Phillip Bono era o homem mais interessante que eu já tinha visto. Quando ele se sentou à nossa mesa, reparei nas suas mãos bonitas, com dedos longos e pontudos, e uma pulseira de corrente de ouro daquelas em que se escreve o nome, mas com um mostrador de relógio onde normalmente vinha a gravação. Sonny definitivamente chamou minha atenção. Eu sempre me interessei por pessoas fascinantes, pois eram o tipo de gente com quem eu havia crescido. Ele era a versão anos 1960 dos amigos da minha mãe. Não foi amor à primeira vista. Só vi naquele cara alguém especial.

Ficou imediatamente claro para mim que todo mundo amava Sonny, mas, naquele momento, ele estava fascinado pela minha amiga Melissa, uma morena estonteante que Red tinha sugerido que eu convidasse para um encontro com uma pessoa que ele conhecia. Os dois homens se conheciam do mundo da música, pois ambos convenciam os DJs a tocar os últimos lançamentos. Extrovertido e de sorriso fácil, aos 27 anos, Sonny era o mais jovem de três filhos e único menino de uma família da Sicília. Uma das primeiras coisas que me contou foi que era descendente de Napoleão Bonaparte, mas seu pai havia encurtado o sobrenome quando veio para os Estados Unidos. Não me ocorreu questionar como um siciliano poderia ser parente de alguém da Córsega e tampouco pensei que ele estivesse mentindo. Quando Sonny era mais novo, a família havia se mudado para Englewood, um bairro distante e de classe trabalhadora em Los Angeles. Após ser expulso da escola por contratar uma banda formada por pessoas negras para o baile do fim de ano, ele tinha exercido todo tipo de trabalho, incluindo entregar carnes e fazer massagens — até o dia em que derrubou álcool na bunda de um cliente quando o pote escorregou dos seus dedos.

Letrista desde a adolescência, seu primeiro hit foi "Koko Joe", que havia sido inspirado na época em que desembrulhava biscoitos Koko Joe trabalhando em um supermercado. A canção foi bem o suficiente para Sonny continuar compondo, e ele cantava as próprias músicas, como

"Don Christy" (em homenagem à sua ex-mulher, Donna, com quem recentemente tinha parado de falar, e sua filha, Christy). "Don Christy" não fez sucesso, mas algumas outras foram gravadas por Sam Cooke, pelos Righteous Brothers, por Jackie DeShannon e pela dupla Don e Dewey.

Falando bem pouco, vi Sonny conversar com Melissa como um profissional e admirei a forma como ele deixava todo mundo à vontade. O que ele não sabia era que, apesar de divertir Melissa, ele não fazia o tipo dela — ela era lésbica. Alguém então sugeriu que fôssemos para o Red Velvet Club, na esquina do Sunset Boulevard com a Wilcox Avenue, e fiquei muito animada. Assim que chegamos, fui dançar e me perder na música. Sonny só se juntou a mim porque nem Red nem Melissa quiseram dançar.

"Adorei a sua roupa", falei para ele. "Preto sobre preto. Lindo."

"Adorei a sua também", respondeu ele, olhando para a minha camiseta e calça jeans masculina. (Desde que me lembro, minha avó usava o modelo 501, minha mãe usava o 501, minha irmã usava o 501. Eram calças baratas e indestrutíveis e estão eternamente na moda.) Como Sonny me contou anos depois, ele não conseguiu me entender naquela noite. A verdade era que ele não estava tentando me entender, estava tentando entender Melissa. Talvez tenha se perguntado se eu era lésbica ou hétero depois de saber da Melissa, mas ela era só uma amiga que me deixava dormir no seu sofá de graça. Melissa morava em um condomínio com piscina na esquina da Franklin com a Highland Avenue. O lugar era repleto das mulheres mais bonitas que eu já tinha visto desde o tempo que saía com a minha mãe e as amigas dela. Eram strippers, prostitutas, atrizes e *performers*, todas com corpos estonteantes. Tinham o pacote completo — bundas maravilhosas, pernas compridas e roupas fabulosas.

Não muito tempo depois, Melissa me disse que eu tinha que encontrar outro lugar para morar. A casa dela era pequena demais. Sem dinheiro, eu não fazia a menor ideia de para onde iria, já que não podia voltar a morar com Red e a última coisa que queria era voltar para a casa da minha mãe. Foi quando vi Sonny se mudando para a casa ao lado. Nós só tínhamos saído juntos naquela noite algumas semanas antes, mas fiquei feliz em vê-lo. Quando ele me viu acenando na janela, sorriu e gesticulou para que eu fosse encontrá-lo. Lá fora, perguntei: "O que está fazendo aqui?", e ele me contou que estava alugando um apartamento de um quarto no prédio ao lado. Ri da coincidência. Só mais tarde soube que o prédio inteiro havia sido comprado por uma família rica, para tentar fazer com que a filha parasse de trabalhar como stripper em Los Angeles e voltasse para casa.

Nas duas semanas que se seguiram, Sonny e eu passamos tempo juntos e nos tornamos amigos. Ele gostava de mim por ser excêntrica e não ter julgamentos. Eu gostava dele por ser engraçado e diferente. Ele era um adulto sem ser um adulto, e eu era uma menina de 16 anos mentindo a minha idade. Ele me levava ao parque, ou conversávamos no apartamento dele até os seus amigos chegarem, e aí eu ia embora. Me recusei a contar para ele que estava sendo expulsa do meu apartamento até que Melissa enfim me disse que meu tempo tinha oficialmente chegado ao fim.

Em busca de um ouvido amigo, fui à casa de Sonny e me sentei em seu sofá para contar que não tinha alternativa a não ser voltar para a casa da minha mãe. Lágrimas brotaram em meus olhos só de pensar naquilo. Eu não pretendia chorar, mas acho que isso fez com que Sonny ficasse com pena de mim.

"Bom, Cher", disse ele, "se você cozinhar e limpar a casa, pode morar comigo durante um tempo."

Na minha cabeça, eu estava pensando *Ah, tá, claro, o velho truque*, então devo ter feito uma cara estranha, pois ele sacudiu a cabeça e riu. "Não se preocupe, tenho duas camas", concluiu ele. Com um sorriso no rosto, acrescentou: "E, para ser sincero, não te acho especialmente bonita." Eu me senti ao mesmo tempo insultada e aliviada. E foi assim que me tornei a colega de apartamento desbocada de um homem onze anos mais velho que estava no meio de um divórcio.

Eu achava Sonny a pessoa mais legal que já tinha conhecido. Se uma garota ligasse e eu atendesse o telefone, ela sempre perguntava: "Quem era essa?", e ele respondia: "Ah, é só a Cher."

Uma das garotas que foi ao apartamento me contou que sabia que Sonny a estava traindo. "É assim que ele é, acho", falou, com a voz embargada. A notícia não me surpreendeu em nada. O que me surpreendeu foi o fato de ela contar para mim, uma pessoa totalmente desconhecida. Além disso, eu era só a Cher. Enquanto aguardava pelo divórcio, Sonny começou a sair com várias mulheres ao mesmo tempo, incluindo uma que disse que estava grávida de um filho dele, pegou seu dinheiro para fazer um aborto (junto com o dinheiro de dois outros homens para quem falou a mesma coisa) e se mandou para o Havaí para consertar os dentes. Aquela menina foi bem esperta. Conseguiu um bronzeado e os dentes tratados com o dinheiro de três caras.

Quase todas as relações de Sonny eram casuais, já que ele com certeza não estava em busca de amor, e a maioria das mulheres queria um homem que as sustentasse. Ele era charmoso e engraçado, mas não tinha um centavo, dirigia um Monza velho e morava em um apartamento de um quarto com uma adolescente qualquer. Não era um partidão.

Além de manter distância após o fim do seu último namoro, eu me tornei sua faxineira e sua assistente, entregando cervejas e batatinhas para seus amigos que vinham jogar pôquer enquanto ficava no quarto desenhando ou assistindo à TV.

Foi um desses amigos que um dia mencionou: "Quer saber? Acho que a Cher não tem 18 anos." Talvez tenha sido a Melissa a dar essa dica para ele, vai saber. Quando Sonny me perguntou se era verdade, eu sabia que não podia confessar. Improvisando, inventei outra mentira: "Tá bom, não tenho 18 anos ainda. Tenho 17. Mas meu aniversário é em maio, então vou fazer 18 em dois meses." Ele ficou meio irritado com aquilo, mas acho que fui convincente, pois acreditou em mim, embora até uma pessoa cega teria visto o olhar culpado no meu rosto. (Acho que sempre que alguém fala "tá bom, mas", tudo que vem depois é provavelmente mentira.) Com isso, nossa amizade voltou aos trilhos.

Eu aprendia muito com Sonny e gostava de como ele cuidava de mim daquele jeito de macho siciliano. Quando fiquei doente de novo, ele tirava a minha temperatura e me cobria na cama, comprava o que eu precisava na farmácia e ficava de olho caso a minha febre voltasse. Comecei a achar que ele era o tipo de cara que estaria sempre ao meu lado caso algo de ruim acontecesse.

Logo, passei a achar que Sonny era o centro do mundo, embora soubesse que eu não fazia o tipo dele. Meu corpo ainda não tinha se formado, e um dia, quando peguei emprestado um biquíni de Melissa para ir à praia, percebi que ele ficou boquiaberto ao me ver. "Meu Deus, você é muito magra. Não tem nenhuma curva! É só isso que você tem?" Ele estava me olhando de forma intensa. Eu sabia todas as respostas a essas perguntas. Sem nenhuma saliência, eu parecia um palito de fósforo.

As semanas foram passando e Sonny e eu nos tornamos mais como irmão e irmã, ou talvez pai e filha, já que eu era a criança insegura cheia de medos, a adolescente que não gostava de silêncio e não conseguia dormir sem a televisão ligada, o que, às vezes, ainda acontece. Naqueles dias, a programação da TV terminava à meia-noite e a emissora tocava o hino nacional antes de desligar. Por alguma razão, certa noite, o hino seguido de uma tela preta e silêncio absoluto me deram um ataque de pânico e eu pirei.

"O que foi?", perguntou Sonny, acordado pelo meu agito.

"Estou com medo, Son."

"Vá dormir, Cher."

"Não consigo."

"Então deite aqui, mas vá dormir, tá bem? Não me amole." Ele levantou a coberta. Eu deslizei para o lado dele, que colocou a coberta em cima de mim e se virou para a parede. Tentei ficar quieta como um ratinho, do mesmo jeito que fazia quando era criança nas festas dos meus pais. Aquela foi a nossa primeira noite na cama juntos.

Como um guru, Sonny me convenceu a ler o meu primeiro livro inteiro, algo a que resisti durante anos em função da minha mente defeituosa (disléxica). Era *A espada sarracena*, de Frank Yerby, e se passava na Sicília em uma época em que as três religiões coexistiam pacificamente. No meu tempo, como ele me sugeriu, descobri que, se seguisse o meu próprio ritmo e lesse um livro que me interessasse, eu conseguiria terminá-lo. Nunca soube que era capaz de ler por prazer e serei eternamente grata a Son por me ensinar isso. Seis décadas depois, ainda me lembro da história e da sensação de excitação. Não demorou para eu começar a idolatrar o meu colega de quarto.

Embora o sentimento não fosse mútuo, Sonny gostava do meu senso de humor esquisito e ficava feliz em fazer as coisas das quais eu gostava, porque no fundo ainda era uma criança. As mulheres que ele namorava queriam beber e comer em restaurantes caros, não ir ao supermercado com a promessa de comerem uma pizza. Também não ficavam felizes de passar uma tarde pintando juntos (ele era terrível), moldando objetos em barro ou fazendo um piquenique no parque. Tendo praticamente criado a minha irmã sozinha, eu também gostava de sair com a sua filha de 4 anos, Christy, sempre que ela vinha nos visitar com seu cachorrinho yorkshire Scunci.

Sonny amava aquele cachorro e amava Christy, que era fofa como um ursinho de pelúcia. Ela o adorava também e vivia querendo agradá-lo. Sonny era um ótimo pai.

Eu também achava estranho que, praticamente desde o dia em que nos conhecemos, Sonny nunca mais quis sair para dançar, apesar de saber do quanto eu gostava. Ele percebeu que eu dançava melhor do que ele, o que o deixava desconfortável, mas também não queria que eu saísse sozinha. Acho que era um pouco possessivo, mas essa ideia me animava, pois significava que ele gostava de mim. Mais tarde, eu viria a descobrir que *possessivo* e *carinhoso* não andavam exatamente de mãos dadas. Em vez disso, de vez em quando, ele me levava ao Martoni's, onde comíamos e conversávamos com os amigos dele do ramo da música, que sempre estavam lá. Nós também visitávamos o meu tio Mickey na sua nova boate Purple Onion, no Sunset Boulevard. O lugar era pequeno, com cerca de 130 lugares, mas animado. Depois que ele e Rita pararam de dar aula de dança, o sonho de Mickey era descobrir uma banda nova e transformá-la em um grupo de sucesso. Ele comprou a Purple Onion e, depois, construiu uma outra boate chamada Haunted House na esquina do Hollywood Boulevard com a Vine Street, que acabou se tornando um bar de striptease vintage. Mickey fez e perdeu muitas fortunas ao longo de sua vida. Costumávamos brincar que, a qualquer momento, ele poderia estar viajando a trabalho em um ônibus ou em um Rolls-Royce. Quando abriu a Onion, estava indo bem de novo, graças a uma empresa caça-talentos que tinha em Beverly Hills, e que é claro que faliu quando investiu em alguns cantores que não deram certo.

Ele e Sonny se deram muito bem. Ele gostava tanto de Sonny que não me dedurou para a minha mãe, que teria me matado se soubesse que eu estava morando com um homem mais velho.

Enquanto Sonny estava fora, eu limpava o apartamento e cantava junto com o rádio. Ouvir música era a minha vida e, se o rádio não estivesse ligado, eu colocava um disco de Elvis, Ray Charles, Jimmy Clanton, The Platters ou The Everly Brothers, ou então o primeiro single que comprei: "Tequila", de The Champs. Também gostava de Ritchie Valens, Frankie Lymon, Jerry Lee Lewis e Etta James. Todos eles faziam parte da minha trilha sonora diária. Não me lembro de qual música eu estava cantando no dia em que Sonny entrou em casa e me ouviu.

Ele colocou a cabeça pela porta do quarto e perguntou: "Era você cantando?" Olhou para mim como se nunca tivesse me visto antes.

"Sim", respondi, virando-me para arrumar minha cama.

"Você canta bem", afirmou Sonny.

"Sim."

"Digo, você canta bem de verdade!"

Coletando a roupa suja, respondi: "Sim, eu sei!"

"Você sempre soube cantar assim?", perguntou ele, com os olhos arregalados.

"Não, Son, comecei hoje."

"Ah", disse ele, antes de ir para cozinha fazer o jantar, uma função que havia tomado para si desde o dia em que experimentou a minha comida. Não que eu reclamasse, já que ele era capaz de misturar qualquer coisa e fazer uma refeição maravilhosa. Sua mãe lhe ensinara direitinho.

Sonny trabalhava para a Specialty Records, que fazia o que era conhecido como "discos de raça", lançando cantores como Little Richard e Sam Cooke, que mais tarde se tornaram grandes amigos. Ele gostava do trabalho, mas a grana não era muito boa, de forma que ainda escrevia, fazia as próprias músicas e desejava algo novo. Ele era incansável. Um dia, eu estava lendo uma revista no sofá quando ouvi alguém buzinando. Olhei pela janela e vi Sonny atrás do volante de um Cadillac bronze conversível com a capota aberta. Fiquei chocada — demorei um minuto para registrar que era ele. Caramba, ele tinha saído naquele dia na porra de um Monza. Ele gritou: "Cher! Cher! Vem cá. Vou te levar para dar uma volta!"

Rindo, gritei: "Espera! O quê? De quem é esse carro?"

"É nosso!", respondeu ele. "Consegui um emprego novo." Gritando de alegria, tanto pelo carro quanto pelo uso da palavra *nosso*, saí correndo descalça de casa e pulei no banco do carona. Acho que nunca o tinha visto tão feliz como naquele dia. Assim como o Monza era um símbolo da sua falta de sucesso, o Cadillac era um sinal de que a vida estava prestes a mudar. O novo emprego era com Jack Lewerke, presidente da California Records Distributors, uma empresa que distribuía música pelo país inteiro, incluindo quase todo mundo produzido por Phil Spector em seu selo Philles Records. Lewerke gostava de Sonny e o conhecia bem o suficiente para apostar que ele poderia ser a pessoa exata para trabalhar com o exigente

Spector — e tinha razão. Sonny não só era engraçado e envolvente, como também era o melhor amigo de Jack Nitzsche, arranjador de Phillip. E isso firmou o acordo. Sonny dizia que Phillip tinha onze lados e era preciso conhecer cada um deles, mas que conseguia lê-lo, e os dois se deram tão bem que Sonny foi designado como o "representante de relações com os artistas" de Phillip, trabalhando exclusivamente com ele. Isso significava efetivamente tornar-se assistente de Spector no estúdio Gold Star, onde ele produzia discos de sucesso. Lembrando o quanto Nino tinha que trabalhar lá, temi que veria Sonny muito menos e não estava errada. Ele ficava à disposição 24 horas por dia, sete dias por semana.

O emprego foi um grande passo, e ele se adaptou ao seu novo papel com o entusiasmo e humor de sempre, conversando com todos como se os conhecesse da vida inteira, levando café e contando piadas, como fazia no Aldo's. Estava animado de compartilhar a experiência comigo, mas não era possível infiltrar uma pessoa estranha em uma das sessões de Phillip. Quando ele estava trabalhando lá havia tempo suficiente para se garantir, recebeu a permissão de Phillip para me levar ao famoso Estúdio A para deixar algo em uma tarde. Quando entrei, Phillip me olhou de soslaio e me ignorou completamente. Sonny não fazia ideia de que já nos conhecíamos nem de que eu havia rejeitado sua cantada idiota. Nenhum de nós dois deixou escapar. Phillip claramente não aprovou a minha presença ali e disse a Sonny que não gostava de namoradas "passeando" pelo estúdio, embora já houvesse várias bonitinhas por ali.

Eu não me importei com nada daquilo, pois estava ocupada demais absorta na atmosfera do primeiro estúdio em que entrei na vida. Fiquei bastante tímida na frente de todos aqueles músicos, bem mais velhos do que eu e claramente no auge de suas carreiras. Enquanto andava lá dentro, estava tão nervosa de pisar em algo importante ou estragar alguma coisa que parei em um canto, olhando-os pelo vidro. Sonny, que era um fotógrafo ávido, tirou uma foto minha ali naquela noite, de pé, encabulada, encostada na parede. É uma foto que tenho até hoje.

O estúdio era pequeno e sujo, mas eu não conseguia tirar os olhos dos músicos amontoados em um pequeno retângulo. Havia mais gente naquele espaço do que se poderia imaginar, pareciam sardinhas enlatadas, uma ao lado da outra. Eu só conseguia pensar em como aquilo era fisicamente possível. Tommy Tedesco e Billy Pittman tocando guitarra ao lado de Carol Kaye tocando baixo, Leon Russel tocando piano e Hal Blaine tocando bateria, e esses eram apenas alguns dos integrantes da Wrecking Crew, todos naquele espaço pequenino, e eu pensando: *Como eles não estão se trombando?* Fiquei chocada. Tinha uma visão romantizada dos estúdios de gravação como apareciam nos filmes. Esses músicos viriam a se tornar os músicos de estúdio mais famosos e disputados do país. Carol Kaye era a única mulher e uma das melhores baixistas do mundo. Ela devia ser muito durona para não baixar a guarda para aqueles caras. Acho que eles a respeitavam, pois nunca vi ninguém aprontar com ela.

Todo mundo fumava; portanto, havia diversos cinzeiros lotados e copos de café vazios espalhados pelo carpete manchado. Também havia todo tipo de instrumento musical, de guitarras a baterias, e pelo menos dois pianos. No canto, uma pequena cabine com isolamento de som para os cantores gravarem as vozes. Todas as paredes precisavam de pintura, e havia um sofá velho e nojento na frente de uma plataforma elevada onde Phil se instalava, com seus óculos escuros, presidindo toda a operação, como um diretor de cinema. O equipamento de som do Gold Star era de ponta, e todo mundo estava muito animado com o novo sistema de quatro canais, que permitia que a música, os vocais principais, as cordas ou sopros e os backing vocals fossem gravados separados, sobrepostos, depois mixados e reunidos em uma faixa complexa e perfeitamente sincronizada. Isso abriu um novo mundo para a indústria de gravação de música e era perfeito para a Muralha de Som de Phillip.

Naquela primeira visita ao estúdio, ouvi quando a banda começou a ensaiar para gravar com as Ronettes. Eu adorava aquelas garotas com cabelos de meio metro de altura e fiquei triste de não estarem ali naquele dia. Mas, quando a música começou, esqueci que estava em uma sala suja no Santa Monica Boulevard. Ouvir aqueles artistas de primeira linha tocarem deixou meu braço todo arrepiado. Minha mãe e eu sempre cantamos muito juntas, mas naquele dia eu soube que estava na presença de talentos grandiosos. Apesar de amar, eu cantava só por diversão. Nino e Sonny insistiam que ninguém fazia música melhor do que Phil Spector. Ele era o rei do mundo, e aquele mundo não era meu.

Sonny me levou ao estúdio mais algumas vezes, e era sempre uma alegria. A única coisa que me deixava triste era quando Nino estava por lá, porque ele agia como se eu não existisse, me ignorando completamente. O novo trabalho de Sonny significava fazer de tudo, desde tocar maracas até servir cafezinho e buscar músicos e equipamentos. Ele também foi designado para tocar o tamborim. Em um dia ruim, Phillip o colocava para tocar *quijada* (literalmente a mandíbula de um burro), um instrumento que deve ser batido na lateral com a mão fechada para que os dentes chacoalhem e que é bem desconfortável de tocar.

Eu não gostava da maneira como Sonny era tratado, mas também sabia que ele estava lá para observar e aprender. Ele dizia: "Sabe de uma coisa? Estou recebendo uma formação que dinheiro nenhum paga." Depois de descobrir todos os ângulos possíveis de uma situação, ele podia fazer com que isso trabalhasse a seu favor; portanto, se ser tratado como um lacaio era o preço a pagar, tudo bem por ele, mesmo que não por mim. As coisas iam muito bem, até o dia em que minha mãe decidiu aparecer sem avisar no apartamento. Apesar de nos falarmos pelo telefone, eu não a via fazia um tempo, e ela tinha ficado curiosa quanto à minha situação de moradia. Ciente de que jamais poderia contar a verdade sobre dividir apartamento com um homem mais velho, falei que a minha nova colega era aeromoça e viajava o tempo todo. Isso significava que, se a minha mãe fizesse uma visita, eu jamais teria que apresentá-las.

As poucas vezes em que ela apareceu, eu insisti para que ligasse antes, para poder esconder qualquer evidência de Sonny. Eu pedia a Melissa para abrir a janela do apartamento dela, que ficava em frente ao nosso, juntava as roupas, pertences e cuecas dele e lançava pela janela, e depois corria para catar tudo o que havia ficado no vão entre os apartamentos. Pobre Son. Perdi muitas coisas dele, e teve uma calça que ficou coberta de molho de tomate que Melissa estava comendo quando a roupa pousou em cima do seu prato.

No dia em que a minha mãe apareceu sem avisar, eu estava tomando banho. Não houve aviso algum, nada. Ela interfonou do portão e pediu para subir. Seminua, corri freneticamente, escondendo as roupas de Sonny, e joguei uma cueca dele no armário da cozinha, onde eu guardava o meu chá. Não tive tempo de fazer mais nada e, na correria, imaginei que a cueca seria o objeto mais comprometedor. Eu a deixei entrar e fui me vestir no quarto quando a ouvi dizer: "Cher, acho que vou fazer um chá para mim."

"Puta merda!", gritei, sabendo que, se ela encontrasse a cueca, seria um furo na minha história da amiga aeromoça. Corri até lá, me joguei na frente do armário e disse: "Não, mãe! Você está na minha casa. Deixa que eu faço a droga do chá!"

"Calma!", exclamou ela, suspeitando de algo. Ela me empurrou para o lado e abriu o armário. Com uma expressão que eu sabia que não era boa, minha mãe exigiu saber com quem eu estava realmente morando.

Minha resposta soou boba, mesmo sendo a verdade. "Bem, o nome dele é Sonny, e ele está separado da mulher, e me deixou ficar aqui por um tempo. Mas não tem nada entre nós, eu juro!"

"E onde exatamente você dorme?" perguntou ela, marchando para o quarto para ver as camas de solteiro.

"Bem, esta é a minha cama. E ele dorme ali."

"Porra nenhuma!", declarou ela. "Cherilyn, você vai vir para casa comigo!" Fui completamente desmascarada, e não havia como conversar com a minha mãe quando ela estava daquele jeito, então peguei algumas coisas, deixei um bilhete para Sonny e voltei para o meu antigo quarto em Encino, onde me deitei em posição fetal e fiquei histérica. Minha mãe, furiosa, foi direto ver o terapeuta a quem Gilbert já estava pagando milhares de dólares, na esperança de tornar a convivência com ela mais fácil (sem perceber que ela estava vivendo o início da menopausa). Ela perguntou como deveria lidar com a situação, e ele a aconselhou a não fazer nada. "Com base no que você me contou, sua filha troca de namorado em um piscar de olhos", ele a lembrou. "Se fizer uma comoção e proibir Cher de ver Sonny, pode ter o efeito inverso e os dois ficarem ainda mais próximos." Em vez disso, ele sugeriu que a minha mãe me levasse para viajar, me tirasse da cidade e de perto de Sonny por um tempo. Então, lá fomos eu, minha mãe e Gee para o Arkansas, em uma viagem terrível para visitar a família. Fiquei feliz de ver meus parentes, mas não queria estar ali. Me sentia longe de casa. O Arkansas não era a Califórnia. O racismo era algo de que eu tinha consciência desde a infância, e já achava confuso naquela época. Nessa visita à minha tia Zella, em Arkansas, eu estava no banco de trás de um carro que estava sendo dirigido por uma amiga da família quando ela disse: "Quer se divertir?" E então, deliberadamente, foi com o carro na direção de um grupo de meninas negras que caminhavam pela estrada e acelerou, jogando poeira no rosto delas. Quase atropelou uma. Eu protestei. Aquilo foi o limite para mim. Ela me decepcionou. Continuei reclamando quando voltamos para casa e, enquanto fazia isso, sentia a tensão da minha mãe aumentar, até que ela me chamou em um quarto e me mandou ficar quieta, o que me irritou bastante. Ela também não era racista, mas era realista.

"Isso não está certo, mas você não vai mudar a cabeça de nenhum deles, *babe*", disse ela em voz baixa. "A única coisa que vai conseguir fazer é estragar o jantar." Aquelas pessoas eram amigas da minha mãe, mas eu não conseguia entender como podíamos pensar tão diferente. Não era a primeira vez que eu era confrontada com o racismo, embora na primeira não tenha entendido o que significava. Quando eu era pequena, Colleen, amiga da minha mãe, namorava um homem negro chamado Paul. Minha mãe disse para mim, aos 8 anos: "Você nunca deve mencionar Paul na frente de ninguém. Você sabe que nós o amamos e sabe que ele faz Colleen feliz, mas algumas pessoas não pensam dessa forma, e ninguém pode saber, porque, se o ex-marido dela descobrir que ela está namorando um homem negro, ela pode perder a guarda de Paulette." Naquela época, eu não fazia ideia de por que isso faria alguma diferença. Esse foi outro momento da minha infância em que fui tratada como adulta, mas foi a vez mais crítica, pois as consequências poderiam ter arruinado a vida de outras pessoas.

Liguei para Sonny algumas vezes enquanto estava viajando, e ele me contou que o pequeno yorkshire Scunci tinha morrido. Nós dois ficamos arrasados. Durante a minha ausência, Sonny começou a perceber que eu era a pessoa de quem ele era mais próximo. "Sabe, é engraçado isso, mas sinto a sua falta quando você não está aqui", disse ele, e meu coração palpitou, pois eu sentia que ele falava a verdade.

De volta à Califórnia, eu tinha certeza de que ficaria de castigo até fazer 50 anos e nunca mais veria Sonny. Com medo de que a amizade que eu agora estimava mais do que qualquer outra fosse destruída, eu sentia saudade dele, de rir das suas piadas idiotas, de absorver sua sabedoria, de pintar com tinta guache e de conversar com a minha pessoa preferida. Até sermos separados, não percebi como os meus sentimentos por ele eram profundos. Era muito mais que uma amizade. Ele era o meu herói, e eu não conseguia pensar em mais ninguém.

Em certo momento, ganhei permissão para sair de casa, mas com um horário bem restrito para voltar, e, quando certa vez Sonny me deixou em casa depois da meia-noite, minha mãe estava esperando na porta. "Você sabe que a minha filha tem só 17 anos, né?", gritou ela. "Vou chamar a polícia e você vai ser preso!" Até onde ela sabia, meu namorado esquisito não era nenhum Warren Beatty e, portanto, não tinha passe livre. Não tinha passe nenhum.

Ela não só ameaçou Sonny, que ficou apavorado, mas o alertou ao fato de que eu tinha mentido para ele mais uma vez sobre a minha idade. "Pô, Cher!", exclamou ele, arrasado. Duas palavras que eu ouviria muitas vezes pelos onze anos seguintes. Nem preciso dizer que foi um balde de água fria na nossa relação. Embora eu soubesse que a minha mãe não seguiria adiante com a ameaça de chamar a polícia, só a possibilidade já foi suficiente para assustar Sonny e mantê-lo longe por um tempo.

Sem conseguir mais lidar com meu drama, ela convenceu Gilbert a me deixar morar no Hollywood Studio Club, uma república com pessoas responsáveis presentes, exclusiva para meninas que queriam trabalhar com cinema. Marilyn Monroe, Kim Novak, Rita Moreno e muitos outros nomes famosos tinham morado lá. Era gerenciado pelo YWCA, e as regras eram severas — nenhum homem podia entrar e havia toque de recolher. Eu me mudei, conforme o combinado, mas não gostei muito. Minha colega de quarto, Alix Elias, era a única menina com quem eu me dava bem, e ficávamos acordadas até tarde contando histórias sobre os homens por quem éramos loucas. Mas eu estava péssima por estar longe de Sonny. Quando a minha mãe veio me visitar, ficou chocada com a minha magreza e a minha infelicidade. O que ela não percebeu foi que, embora só devesse sair da residência para as aulas de teatro, eu era livre para fazer o que eu quisesse, contanto que voltasse antes das portas serem trancadas, às 22 horas, então me encontrava com Sonny antes ou depois da aula, se ele estivesse livre. Ele sempre ficava feliz em me ver, e eu percebia que ele sentia mesmo falta da nossa conexão especial.

Todo o meu drama foi esquecido quando a minha mãe descobriu que Gilbert tinha feito em segredo um plano para abandoná-la. O ponto mais cruel de tudo foi que ele fugiu com Beverly, umas das melhores amigas dela.

Minha mãe ficou desolada e inconsolável. Estava tão furiosa com a partida de Gilbert que se tornou disfuncional. Não apenas mais um casamento havia fracassado, mas, quando ele partiu, seu estilo de vida foi junto. Sem um marido para nos sustentar, em algum momento ela teria que voltar a trabalhar. Embora ainda fosse linda, fazer testes para papéis no cinema não seria fácil como na década anterior. Havia momentos na vida da minha mãe em que ela ainda era a Jackie Jean que contemplava o suicídio, pois o futuro parecia difícil demais. Esse abandono perto do seu aniversário de 40 anos quase a levou ao limite. Apesar de nunca ter sido apaixonada por Gilbert, ela gostava dele. Eu nunca a vi tão deprimida quanto na época em que ele a deixou. Ela estava sozinha de novo.

Minha irmã Gee tinha feito 12 anos recentemente, mas parecia mais nova. E, apesar de enfim ter saído do que eu chamava de "bruma" para ver que um monte de coisa séria estava acontecendo, eu era como uma mãe para ela, tendo praticamente a criado. Sempre lhe dei a estabilidade extra de que precisava. Não podia, de forma alguma, deixá-la sozinha naquela situação. Tudo que eu queria era estar com Sonny, mas não tive escolha a não ser voltar para casa e agir como um amortecedor. Cuidar da minha mãe na depressão era demais aos 17 anos, embora essa não fosse a minha primeira vez cuidando dela e me lembrasse da época em que ela quase morreu depois de um aborto ou das noites em que estava muito preocupada com trabalho e dinheiro ou triste com o meu pai, e eu precisava consolá-la.

Ela se recuperou de forma lenta e dolorosa, enquanto eu voltava a ser a adulta da casa. Então chegou uma carta de Gilbert, dizendo que havia se mudado para Oklahoma City com Beverly e estava pedindo o divórcio. Continuaria pagando as contas, mas, quando disse que talvez tivesse que vender a casa e cancelar os cartões de crédito, foi o suficiente para a minha mãe se levantar da cama e nos levar para uma corrida maluca de compras até estourar os limites. Ela nos levou até o Country Club Fashions, na Sherman Oaks Galleria, e me mandou comprar o que eu quisesse. Pegou milhões de coisas para ela e, impaciente com a minha demora, começou a escolher coisas para mim — saias, camisas, calças e casacos —, e eu odiei tudo. Recusei-me a sequer experimentar, o que a deixou frustrada. Depois de percorrer os corredores, encontrei uma jaqueta de veludo com recorte em couro branco e design floral, e uma blusa de linho turquesa com botões de madeira polida que combinavam com as flores. Amei muito as minhas compras, apesar de só ter escolhido duas peças. Eu as pendurei atrás da porta do meu quarto para poder olhar para elas, onde permaneceram até a minha mãe entrar no meu quarto uns dias depois e reparar nelas.

Tirando-as do cabide, ela disse: "Não sei por que comprou isso. Você nunca cuida das suas roupas, e não vai cuidar destas." Ela levou as roupas embora para o quarto dela e eu nunca mais as vi. Levei muito tempo para perdoá-la por isso.

Quando voltei ao Studio Club um dia para pegar as minhas coisas, Sonny me buscou e fomos ver um filme chamado *O balcão*. Eu me admirei ao ver o meu professor de teatro Jeff Corey nas telas. Era uma participação pequena, mas fiquei encantada. Era seu primeiro papel no cinema em doze anos, desde que havia sido banido pelo Comitê de Atividades Antiamericanas, e fiquei muito feliz, pois sabia o quanto deve ter significado para ele.

Rindo da minha empolgação, Sonny me abraçou e me beijou, me pegando desprevenida. Acho que ele finalmente tinha me olhado diferente. Quando o beijei de volta, nós dois ultrapassamos um limite. Dali em diante, não tinha como voltar atrás.

10

be my baby

Phillip Spector tinha fama de ser temperamental, mas também sabia ser hilariante. Naquele tempo, ele ainda não era instável. Tinha seus destemperos, com certeza, e seu humor era imprevisível. Era preciso ler o ambiente. Podíamos brincar com ele até não podermos mais. Todo mundo mantinha a atmosfera leve para garantir que o estúdio fosse divertido — dessa forma, Phillip se sentia bem com relação ao trabalho. Além disso, ele tinha muito respeito pela banda The Wrecking Crew, assim como pelos cantores, então todo mundo ficava feliz ali. Na maior parte do tempo, a música era o mais importante. Era assim que funcionava a cabeça de Phillip. Sempre. Um dia, o engenheiro de som do estúdio, Larry, sem querer virou o copo de café em cima de uma fita finalizada que tinha levado dias para ser gravada. Isso significava que todo mundo teria que voltar e gravar tudo de novo. Pensei que Phillip fosse matá-lo. Todo mundo prendeu a respiração quando ele se preparou para explodir, e então — no meio do caminho — tomou a decisão de não perder as estribeiras e simplesmente parar. Acho que percebeu que gritar e espernear não ia mudar a fita arruinada e, de repente, achou engraçado. Quando voltou a si, todo mundo riu, inclusive ele mesmo.

Foi um pouco como a minha mãe no dia em que eu me enfiei em um vagão de trem quando era pequena. Quando o estrago é grande demais, o choque quase leva a raiva embora. Também havia certo nível de decoro a ser mantido no estúdio, onde Phillip tinha o controle total. Ele podia ser o melhor amigo de alguém ou agir como se não conhecesse a pessoa, mas eu não precisava impressioná-lo. Ele me alfinetava, e eu retrucava à altura, tratando-o do mesmo jeito que trataria qualquer outro cara. Sempre que ele lançava um comentário para mim, eu dava logo uma patada de resposta. Ao ponto de, um dia, Sonny dizer: "Por favor, Cher, ele é meu chefe. Você não pode falar assim com ele!"

O mais estranho é que, quando entendi seu jeito, comecei a gostar de Phillip. Acho que ele também começou a gostar de mim e a me respeitar, pois me deixava ficar dentro da cabine de gravação com ele. Falou para Sonny que eu era engraçada e espirituosa. Voltar para a casa da minha mãe toda noite após um dia cercada de adultos que pareciam me respeitar e me dar responsabilidades tornou-se cada vez mais difícil. Nós mal nos falávamos. Sempre que Sonny me buscava ou me levava em casa, ia embora o mais rápido possível. Fiquei surpresa quando ela sugeriu que eu o convidasse para entrar.

Quando ele entrou com sua calça de franja lateral e botas de couro de veado, parecidas com as que ela tinha, minha mãe tentou não se afeiçoar muito, mas gostou dele em segredo. Ela sempre soube apreciar o diferente, e ele tinha aquele sorriso no rosto, que a conquistou também.

Vó Lynda era bem mais difícil. Um dia, ela estava nos visitando e, quando o viu, virou-se de costas, foi direto para a cozinha e perguntou à minha mãe: "Mas o que é *aquilo* na sala?" Sonny também a ouviu e achou engraçado, mas Gee quase se derreteu quando o viu, sentando-se ao seu lado e fitando-o de um jeito adorável. Acho que ele deve ter sido a sua primeira paixão de verdade.

Embora Sonny estivesse se acabando de trabalhar no Gold Star, ainda estava batalhando na própria carreira. Em 1962, ele e Jack Nitzsche tinham escrito uma música chamada "Needles and Pins", que foi gravada por Jackie DeShannon um ano depois. Phillip nunca considerou Sonny um bom cantor, mas ele subiu na sua estima depois que a música fez sucesso. Sonny aproveitou a oportunidade para contar a Phillip que eu também tinha uma voz excelente, na esperança de que ele me gravasse. Ele não teve interesse algum, mas Sonny não desistiu.

Um dia, no verão de 1963, Darlene Love não apareceu no estúdio porque seu carro tinha quebrado. Phillip já estava atrasado na gravação dos dois singles seguintes das Ronettes, "Be My Baby" e "Baby, I Love You", e esse atraso o frustrou. Tempo é dinheiro, então ele disse para todo mundo: "Vamos gravar alguma coisa, e depois eu mexo um pouco e vejo como fica. Sonny, junte-se às meninas do backing vocal." Todos sabiam que, quando ele pedia ajuda a Sonny, estava desesperado.

Sem se deixar abalar, Sonny se aproximou do microfone como um cachorrinho. Então ouvi Phillip dizer: "Cher, você também. Vai lá. Sonny disse que você sabe cantar."

Quase desmaiei. Ele estava maluco? Darlene era uma das maiores cantoras de todos os tempos. Minha voz era grave demais para as meninas e aguda demais para Sonny. Tentei explicar as minhas qualificações vocais a Phillip, que me cortou: "Vai lá, Cher", ele ordenou. "Só quero um pouco de barulho."

Mas e se o meu barulho for fora do tom?, pensei, toda arrepiada. Aos 17 anos e nunca tendo cantado em público, aproximei-me do microfone pela primeira vez na vida e parei ao lado de Sonny, Fanita e Garcia. Estava tremendo tanto que tive que pressionar um joelho no outro e fixar o meu olhar na caixinha de som que fazia o retorno e nos permitia ouvir o restante da música. Não havia fones de ouvido no Gold Star, nós simplesmente tocávamos e cantávamos. Era muito intimidador. Phillip pediu a Garcia: "Tá certo, me diga o que você vai cantar", e ela deu algumas notas. Quando ele fez o mesmo com Fanita, pensei que fosse desmaiar bem ali se a pergunta fosse agora dirigida a mim, pois não fazia ideia do que responder. Estava planejando só ouvir as meninas, dublar a minha parte com Sonny e depois me esconder até tudo terminar. Graças a Deus, Phillip nunca me perguntou nada, pois acho que ele sabia que era melhor assim.

Ele fez a contagem e nós começamos a cantar, e de alguma forma saiu um som que parecia correto. Eu não sabia se era sorte ou se eram as habilidades de Larry. Comecei a relaxar, mas aí Phillip pediu para todo mundo parar. "Cher, vá um pouco para trás", pediu. Eu não tinha certeza do que isso significava a princípio, mas Sonny fez um gesto para que eu me afastasse do microfone. Dei um passo para trás e nós recomeçamos.

Darlene voltou ao estúdio no dia seguinte, e todo mundo respirou aliviado. Aquela mulher era uma força da natureza — ainda é —, a única a confrontar Phillip caso não gostasse de algo. No momento em que ela entrou, olhou para mim de pé em seu lugar e sacudiu a cabeça. Depois voltou e deixou escapar aquele grande sorriso dela, enquanto todo mundo respirava fundo. Olhou para Sonny e disse: "O que você está fazendo aqui?" Ela se juntou a nós no microfone e, quando começamos a cantar, aconteceu a mesma coisa que no dia anterior. "Vá um pouco para trás, Cher. Para trás", instruiu Phillip. "Sua voz ainda está saindo alto demais." Isso seguiu desse jeito até eu estar a cerca de um metro de distância dos outros e praticamente encostada na parede. Em algum momento, Darlene brincou: "Daqui a pouco ela vai chegar no Estúdio B."

Quando enfim conseguimos, fiquei estupefata com as nossas vozes juntas — a de Darlene, especialmente. Se ela estivesse ao meu lado, eu não conseguia ouvir mais nada. Ao lado deles o dia inteiro, fiquei aliviada por não ter estragado tudo. Até pouco tempo antes, eu era uma adolescente que havia largado o colégio e dormia no sofá dos outros, portanto, estava feliz por ter um emprego e chocada de ser aquele. Mas não acho que tenha processado o quanto aquilo realmente era louco — algo grandioso demais para mim.

Quando terminamos e Phillip ficou satisfeito com a música, fomos liberados para ir embora, mas eu estava tão pilhada que não conseguia parar de falar. Durante todo o caminho para casa no carro e depois na cama naquela noite, deixei Sonny doido perguntando se ele achava que eu tinha ido bem e se Phillip ia me chamar para cantar de novo. A boa notícia era que não só Phillip me convidou para voltar, mas, durante o ano seguinte, raramente gravava uma música sem eu estar de backing vocal. A notícia ruim era que meu nervosismo sempre me atrapalhava e eu rezava para que Phillip não me perguntasse nada sobre o tom que eu iria cantar. Eu só sabia entrar e cantar junto com o pessoal. Não tinha ideia do que estava fazendo.

Havia dias em que me trancava no banheiro para chorar, pois tínhamos que fazer uma gravação seguida da outra, e estava convencida de que eu era o problema. Ronnie, a namorada de Phillip de quem eu já era próxima àquela altura, me encontrou lá uma vez e disse: "Sai dessa, Cher, querida. Você sabe que sua voz é linda!"

De volta ao microfone, normalmente meio paralisada de medo, eu ficava entre Sonny, Garcia, Fanita e Darlene, e havia algo especial na combinação das nossas vozes, de que Phillip começou a gostar. Ele chamava de seu elemento "funk", dizendo que nós havíamos mudado o som de muitas das suas gravações. Ainda assim, toda vez que Phillip vinha até o microfone, eu morria de medo de ouvir o meu nome. Fiz backing vocal para Darlene Love em seus álbuns solo, para Bob B. Soxx & The Blue Jeans, The Crystals e LaLa Brooks, que também tinham uma baita voz.

Eu amava aquele trabalho, de verdade, e também amava estar entre aquelas pessoas. Meu único incômodo era que a minha mãe dizia que eu devia estar mentindo. Ela achava que eu não estava trabalhando coisa nenhuma, só passando o dia inteiro no estúdio fazendo farra, e não cantando. "Se você está mesmo trabalhando como diz, por que não está ganhando nada?", perguntou. Sonny recebia salário de Phillip. Trabalhar de graça era difícil quando o cronograma não deixava tempo algum de sobra para fazer outra coisa. Quando reclamei para Sonny, sua reação não foi a que eu esperava: "Você é quem devia estar pagando Phil pelo aprendizado que está recebendo, Cher!" Depois que resmunguei que havia perdido mais uma aula de teatro com Jeff Corey, ele foi ainda mais longe. "Atuação é bobagem, não vai te levar a lugar algum. Você não quer ser atriz, Cher, já está crescendo no mundo da música. O Gold Star é o seu lugar." Eu amava aquelas aulas, mas confiei em Sonny. Não devia, provavelmente poderia ter feito as duas coisas. Mas ele já estava começando a controlar a minha vida, mesmo que eu não percebesse.

Aquilo me fez pensar em um poema que ele havia escrito para mim alguns meses antes. Surgiu do nada, depois de uma noite que passamos separados pois ele teve que trabalhar até tarde no estúdio. Só me lembro da última frase, em que ele escreveu que eu era "uma borboleta a ser amada por todos". Eu não sabia o quanto era profético na época, mas sabia que Sonny via algo em mim. O que não percebi era o quanto isso o assustava.

Jeff Corey ficou muito emotivo quando contei a ele que ia abandonar as suas aulas. Com um sorriso triste, ele falou: "Se você levar a atuação a sério um dia, acho que vai ser grandiosa. Não se esqueça disso." Levei quase vinte anos para tentar atuar novamente, mas jamais me esqueci do que Jeff me disse.

No verão de 1963, Sonny tinha virado tudo para mim, meu oráculo. Eu aceitava que ele detestasse que eu me envolvesse em qualquer coisa da qual não fizesse parte, mas quando me mandou largar o *softball* que eu gostava de jogar com a minha mãe e os nossos amigos fiquei arrasada. De uma forma extremamente persuasiva, ele me convenceu de que eu não tinha mais tempo para "brincar" e precisava me concentrar completamente na minha voz. Foi duro, pois esse jogo uma vez por semana era a minha última conexão com a galera da minha mãe, e eu nunca o perdoei por me afastar daquele ciclo importante de amizade. Minha mãe também não estava feliz e ficou ainda mais brava por ter desperdiçado o dinheiro que não tinha nas minhas aulas de teatro. Frustrada, ela me disse: "Você não vai voltar ao Gold Star até te pagarem."

No Estúdio A, no dia seguinte, todo mundo chegou para continuar trabalhando em *A Christmas Gift for You*, um álbum importante para Phillip (pelo qual nunca recebemos o respectivo crédito, embora Sonny tenha recebido menção honrosa na percussão). Era um compilado de sucessos como "White Christmas", "Frosty the Snowman" e "Here Comes Santa Claus", todos cantados por artistas famosos. Tudo estava pronto quando Phillip viu que eu não estava lá e perguntou: "Mas cadê a Cher?"

Sonny levantou a mão. "A mãe da Cher não acredita que ela esteja trabalhando porque não recebe salário. Não vai deixá-la voltar, porque pensa que ela está de farra." Phillip ficou tão bravo que cancelou a sessão inteira e mandou todo mundo para casa. Ele era supersticioso quanto a ter as mesmas pessoas em todas as faixas. Falou para Sonny: "A Cher está com você, e eu estou te pagando, então qual é o problema?" Até onde ele sabia, nós éramos dois pelo preço de um. Sonny explicou que essa lógica não funcionaria com a minha mãe, e então, no dia seguinte, concordou em me pagar algo. Trabalhei o dia todo e, quando terminamos, Phillip me deu um cheque de 25 dólares. Levei direto para casa e entreguei à minha mãe com orgulho, sem saber que seria o último cheque que Phillip me pagaria pelo resto da vida. Minha mãe ficou feliz, mas sabia que ele estava se aproveitando de mim. Eu devia receber muito mais do que meros 25 dólares. Mas ela estava deprimida na cama, então aceitei aquela reação.

Minha mãe estava ficando cada vez mais triste, preocupada com o futuro, uma vez que Gilbert já estava fora de cena. Eu sentia pena, sim, mas ela tinha sido tão má com ele, o que achava que iria acontecer? No auge dos meus 17 anos, decidi que finalmente já tinha aguentado o bastante e perguntei a mim mesma: *O que posso fazer?* Peguei o meu único casaco e um punhado de roupas, joguei tudo em uma bolsa, abri a janela grande do meu quarto, chutei a tela e fui embora. Minha mãe estava na outra ponta da casa: eu poderia perfeitamente ter saído pela porta da frente, mas estava passando um recado. Meia hora depois, entrei na casa de Sonny e contei o que tinha feito.

"O que a sua mãe vai fazer?", perguntou ele, desconfiado.

"Ela não vai fazer nada."

O ano após Gilbert ter nos deixado foi um dos piores momentos da vida da minha mãe e, ainda assim, foi o que me levou a Sonny e ao início do resto da minha vida. O dia em que me mudei para morar com ele de novo foi o início do início. Algo se encaixou quando ficamos juntos naquele momento. Como Sonny disse depois, ele tinha sentido falta até da minha cantoria incessante. Eu estava muito feliz com ele, mas também me sentia culpada. Sabendo que a vida seria solitária para Gee em casa sem mim, eu me certificava de convidá-la o máximo que conseguia e de incluí-la nos planos sempre que possível. Mesmo tão nova, ela entendia os meus motivos para ir embora e ficou bem sozinha quando a minha mãe voltou a trabalhar.

Praticamente sem roupa nenhuma, eu tinha que pegar emprestado de Sonny, incluindo suas cuecas da Fruit on the Loom. Ele aguentou durante um bom tempo, até que, incomodado, prometeu me levar para fazer compras. Cumpriu a sua palavra e, quando recebeu o salário seguinte, fomos a Wilson's House of Suede, em Hollywood, onde ele escolheu para mim uma jaqueta de couro preta que amei tanto que quase desmaiei. Também comprou uma regata de gola rolê vinho que achei muito legal. Escolheu uma calça legging linda e um par de botas rasteiras com a boca larga. Quando fechei o zíper das botas por cima da calça, ela enrugou um pouco em cima e achei que fosse uma falha no tecido, mas adorei o look mesmo assim.

Por diferentes motivos, tanto Sonny quanto eu éramos um pouco deslocados. Adolescentes que tinham abandonado a escola e usando roupas não convencionais, nós dois vínhamos de lares instáveis. Tínhamos crescido rápido demais e não conseguíamos permanecer em relacionamentos, mas, quando ficamos juntos, gostávamos das mesmas coisas, compartilhávamos os mesmos sonhos e achávamos as mesmas coisas legais. Nós pertencíamos um ao outro, e isso era bom para mim. Eu era jovem, flexível e estava feliz por ser cuidada por alguém. E ele sempre me fazia rir.

Na indústria da música, Sonny podia exceder com delicadeza os limites do que era aceitável no ambiente de trabalho, e foi o que fez com o seu penteado estilo César. Achei que seria divertido tentar algo diferente também. Meus cabelos eram tão lisos que eu não podia fazer muita coisa com eles, então, cortei a franja para enquadrar melhor o delineador preto e forte que eu usava. Também comecei a aparar meus cabelos nas laterais como se fossem costeletas. E esse foi o meu look durante anos, até eu ter Chas.

Cada vez mais confiante por minha mãe estar meio que aceitando a nossa relação, planejei uma surpresa para o aniversário dela. O tio Mickey a tinha convidado para jantar na Purple Onion naquela noite, e eu disse a ele: "Quero cantar uma música para a minha mãe." Seria a primeira vez que eu cantaria em um local aberto ao público e não sei como tive coragem. Mickey achou uma ótima ideia e sugeriu que eu ensaiasse com a banda da casa, Pat & Lolly Vegas. Eu não sabia sequer em qual tom cantar, então cantamos e tocamos juntos até encontrarmos as notas certas. Ensaiei algumas músicas, especialmente "Danny Boy", uma das preferidas da minha mãe, que ela costumava cantar com o vô Roy. Devo ter feito algo certo durante o ensaio, pois a banda estava fazendo testes para uma nova cantora. Quando terminamos, eles perguntaram a Mickey se podiam me contratar. "Ela é infinitamente melhor do que todas as outras meninas que fizeram o teste." Fiquei lisonjeada e surpresa. Falei: "Seria ótimo, mas eu já tenho um emprego."

Não sei se alguém comentou algo com a minha mãe sobre a surpresa, mas ela comprou uma blusa cor de champagne com miçangas na Corky Hale's para eu usar que me deixou doida. Eu estava me achando poderosa e convenci as minhas pernas a me levarem para a frente da banda e a minha boca a se abrir para cantar a música. Minha mãe disse que ficou maravilhada com a minha apresentação — não só pelo poder da minha voz, que ela já conhecia da vida inteira, mas pelo que chamou de minha "capacidade para brilhar". Sonny também ficou orgulhoso.

Mickey ficou encantado e impressionado com quantas pessoas bacanas Sonny apresentou a ele, incluindo o DJ Sam Riddle e Little Richard, duas figuras engraçadas que viviam fazendo piada com Sonny, fingindo que estavam dando em cima dele. Sonny também amava Richard, revirava os olhos de brincadeira e tolerava a sua implicância constante. Quando conheci Richard, ele ficou histérico e perguntou a Sonny: "Como é que um cara que nem você consegue uma gata dessas, Sonny B-o-n-o?" Também conheci Brian Wilson, quando estava sentado um dia no sofá do Gold Star. Cofundador dos Beach Boys, que estavam gravando não muito longe do Columbia Studios, Brian aparecia e se sentava em silêncio em um canto, assistindo e esperando a oportunidade de pegar algumas dicas do grandioso. Extremamente tímido, ele se ofereceu para tocar piano, mas Phillip não deixou, embora tenha permitido que Brian tocasse tamborim e cantasse como backing vocal em algumas músicas. Mesquinho, ele incluía qualquer um, contanto que não tivesse que pagar.

Assim como Phillip, Brian era um gênio atordoado que escrevia todas aquelas músicas dos Beach Boys como se estivesse na praia surfando a vida inteira, o que não era o caso. Ele gostou de mim porque eu era jovem e destemida, e assim nos tornamos amigos. Um dia, eu estava brincando com a máquina que digitava letras em fitas de plástico para etiquetar equipamentos e decidi fazer uma pulseira para Brian. Devido à minha dislexia não diagnosticada, acabou saindo *Eu te amo, Brain*. Aquela virou a nossa piada interna e, de fato, ele *tinha* uma mente grandiosa, com um dom impressionante para a música.

Ainda morávamos no apartamento da Franklin quando o divórcio de Sonny e Donna saiu, no inverno de 1963. Pela lei da Califórnia, havia um período de espera obrigatório de um ano até que se pudesse entrar com o pedido de outro casamento, mas eu não me importava com nada disso, porque, até onde sabia, nós estávamos muito bem casados no meu coração. Além disso, sem a autorização da minha mãe, não poderíamos nos casar legalmente antes de eu completar 18 anos, em maio, então nos conformamos em montar um lar para nós dois. Quando Sonny recebeu um aumento, anunciou que era hora de nos mudarmos. Ele encontrou um chalé de um quarto em Sycamore Trail, nas montanhas atrás do Hollywood Bowl. Nossa nova casa tinha um chuveiro fraco e um jardim escuro nos fundos que era basicamente terra, exceto por uma fogueira de chão; o tapete era meio surrado também, mas eu amava. Sem móveis e com pouco dinheiro, fomos até uma loja de segunda mão no centro e compramos uma antiga cama de ferro, uma luminária, uma mesa de cabeceira e uma cômoda esquisita com gavetas para colocar a nossa TV.

A estrutura da cama estava imunda e, enquanto fazíamos uma bela limpeza, Sonny disse: "Cher, acho que é de bronze!" Empolgados, nós saímos, compramos umas vinte caixas de esponja de aço e esfregamos a cama durante a noite inteira até que estivesse brilhando. Aquela porra de cama era mesmo de bronze e era linda. Fiquei muito feliz e me lembro de pensar que nenhuma das ex-namoradas de Sonny teria feito algo tão mão na massa, elas simplesmente teriam pulado no colchão, como umas idiotas.

Betty, irmã de Sonny (que era a minha preferida), comprou lençóis novos para nós, e fiquei tão animada que não parava de comentar o quanto eles eram bons, pois os nossos eram tão velhos que parecia que estávamos dormindo em papelão. Para a minha surpresa, Sonny ficou irritado e sussurrou: "Para de falar dos lençóis, Cher, tá? Não precisa agir como se fôssemos pobres!" Eu ainda não sabia nada sobre o seu orgulho siciliano e como a imagem era importante para ele.

Certo dia, Sonny trouxe para casa um filhotinho de pastor-alemão que alguém deu para ele, mas nós sinceramente éramos ocupados demais para cuidar de um cachorro. Só havia um pequeno jardim sujo nos fundos da casa, sem lugar para ele correr, e o pobrezinho ficou supercarente. Sonny estava cozinhando uma noite enquanto eu estava ao seu lado, de *sous chef*, quando o filhote se enfiou entre os pés dele e choramingou, e ele chutou o bichinho para o lado.

"Ei, Sonny, não faz isso!", falei. Antes que eu me desse conta, Sonny tinha me virado e me imprensado contra a parede. Ele não gritou nem me bateu, mas me prendeu pelos ombros e seu rosto estava todo tenso. Eu era tão veementemente contra essa brutalidade masculina, por ter visto a minha mãe passar por isso, que pensei: *Foda-se*. Já tinha testemunhado medo e visto violência. Já tinha apanhado quando pequena e não ia apanhar na idade adulta.

Olhando no fundo dos olhos dele, eu disse: "Deixa eu te falar uma coisa: se encostar *algum dia* em mim de novo, vou embora daqui e será a última vez que vai me ver na vida." Eu não estava brincando, e ele viu o quanto eu falava sério.

Apesar daquele incidente, nós amávamos ficar juntos naquela casa e a deixamos o mais confortável possível. Só tínhamos uma mesa e a limpamos inteirinha também antes de pintá-la de azul e de envernizá-la até ficar com algum tipo de luminosidade. Então cortamos um pouco as pernas e a rodeamos de almofadas. A casa tinha cortinas de ripas terríveis de bambu velho que estavam caindo aos pedaços, e eu as teria alegremente jogado no lixo. Sonny tinha outras ideias e me levou ao Píer 1, onde compramos três quadros de pinturas rupestres com antílopes e bonecos-palito, manchados para parecerem velhos como pergaminhos. Quando chegamos em casa, tiramos as cortinas e as separamos, uma por uma, dos pequenos barbantes que as mantinham unidas. Depois ele teceu três estruturas com elas, colocou as pinturas no meio e as pendurou na parede entre a esquadria das janelas. Ficou muito legal.

Um dia, não muito depois de nos mudarmos, Sonny me ligou todo animado para contar que estava vindo para casa com uma grande surpresa. Pensei que ele me traria algo especial e fiquei chocada quando entrou arrastando um piano antigo e meio surrado que havia encontrado em uma loja de penhor por 85 dólares. "Tem três teclas quebradas, mas são todas no extremo grave, onde nunca cantamos", disse ele. Pelo seu olhar, dava para pensar que ele havia encontrado um Steinway. Tenho aquela coisa horrorosa até hoje.

Estávamos trabalhando constantemente no estúdio para terminar o novo álbum de Natal que Phillip estava produzindo, e os turnos de quinze horas que ele nos fazia trabalhar pareciam o caminho da morte. O problema era que, apesar de Phillip saber o que queria, tínhamos que esperar que ele destrinchasse os detalhes em sua mente e depois nos dissesse o que era. Nós todos queríamos fazer um bom trabalho, mas, às vezes, nossos erros se tornavam o gancho de algo que Phillip gostava mais do que o conceito original. Algumas vezes, Sonny passava a noite inteira no estúdio enquanto Phillip trabalhava para consertar as coisas (ele não gostava de ficar sozinho), e eu ficava em casa vendo TV.

Entediada e um pouco medrosa de ficar só, eu passava a noite com a minha amiga e ex-colega de casa Josita, que morava em um apartamento de dois quartos com seu namorado Ulle e outra menina. Após uma noite fora, nós voltamos para a casa deles, todos foram para a cama e eu dormi no sofá. Algumas horas depois, me dei conta de que havia alguém deitado ao meu lado com a mão dentro da minha calcinha. Meio dormindo, achei que estava em casa e de repente me lembrei de que não. Estava escuro e eu só conseguia ver a silhueta de um homem. Congelada, fiquei ali deitada, com o coração acelerado, até que ele se afastou minimamente. Fingindo estar sonolenta, me levantei e entrei no banheiro, sem saber o que fazer. Quando ouvi uma porta se fechar, rezei para que ele tivesse ido embora, mas, no minuto que percebi que ele ainda estava lá, passei correndo e entrei no quarto da Josita, gritando. Ulle pulou da cama e acendeu a luz. Foi aí que viu que o namorado bêbado da colega de apartamento deles tinha voltado para casa com ela e, ao me ver deitada no sofá, achou que eu fosse ela e se deitou ao meu lado, deixando a mão passear. Levei o resto da noite toda para me acalmar e nem sonhei em contar uma única palavra sobre isso para Sonny, por medo de ele assassinar o rapaz.

Alguns dias depois, voltamos a trabalhar no álbum de Natal no Gold Star. O ritmo era totalmente excessivo, mas quando ouvimos o que havíamos criado soubemos que tinha valido a pena. Eu ficava totalmente exausta das nossas maratonas de trabalho que envolviam todas as noites durante um mês inteiro e me lembro de pensar: *Como essas pessoas mais velhas ainda conseguem fazer isso?* Não fazia ideia de que era com drogas — nem todo mundo, mas alguns se drogavam só para conseguir ficar acordados. E então, um dia, Leon Russel chegou tão doidão que mal conseguia ficar em pé. Era algo fora do comum, pois ele em geral entrava e se sentava ao piano sem dizer uma única palavra. Ele e Glenn Campbell jogavam golfe, e as coisas mais chamativas em Leon eram a sua calça quadriculada de laranja e azul e um casaco de pelo de alpaca. Mas, naquele dia, ele estava caindo de bêbado, e ninguém sabia o que fazer. Ele cambaleava pelo estúdio, e então pulou em cima do piano. Estranhando, Phillip o chamou: "Ei, Leon, você já ouviu falar em decoro?"

"Não! Você já ouviu falar em 'Vai se foder, Phil'?", disse Leon com a língua enrolada, antes de escorregar para o banco do piano, sentar-se e começar a tocar.

Nós todos morremos. Quer dizer, morremos de tanto rir, caindo no chão, principalmente Hal Blaine. Até Phillip achou hilariante, mas nos acalmamos e ele disse: "Tá bom, acabou o show. Vamos voltar ao trabalho." Foram os dias mais loucos e mais felizes da minha vida.

Quando terminamos o álbum, Phillip marcou um voo de volta para Nova York e todo mundo desabou de exaustão. Horas depois de ele sair para o aeroporto, Sonny estava apagado na cama quando recebeu uma ligação dizendo que Phillip tinha sido expulso do avião e precisava urgentemente de ajuda.

"Vai lá ajudar", ele me pediu, bocejando. "Estou exausto demais e não confio em mim para dirigir agora."

"Eu?", retruquei. "Não, Son, por favor. Estou cansada também e nem faço parte do círculo próximo de Phillip. Além disso, o que eu posso fazer?" Ele me jogou a chave do carro. Aquela era a minha resposta. Exausta, dirigi o enorme Cadillac velho de Sonny pelo trânsito da cidade até o movimentado aeroporto LAX. Encontrei Phillip dormindo em uma cadeira no saguão de desembarque, com sua mala jogada sobre si. Ele estava com tanto medo de voar que se entupiu de drogas, e foi a primeira vez em que o vi entorpecido. Um membro da equipe de voo explicou que, quando entrou no avião, ele olhou para os outros passageiros e surtou: "Vocês todos parecem uns otários. Eu não posso voar com um monte de otários, o avião não vai resistir! Quero descer!" A aeromoça tentou acalmá-lo, mas ele não parava de falar, então tiveram que taxiar o avião de volta ao portão e retirá-lo da aeronave.

Quando eu o sacudi para acordá-lo, ele abriu os olhos, olhou para mim com a testa franzida e disse: "Cher, preciso de óculos escuros." Não parecia surpreso em me ver ali.

"Tá bem. Você consegue andar?"

"Sei lá. Mas realmente preciso de óculos escuros, Cher."

Consegui colocá-lo de pé e o levei até um quiosque, onde o ajudei a experimentar vários modelos, dizendo quais ficavam melhores. A certa altura, ele comprou alguns Ray-Bans. Depois, eu o fiz beber litros de café antes de tentar comprar outra passagem para ele, mas a American Airlines o havia banido. Tive que tentar em outra companhia aérea, explicando o seu estado. "Por favor, ele só estava tão apavorado de voar que tomou um remédio", implorei. Após vários malabarismos verbais, consegui colocá-lo em outro voo e, bastante sonolento e murmurando coisas, ele embarcou sem incidentes e voltou para casa. Eu estava cansada demais até para ficar aliviada.

Algumas semanas depois, estávamos dormindo em casa após outra noite inteira no estúdio quando o telefone tocou. Era 22 de novembro de 1963, o dia em que o álbum de Natal de Phillip deveria ser lançado, e ele estava ligando de Nova York. Sonny ouviu por um momento e então desabou em uma cadeira, murmurando: "Meu Deus do céu!" Pelo olhar em seu rosto, imediatamente pensei que alguém que conhecíamos tivesse morrido. Quando desligou, virou-se para mim e disse: "O presidente Kennedy foi baleado na cabeça hoje de manhã. Estava desfilando em Dallas em um carro conversível com a primeira-dama."

Desesperada, eu não conseguia parar de chorar. Nenhum de nós conseguia se mexer, de tão arrasados que ficamos com a notícia. JFK, com 40 e poucos anos, era o primeiro presidente que parecia entender a nossa geração. Nunca senti nenhuma conexão com seu predecessor "Ike" Eisenhower (que parecia só jogar golfe) ou com a esposa dele, Mamie, com sua franja grudada na testa. JFK era jovem e lindo, um herói da guerra com ideias inovadoras; e sua esposa, Jackie, era muito linda e estilosa. Perdê-lo daquela forma parecia muito surreal e trágico.

Naquela noite, Sonny e eu nos abraçamos e choramos e, no dia seguinte, assistimos à cobertura da notícia na TV por horas. Phillip também estava triste, claro, mas o que realmente acabou com ele foi que o seu precioso álbum de Natal foi um fiasco em função do assassinato. Ninguém estava no clima para ouvir "Here Comes Santa Claus" depois de perder JFK.

Cerca de uma semana depois descobri que estava grávida, o que foi um grande choque, pois não estávamos tentando engravidar. Ter um bebê não fazia parte dos nossos planos (não que tivéssemos um plano), mas tampouco éramos cuidadosos com a prevenção (as pílulas anticoncepcionais só eram disponíveis para mulheres casadas). Eu tinha acabado de conquistar a independência total da minha mãe; portanto, era a última coisa que eu queria. O mais estranho foi que, ao descobrir que teria um filho de Sonny, foi difícil não ficar feliz. Ele também ficou animado, mas preocupado que o bebê fosse interferir no seu trabalho na indústria da música. Além disso, ele já tinha uma filha.

No fim, o destino interveio e eu perdi o bebê. Aconteceu de forma espontânea quando eu estava com dezesseis semanas de gravidez e sozinha em casa. Senti uma dor ardente e gritei, pois, como nunca tinha ficado grávida antes, não sabia o que aquilo significava. Sonny estava no trabalho e não havia uma forma rápida de contatá-lo. Quando ele chegou em casa naquela tarde, eu estava sentada no chão gemendo e me balançando de dor, e ele entrou correndo. Não parei de gritar nem quando entramos no prédio do médico e em um elevador cheio de gente. Eu estava muito assustada de tanta dor e não sabia o que estava acontecendo. Eles me deitaram em uma mesa e fizeram caras feias, então começaram a me cortar. Não paravam de colocar em um pote de metal algo que soava como peixe se debatendo ou bifes de fígado batendo no fundo da panela. Parecia pior do que realmente era, pois, conforme ele cortava, a pressão e a dor melhoravam. Depois o médico me mandou direto para o hospital.

Sonny ficou ao meu lado, e choramos juntos a nossa perda. Quando tudo terminou, ele me levou para descansar em casa, onde fiquei quieta e introspectiva por um tempo. Mas, uma semana depois, estávamos de volta no Gold Star para continuar de onde havíamos parado.

Para consolidar o nosso futuro juntos, Sonny tomou uma decisão repentina. Sentado em um parque ouvindo um cara tocando saxofone, ele virou-se para mim e disse: "Você não acha que já é hora de me pedir em casamento?" Rindo, respondi: "Bem, acho." Nós sabíamos que não poderíamos ter um casamento convencional e tampouco tínhamos dinheiro para ir até o México, onde seria possível solicitar uma certidão, portanto, em vez disso, ele mandou fazer duas alianças de prata em uma loja de presentes na Olvera Street com nossos nomes em alto relevo. Ele usaria a que dizia *Cher*, e eu, a que dizia *Sonny*.

No dia em que ele as escolheu, chegou em casa e disse que era hora do nosso casamento. Insistiu que fizéssemos algo para sentirmos que era oficial, então vesti uma camiseta e uma calça jeans e sugeri que nos casássemos no banheiro. Não faço a menor ideia do porquê, só achei que seria um bom lugar. Tivemos uma cerimônia de casamento atípica, bem ali, comigo ministrando. Foi completamente boba, mas falei cada uma das palavras com todo o meu coração enquanto estávamos descalços, de pé, olhando um para o outro entre o chuveiro e a janela, com o armário de remédios espelhado atrás de nós. Falei a minha própria versão inventada de votos de casamento, depois ele disse algumas palavras, trocamos as nossas alianças, nos beijamos e foi isso. Acho que já éramos meio casados e contamos para todo mundo que tínhamos nos casado no civil. Nossa cerimônia terminou em alguns minutos, e então Sonny foi para a cozinha fazer molho de espaguete enquanto eu cantarolava uma música alegre.

Na minha cabeça, desde o momento em que colocamos aquelas alianças, eu não mais carregava o nome Cherilyn LaPiere Sarkisian. Eu era a Cher de Sonny e Cher, e sentia orgulho em usar seu nome colado ao meu dedo. Mas, algumas semanas depois, perdi a minha aliança e fiquei temerosa demais de contar para ele. Meu Deus, que pesadelo foi aquilo. Tentei até esconder a mão, para ele não perceber. O anel ficou desparecido por uns dois dias, mas eu só tinha estado em casa ou no estúdio, portanto, procurei em todo canto. Um dia, estava lavando a panela do molho de espaguete e avistei algo brilhoso no fundo. Fiquei tão aliviada de encontrar a minha aliança que me debulhei em lágrimas.

Não contei à minha mãe que estávamos informalmente casados, pois sabia qual seria a reação dela. As coisas estavam melhores entre nós depois que ela e Gee haviam se mudado para uma casa alugada em melhores condições. Minha mãe e Sonny até uniram forças para me comprar um MGA vermelho conversível de seis anos por oitocentos dólares. Fiquei muito feliz em ter um carro próprio de novo, mas só havia um problema — eu tinha enganado Sonny de que sabia dirigir carro com marcha. Então, Gee e eu tivemos que desbravar, em um dia, nada menos que as montanhas de Hollywood, o que me deixou ainda mais apavorada. Depois disso, pegava o caminho mais longo em todas as saídas de carro, só para durar mais tempo. Eu cuidava muito bem daquele carrinho, enchendo o tanque de gasolina e colocando água no radiador quando mandavam. O único defeito era que o MGA era pequenino e, sempre que as Ronettes vinham para LA, nós quatro tínhamos que nos espremer dentro dele. Não sei como fazíamos para cabermos eu e Ronnie na frente e Estelle e Nedra apertadas naquele espacinho nos fundos, mas sempre conseguíamos — com muita risada.

Infelizmente, o MGA tinha um hábito idiossincrático de quebrar, um problema que não podíamos resolver, pois as peças eram caras demais. Um dia, na esquina do Sunset Boulevard com a La Brea Avenue, aconteceu de novo quando eu estava com as garotas. O carro quebrou em um sinal de trânsito, bem em frente a um posto de gasolina. Sem piscar, saí, abri o capô, balancei os dois fios juntos da ignição, entrei no carro e dei a partida. Ouvindo aplausos, olhei ao redor para ver os caras do posto de gasolina comemorando e batendo palmas.

Pela maior parte do ano de 1964, Sonny e eu trabalhamos com Phillip e testemunhamos as Ronettes se tornarem grandes estrelas. Quando foram fazer uma turnê na Europa, a banda de apoio era um novo grupo britânico chamado Rolling Stones. Ronnie gostava do guitarrista Keith Richards, embora a mãe estivesse na turnê o acompanhando. Quando Phillip voltou para LA depois da turnê em Londres, estava usando umas roupas incríveis. Lembro-me de uma jaqueta de suede marrom com botões, meio parecida com um paletó, porém mais solta, que ele vestia com uma camisa com estampa de caxemira e calça justa. Também tinha uma boina, um casaco de abas frontais sobrepostas e uma camisa floral que havia comprado em um lugar chamado Carnaby Street. Nenhum de nós tinha visto nada parecido. As roupas dele eram tão bacanas que me fizeram começar a ler reportagens sobre a moda inglesa, que era muito legal.

Enquanto isso, os sonhos de Sonny para mim ainda estavam sendo adiados por Phillip, que insistia que a minha voz não era comercial o suficiente e tinha o registro do Paul McCartney. Sonny sabia que teria que tentar encontrar a música perfeita para mim e criar a imagem certa para um hit. Uma noite, ele me levou para assistir ao filme *Cleópatra*, com Elisabeth Taylor e Richard Burton. Fiz um penteado que minha mãe tinha me ensinado — uma espécie de coque largo e frouxo no topo da cabeça, acima das minhas franjas pretas grossas, e pintei os olhos no estilo Cleópatra, com delineador preto pesado e sombra branca, um estilo que usei por anos. Quando entramos no cinema, a música estava tocando, mas as luzes ainda estavam acesas. Enquanto caminhávamos até os nossos assentos, as pessoas começaram a nos olhar e alguém perguntou se estávamos fantasiados de Júlio César e Cleópatra. Sonny cismou com isso e decidiu que nos chamaríamos "Caesar e Cleo", na esperança de nos associarmos ao sucesso do filme.

Brincando no piano com os cinco acordes que sabia, ele convenceu Jack Lewerke, que recentemente havia fundado a gravadora Vault, a gravar e lançar a música que ele havia escrito, chamada "The Letter". Para ser sincera, eu não gostei. Mas Sonny achava que valia a tentativa e ligou para o velho amigo Harold Battiste, arranjador, compositor, professor e músico de jazz de Nova Orleans.

Sonny tinha aprendido com Phillip que o lado B de qualquer disco deveria ser instrumental, com um título ridículo, para não ofuscar o lado A. Ele escolheu uma das suas composições, chamada "String Fever", escrita sob o codinome S. Christy. O disco foi lançado em fevereiro de 1964 por "Salvatore Bono e Cher LaPiere, também conhecidos como Caesar & Cleo". Foi um fracasso.

Nosso lançamento seguinte foi "Love is Strange", um hit de 1956 escrito por Bo Diddley, no meio do qual Sonny incluiu um diálogo brega. O lado B era "Do You Want to Dance", com arranjos de Jack Nitzsche. O disco não deu em nada. Destemido, Sonny conseguiu que nos apresentássemos em shows de performances apresentados por DJs como Wink Martindale em pequenos circuitos como pistas de boliche e rinques de patinação. Apesar de alguns desses lugares serem meio cafonas, Sonny decidiu mudar a nossa aparência para imitar as duplas Dick e Dee Dee e April e Nino — as apresentações mais simples e objetivas, que iam muito bem nas paradas de sucesso. Ainda estávamos tentando encontrar a nossa própria imagem e, na esperança de acompanhar o sucesso deles, Sonny vestia um terno e eu, uma calça de seda branca com uma blusa de conchinhas penduradas e um sapato de salto emprestado da minha mãe, enquanto cantávamos os nossos lançamentos junto a outras músicas, como "Walking the Dog".

Quando era criança e desejava ser um personagem de desenho que cantava, nunca me ocorreu que, para alcançar o meu sonho, talvez tivesse que cantar ao vivo noite após noite. Apesar de ter toneladas de energia e uma determinação de ser famosa, eu não sabia o que era a fama e talvez tivesse virado assaltante de banco se não tivesse conhecido Sonny. No fim das contas, a ideia de todo mundo estar me olhando era uma tortura, e em uma daquelas noites fiquei paralisada de medo e disse a Sonny, ofegante: "Não consigo." Com uma voz calma, ele me falou que estava tudo bem e acrescentou: "Você vai ficar bem, Cher. Você vai ver."

Bem quando eu estava pronta para protestar, ele colocou a mão na parte de baixo das minhas costas, me conduziu ao palco e, segundos depois, segurei a mão dele e o puxei junto comigo. Diante do microfone, permaneci grudada ao seu lado, olhando-o nos olhos e cantando através dele, enquanto tentava fazer com que o som se alastrasse sobre o barulho de metais tilintando e adolescentes conversando. A experiência toda foi um fiasco, uma vez que ninguém conhecia a nossa música, a banda da casa era terrível e não tínhamos ninguém para fazer backing vocal.

Sonny não era um exímio letrista, mas era esperto o suficiente para ser influenciado pelo que ouvia e acompanhar as tendências. Aprendeu com Phillip a ouvir os hits do momento e ver que tipo de som estava nas paradas de sucesso. O problema era que as coisas mudavam muito rápido. A Beatlemania tinha atingido os Estados Unidos, e os jovens garotos britânicos vestindo ternos elegantes e penteados formais eram o único assunto das pessoas. O single "I Want to Hold Your Hand" tinha vendido mais de 1 milhão de cópias e era o número um. Mais de 70 milhões de pessoas — inclusive eu — assistiram à banda no *Ed Sullivan Show*, e a histeria da plateia ao vivo me lembrou daquele show do Elvis a que a minha mãe tinha me levado sete anos antes.

Aproveitando-se da popularidade deles, Phillip Spector escreveu uma música chamada "Ringo, I Love You", como se fosse cantada por uma fã devota para o baterista Ringo Starr. Após ignorar os pedidos de Sonny para me deixar gravar meu próprio disco, Phillip decidiu que eu deveria ser a pessoa a gravar a música. Sua única condição era que eu mudasse meu nome para Bonnie Jo Mason, para soar mais americana. Gravamos no Estúdio B, uma sala do tamanho do meu MGA, e a música foi lançada em março de 1964. Sonny usou todos os truques possíveis para fazer com que a demo tocasse nas estações de rádio locais, mas o retorno foi terrível. Minha voz era tão grave que os DJs achavam que era um homem cantando uma canção de amor para outro homem, em uma época em que a homossexualidade ainda era ilegal. Meu single saiu pela culatra. Bonnie Jo Mason foi um desastre.

Toda vez que ouço as minhas primeiras canções, me arrepio toda. Minha voz era muito anasalada devido às alergias da adolescência. Também gravei um álbum de covers para a Liberty Records em um acordo separado, mas eles também não gostaram da minha voz, então nada foi lançado. O fracasso de ambos convenceu Phillip de que ele estava certo sobre mim. Minha voz só daria certo como apoio. Sonny parou de importuná-lo para que me desse mais uma chance, e eu parei de cantar pela casa.

Arrasada, eu estava convencida de que a minha carreira tinha acabado antes mesmo de começar.

11

baby don't go

Charlie Greene e Brian Stone eram intensos. Os dois lembravam muito o publicitário impiedoso interpretado por Tony Curtis no filme de 1957 *A embriaguez do sucesso*, embora Charlie tivesse barba e Brian fosse tão magro que brincávamos que ele precisava correr pelo chuveiro para conseguir se molhar. A revista *Rolling Stone* comparou Charlie a um chihuahua que passou a vida tentando cruzar com um dogue alemão. Aos 18 anos, os dois abriram uma agência de publicidade em Nova York. Jovens e inexperientes demais (gastavam mais do que ganhavam), desistiram depois de dois anos e focaram em Hollywood. Com apenas oito dólares no bolso, foram de carona até Los Angeles. Ao chegarem lá, infiltraram-se na Universal Studios. Entraram em um camarim, chamaram um segurança, exigiram passes permanentes e até almoçaram no refeitório. Começaram a se apresentar como assessores de imprensa e continuaram assim durante seis meses até serem descobertos e expulsos do estúdio. Eles haviam mentido, mas eram brilhantes e totalmente comprometidos com as mentiras que contavam.

Eram nova-iorquinos muito charmosos que falavam rápido. Ambos. Eram engraçados e completamente diferentes, apesar de bem bonitos. Não me lembro exatamente de como Sonny os conheceu, mas foi via Gold Star. Naquela época, se você estivesse andando pelo Gold Star, as pessoas simplesmente supunham que era para você estar lá fechando negócios. Havia uma confiança de que, se estivesse naquele prédio, a pessoa fazia parte da irmandade. Jack Nitzsche produzia uma versão de "Yes Sir, That's My Baby" para os dois. Sonny e eu estávamos escalados para contribuir, junto com Brian Wilson, Darlene Love, Jackie DeShannon, entre outros, e o álbum seria lançado associado ao nome Hale and the Hushabyes. Como eles simplesmente entraram ali e conseguiram reunir todas essas pessoas da indústria em um disco? Brian Wilson, dos Beach Boys, era gigante na época, assim como Darlene e Jackie. Olhando em retrospecto, não faz o menor sentido. Eles eram bons nesse nível. Se Brian e Charlie acreditassem em algo, simplesmente iam até o fim, e sua exuberância era contagiosa.

Sonny e os dois se conheceram em um momento perfeito. Com Phillip frequentemente fora da cidade, Sonny tinha meio que começado a desistir. Conseguíamos pequenos trabalhos como Caesar & Cleo em rinques de patinação e pistas de boliche, mas nada sério. Estávamos desanimados de verdade. Quando conhecemos Brian e Charlie, o entusiasmo deles trouxe a energia de Sonny de volta. Os dois estavam desesperados para aprender mais sobre a indústria fonográfica, pois ainda não sabiam falar a sua "língua" e, quando perceberam que Sonny entendia do assunto e também era admirado e respeitado, quiseram aprender com ele. Sonny concordou em ensinar o que sabia e, em troca, Brian e Charlie nos deixariam usar o escritório, os telefones e a secretária deles. O entusiasmo insano dos dois contagiou Sonny, e a animação dele deixou a dupla ainda mais intensa. Era como se fôssemos o combustível e eles, o fósforo, e juntos éramos uma bola de fogo. Eles nos contrataram como Caesar & Cleo, e esperávamos que a roda começasse a girar a nosso favor.

Surfando na onda dos Beatles, os Rolling Stones chegaram a Los Angeles para começar sua primeira turnê americana e vieram para o Gold Star, onde Jack e Phillip ajudaram com algumas das suas letras. Animado com a empolgação em torno daqueles meninos britânicos, Sonny me levou ao hotel para conhecê-los. Chegamos ao Hilton, mas eles ainda não tinham voltado da entrevista, então fomos fazer uma ligação. Alguns minutos depois, os integrantes da banda surgiram na recepção e — ao me verem sozinha — se aproximaram e se sentaram, falando rápido e flertando com um sotaque inglês. Quando Sonny voltou, implicou com eles: "Ei, garotos, essa é a minha mulher!" Ele me apresentou ao líder da banda, Mick Jagger, que tinha 19 anos, e ao restante do grupo. Embora o líder devesse ser Brian Stone, Mick era claramente um astro. Keith Richards, também com 19 anos, era fofo, engraçado e tímido. Bill Wyman e Charlie Watts, ambos mais velhos, eram adoráveis, mas foi Brian, de 20 anos, que chamou a minha atenção. Ele era tão lindo que achei que parecia um anjo e era misteriosamente idêntico a Marianne Faithfull, a adolescente que logo viraria namorada de Mick. Foi com ele que conversei mais. O resto tinha um sotaque tão forte que eu mal conseguia entender. Não que eu tenha falado muito: basicamente sorri, pois hesitava cada vez mais em abrir a boca na companhia de homens se Sonny não estivesse por perto. Tinha aprendido a perceber, com um único olhar, quando ele desaprovava aquilo.

Acho que a banda gostou da gente de cara. O primeiro contato deles com os Estados Unidos havia sido com executivos caretas de terno tentando ter conversas educadas. Até então, só tinham conhecido Jack, de quem gostavam, e depois Sonny, de quem também gostavam. Os executivos da gravadora em Londres eram mais parecidos com os artistas no jeito de falar e se vestir. A banda não gostava de ficar perto dos executivos americanos, que eram muito formais. Eles queriam sair com pessoas que pensassem como eles, que se vestissem como eles e só queriam se divertir. "Não dá para a gente ficar com vocês?", perguntou Brian. Sonny ficou lisonjeado, mas não sabia o que dizer, pois estava relutante em revelar que não tínhamos nenhum móvel na sala e somente dois cômodos em casa. Constrangido e um pouco desconfortável, ele cochichou no meu ouvido: "Eles querem ficar na nossa casa. O que fazemos? Talvez possam dormir em camas dobráveis." Balancei a cabeça e respondi: "Son, fala sério, seja realista." E então ele contou a verdade, e eles ficaram no hotel.

"Venham com a gente para o nosso primeiro show", sugeriu Mick. O local era o auditório Swing, em San Bernardino, e quando chegamos no ônibus escolar antigo que a gravadora tinha alugado, o clima estava insano. Foi o primeiro grande show que vimos. Os 3.500 fãs, em sua maioria mulheres, que haviam pago cinco dólares em um ingresso naquela noite quente de junho, eram malucos. De pé na lateral do palco, não conseguíamos acreditar naquele barulho todo. As mulheres eram selvagens. Quando o show terminou, voltamos correndo para o ônibus e nos vimos rodeados de centenas de garotas frenéticas. Como estava muito calor, as janelas ficaram abertas, e elas tentavam entrar. Uma, que se debulhava em lágrimas, com o rímel escorrendo pelo rosto, me passou uma caneta e um papel para Mick autografar. Com pena, peguei o papel e ele autografou, mas, quando fui devolver, milhares de mãos vieram em cima de mim para agarrar o papel, pegando o meu braço e quase me arrastando para fora do ônibus. Sonny teve que pular e me puxar de volta, enquanto o pedaço de papel sumia na confusão. Só quando recuperei a mão percebi que alguém tinha arrancado a ametista do anel que minha mãe me dera de aniversário. Fiquei chocada e desabei em lágrimas.

Nós amamos ficar com os Stones. Alguns jornais americanos diziam que eles eram os "*bad boys* britânicos", pois Mick e Keith haviam sido presos no Reino Unido com drogas no ano anterior, mas nós nunca vimos ninguém usando nada. Eles nos faziam rir bastante. Na maior parte do tempo, Sonny andava com Mick, que era maduro para a idade e cheio de bons conselhos. Quando soube que não estávamos conseguindo dar certo nos Estados Unidos, sugeriu que tentássemos a Grã-Bretanha: "Acredite, cara, eles não vão ter medo de vocês lá."

Animado por ver os Stones se apresentarem, Sonny decidiu que era hora de eu dar um passo adiante como artista solo e escreveu a música "Baby Don't Go". A letra foi escrita para mim e contava a história de uma menina que mal conhecia o pai e só tinha transado com um garoto. Outro verso falava sobre não ter dinheiro e comprar roupas em brechós. Amei a música desde o início, assim como Charlie e Brian.

Charlie, Brian, Sonny e eu tínhamos nos tornado uma equipe de verdade, e o incentivo deles foi maravilhoso para Sonny. Como nos dávamos muito bem, para economizar dinheiro fomos morar com eles e a namorada de Charlie, Marcie, e a namorada de Brian, que nunca lavava o rosto, mas tinha a pele mais bonita do mundo. Marcie era um pouco mais velha do que eu e me influenciou muito. Vinha de uma família rica e, um dia, me disse: "Cher, existem calcinhas que não são brancas e enormes." Nós morávamos em uma casa alugada, velha e fedorenta em algum lugar nas montanhas perto de Laurel Canyon. Os garotos gostavam de morar juntos porque podiam se encontrar com mais frequência e montar estratégias de trabalho a qualquer momento. Com o incentivo deles, Sonny começou a juntar amigos músicos para gravar a música.

Harold Battiste, que tinha decidido ficar em LA, fez os arranjos e tocou escaleta de graça. Ele convenceu seus amigos Leon Russel, Don Randi e o guitarrista Barney Kessel a fazerem o mesmo. Houve outros músicos também, mas esses três prestaram um favor especial. As horas de estúdio foram agendadas no RCA, e eu estava rodeada por pessoas conhecidas. Mas, quando cheguei perto do microfone, minha garganta travou. Congelei. Em pânico porque nunca tinha sido a cantora principal, implorei para que Sonny se juntasse a mim. "Mas, Cher, essa música é sua", respondeu ele, frustrado. "Não foi escrita para duas vozes."

"Por favor, Son. Por favor. Só no refrão. Não consigo fazer isso sem você." Na minha cabeça, Sonny tinha se transformado na pena mágica entregue ao bebê elefante em *Dumbo*. Ele acabou cedendo, e nossos olhos ficaram vidrados um no outro enquanto cantávamos juntos.

Querendo testar se tínhamos um hit, Sonny foi sozinho tocar a música para Phillip e ofereceu metade dos royalties por quinhentos dólares. Phil fez um cheque na hora e não falou nada. Provavelmente, o teste mais caro que alguém já tinha feito.

Estávamos tão animados com a música que fomos direto do estúdio até Mo Ostin, o executivo sênior da Reprise. O entusiasmo de Charlie e Brian elevou a confiança de Sonny e o encheu de ousadia. Ninguém teve tempo de preparar Mo Ostin. Nós quatro simplesmente entramos na sala e dissemos: "Somos Sonny e Cher, e estamos prontos para tocar isso para Mo." Mo já tinha assinado nosso contrato como Caesar & Cleo, nós sabíamos, e era por isso que estávamos indo até ele com a nossa música, tentando impressionar o chefe. Não sabíamos que Mo não fazia ideia de quem éramos quando entramos. Fizemos a reunião inteira achando que ele soubesse. Charlie e Brian falavam tão rápido que pareciam ter cheirado cocaína. No momento que tocamos a música para Mo, ele enlouqueceu. Ficamos todos animados, pensando que enfim havíamos levado algo de que ele gostava, e o tempo todo Mo achava que éramos dois músicos independentes nos vendendo como algo novo. Acabou funcionando a nosso favor, porque ele amou tanto a música que nos ofereceu um contrato maravilhoso, mil vezes melhor do que o que ele não sabia que tínhamos. Sonny só agradeceu e corremos para assinar o contrato antes que ele percebesse o equívoco. Mo foi alvo de duras piadas durante anos por ter contratado, sem saber, os próprios artistas.

"Baby Don't Go" foi lançada pelo selo Reprise de Frank Sinatra em setembro de 1964, e assim nasceu a dupla Sonny & Cher. Embora a música originalmente tenha sido escrita só para mim, Sonny colocou o nome dele primeiro. Soava melhor.

Quando estávamos com a demo pronta, Sonny convenceu seu amigo, o DJ Sam Riddle, a tocá-la em seu popular programa de rádio, em que o sucesso ou o fracasso dependeria da reação da audiência. Naqueles dias, os ouvintes escolhiam quais músicas iam tocar, então convocamos todas as pessoas que conhecíamos para ligarem e pedirem a nossa música. Havia dois telefones na casa que dividíamos com nossos empresários, que Marcie e eu administrávamos, enquanto Sonny, Brian e Charlie ligavam de outro lugar. Minha mãe e Gee ligaram de casa, e outros amigos também foram recrutados. Não paramos de telefonar até que nossa música virasse a mais pedida das rádios do sudeste da Califórnia. Ficamos muito empolgados quando se tornou um hit regional, e no Texas também, apesar de não termos chegado nem perto das paradas nacionais.

Depois, seguimos com o nosso primeiro álbum. Também se chamava *Baby Don't Go* e tinha basicamente covers de outras bandas e algumas músicas de Sonny. As vendas foram modestas, mas encorajadoras. Convencido de que essa era a oportunidade que tanto aguardávamos, Sonny tomou uma decisão repentina: "Não podemos continuar sendo backing vocals para sempre, acho que temos uma chance aqui", disse ele para mim, com os olhos brilhando. "É hora de deixarmos Phil e tentarmos seguir nossa carreira sozinhos."

Em novembro de 1964, ele e eu estávamos diante do microfone no Estúdio A com os Blossoms e alguns caras novos com quem eu nunca havia trabalhado antes para gravar a nossa última faixa como backing vocals para Phil Spector. Foi "You've Lost That Lovin' Feelin", dos Righteous Brothers, uma música ainda considerada o grande exemplo de sua Parede de Som. Phillip tinha contratado a talentosa dupla Bill Medley e Bobby Hatfield naquele ano e referia-se ao som deles como "soul de olhos azuis". Trouxe seus dois letristas favoritos de Nova York e colocou-os para trabalhar, criando a música perfeita. Embora tivesse tudo de que precisava para produzir o que viria a ser o hit número um do planeta, uma canção que ganharia um Grammy e seria considerada uma das melhores músicas do século, gravá-la não foi nada fácil.

Phillip estava possesso. Ele trabalhava muito pois sabia que a música era brilhante e, quando Bill Medley colocou seus vocais, ninguém conseguiu respirar. Todo mundo ficou paralisado. Todos sabiam que era genial, uma música especial, dessas que só existem uma vez a cada século. Quando Phil tocou a versão final, apenas alguns de nós estavam no recinto: Brian, Sonny e eu, Bobby Hatfield, Jack e Cynthia Weil, e Barry Mann, que tinha composto a música com Phil. Quando escutamos, sabíamos que era algo único. Ao ver a nossa reação, Phillip saltou no ar, explodindo de alegria, e gritou: "Está incrível para caralho!" Nunca mais vivi aquela experiência, nem com as minhas próprias músicas.

Felizes por estarmos saindo em grandíssimo estilo, fomos libertados da nossa rotina cruel, mas, sem o salário de Sonny, estávamos ferrados de grana. Como eu só tinha recebido naquela única vez, não tinha nada para contribuir também. Livres, porém amedrontados, descobrimos que fazer dinheiro fora do Gold Star seria difícil. O mundo estava começando a mudar do ponto de vista musical, político e cultural. Kennedy havia morrido, a Guerra do Vietnã estava apenas na metade e havia rebeliões raciais pelos estados sulistas, conforme o movimento de direitos civis ganhava força com Martin Luther King Jr. e Malcolm X na liderança.

Os jovens estavam enfim tendo voz e protestando contra o que achavam errado. Tínhamos decidido que queríamos um mundo diferente daquele em que nossos pais e avós viviam. Um mundo mais inclusivo, pois o que havíamos herdado, aos nossos olhos, era um caos, e nós não iríamos mais tolerá-lo. Como subproduto, houve uma explosão de cor e vitalidade na arte, na moda, na cultura e na cena musical, sobretudo na Califórnia. Quanto à minha moda pessoal, tudo começou quando conheci Colleen e Bridget.

Um dia, eu estava andando pelo Sunset Boulevard e vi uma loura linda com os cabelos presos em longas tranças, vestindo uma calça boca de sino deslumbrante que me fez persegui-la pela rua. Nunca tinha visto uma boca de sino tão larga. Ela me disse que se chamava "pata de elefante". A dela tinha flores enormes espalhadas e fechava com um cordão de couro cru. Perguntei onde ela havia comprado, e ela respondeu: "Minha amiga que fez", apresentando-se como Colleen. Ela me levou ao seu cantinho nos fundos de uma lavanderia no Sunset, onde, em parceria com uma menina irlandesa de cabelos cor de fogo chamada Bridget, criavam calças de todas as cores. Um pouco mais velhas do que eu, elas se tornaram minhas amigas mais próximas e acabaram fazendo muitas das minhas roupas favoritas de todos os tempos. Aquelas duas foram as primeiras pessoas que me ensinaram a me vestir do jeito que eu me sentia. Inspirada, comecei a levar para elas algumas das minhas peças de design próprio e nós nos estimulávamos com ideias mais elaboradas e ousadas. Algumas das calças que elas faziam tinham borboletas bordadas ou eram adornadas com couro. Íamos à rede de lojas Home Silk e comprávamos algodão grosso de todas as cores com listras e estampas de caxemira. Elas também faziam calças de um tecido que era uma espécie de suede grosso dupla face que levava um ano para alargar. Só tive uma. Tinha passadores no formato do símbolo de espadas, mas era tão rígida que parecia que eu estava andando em uma caixa de papelão. Em algum momento, a calça cedeu, e fiz um par de mocassins que amarravam atrás para combinar. Parecia que eu tinha morrido e ido para o paraíso.

Sonny sempre se vestiu na moda, mesmo quando trabalhava com vendas, mas eu comecei a montar seus looks, vivendo experiências através dele, enquanto escolhia roupas aleatórias do seu armário e o fazia se vestir de um jeito ainda mais ousado. Eu ainda não era corajosa o suficiente para usar algumas das roupas que o convencia a experimentar — e nem tinha dinheiro para isso —, mas estava prestes a ser tão destemida quanto ele. Também cortei os cabelos de Sonny, aparando até deixar a franja distinta que acabou transformando-o em um cruzamento de imperador romano e Napoleão.

Enquanto meu estilo pessoal estava em desenvolvimento, nós ainda usávamos o que pareciam fantasias ridículas nos shows. Foi somente em um contratempo de viagem que começamos a nos vestir como nós mesmos no palco. Podemos agradecer aos funcionários do aeroporto que cuidam da bagagem pelo nosso sucesso, pois eles perderam nossas quatro malas. Tínhamos um show marcado perto de São Francisco. Acho que as atrações principais eram os Beach Boys e Dave Clark Five. Sonny demorou horas para me convencer a ir de avião, insistindo que jamais chegaríamos a tempo de outra forma. Aceitei relutante. Ao entramos, eu estava em pânico e, quando os comissários fecharam a porta, quase desmaiei. Dali em diante, Sonny se referia a voar comigo como "vertiginoso". Fiquei aliviada quando pousamos e depois furiosa ao descobrir que a nossa bagagem não tinha vindo conosco. Não tínhamos nada além das roupas do corpo para usar no show. Sob os holofotes com as bocas de sino florais e listradas, blusas amarrotadas e acessórios, cantamos "Baby Don't Go" e ficamos surpresos com a reação do público.

A garotada do norte da Califórnia ficou doida ao nos ver. Realmente enlouqueceram. Por causa da roupa que estávamos usando, acharam que fôssemos britânicos, e o show foi um grande sucesso, o que teve um efeito enorme nas vendas do nosso disco. A partir de então, descartamos o terno careta e a minha saia curta e decidimos usar as nossas roupas do dia a dia.

Certa vez, estávamos passando de carro pelo La Cienega Boulevard e vi um colete de pelo de lince deslumbrante balançando com a brisa, na frente de uma sapataria cujo dono era um armênio que trabalhava com couro chamado Andrew Makhokian. "Uau, Son!", falei, me arrepiando toda. "Para o carro! Vamos voltar!"

"O que foi?", perguntou ele, achando que tinha algo errado.

"Olha aquilo! Ah, Sonny, preciso comprar aquele colete."

Ele estacionou o carro, nós entramos na loja, e eu experimentei o colete. Era grande demais para mim, então fiz Sonny experimentar. Ele comprou a peça e a usou por muitos anos, até que cometeu o erro de emprestar para Jerry Wexler ir a uma festa à fantasia. Os dois já tinham suas desavenças e, depois da festa, Jerry disse que havia sido roubado. Aquele colete ajudou a criar o look de Sonny, e eu também mandei fazer um para combinar, apesar de nunca ter gostado tanto do meu. Compramos ainda uma bolsa de suede rústico no formato de um banjo e dois cintos de couro feitos à mão. O de Sonny parecia um cinto viking, e o meu tinha uma lira no fecho com tachinhas pelo couro. Ninguém usava tachinha ainda.

Depois que "Baby Don't Go" virou um hit regional, Charlie e Brian ligaram para o presidente da gravadora Atlantic Records, Ahmet Ertegun, e disseram que Sonny e eu não estávamos felizes na Warner Brothers/Reprise. Ele, então, nos contratou, o que foi uma surpresa, uma vez que a gravadora produzia predominantemente discos de R&B, jazz e soul.

Determinado a me transformar em artista solo, Sonny assinou outro contrato, desta vez com a Imperial, para lançar meu cover da música "All I Really Want to Do", de Bob Dylan, a primeira de muitas das músicas dele que gravei. Eu era muito fã de Dylan e amava suas letras, assim como Sonny, embora nunca tenha gostado muito de sua voz, o que era bem hipócrita da parte dele. Nossos amigos, os Byrds, lançaram a versão deles primeiro, produzida pelo filho de Doris Day, Terry Melcher, que esbarrou em Sonny um dia e disse a ele, meio que brincando: "Eu vou acabar com vocês." Nenhum de nós poderia ter previsto que nosso cover sentimental, cantado por um homem e uma mulher "casados", se sairia melhor nas paradas de sucesso.

Pouco mais de um ano depois, estávamos em um estúdio de gravação em Nova York onde Sonny mixava algo. Entediada, comecei a brincar com a máquina de escrever. Havia um elevador de estilo industrial no prédio e, enquanto eu digitava, as portas de madeira se abriram. De lá, saiu Bob Dylan. Quase caí da cadeira. No minuto em que me viu, ele deu um grande sorriso e veio na minha direção para dizer: "Cher, adorei a sua versão de 'All I Really Want to Do'." Ele foi muito simpático — mas eu era tão tímida que mal consegui responder. É claro que, quando Sonny saiu do estúdio, os dois conversaram como se fossem conhecidos havia anos. Sonny entregou a câmera para alguém (ele sempre carregava sua 35mm com lentes diversas) e tiramos uma foto juntos.

Sonny e eu saímos em turnê pela costa Oeste, e eu insisti que ele nos levasse de carro para todos os lugares. Havia herdado o medo de avião da minha mãe. Fizemos muitos shows em 38 dias e, em vários deles, quase não consegui subir no palco, de tão nervosa que ficava. Cantamos em locais em Anaheim e Long Beach, e, depois da Califórnia, seguimos para Washington, depois para o Texas, quase sempre no fim do *line up* e em alguma casa de show esquisita.

Quando as vendas dos nossos discos finalmente renderam algum dinheiro, Sonny encontrou uma linda casa em estilo japonês, perto do Barham Boulevard, com uma estética preta e vermelha bem interessante, cactos no jardim e não muito longe do Universal Studios. Foi um gesto extravagante da parte dele, mas amei aquele lugar e fiquei muito aliviada de morarmos só nós dois de novo.

Incansável na busca pelo nosso sonho, ele estava sempre nos conduzindo ao passo seguinte e nunca parava de compor, mesmo que isso significasse ficar acordado a noite inteira — horário em que ele era mais criativo. Ligado demais para dormir, ele se sentava ao piano ou à mesa da cozinha e compunha. Sonny não era o melhor pianista do mundo, então era engraçado vê-lo usar sua técnica durante uma das suas maratonas de criação de músicas. Ele fazia o acorde com a mão direita e só usava o dedo indicador da mão esquerda. Não sabia muitos acordes, então compunha todas as nossas músicas com os mesmos três ou quatro acordes.

Independente da sua habilidade e do nosso piano triste, ele continuava escrevendo e, quando ficava feliz com uma música, corria até o nosso quarto e me acordava. "Ei, Cher, acorda! Vem cantar essa música para mim." Eu cambaleava até a sala, esfregando meus olhos de sono, como se fosse uma morta-viva, e ele tocava a nova música para mim, mas, sem preparação alguma, eu ficava tímida e constrangida. "Vamos lá, parceira", dizia ele, tentando me incentivar. "Está tudo bem. Só estamos você e eu aqui." Durante uma sessão em que eu estava particularmente relutante, ele ficou irritado: "Você está sendo ridícula, Cher. Estamos só nós dois aqui. Vai, canta a música!" Fiz como ele pediu, mas nem prestei atenção em como ficou.

Certa noite, no início de 1965, ele me acordou para cantar mais uma música que havia escrito. Tinha o hábito de rascunhar a letra na caixa de papelão que vinha com as camisetas, preenchendo tanto o lado branco quanto o marrom, antes de me entregar. Sonny tinha a pior letra cursiva do mundo, e espremi os olhos, em meio à sonolência, tentando encontrar sentido no que ele havia escrito. Depois o ouvi cantar e, desculpe a sinceridade, mas a voz de Sonny já não era tão boa durante o dia, imagine ter que ouvi-la às duas da manhã. "*I got you babe*", cantou ele, um pouco desafinado. Quando ouvi pela primeira vez, não achei nada especial. "Não gostei", declarei, bocejando. "Não acho que seja um hit." Já tinha pedido que ele acrescentasse um pouco de modulação quando escrevesse para mim, o que deixava a música mais excitante e era algo que Phillip fazia em algumas das suas canções. "Não me importa o que seja, só quero alguma modulação", insistia.

Duas horas depois, ele me sacudiu de novo. "Cher, Cher, acho que consegui! Vem ouvir." Com apenas um olho aberto, ouvi a nova versão e assenti com a cabeça. "Está melhor." Amei a modulação e gostei de ele ter usado "*babe*", o termo carinhoso que minha mãe passou para mim, mas, no geral, eu ainda não gostava muito da música. Não seria a primeira vez que eu me enganaria. Quando ele me pediu para cantar, falei: "Tá bem, tá bem, mas depois vou voltar para cama."

Em algumas semanas, nós gravamos "I Got You Babe" no Gold Star, e Ahmet foi até lá ouvir. Minha mãe conhecia Ahmet havia anos e vinha dizendo para ele toda vez que o encontrava: "Tenho uma filha que canta." Toda vez, Ahmet a dispensava dizendo: "Tá bom, Georgia, tá bom, Georgia." Então, quando eu estava gravando nesse estúdio, minha mãe apareceu, e Ahmet olhou para ela e perguntou: "O que você está fazendo aqui?" Ela respondeu: "Tentei te dizer várias vezes: eu tenho uma filha que canta."

Nós lançamos "Babe" como um single, e Sam Riddle, amigo de Sonny, o promoveu de uma forma incansável. Era o verão de 1965, e nossa vida estava prestes a mudar para sempre. Os Beach Boys nos convidaram para fazer uma turnê, e nós fizemos shows com eles em Birmingham, San Diego; no Hollywood Bowl; em San Jose; e no Cow Palace, em Daly City — onde reencontramos as Ronettes (menos Ronnie, que tinha permanecido com Phillip). Em todo lugar aonde íamos, o público jovem ficava enlouquecido com nosso look, mais do que com a nossa música, o que agradava a mim mais do que a Sonny.

De volta a LA, nós nos mudamos para uma casa em Hemet Place, um quarteirão acima do Hollywood Boulevard, que tinha um teto de catedral na sala. Eu nunca havia visto aquilo em uma casa antes, mas, quando entrei lá pela primeira vez, me ouvi dizer: "Eu já morei aqui." Tive uma sensação tão forte de déjà vu que foi assustador, pois conhecia a disposição dos quartos e me sentia completamente em casa. Acho que os poderes de vidência da minha bisavó passaram para a vó Lynda e acabaram se manifestando em mim.

Montamos a cama de bronze e os pequenos móveis que havíamos comprado, e Sonny pendurou em cima da lareira uma pintura enorme de nós dois feita por um fã. Levou o piano para a garagem embaixo da casa, para termos mais espaço e ele não me incomodar durante a noite. Cientes do ótimo time que éramos, convidamos Bridget e Coleen para morar no apartamento da nossa garagem e montar o ateliê delas. Sonny comprou uma máquina de costura industrial para que elas pudessem manejar as peles e tecidos mais grossos com facilidade. Eu me sentia em casa lá. Bridget, Coleen e eu desenhávamos juntas, e Bridget costurava tudo. Trabalhávamos todas lá embaixo, Coleen desenhando uma camiseta enquanto Bridget costurava uma calça e eu juntava tiras de couro para amarrar um mocassim feito à mão. Comecei a desenhar roupas com estampas de caxemira e listras para Sonny. Durante muito tempo, não comprei absolutamente nenhuma peça de roupa.

Estávamos felizes e começávamos realmente a progredir, mas eu ainda cortava nossos cabelos e fazia nossas roupas. Quando Sonny não cozinhava, nós íamos para um restaurantezinho italiano escuro em uma travessa do Hollywood Boulevard, tão pequeno que parecia uma barraquinha de cachorro-quente com um salão, apenas algumas poucas mesas e um balcão. Dividia a calçada com um posto de gasolina. Sentada no restaurante, era possível ver as bombas do posto. Comandado por dois italianos simpáticos, servia massa, pão de alho e uma taça de vinho por 1,50 dólar.

Quase tão bom quanto a comida era o entretenimento, porque o restaurante atraía os clientes mais esquisitos, incluindo um mágico com um monóculo e bigode pintado, e uma cartomante que comia a metade da refeição e deixava o restante para a filha, que vinha mais tarde. Deixávamos nosso vinho para ela, já que Sonny quase não bebia e eu ainda não tinha idade para beber nem gostava muito. Tampouco usávamos drogas e, embora a maconha fosse popular, nenhum de nós estava interessado.

Minha experiência com narcóticos me faria rejeitá-los a vida toda. Tinha visto o que acontecia quando meu pai biológico ateou fogo na cama em Vegas sob o efeito de heroína. Nunca vi nenhum viciado em drogas com uma vida melhor. Felizmente, o vício em álcool e drogas que correu na nossa família por gerações pulou a mim e à minha irmã.

Com algum dinheiro no bolso e ambos se sentindo mais esperançosos do que antes, Sonny decidiu que precisávamos ampliar nosso repertório.

Ele concordou em fazermos uma participação especial em uma comédia de baixo custo chamada *Wild on the Beach*. Era um projeto tosco que tentava lucrar com o sucesso dos filmes de festas na praia com cantores como Frankie Avalon e Annette Funicello. Sonny estava convencido de que sua música "It's Gonna Rain", cuja maior parte era cantada — ou melhor, falada — por ele, renderia algum lucro também. Isso não aconteceu.

O filme foi filmado em cerca de uma semana, e nós aparecemos durante uns dois minutos. Como era a primeira vez de Sonny em um set de filmagem, ele pesquisou o diretor, Maury Dexter. Com o sucesso do filme dos Beatles recém-indicado ao Oscar, *Os reis do iê, iê, iê*, Sonny achou que fazer um filme era algo em que deveríamos pensar também.

Além disso, ele relembrou o conselho de Mick Jagger de que as pessoas na Grã-Bretanha curtiriam a gente. Isso também foi ecoado por Jack Good, um amigo britânico que era o produtor e criador de *Shindig!*, um dos shows de música mais populares nos Estados Unidos na época. Jack nos convidou para participar, mas nos chamou de lado depois e disse que jamais conseguiria nos colocar em cartaz pois os patrocinadores não permitiriam, uma vez que o público mais velho não conseguia entender o que éramos. Ele disse: "Vocês precisam vender tudo o que têm e ir para a Inglaterra. Estão muito à frente do pessoal por aqui. Os britânicos vão entender. Vão admirar e achar vocês o máximo."

Sonny levou suas palavras ao pé da letra e chegou em casa certa noite anunciando: "Nós vamos para Londres."

"Quê? Como?"

"Charlie e Brian vão penhorar o restante dos equipamentos de escritório deles para ajudar a juntar o dinheiro para as passagens. Vamos entregar a casa e vender a TV e os carros." Eu não sabia se seria suficiente. Sonny devolveu seu Cadillac quando saiu do Gold Star e, desde então, havia comprado uma Mercedes 190 preta conversível SL com interior de couro vermelho que era linda, mas não valia muito. E meu amado MGA não valia basicamente nada depois de o motor queimar. Eu colocava água no radiador, mas ninguém nunca me disse que também precisava colocar óleo.

Para planejar nossa viagem, nos encontramos com Charlie e Brian em um almoço e depois fomos para o escritório deles na esquina do Sunset Boulevard com a Highland Avenue. Quando entramos, vimos um homem grande com um enorme bigode nos aguardando em uma cadeira de frente para a porta. A linguagem corporal de Charlie e Brian os traiu. Pálidos e trêmulos, os dois entraram correndo na sala e fecharam a porta.

O visitante se apresentou como Joe Carlo, um associado de Frank Sinatra, Jilly Rizzo e outros proeminentes ítalos-americanos. Também era o gerente de Las Vegas de Louis Prima e Kelly Smith, um casal bem-sucedido que tinha feito uma turnê como líder da banda e cantora nos anos 1950. Quando entramos na sala, o homem estava bronco, com os braços cruzados e, em alguns minutos, ele e Sonny estavam rindo e conversando sobre a ascendência siciliana comum aos dois. Sonny, então, levou "Joe D" para uma sala e fechou a porta, para que pudessem conversar melhor.

Mais tarde, naquela mesma noite, quando perguntei sobre Joe, ele me contou que Charlie e Brian tinham pegado dinheiro emprestado com as "pessoas erradas", e Joe havia sido enviado para cobrar o dinheiro ou, quem sabe, quebrar algumas pernas. Com suas típicas habilidades de negociação, Sonny acalmou os ânimos e convenceu Joe a deixá-los pagar de volta em parcelas. Sonny também pediu algumas dicas da experiência de Joe com Louis e Kelly, sugerindo que, se a nossa carreira fosse bem-sucedida como a deles, Charlie e Brian poderiam pagá-lo de volta mais rápido.

Sonny era o filho mais novo de uma família de imigrantes sicilianos, então era firme e esperto em uma situação difícil. Ele e a família tinham vivido muito racismo, já que ninguém nos Estados Unidos respeitava os italianos depois que Mussolini uniu forças com a Alemanha nazista na Segunda Guerra Mundial. Ele sofria bullying dos garotos mais velhos na escola e aprendeu a se defender. Quando perguntei por quê, respondeu: "Porque sabia que, em algum momento, eu os venceria pelo cansaço." Essa sabedoria resumia Sonny perfeitamente, porque ele acabava sendo bem-sucedido em tudo que tentava fazer — em algum momento. Quebrou o nariz tantas vezes em brigas que seu septo era seriamente desviado e precisou fazer cirurgia uns cinco anos depois de nos conhecermos. Ele não gostava do nariz, de toda forma, então quando o médico disse "Por que não me deixa consertar seu nariz enquanto corrijo seu desvio de septo?", ele permitiu. Amou seu nariz novo. E eu também.

Gostei de Joe desde o início. Um dos seus melhores amigos era Jilly Rizzo, o braço direito de Sinatra. Jilly e Joe D também me apresentaram a

Vincent Alo, conhecido como "Jimmy Olhos Azuis" — inspiração de muitos filmes de gângster —, em um restaurante italiano no Valley. Apesar de sentir que aqueles caras tinham uma história, eles eram exímios cavalheiros, muito antiquados e educados com as mulheres. Certa noite, eu estava em uma boate com Jilly e Joe D quando Jilly debruçou-se para a frente e me deu um conselho. "Cher, se um dia você se envolver em uma briga, certifique-se de que tenha um cinzeiro na mesa."

"Por quê?"

"Porque se você bater na cabeça de alguém forte o bastante com ele, é basicamente o fim para essa pessoa." Tive que rir. "Bom saber, Jilly." Joe DeCarlo devia ser um gângster, mas nunca tive certeza. Anos depois, quando estávamos juntos na estrada, eu me deitava em sua cama e ele me contava o que chamava de "histórias para boi dormir" sobre como havia levado um tiro nas costas do sócio com quem tinha uma boate, e de como, depois disso, foi inocentado da tentativa de assassinato e de desovar o corpo desse mesmo sócio no Everglades. Eu nunca tinha certeza do quanto deveria acreditar. Só sei que o amei até o dia em que morreu. O que me impressionava mais que suas histórias sinistras era que Joe havia servido em uma missão especial de reconhecimento em Iwo Jima, no Japão, durante a Segunda Guerra. Os outros caras fugiram e o deixaram sozinho na ilha, e ele teve que sobreviver à base de peixe cru, porque não tinha como acender fogo. Nunca mais conseguiu suportar cheiro de peixe, mesmo em um restaurante. Joe também esteve a bordo do USS *Missouri* para testemunhar a rendição oficial japonesa. Não importa se estava mentindo ou dizendo a verdade, foi uma figura paterna para mim.

Com poucas malas e vestindo roupas que achávamos fabulosas, Sonny e eu, acompanhados da minha irmã Gee, além de Charlie e Brian, voamos para Londres em agosto de 1965. Combinamos que teríamos duas semanas para tentar o sucesso por lá. Se não desse certo, voltaríamos para casa, sem um tostão e arrasados. Para a viagem, Sonny se vestiu como Tom Jones, com uma camisa com mangas bufantes e sua marca registrada: o colete de pelo. Eu usei a minha celebração da bandeira americana desenhada por mim mesma: uma calça boca de sino com listras horizontais em vermelho, branco e azul, de um tecido bem solto, com um zíper de metal que tinha um puxador enorme. Combinada com uma blusa de manga larga e sapatos de couro vermelho Capezio de salto baixo, aquela roupa era meu orgulho e alegria, e é uma das que tenho até hoje. Minha mãe a guardou em segredo e me deu de presente alguns anos atrás. Mal pude acreditar.

Charlie me deu um remédio para dormir no voo para que eu não ficasse nervosa, mas meu corpo tinha uma tolerância tão baixa para medicamentos que eu ainda estava meio dormindo quando pousamos. Depois do nosso voo noturno de catorze horas, eu estava acabada, desesperada por um banho e um café da manhã fresco.

"Senhor e sra. Bono, check-in", disse Sonny ao recepcionista elegante do hotel Hilton, que olhou para nós por cima da armação dos óculos. Atrás do balcão, ele nos secou dos pés à cabeça, como se estivesse sentindo um cheiro esquisito, guardando seu olhar mais imaculado para o colete de homem das cavernas do Sonny. Ao ver os registros, ele respondeu: "Sinto muito, senhor, mas não tenho nenhuma reserva nesse nome."

Sonny sorriu. "Ah, acho que está enganado. Tenho o fax de confirmação."

Ele sacudiu a cabeça. "Não, sinto muito, senhor, nosso hotel está lotado." E se retirou.

Meu parceiro de crime se inclinou para ver o livro de registro com capa de couro e encontrou nossos nomes escritos à caneta. Com a câmera pendurada no pescoço, ele virou o livro para nós e tirou algumas fotos como prova. "Com licença!" disse ele. "Com licença, senhor. Aqui está, Bono! B-O-N-O. Reservado por duas semanas."

O homem voltou e repetiu: "Conforme expliquei, sr. Bono, o hotel está cheio." Ele era tão rude e arrogante; eu queria chorar. Não era nem aquele tipo de grosseria que deixa as pessoas descoladas.

Quando chegamos à porta de vaivém da entrada, escoltados pessoalmente pelo gerente, havia dois repórteres do lado de fora. Eu não podia imaginar que tivessem qualquer coisa a ver conosco, já que tínhamos acabado de chegar. Ninguém na Inglaterra sequer sabia quem eram Sonny & Cher. Mas, quando saímos na calçada, os repórteres nos abordaram.

"Sonny, Cher, o Hilton acabou de rejeitar vocês? É por causa da roupa que estão vestindo? O que eles disseram?"

Exausta demais para falar, deixei que Sonny resolvesse tudo. Eu só queria entrar em uma banheira e me deitar. Mantive os óculos escuros no rosto para esconder as olheiras, até que Sonny me pediu para tirá-los e sorrir para as fotos.

Quando os jornalistas ficaram satisfeitos, demos alguns telefonemas e pedimos dois táxis para nos levarem para outro hotel. Não lembro onde ficava, mas era um hotel de antes da guerra, não muito bacana. Nossa cama era desconfortável, não havia TV no quarto e o chuveiro soltava apenas um fiozinho de água. Dormimos por doze horas seguidas.

Irritados e temendo termos gastado nosso dinheiro à toa indo para lá, não tínhamos nenhum show marcado e nenhuma ideia sequer de por onde começar, mas, quando terminamos de tomar banho e nos vestir, já estávamos famosos. As fotos de nós dois sendo expulsos do Hilton estavam na capa dos jornais da noite, e o telefone começou a tocar sem parar. Foi uma insanidade. Todo mundo queria nossas primeiras entrevistas, aparição na TV e programas de rádio. Uma loucura. Acho que ninguém ali se parecia conosco, e as pessoas estavam fascinadas. Mais tarde, disseram que Charlie e Brian tinham arranjado todo aquele fiasco do Hilton para conseguir publicidade na nossa chegada, mas não acho que seja verdade. O recepcionista nos olhou como se fôssemos a sujeira debaixo das unhas dele, e duvido que fosse um ator tão bom assim. Mas, genuíno ou não, deu muito certo. Uma semana depois, o hotel nos convidou de volta para um pedido de desculpa e fez uma coletiva de imprensa e uma sessão de fotos conosco. Nossos empresários espalharam outro rumor, de que um príncipe saudita tinha perguntado a Sonny no Clube da Playboy se eu estava à venda, e essa mentira seguiu na mídia por anos.

Aquela musiquinha esquisita que Sonny tinha rascunhado na caixa de camiseta subiu ao topo das paradas britânicas e permaneceu lá por duas semanas. Nossas músicas anteriores rapidamente seguiram o mesmo caminho. Em poucos dias, estávamos cantando "I Got You Babe" nos programas de TV *Tops of the Pops* e *Ready Steady Go!*, posando para centenas de fotos com as roupas que vestíamos todos os dias, que pareciam impressionar as pessoas. A diferença em Londres era que ninguém nos chamava de esquisitos e todo mundo parecia nos aceitar como meramente excêntricos. Em pouco tempo, havia pessoas nos perseguindo e querendo nos tocar. Houve um momento lindo quando fomos comprar alguns cigarros para Sonny em uma tabacaria e uma senhora mais velha muito gentil puxou um caderno e me pediu um autógrafo. Aquilo foi tão tocante, e assinei com muita alegria o primeiro autógrafo britânico da minha carreira, com o *Com amor, Cher* que praticava desde os 11 anos.

Alguns dos meus dias mais felizes com Sonny foram naquela primeira viagem a Londres. Ríamos sem parar enquanto fazíamos compras e saíamos para dançar, conhecemos as pessoas mais incríveis e percebemos que éramos o centro das atenções em qualquer lugar aonde íamos. Era assim que eu tinha imaginado que a fama seria, só que melhor. Sonny e eu sempre sonhamos em ser cantores. Vínhamos dando um passo atrás do outro, fazendo o que precisava ser feito para realizarmos isso. Éramos gratos um pelo outro e por tudo o que tinha acontecido para nos levar até lá. Eu poderia ter sido uma atriz frustrada ou uma garçonete em um restaurante, como minha mãe e minha avó, e Sonny poderia ter acabado entregando bifes ou sendo promotor de música. Sonny disse aos jornalistas: "Até conhecer a Cher, havia uma peça faltando, e essa peça era ela."

Nunca parávamos de trabalhar. Às vezes, eu não sabia sequer onde estava. A comida não era excelente, mas a viagem foi muito mais do que esperávamos. Tanta coisa aconteceu em tão pouco tempo que a maior parte da nossa experiência britânica virou um borrão. Estava totalmente exausta indo de programa em programa, depois para os shows, depois para coletivas de imprensa. Fizemos de tudo, e todo mundo era bastante amigável, mas quanto mais para o norte íamos, mais forte ficava o sotaque e menos entendíamos o que as pessoas falavam. No fim, eu só sorria e dizia "sim". Foi maluco e divertido. Pareceu um pouco como estar em uma roda gigante, vendo somente relances das coisas conforme passávamos. Vi muito rapidamente alguns lugares famosos, como o Piccadilly Circus e o Palácio de Buckingham, embora estivéssemos tão atarefados que nem tivemos tempo de aproveitar. Gee também estava nas nuvens, mas logo ficou difícil lidar com as multidões. Talvez eu conseguisse administrá-las se descansasse, mas tudo era absolutamente sem intervalo. As aparições mais caóticas eram nas lojas de discos, porque os jovens que ficavam na fila por horas iam à loucura quando chegávamos, e nunca havia segurança suficiente para mantê-los distantes. Nunca tínhamos tido fãs assim. Passávamos aos tropeções no meio da confusão de adolescentes gritando, todos querendo ficar perto de nós. Eu não estava acostumada a esse tipo de bajulação. Só tinha visto com pessoas como os Stones ou com os "famosos", e não me percebia desse jeito. Só estávamos na Inglaterra havia duas semanas.

À noite, a garotada sumia e nós éramos levados para os locais mais legais de Londres, como o recém-aberto Scotch of St. James e o Ad Lib Club. Algumas semanas antes, não seríamos aceitos a um quilômetro de distância desses locais exclusivos, mas agora tínhamos sido incluídos nesse grupo seleto. Os Rolling Stones nos apresentaram aos Small Faces, quatro garotos doidos que conhecemos no *Ready Steady Go!*, e a Rod Stewart, que estava em uma banda de apoio dos Stones. Fiquei apaixonada por Sandie Shaw, cujo amor por andar descalço era igual ao meu, e Dusty Springfield, que era deslumbrante. Também conhecemos John Lennon e Paul McCartney. Olhando para todas aquelas pessoas famosas, brinquei que, se alguém jogasse uma bomba ali, seria o fim da música.

O auge de Londres para mim foram as compras. Desde que Phil Spector tinha voltado da Inglaterra com roupas tão incomuns, eu queria ir para lá. Com compromissos o tempo todo — batemos o recorde de maior aparição em programas de TV em uma semana —, nós constantemente precisávamos de novas roupas para vestir. Sonny deve ter recebido um adiantamento da gravadora, pois me deu uma grana e me disse para ir me divertir. Nunca tive minha própria conta bancária nem passei um cheque em todos os anos em que estivemos juntos. Sequer sabia o nome do nosso banco. Não que ele me proibisse de fazer essas coisas, mas nunca pensei em pedir, porque jamais havia comprado nada grandioso antes. Além disso, ficava nervosa de escrever qualquer coisa na frente das pessoas, em função da minha dislexia.

Juntos, fomos à famosa loja de roupas de dança e sapatos Anello & Davide, na Drury Lane, onde John, Paul, George e Ringo mandaram fazer as icônicas "botas dos Beatles". Comprei um par preto e um branco, e, às vezes, usava um pé de cada cor. Depois fomos à Carnaby Street e a umas lojas psicodélicas na King's Road, em Chelsea, onde Phillip tinha comprado suas melhores roupas. Gee encontrou uma calça roxa com estampa de caxemira sensacional e renda branca na boca de sino, e eu escolhi uma jaqueta verde de veludo cotelê e uma calça de cintura alta bacana, além de um casaco de pelo de coelho que custou 35 libras e me deixou tão feliz que já saí da loja usando.

Graças à modelo indiana com quem Brian estava saindo, também descobri uma loja recém-aberta chamada Biba em Abingdon Road, em

Kensington. Quando entrei, passando por cima da placa que ainda não tinha sido pendurada, eles estavam arrumando e havia roupas espalhadas pelo chão, mas não me importei, queria comprar tudo. Aquelas roupas falavam a minha língua: eram chiques e diferentes, com estilos boêmios e modernos misturados, zíperes de metal e calças entre a boca de sino e a reta com uma pequena abertura embaixo. Deixando de lado minha persona hippie, escolhi um terninho amarelo-táxi e umas calças de linho com zíper, combinando com túnicas na parte de cima. Quando estávamos indo embora da Inglaterra, vimos muitos dos nossos fãs jovens andando pela cidade com suas próprias versões das nossas roupas, o que amamos.

Teríamos ficado com muito prazer — apesar da comida —, mas a notícia do nosso sucesso tinha chegado aos Estados Unidos, e viramos número um nas paradas nos dois países. Inacreditavelmente, tiramos até a música "Help!" dos Beatles do topo das paradas britânicas, uma vez que "I Got You Babe" vendeu 1 milhão de cópias em duas semanas e ganhou o título de "disco de ouro". Aquela melodia sentimental que Sonny tinha tocado para mim no meio da noite e que eu tinha dito a ele que achava que não era um hit foi amada pelo mundo inteiro por pessoas que se sentiram tocadas por ela de alguma forma e achavam a letra meiga e doce. Sem saber, eu a cantaria para o público pelos cinquenta anos seguintes.

Uma semana de aparições na mídia foi organizada para nós em Nova York e nossas passagens de avião foram compradas. Algo hilário aconteceu quando os produtores britânicos descobriram que não poderíamos ir pela segunda vez no programa *Ready Steady Go!*: tiveram a ideia de chamar os Rolling Stones e a cantora Cathy McGowan para fazer uma imitação nossa, cantando a música em playback. Queria ter ficado para assistir a isso. Espertas, nossas gravadoras rapidamente relançaram nossos singles anteriores, que se tornaram hits instantâneos. Nós tínhamos cinco músicas no Top 20, algo que só Elvis Presley e os Beatles haviam atingido. Era um sonho. Cher e Sonny foram para aquela viagem sem que ninguém soubesse quem eram e saíram dela com o mundo inteiro conhecendo "Sonny & Cher".

Ouvir "Babe" hoje em dia ainda me faz lembrar daquela época maluca. Eu sentia que a música era minha, já que minha mãe e eu chamávamos todo mundo assim, que foi o motivo de Sonny ter escrito o que se tornou nosso hino. Como ele sempre dizia, alguma coisa aconteceu ali, e aquela canção sobre o nosso amor um pelo outro representa a realização de um sonho, graças aos nossos fãs britânicos. Acenando um adeus, nós subimos em um Boeing para voar de volta aos Estados Unidos. Após garantir para Gee, que estava nervosa, que o avião era perfeitamente seguro e não ia cair, secretamente aceitei mais um comprimido para me acalmar e pedi a Sonny para me acordar quando pousássemos — e me levar direto para comer um hambúrguer.

12

i got you babe

Chegar no recém-nomeado aeroporto John F. Kennedy, em Nova York, foi surreal. Saímos do avião e nos deparamos com 5 mil adolescentes gritando, segurando cartazes e correndo atrás da gente. Enquanto entrávamos na sala de embarque, quase dei meia-volta e saí correndo.

A polícia e os bombeiros nos ajudaram a entrar na limusine que nos aguardava, mas os fãs quase arrancaram a porta do veículo. Alguns acharam que éramos uma das chamadas bandas da Invasão Britânica, que começara com os Beatles e agora incluía os Kinks, Herman's Hermits, Gerry and the Pacemakers, e Peter & Gordon. Tudo que era britânico, de repente, parecia a coisa mais legal do mundo nos Estados Unidos. Então era engraçado o fato de sermos americanos e precisarmos ter ido para a Inglaterra para ficarmos famosos lá primeiro. Após fugirmos das multidões, fomos levados ao hotel Hampshire House, ao sul do Central Park, que se tornou nossa base em Manhattan. Era bom estar de volta a Nova York, bem diferente de quando morei lá com minha mãe, Gee e Gilbert. Eu não era mais a adolescente que não tinha ideia do que fazer da vida; agora eu era a "alguém" que sempre sonhara em ser.

Sonny e eu fomos para a Atlantic Records gravar algumas faixas novas. Ahmet Ertegun nos recebeu de volta em casa e nos convidou para uma das festas lendárias dele, dessa vez em sua bela casa em estilo *brownstone* no Upper East Side. Fomos apresentados a um monte de gente bacana. Todo mundo estava animado para nos conhecer, agora que éramos famosos. Conhecemos pessoas ricas, famosas e importantes. Fui apresentada até a Andy Warhol, que parecia um cara legal, mas não falou uma palavra. E fiquei cara a cara com Baby Jane Holzer, a socialite e modelo que falava com uma voz tão infantil que me fazia rir.

A esposa de Ahmet, Mica, era uma das mulheres mais amáveis que já conheci na vida. Romena, com uma pele de porcelana, tinha um sotaque elegante e fabuloso. Eu a adorei. Ela viera aos Estados Unidos depois da ocupação russa e fizera seu nome como decoradora. Aos 30 e poucos anos, Mica era um pouco ingênua e, quando acidentalmente esbarrou com Otis Redding e alguns outros músicos fumando um baseado, falou para o marido: "Ahmet, você não está pagando o suficiente para essas pessoas. Elas são tão pobres que estão dividindo um cigarro!"

Na última festa dos Ertegun a que fomos antes de voltarmos para casa, Mica vestiu um casaco de pele à la *Dr. Jivago* deslumbrante e estiloso, marrom com fechos de couro. Fiquei enlouquecida. "Ah, Mica, esse é o casaco mais lindo que já vi!", declarei. Da festa, fomos direto para o aeroporto pegar nosso voo de volta para a costa Oeste, e, quando abri o porta-malas da nossa limusine, o casaco estava lá, um presente para mim. Hoje em dia, prefiro morrer a usar pele, mas, nos anos 1960, não sabia o que sei hoje e a amei por isso.

Quando Sonny e eu saímos do país pelo aeroporto LAX algumas semanas antes, estávamos sem um tostão, sendo que tivemos que penhorar ou vender a maior parte do que tínhamos. Quando voltamos, estávamos ricos — pelo menos na teoria. Passamos o voo inteiro conversando sobre o que faríamos. Charlie e Brian disseram que entrariam em uma concessionária da Cadillac com uma bolsa cheia de dinheiro e esperariam que o vendedor viesse até eles achando que eram dois pés-rapados, só para poderem abrir a bolsa bem ali e comprar um carro novo em dinheiro vivo.

É claro que ninguém nos entregou bolos de dinheiro e voltamos imediatamente a trabalhar para terminar as últimas faixas de *Look at Us*. Com nossa ascensão repentina em popularidade, precisávamos finalizar o disco, pelo qual as pessoas estavam ávidas. Sonny contratou muitos dos músicos que conhecíamos do Gold Star e gravamos covers como "Unchained Melody" e "Then He Kissed Me". O restante eram músicas que já existiam. Houve também uma música antiga de Ma Rainey chamada "See See Rider" com um trecho adaptado sobre ir ao Hilton e não conseguir entrar. O novo disco despontou nas paradas, como tinha acontecido com *All I Really Want to Do*, meu primeiro álbum solo de covers pela Imperial. Nossa estrela brilhava forte, mas tudo acontecia tão rápido que estávamos tontos e mal enxergávamos nosso próprio reflexo.

O interesse do público por nós era tão grande que Freddy Apollo, da venerável agência William Morris, concordou em nos representar, apesar de não gostar muito da nossa aparência. Freddy tinha muita personalidade e era cunhado de Jerry Ridgeway, designado como nosso novo gerente de turnê. Os "caras de terno", como os chamávamos, falavam que sermos casados era parte importante do nosso atrativo. Eles ficaram horrorizados quando descobriram que não éramos casados de verdade e logo lançaram um comunicado à imprensa que dizia que tínhamos casado em Tijuana, no México, em outubro de 1964, quase um ano após o dia em que o divórcio de Sonny saiu. Nós não contamos essa mentira, mas ela permaneceu na mídia por anos. Eles também nos aconselharam a mudar nossa aparência esquisita, dizendo que em breve ficaria muito datada, mas — cientes de que acatar esse tipo de conselho não tinha nos ajudado antes — nós os ignoramos. Por ironia, muito tempo depois, Freddy Apollo entrou no mundo das drogas, sobretudo ácido. Deixou os cabelos bem compridos e começou a usar umas roupas diferentonas com miçangas e franjas, tornando-se mais doido do que nós éramos. Isso aconteceu com vários desses caras.

Fomos convidados para o programa de música da NBC *Hullabaloo*, apresentado por Sammy Davis Jr., para aparecermos junto com Supremes e Lovin' Spoonful. Cantamos "Babe", "(I Can't Get No) Satisfaction", dos Stones e, em um grand finale, nos juntamos a Sammy, de uma forma um tanto bizarra, e cantamos o hit dos Herman's Hermits, "I'm Henry VIII, I Am". Sammy era um cara bem legal e engraçado, que tinha um talento excepcional. Ele e Sonny viraram amigos e compartilhavam uma paixão por fotografia, conversando durante horas sobre câmeras. Duas semanas depois, recebemos o que é até hoje um dos convites mais animadores das nossas vidas, quando fomos chamados para aparecer no *Ed Sullivan Show*, da CBS, o maior programa de TV dos Estados Unidos, assistido por 70 milhões de pessoas e, ainda mais importante, onde eu tinha visto Elvis pela primeira vez. Tinha visto os Beatles também, mas Elvis era o cara. Seguir esses passos não era algo que achávamos que seria possível um dia. Era prova de que não só havíamos "chegado" ao sucesso, mas que éramos populares o suficiente para que os números importantíssimos de audiência do programa fossem às alturas. Isso não nos acalmou.

Quando chegamos para o ensaio e vimos Ed Sullivan, fiquei entusiasmada para conhecê-lo, mas também ansiosa, pois sabia como ele era poderoso. Tínhamos sido avisados de que um único comentário amargo dele em rede nacional poderia acabar com a nossa carreira, pois todo mundo confiava nele e o homem era famoso como George Washington. Inesperadamente, ele sequer se aproximou da gente. Só ficou parado ao lado, de braços cruzados, assistindo ao nosso ensaio. Ele sabia que nossa aparição no programa atrairia um público mais jovem. Usei meu conjunto de blusa e blazer de veludo cotelê verde-bandeira e uma calça preta com minhas botas Beatle. Sonny vestiu uma calça cinza-clara com uma camiseta listrada de vermelho e azul e seu colete de pelo. Quando as câmeras começaram a filmar, entrei em uma espécie de transe, mas nosso anfitrião fez uma apresentação muito animada da gente, chamando-nos de "dois belos jovens" e "a sensação do momento do mundo da música". Depois de dizer (de forma incorreta) que havíamos nos formado em escolas na Califórnia, o sr. Sullivan acrescentou: "Nos últimos três meses, eles impressionaram todos do mundo da música colocando cinco hits no Top 50, além de dois álbuns, o que é simplesmente incrível." E depois estragou tudo dizendo: "Uma salva de palmas para Sonny e *Chur*!"

Apesar de ter ficado desconcertada com Ed Sullivan pronunciando meu nome errado na televisão, nós abrimos com "I Got You Babe" e depois cantamos "Where Do You Go", de Sonny, que ficou apoiado no meu ombro. Nossa última canção foi mais uma das suas composições, chamada "But You're Mine", cuja letra dizia que ele não era bonito, mas pertencia a mim. Nunca questionei por que cantamos músicas desconhecidas em um programa do horário nobre, já que teria feito mais sentido cantar "Baby Don't Go" e "All I Really Want to Do", mas hoje percebo que Sonny estava tentando se mostrar como compositor e promover o nosso material novo. Teria sido bem melhor cantar os hits, já que poderíamos ter vendido bem mais discos. Poxa, estávamos tocando para 70 milhões de pessoas. Aquilo foi burrice. Quase tão rápido quanto nosso tempo sob os holofotes de Ed Sullivan começou, ele chegou ao fim. Entramos e saímos com mais uma menção equivocada a Sonny e "Chur" e mandados para casa.

De volta a LA, tínhamos nos livrado da nossa casa, portanto nos mudamos para a casa da minha mãe por um tempo enquanto procurávamos um lugar para morar. Alguém esperto nos aconselhou a comprar em vez de alugar, o que seria algo inédito para nós dois. Quando soubemos que uma casa estava à venda no condomínio em que minha mãe e Gilbert tinham morado em Encino, decidimos ir lá conferir. O local havia sido construído por Marvin Wilson, e o irmão dele, Ronnie, era um designer de interiores que Gilbert certa vez contratara para enfeitar a sala no aniversário da minha mãe.

Quando vimos a propriedade por 75 mil dólares na Academia Drive, compramos na hora. Tinha o que, para nós na época, parecia uma sala enorme, um banheiro gigantesco, closets imensos e uma piscina com vista para o Valley. Gostamos do que Ronnie havia feito por dentro e compramos todos os móveis também. Não era exatamente a minha casa dos sonhos de criança. Eu preferiria ter ficado em Los Angeles — nunca perdi essa vontade. Ainda assim, estava bem animada e, como era nossa primeira propriedade juntos, não queria procurar defeitos. Eu adorava Ronnie, que tinha uns 20 e poucos anos, e nós acabamos tendo um encontro de almas. Não fazia a menor ideia de que ele era gay; só sabia era que era fabuloso e dirigia um Corvette azul-metálico sensacional. Eu queria um exatamente igual. Não foi surpresa que ele tenha se tornado o designer de interiores das estrelas e decorado dezenove casas para mim ao longo de seis décadas.

Minha mãe e Gee também iam se mudar, uma vez que a mesada de Gilbert estava acabando. Sonny me garantiu que nós ajudaríamos as duas com dinheiro e encontrou um imóvel para alugar no Balboa Boulevard, a algumas quadras de onde morávamos. Sei que fomos àquela casa algumas vezes, mas não me lembro de como era, porque trabalhava muito naquela época. Quando não estava me matando de trabalhar, eu descansava, mas parecia ser uma casa bacana. Mais tarde, comecei a pensar se estávamos realmente cuidando bem delas. Nunca soube quanto dinheiro Sonny lhes dava.

Durante esse período, nossa vida foi muito insana. Ainda adolescente, eu tinha Sonny, uma linda casa e dinheiro para gastar. Era tão insegura quanto a ficar pobre de novo que comecei a comprar alguns itens de casa duplicados, para o caso de precisarmos substituir os que quebrassem. Não havia nenhuma lógica em ter duas panelas elétricas ou dois secadores de cabelos — eu teria sido uma dona de casa falida com os cabelos lindos —, mas eu me sentia melhor, porque, desde a infância, me acostumei a perder o que tinha ou ser obrigada a trocar por algo pior. Acho que isso vinha desde o incidente quando meu sapato teve que ser amarrado com elásticos. Sonny sequer parecia temer voltar a ficar pobre e comprou para si uma mountain bike, já que os muitos caminhos que cortavam as montanhas ao nosso redor eram perfeitos para pedalar.

Embora tivéssemos tudo o que quiséssemos, Sonny e eu nunca parecíamos aproveitar os frutos colhidos do trabalho do mesmo jeito que os nossos colegas. Nós só fazíamos o que ele queria. Não saíamos mais para jantar nem para ir ao cinema, e ele não queria que eu visse meus antigos amigos nem fosse a lugar algum sem ele, exceto para comprar roupas. Nem viajávamos de férias, a não ser por um ou dois dias emendados no final de algum show ou turnê. Se eu reclamasse, ele me lançava um olhar de desaprovação, como um pai, e me dizia: "Este é o nosso momento, Cher", e eu entendia. Nós dois tínhamos sido pobres antes, e Sonny sabia melhor do que eu que a fama podia ser passageira. Eu só não esperava que o ritmo fosse tão implacável.

Na tentativa de lucrar com a nossa popularidade enquanto a tínhamos, Sonny continuou adicionando mais trabalho à nossa agenda já superlotada. Ele planejava trabalho constante, com poucos intervalos entre shows, gravações e entrevistas. Também aparecíamos em programas de TV, como o apresentado por Danny Thomas, outro chamado *Hullabaloo* e *Hollywood*

Palace, apresentado por Milton Berle, o comediante a que eu adorava assistir na primeira televisão da Vovó e do Vô. Eu gostava de ir a esses programas — e de trabalhar com o "tio Miltie", que se vestiu de um jeito hilariante com um colete de pelo de lince e uma peruca, fingindo ser nosso filho, "Sonny Junior" —, mas sentia que a televisão não nos levava a sério. E era difícil o fato de Sonny programar mais para fazermos em um dia do que era possível. Ele adorava ir a programas de TV ao vivo, e eu também gostava, mas ficava nervosa; ele estava tão empolgado que não percebia como eu me cansava fácil ou como o meu vírus se manifestava de novo, vingativo, sempre que extrapolava. Quando fui ao médico um dia, ele ficou surpreso por eu não ter a cicatriz no braço que todos tinham das vacinas na infância, mas provavelmente eu estava mudando de uma escola para outra na época que deveria tê-las tomado. Ele me deu a vacina que faltava e tive uma infecção, o que me deixou extremamente doente.

Fraca, implorei a Sonny por um período de intervalo para que eu pudesse descansar. "É trabalho demais", dizia a ele, mas sempre havia mais um item a ser realizado na lista.

Ser famosa era difícil, mas divertido. Eu adorava não ter que me preocupar muito com dinheiro e passar bastante tempo com o homem que amava.

A cereja no bolo veio quando pedi para Gordon & Max da Califórnia desenharem uma linha de roupas Sonny & Cher. Eu estava extasiada. Isso ia além de todos os meus sonhos de criança. Tudo na coleção que criei era uma cópia das roupas que Sonny e eu usávamos, incluindo coletes unissex de pelo falso, blusas regata e calças pata de elefante. Nossa coleção esgotou tão rápido que a empresa não conseguiu dar conta da demanda. Não havia vestidos nem minissaias da moda, pois Sonny não me deixava usá-las. Imagino que ele achava que me sexualizavam demais e comprometiam a nossa imagem ou atraíam a atenção de outros homens. De um jeito estranho, o ciúme dele me lisonjeava. Hoje parece loucura — ciúme não significa amor —, mas, naquela época, parecia significar. Eu me lembro de quando enfim usei uma minissaia. Twiggy vinha nos ver e eu queria muito usar um vestido para encontrá-la. Comprei um minivestido amarelo-dourado de algodão brocado, supercurto, com um sapato para combinar. Para agradar a Sonny, usei algo por baixo que parecia uma calçola, mas não exatamente. Era um negócio que inventei, apenas algo um pouco mais comprido para usar debaixo do vestido para que eu pudesse receber sua aprovação e, ainda assim, ficar descolada.

Ao descobrirem nosso endereço em uma reportagem de revista que Sonny agendou, adolescentes apareceram no portão da nossa casa em Encino, ávidos por uma breve aparição nossa. Tínhamos um S e um C no portão. Antes da reportagem, não parecia nada de mais, só uma coisa engraçada, mas depois passamos a ver jovens se aproximando do portão tão obviamente anunciado. Sonny amava a atenção e convidava alguns fãs aleatórios para entrar e nos contar as suas angústias, e eu nunca sabia quem iria surgir. Ele também assinou um contrato em que eu escreveria a coluna "Dear Cher" na revista *Teen Beat*. Comecei lendo as cartas e respondendo eu mesma, mas fiquei tão ocupada que a revista passou a ter uma equipe para fazer isso, o que é uma pena, porque tenho certeza de que as respostas sobre acne ou problemas com o namorado teriam sido bem mais autênticas se eu tivesse escrito da minha própria perspectiva de 19 anos. Apesar disso, toda jovem que eu conhecia parecia querer me contar seus problemas, algo que eu não previ. Queria ser famosa, queria mesmo, mas, quando a fama aconteceu, ela exigia muito mais responsabilidade do que havia imaginado.

Uma menina chamada Joey, que tinha 17 anos e ainda frequentava o colégio, tornou-se visitante regular com nosso amigo inglês Ray. Mais tarde, soube que era a irmã mais nova da mulher que era dona do prédio no qual morávamos na Franklin (e certa vez eu perguntara a ela que tipo de rímel usava, porque não saía na piscina). Joey também se parecia muito comigo. Um dia, veio sozinha, pareceu surpresa pelo fato de eu estar lá e me disse que esperava encontrar Sonny e Ray. Nunca me ocorreu que pudesse ter algo estranho naquilo. Eu disse a ela: "Bem, estou indo fazer compras, se quiser vir." Ela aproveitou a chance na hora, então, eu a levei no meu novo Excalibur lindo a Paraphernalia, na Rodeo Drive, onde nos divertimos experimentando roupas doidas de vinil em cores primárias que eram higienizadas com spray de vidro. Após a nossa primeira tarde de compras, ela começou a sair conosco o tempo todo, e eu adorava aquilo. Ela e eu nos dávamos muito bem e chamávamos uma à outra de Betty. Fazemos isso até hoje.

Sonny só me deixava sair de casa sozinha para fazer compras. Acho que ele pensava que gastar meu dinheiro com roupas fazia com que o trabalho árduo parecesse valer a pena. Eu amava sair sozinha e ia sempre que tinha oportunidade. Em uma dessas saídas, estava perto da Rodeo Drive quando vi uma vitrine com um conjuntinho de calça com uma estampa xadrez psicodélica e uma listra vermelha enorme na horizontal, na parte da frente. Entrei e falei para a vendedora: "Meu Deus, amei isso aqui! De onde é?"

Ela olhou para mim e falou: "É muito caro, senhorita", virou-se de costas e saiu.

Eu a segui e perguntei educadamente: "Mas quem é o estilista?"

Ela respirou fundo e respondeu: "Rudi Gernreich."

"Posso experimentar?"

A vendedora me deu um sorriso amarelo. "Senhorita, como expliquei, esse item é *muito* caro." Ela foi tão arrogante comigo, que vestia uma blusinha curta e uma calça boca de sino, que perdi a paciência.

"Em quantas cores você tem?", perguntei.

Olhando de soslaio, ela respondeu: "Três."

"Ótimo, vou levar um de cada cor."

"Ah, entendo." Vi a expressão em seu rosto se transformar. "Bem, quer experimentar?"

"Não, vou levar os três", respondi, sacando o cartão de crédito e jogando em cima do balcão. A conta deu mais do que achei que um dia alguém pagaria por qualquer coisa, mas valeu a pena só para ver o olhar no rosto daquela vaca. Assim que saí da loja, desabei em lágrimas. Liguei para Sonny. "Fiz uma coisa terrível", lamentei. "Gastei muito dinheiro!"

Quando contei a ele toda a história, Sonny falou: "Não tem problema. Não vai fazer diferença alguma. Vem para casa." Aliviada, tomei meu caminho de volta.

Sonny era um cara caseiro, mas, às vezes, me levava a boates, nunca para dançar, mas para conhecer pessoas da indústria e saber das últimas tendências nas gravadoras. Normalmente eu estava cansada demais para ficar na rua até tarde e não via propósito, já que não podia dançar nem conversar com ninguém além dele. Ele me dizia que qualquer coisa que um casal não pudesse fazer junto não valia a pena. Eu não podia nem usar perfume, porque ele não gostava do cheiro. Era uma decepção, porque eu realmente amava perfume, mas, ainda assim, não percebia que estava, pouco a pouco, abrindo mão de mim mesma. Ele sequer me deixava ouvir música.

Enquanto isso, Sonny não sacrificava nada. Sinceramente, acho que nunca conheci ninguém, nem antes nem depois, que tivesse uma vida tão privada quanto Sonny. Ele era muito fechado e, depois do início do nosso relacionamento, não perguntava muito de mim. No começo do nosso tempo juntos, ele me fazia muitas perguntas, falava muito sobre si e parecia gostar de me conhecer como pessoa, mas isso desapareceu. As mudanças na forma como ele me tratava aconteceram de forma bem lenta, então não percebi. Era bem maquiavélico (aliás, Sonny adorava Maquiavel).

Nem sei se tinha tanto a ser perguntado sobre mim, para ser sincera, pois eu estava me tornando cada vez mais uma sombra. Eu só ficava em primeiro plano quando estávamos trabalhando. Era, cada vez menos, uma pessoa interessante para Sonny, apesar de ser interessante e engraçada para os outros. Aquilo de que ele gostava em mim no início, o fato de eu ser meio que uma garota rebelde, era algo que ele não queria em uma esposa.

No fim de 1965, voltamos para a costa Leste. Paramos em Nova York para passar um tempo no estúdio e foi lá que recebemos o convite mais estranho da nossa carreira. Haveria um evento pretensioso para a alta sociedade de Nova York em que Jacqueline Kennedy seria a convidada de honra. Os anfitriões eram os milionários Charles Engelhard e sua esposa, Jane, e, quando perguntaram quem a antiga primeira-dama queria convidar, ela chocou a todos respondendo: "Gostaria muito que Sonny e Cher viessem se apresentar." O convite chegou a nós através dos nossos empresários, que aceitaram em nosso nome. Foi assim que o casal menos provável da história do mundo foi parar no santuário consagrado de um dos maiores apartamentos particulares no exclusivo Waldorf Astoria. Tivemos permissão de fazer um ensaio à tarde com nossa banda de quatro integrantes. E, então, decidimos quais músicas cantaríamos e como adequaríamos o volume ao espaço. Nunca tínhamos tocado dentro de uma casa antes e estávamos acostumados com arenas de shows, não com salas compridas com tetos rebaixados. Eu jamais tinha visto tanta prataria, conjuntos de café e ornamentos. *Por que eles têm tantas coisas de prata pela casa?*, pensei, apesar de descobrir, mais tarde, que nosso anfitrião era herdeiro de uma fortuna no ramo de platina e que os itens que eu estava bisbilhotando eram de platina e, portanto, valiam muito dinheiro. Não que isso significasse qualquer coisa para mim, já que não gostei muito deles.

Quando voltamos à noite, as vinte e poucas pessoas convidadas estavam andando pela casa, bebendo champagne e usando ternos, gravatas e vestidos de seda. Eram o *crème de la crème* de Manhattan. Chegamos pelo elevador dos fundos e fomos direto para a sala, para nos prepararmos. Todo mundo estava bem longe, na sala de jantar. Não havíamos sido convidados para o jantar. Nervosa demais por conhecer a viúva de JFK, eu não estava com fome, portanto não me importava nem um pouco. Sonny estava usando o colete que era sua marca registrada, mas eu tinha ido a Bendel's e comprado uma linda jaqueta francesa de veludo verde em estilo militar e calças combinando, que usei com minhas botas Beatle da Anello & Davide. Parecia um soldadinho. Cortei as unhas em formato quadrado em vez de oval, o que ninguém fazia na época, e meus cabelos caíam lisos pelas costas fazendo uma ponta, como eu tinha visto em uma revista. Houve um tempo em que cortei minha franja com ponta também.

Quando o jantar terminou, fomos até o canto daquele salão prateado para cantar algumas de nossas músicas mais vendidas antes que a sobremesa fosse servida aos convidados. Tenho certeza de que foi uma surpresa para todos, mas eles nos aplaudiram educadamente. Quando terminamos de cantar, os funcionários começaram a nos expulsar, mas Jackie perguntou: "Espera, onde estão Sonny e Cher? Queria conversar com eles depois da sobremesa." Então os funcionários tiveram que ir atrás de nós e nos chamar de volta.

Logo depois, todos os homens se reuniram para fumar seus charutos, e as mulheres no recinto se levantaram juntas e saíram. Nada foi dito, e, com um instinto de rebanho, eu as segui. As mulheres se juntaram em um quarto imenso com um banheiro, onde todas se sentaram e fofocaram enquanto ajeitavam os cabelos ou a maquiagem antes da sobremesa. Uma mulher esquisita de cabelos pretos pintados e um enorme colar de pérolas marchou na minha direção, levantou meu queixo com a mão ossuda e disse, em uma voz masculina que parecia acostumada a dar ordens: "Minha querida, você tem uma cabeça pontuda. É linda." Eu não sabia o que responder, embora estivesse pensando: *Minha cabeça não é pontuda. Só não é chata.* Fascinada pela grande mulher com brincos imensos de pé na minha frente, olhei ao redor, vi que mais ninguém parecia reparar nessa senhora meio maluca e imaginei o motivo.

"E você é tão magra!", acrescentou ela, apertando os lábios cobertos de batom sob um nariz enorme. "Por que não é modelo? Richard precisa vê-la! Você vai adorá-lo... Ele é divino." Eu não fazia a menor ideia de quem Richard era e entendi que ele estava na festa, mas essa mulher peculiar permaneceu onde estava, correndo os olhos de cima a baixo pela minha figura de 46 quilos. Eu me senti uma borboleta presa em uma tábua. Quando já tinha visto o suficiente, ela abriu um lindo pó compacto que parecia pertencer a Catarina, a Grande e segurou bem alto, com a cabeça para trás, para aplicar batom vermelho em um rosto já lotado de pó branco. Fiquei hipnotizada.

Aos 19 anos, eu era, de longe, a pessoa mais nova ali. Eu me acomodei na beira daquela cama, com as mãos espremidas entre os joelhos, incerta do que dizer ou fazer. Jackie Kennedy, que tinha 36 anos, sentou-se ao meu lado com tamanha elegância que me fez lembrar da minha própria mãe. Com a boca travada, só consegui pensar em perguntar: "Como estão Caroline e John Junior?", lembrando como seus filhos haviam sido corajosos no funeral do pai, apenas dois anos antes.

"Estão muito bem, obrigada", respondeu ela com aquele sotaque aerado, quase transatlântico. "'I Got You Babe' é uma das nossas músicas favoritas, e as crianças amam cantar junto." Ela foi tão querida e generosa. Quando voltamos para a sala de jantar, Jackie nos sentou à sua esquerda e ajudou maravilhosamente a nos acalmar. Sonny deu algo para as crianças, duas medalhinhas de santos católicos, algo que ela, sendo uma mulher religiosa, gostou. Disse que ele parecia "quase shakespeariano" com seu corte de cabelos de pajem e, daquele momento em diante, Sonny se derreteu por ela. Acho que já estava derretido antes, mas isso ajudou.

Como se a semana não fosse memorável o suficiente, recebi um convite para ser fotografada pela *Vogue* no dia seguinte e quase caí para trás. As supermodelos do momento eram mulheres como Anne St. Marie, Linda Morand, Benedetta Barzini e Jean Shrimpton. Mas a jovem modelo britânica andrógena Twiggy também vinha ganhando atenção, colocando garotas magricelas como eu na moda. Mais tarde, descobri que o convite para aparecer na *Vogue* tinha vindo de Diana Vreeland, editora da revista e uma das mulheres mais poderosas da moda. Essa lenda da indústria era a mulher que havia admirado minha cabeça pontuda na festa. Com uma aparência estonteante, ela era inovadora e defensora de quem tinha uma aparência incomum ou mostrava muita personalidade — mulheres como Penelope Tree, Veruschka e Anjelica Huston. Diana teve a coragem e a visão para perceber que nós éramos as novas mulheres, apesar de não sermos bonitas da forma tradicional. Eu estivera esperando por Diana durante a porra da minha vida inteira.

O misterioso "Richard", a quem ela se referiu na festa, era Richard Avedon, de 42 anos, o fotógrafo das grandes estrelas. Ele era adorável. Tive uma paixão imediata por ele. Richard não era muito alto e era bem magro, com bochechas fundas em um rosto belo. Suas roupas eram básicas, mas superchiques, e ele sempre fotografava de chinelos. Tinha cabelos lindos e usava os óculos na cabeça até estar pronto para fotografar; então, com um leve aceno, abaixava-os até o topo do nariz sem que jamais caíssem. Esperava com paciência até que cada novo look fosse fechado ou costurado em mim, enquanto Ara Gallant, um excêntrico maquiador e designer de cabelos, supervisionava o trabalho. Depois que o cabeleireiro Suga fizera algo divino com meus cabelos, fui levada à frente das luzes, onde esperei, imóvel, por instruções.

Minhas fantasias infantis se tornavam realidade, mas eu estava assustada e tão completamente perdida no início que permaneci paralisada como uma estátua. Estava acostumada com Sonny segurando a câmera na minha frente, mas Richard era um desconhecido. Mas, após de um tempo, esqueci todo mundo no recinto, exceto o homem por trás das lentes, que era incrível em me fazer relaxar. Durante meu primeiro ensaio, ele fez duas sessões comigo, uma das minhas costas nuas com meu rosto sombreado de perfil e um close das minhas unhas da mão pintadas e cortadas em formato quadrado. Eu não queria que aquela primeira sessão acabasse. Diana adentrou o estúdio com um cigarro nas mãos e declarou: "Ah, Richard, eu falei que ela era divina. Não é a criatura mais linda que você já viu? *J'aaadoore!*" A experiência era minha e só minha. Eu me senti completamente livre.

Fiz infinitas sessões de fotos com ele, contribuindo para inúmeras páginas da *Vogue*. Ele me fazia posar, dançar e até pular. Adorava capturar suas modelos no ar. "Sim, Cher!", gritava, entusiasmado. "Isso está maravilhoso! Lindo. Pule mais alto!" Alguns anos depois, Richard foi designado para fazer uma foto de página dupla minha que deveria acontecer em um dia.

Mas aquele dia acabou se transformando em vários, e a revista publicou vinte fotos minhas em dez páginas. O título era "ELA OUSOU: moda para curtir. O preço é bom. A menina é a Cher". Eles me vestiram com roupas que custavam menos de cem dólares, que customizaram e adornaram com joias caras, além de sapatos para deixarem-nas bem melhor do que pareciam, embora Richard tenha me garantido que eu estava linda em todas.

Richard e seus *stylists* fizeram com que eu me sentisse bonita pela primeira vez na vida. Mais ninguém conseguiria me persuadir a posar completamente nua em um vestido de costas abertas, apesar do medo do que Sonny poderia dizer. Eu sabia que ele viria me buscar e ia querer olhar as Polaroids. Estava nervosa, pois tinha certeza de que ele surtaria quando visse minhas fotos de costas nuas. Apesar de estar sentada nas fotos, era claro que eu estava nua por baixo do tecido que segurava para cobrir os seios. "Não sei como fui convencida a fazer isso", contei a Diana e Richard. "Sonny vai me matar quando vir essas fotos."

Foi aí que Diana Vreeland me mostrou a que veio, pois, quando Sonny chegou, ela o abordou como uma profissional, com o tipo de charme que eu só tinha visto antes em Warren Beatty. Levando-o para um canto e falando de mim, ela contou a ele como as fotos estavam maravilhosas — "como uma obra de arte" — com meus cabelos terminando em V, disse que ninguém tinha costas lindas como as minhas e lembrou a ele que a *Vogue* era a revista mais prestigiosa do mundo. Ela o ganhou completamente antes que Sonny visse sequer uma foto.

Quando a sessão terminou, perguntei timidamente a Richard se ele achava que um dia eu apareceria na capa da *Vogue*, e ele sorriu e sacudiu a cabeça. "Dá para ter cabelos louros e olhos escuros ou cabelos escuros e olhos azuis, mas não cabelos e olhos escuros. Você nunca vai estar na capa." Quando fui, de fato, capa da revista pela primeira vez, seis anos mais tarde, ele foi o primeiro a me parabenizar.

Enquanto isso, de volta a Los Angeles, a princesa Margaret, irmã da rainha da Inglaterra, tinha vindo fazer uma série de eventos filantrópicos com seu marido, o fotógrafo lorde Snowdon. Ela tinha lido tudo sobre nós na imprensa inglesa e nos convidou para fazer uma apresentação no Hollywood Palladium. Foi uma surpresa, pois a velha guarda não fazia ideia de quem éramos ou nos achava uns malucos. Era impressionante o tanto que esse não era o nosso público. O melhor que poderia acontecer era a gente sobreviver. Não queríamos aceitar, mas como poderíamos negar um pedido da princesa Margaret? Acho que usamos roupas brancas, mas deveríamos ter usado camuflagem. O evento todo foi um fiasco. Começou tarde, a princesa estava com laringite, e Frank Sinatra desistiu de ir no último minuto, então Bob Hope nos apresentou. Não havia palco, ficamos na pista de dança, e a acústica era tão ruim que, junto a problemas de som, nosso show foi terrível. Peter Bogdanovich, um homem que mais tarde passei a detestar por diversos motivos, era crítico do jornal *Saturday Evening Post* na época e escreveu que uivamos feito dois coiotes. O público deve ter concordado, porque pouquíssimas pessoas aplaudiram e, no meio do set, a princesa Margaret pediu para abaixarem o som pois ela estava com dor de cabeça. O engenheiro de som acidentalmente cortou o retorno e interferiu no que conseguíamos ouvir, o que desestabilizou Sonny completamente. Ele ficou bravo, eu, arrasada, e mal podíamos esperar para sair dali. Foi como um pesadelo do qual não conseguíamos acordar, tivemos que simplesmente ficar ali, esperando até que aquilo acabasse.

Peter Bogdanovich fez mais do que ir ao show; ele morou na nossa casa por três dias para escrever um perfil de seis páginas que seria publicado em abril. O título da reportagem era "Eles estão na crista da onda, baby". Nunca gostei de dar entrevistas, pois não sabia o que dizer, então deixava Sonny falar e normalmente só respondia quando me faziam uma pergunta. Na esperança de falar comigo sozinho, Peter perguntou se podia ir fazer compras comigo, uma saída que me causou bastante problema. Caminhando por Century City, nós encontramos uma pessoa com deficiência física, e eu fiquei bem quieta. Quando ele perguntou o que tinha acontecido, comentei algo sobre a tristeza que aquilo me fazia sentir. Peter entendeu errado minha reação e fez parecer que eu estava com nojo do que tinha visto, exatamente o oposto do que eu havia dito. Aquela pessoa não era eu; era muito mais ele. Ele também citou uma frase minha que dizia que às vezes eu queria socar a minha mãe (achava que toda filha queria isso em segredo) e publicou nosso endereço completo, para que mais fãs pudessem aparecer no nosso portão. A coisa toda pareceu uma baita traição.

Depois que Sonny terminou de ler a reportagem, ficou descontrolado. Muito irritado, declarou: "Chega de entrevistas para você!" Era para ser uma ameaça, mas senti como uma promessa e pensei: *Graças a Deus!* Fiquei bastante feliz em recuar e me tornar a sombra de Sonny.

Em janeiro de 1966, fomos convidados para ser a atração principal do lendário Hollywood Bowl, local em que só tínhamos tocado como banda secundária. Sermos os principais dessa vez, com Righteous Brothers, Jan & Dean e The Mamas & the Papas nos apoiando era emocionante; ainda mais porque os ingressos esgotaram em 24 horas. Para o show, usei meu conjunto amarelo de plástico com minha bota Beatle e me senti o máximo.

É claro que terminamos nosso set com "I Got You Babe". Eu estava amando fazer shows, mas essa última música me deixava nervosa, porque nossos fãs quase sempre invadiam o palco. Dito e feito. No momento dos primeiros acordes, os jovens se aproximaram, e muitos deles subiram no palco, apesar de terem de atravessar uma poça de água para chegar até nós. Eu peguei o microfone e falei: "Ei, ei! Calma aí, pessoal. Se todo mundo subir aqui, não vamos mais conseguir cantar música nenhuma." Para minha surpresa, funcionou.

O vô Roy tinha ido de Oklahoma visitar minha mãe nessa época, e consegui ingressos para ele, minha mãe e Gee. Minha mãe estava muito animada e orgulhosa. Foi uma noite bem feliz para ela e muito comovente para o meu avô, o homem de quem minha mãe e eu havíamos herdado a nossa voz. Naquela noite, me assistindo no palco enquanto a plateia ia à loucura, vô Roy quase se engasgou de tanto chorar. Ele se inclinou até minha mãe e disse: "É você lá no palco, Jackie Jean. É você!"

Em outro show em São Francisco, a plateia foi tão tomada pela emoção quando estávamos cantando que invadiu o palco e veio para cima da gente. Uma menina se agarrou ao mocassim de Sonny e ele teve que pular para trás para se afastar dela. Todo o dinheiro dele estava dentro daquele sapato, porque dizia que ninguém pensaria em roubá-lo. A menina puxava o sapato dele, e Sonny ia chegando cada vez mais para trás. E eu pensando: *Ah, merda.* Nossa banda se acabava de rir ao vê-lo dançando para trás para fugir da menina. Ela conseguiu levar um dos sapatos, mas não o que estava com o dinheiro.

Quase derrubada pela avalanche de gente, olhei para cima e vi meninas de calças boca de sino e cabelos tingidos de preto para se parecerem comigo estendendo as mãos na minha direção. Eu me desvencilhei da confusão e corri feito uma louca para o camarim, onde um segurança me confundiu com uma fã e me deu um mata-leão que quase me enforcou. Ele me segurou com tanta força que eu sequer conseguia gritar por socorro, depois me jogou contra uma parede e me deixou totalmente sem ar. Por fim, um dos nossos empresários viu o que estava acontecendo e voou em cima do segurança para que me largasse.

Depois disso, com o rímel escorrendo pelo rosto, falei para Sonny: "Chega. Não vou mais fazer isso!" Ele precisou de todo o seu poder de persuasão para me convencer de que aquilo não ia acontecer de novo, só precisávamos de mais um ano.

Tentando fazer com que eu me sentisse melhor, Sonny me levou para a cidade costeira de Sausalito no dia seguinte. Eu sempre quis ir àquela linda cidadela à beira-mar, e tivemos um dos melhores dias de nossas vidas lá. Estava com neblina e havia uma atmosfera misteriosa, com lojinhas de artesãos. Comemos pizza em uma cantina e literalmente saltitamos pelas ruas juntos, fazendo ondas com a névoa como duas crianças. Foi um daqueles dias perfeitos e livres, e foi muito bom darmos uma pausa.

Era insano ver o impacto que a nossa música e estilo começavam a causar. As meninas estavam comprando nossas roupas e usando delineador no estilo Cleópatra. Algumas até começaram a passar ferro nos cabelos para deixá-los parecidos com os meus, e os garotos começaram a se vestir como Sonny, com coletes de pelo. Nunca imaginei que iríamos exercer esse tipo de influência. Era surpreendente, mas muito legal.

Eu só tinha visto esse tipo de bajulação que parecíamos receber em uma ocasião, um pouco antes de ficarmos famosos, quando estávamos no corredor dos bastidores do Cow Palace, na área da baía de São Francisco. Estávamos conversando com os outros músicos, todos esperando para entrar no palco, incluindo os Beach Boys e meu amigo "Brain". Lá longe, na ponta do corredor, houve uma mudança súbita na dinâmica. Quem ou o que se aproximava parecia criar seu próprio efeito climático, e as pessoas se encostaram na parede, como se fisicamente afetadas pelo que estava passando. Vi de relance uma mulher toda de paetê voando feito um furacão de perfume e laquê. Era Tina Turner, seguida do marido, Ike, mas a energia era toda dela. Ela era muito poderosa. Tina e eu fomos amigas por mais tempo do que a idade da maioria dos nossos fãs, e, mesmo aos 80 anos, ela nunca perdeu aquela presença incrível. Sinto uma saudade imensa dela.

Sonny estava determinado a me tornar uma estrela tão brilhante quanto Tina era naquela época — e que continuou sendo —, mas sentia que os acontecimentos do mundo já estavam mudando a dinâmica da nossa indústria para além do seu controle. Os meados dos anos 1960 trouxeram o movimento da contracultura, com ideias propostas por pessoas como o poeta da geração beat Allen Ginsberg e Timothy Leary, psicólogo de Harvard que recomendava o uso de drogas psicodélicas para a expansão da mente.

Leary ficou famoso pelo slogan "Ligue-se, sintonize-se, caia fora",* que eu achava uma bobagem. Nunca experimentei drogas, a ideia de tomar ácido não me deixava ligada, eu já estava bastante sintonizada e não tinha intenção alguma de cair fora. Portanto, enquanto todo mundo estava viajando, tocando rock louco de ácido ou marchando pelas ruas em protesto contra a Guerra do Vietnã, Sonny e eu éramos o casal certinho e careta que cantava músicas *middle of the road*,** que não se engajava na cultura das drogas e, na era do amor livre, tinha se tornado antiquado por ser casado. Sonny nunca foi um cara de frequentar protestos na rua, mas, por alguma razão, se sentiu compelido a abandonar sua postura antipolítica e publicou uma declaração condenando o uso de maconha, o que nos fez parecer parte do sistema e alienou nossos fãs mais jovens. Eu não queria fumar maconha, mas não me importava que outros fizessem isso. Meu tio fumava e até a minha mãe, às vezes. O pronunciamento de Sonny contra o uso da maconha pareceu retrógrado para mim e para o nosso público. As drogas podiam não ser nosso barato, mas eu era bem mais liberal nas minhas convicções e não concordava em dizer às pessoas o que elas deveriam ou não fazer, sobretudo porque Sonny já tinha insistido antes que evitássemos falar de causas radicais. Sabendo que a minha opinião não faria a menor diferença, não falei para ele o quanto achei ridículo o pronunciamento. A posição antidrogas de Sonny teve um retorno negativo sério, já que nossas vendas caíram quase que imediatamente e as ofertas de shows começaram

* "*Turn on, tune in, drop out*", no original. [N. da T.]

** Estilo popular de músicas bastante melódicas, com técnicas de harmonia vocal e poucos arranjos, ou seja, mais simples e palatáveis. [N. da T.]

a desaparecer. A William Morris nos transferiu do departamento de shows musicais para o departamento de aparência pessoal, o que sabíamos que era o nosso primeiro passo rumo à derrocada.

Depois disso, manter-nos relevantes e famosos passou a exigir muito mais tempo e energia, e quanto mais Sonny fazia, mais irritado ficava. Olhando em retrospecto, acho que parte das suas mudanças repentinas de humor naquela época aconteciam porque ele estava começando a abusar de remédios controlados.

Naquele Natal, comprei para ele doze lindos diários com capa de couro, com seu nome e o ano gravados em dourado. Havia um para cada mês, para que ele pudesse relatar nosso tempo juntos. Secretamente, tinha esperança de que escrever sobre seus sentimentos pudesse ajudá-lo a sair dos momentos obscuros. Assim ele fez, e escrevia tanto que me acordava no meio da noite para ler para mim o que havia escrito, como fazia com as músicas, insistindo para que eu ouvisse algo que ele achava profundo. Quando eu me negava, ele me sacudia de novo. "Acorda, Cher! Você precisa ouvir isso."

Ele continuou escrevendo seus pensamentos naqueles diários e os deixava espalhados para que eu os encontrasse. De vez em quando, eu acrescentava meus comentários como forma de comunicação indireta com ele, e ele me escrevia algo de volta. Era estranho que os cadernos tivessem virado nossa forma de nos expressarmos um para o outro. Por alguma razão, ele era mais aberto às minhas opiniões quando eu as escrevia do que quando as dizia em voz alta.

Somente anos depois, tive acesso a um parágrafo escrito no fim dos anos 1960, que apareceu em um livro que Sonny publicou. Ele escreveu: *Hoje é o meu 33º aniversário. Nunca estou sem a Cher. Ela vive dentro do meu corpo. Cher é verdadeiramente uma estrela, da raiz dos cabelos à ponta dos dedos do pé. Graças a Deus eu a tenho. Ela é meu estabilizante. E também é a geradora da minha criação. É minha razão de viver.*

Queria ter sabido como ele realmente se sentia, porque nunca, de forma alguma, teria imaginado isso.

13

good times

Sonny sendo Sonny e sempre pensando no passo seguinte, decidiu que faria um filme e nós seríamos as estrelas. Ele prometeu: "Nosso filme vai ser como o dos Beatles, só que melhor." Ele falava disso constantemente durante os jogos de cartas, cervejadas e festivais de mariscos que fazia com os amigos toda semana. Sem aguentar mais ouvi-lo, seus amigos, em determinado momento, viraram para ele e disseram: "Então, faça o filme!" Foi o incentivo de que ele precisava. Um desses amigos era Francis Ford Coppola, aluno da UCLA e colega cinegrafista que tinha feito alguns filmes de baixo custo. O outro era Billy Friedkin, um documentarista jovem que também queria fazer filmes. Essa dupla de colegas de pôquer estava a anos de fazer os icônicos *O poderoso chefão*, *Apocalypse Now*, *O exorcista* e *Operação França*, mas eram grandes amigos de Sonny e estavam no mercado do cinema, portanto, ele confiou nos conselhos deles.

Apesar de antigamente amar minhas aulas de atuação e de ter detestado abandoná-las, eu estava um pouco desconfiada dos sonhos cinematográficos de Sonny, porque sabia que seriam filmes bobinhos, não os dramas sérios que eu queria fazer. Mas Sonny transbordava de confiança e, embora nunca tivesse escrito um roteiro na vida nem aparecido em filme algum como algo além de um mero figurante, decidiu da noite para o dia que era cineasta. Contratou seu companheiro de pôquer Billy Friedkin como diretor, embora Billy tivesse 20 e poucos anos e nunca tivesse dirigido um filme antes. Também chamou um roteirista, mas, em algum momento, tomou a escrita para si e despediu o rapaz devido a conflitos criativos — um deles sendo o fato de que Sonny ligava para todo mundo assim que o dia amanhecia pedindo uma reunião de roteiristas, como fazia comigo no meio da madrugava para ouvir suas músicas e ler seus diários.

As discussões sobre o filme não tinham fim. Certa noite, fiquei de saco cheio com o tempo que estavam levando e entrei na sala para dizer que aquele roteiro era idiota e constrangedor e que eu não queria ter mais nada a ver com aquilo. Sonny imediatamente deu um salto e gritou: "Maravilha! Podemos fazer um filme sobre você não querer fazer um filme!"

Pedindo favores a amigos, ele persuadiu Harold Battiste a fazer o arranjo e escrever a partitura de seis de suas músicas que estariam no filme. Harold nunca tinha escrito uma música para um filme e teve que ler um livro sobre escrever partitura antes de começar, mas fez um arranjo de uma versão lenta de jazz muito bacana de "I Got You Babe" para a abertura, que eu amei.

Sonny finalmente recebeu o aval da Paramount para fazer o filme, que decidiu chamar de *Tempos felizes*. É muito engraçado. Meio bobo e cafona, mas engraçado. Sonny chamou de uma "comédia romântica com músicas". O roteiro é cheio de números musicais, esquetes e piadas bobas. Interpretamos nós mesmos, com uma versão de Sonny como um cantor ingênuo desesperado para nos transformar em estrelas de cinema. Ele é convencido por um produtor pilantra a aceitar um roteiro terrível, e então nós somos vistos fantasiando sobre os tipos de papéis que gostaríamos de fazer: Tarzan e Jane, um delegado e uma dançarina de cabaré, e um detetive particular mequetrefe e sua acompanhante. O tempo todo, minha personagem não leva nada daquilo a sério. O filme é uma paródia de muitos outros a que Sonny tinha assistido: *O falcão maltês*, os filmes do Tarzan, *Matar ou morrer* e todos os tantos filmes de faroeste.

Gravamos boa parte na nossa casa, para deixar o filme "ainda mais autêntico". Usamos nossos próprios carros — dois Mustangs 1964 que ganhamos de presente da Ford Motor Company customizados por George Barris, o famoso "Rei da Customização de Carros", que também fez o Batmóvel e o Monkeemobile, da banda The Monkees. Ganhei um Mustang rosa-chiclete com tapetes de pelo rosa e detalhes em pele de arminho, enquanto o carro de Sonny era pintado em quarenta camadas de tinta de murano dourado com bancos de pelo preto e branco. Esses carros surgem em leilões de vez em quando. Ainda curto para caramba quando os vejo.

No primeiro dia no set de filmagem, Sonny estava atarefado correndo de um lado para o outro, exercendo seu novo papel como cineasta em ascensão. Juro que se alguém tivesse dado a ele um daqueles visores de diretor, ele teria andado com aquilo no olho pelo set só para incorporar o personagem. Enquanto ele e Billy Friedkin estavam ocupados, eu não tinha muito a fazer. Ficava imaginando como ia me encaixar naquilo. A verdade é que nunca achei que o filme fosse sair, então, quando ele conseguiu o patrocínio, fiquei pensando: *Ah, caralho! Agora é real. Vou ter que fazer alguma coisa.* Lembro que tinha acabado de começar a tomar pílula anticoncepcional e engordado sete quilos. Estava me sentindo enorme. Ótimo momento para aparecer diante da câmera. Enquanto esperava minha hora de gravar, conheci o ator George Sanders, que já tinha estado em muitos filmes clássicos como *O retrato de Dorian Gray*, *A malvada* e *Entre o amor e o pecado*. Ele inclusive já havia sido indicado para um Oscar. Eu me lembro de pensar: *Me sinto tão mal por ele estar neste filme depois de ter feito obras desse porte.* Depois disso, ele fez a voz de Shere Khan em *Mogli, o menino lobo*. Começou a conversar comigo e foi maravilhoso. Eu disse a ele que parecia que já havíamos nos conhecido antes e ele respondeu: "Isso se chama déjà vu" e foi a partir daí que não paramos de conversar. Foi a primeira vez que ouvi esse termo. Ele era tão cosmopolita, parecia um cavalheiro de antigamente. Acho que foi uma surpresa para ele que eu soubesse tanto sobre seu histórico cinematográfico, mas eu amava seu trabalho e tinha muito respeito por ele.

No fim dos dias de gravação, Sonny e Billy se sentavam na nossa sala e discutiam quais cortes fariam no filme. Os dois tinham longas discussões e depois reescreviam partes do roteiro e conversavam sobre o que precisava ser refilmado. As conversas duravam até altas horas da noite.

Uma das melhores partes das filmagens foi o tempo que passamos no parque de vida selvagem Africa USA. No primeiro dia lá, um homem caminhou direto na nossa direção, vindo de bem longe, com um tigre andando livremente ao seu lado. Fiquei apavorada conforme eles se aproximavam, e Sonny ficava me dizendo: "Cher, acalme-se." Eu estava de short, e quando eles chegaram perto da gente, enquanto o treinador conversava com Sonny, o tigre chamado Sarang lambeu a parte de dentro da minha perna. Sua língua parecia lixa. Ele era imenso, um tigre adulto. Quase desmaiei. Meu animal favorito do parque era uma elefanta linda chamada Margie. Às vezes, eu me deitava na grama e Margie ficava ao meu lado, ou eu subia nela e passeava pelo parque. O pelo das suas costas era grosso, então os treinadores tiveram que queimá-lo com uma tocha antes de colocar uma sela acolchoada nela. Acho que ela ainda não era um animal adulto, mas sabia como me erguer com sua tromba e me colocar em suas costas. Ela era um doce, e eu nunca sentia medo, afinal, era uma colega atriz. Algumas das pessoas que trabalhavam no Africa USA me disseram que havia crocodilos no parque, mas que estavam hibernando. Ninguém jamais me contou onde, mas não pensei muito nisso até o dia em que estava atravessando um lago no parque. Estava quase na metade do caminho e me ocorreu: *Meu Deus, onde é que um crocodilo iria hibernar, senão em um lago?* Quase me afoguei correndo até a beira. No fim das contas, os crocodilos estavam hibernando em uma caixa de metal, mas a cada passo que dei naquele lago imaginei crocodilos dormindo a centímetros dos meus pés.

Em dois momentos, as coisas saíram um pouco do controle no set. O primeiro foi em uma cena em que Sonny fazia Sam Spade e eu era Brigid O'Shaughnessy. O vilão da cena deveria atirar nas minhas costas, mas as balas de festim eram pesadas demais e me machucaram de verdade. Eu usava uma blusa fina ou um vestido, e elas me atingiram com força. Billy só ficava me dizendo que eu tinha que deixar de ser fracote. Doeu tanto que comecei a chorar e caí de costas em um armário, que começou a cambalear.

Por sorte, um dos caras do cenário segurou na hora certa. Eu disse: "Vai se foder, Billy" e fui embora.

O segundo momento foi quando Sonny era Jungle Maury e tinha um filhote de leão na cena com ele. O filhotinho era pequeno, mas mesmo um leão bebê é muito forte. No fim da cena, Billy gritou "corta" e Sonny começou a se afastar. Acho que o leão gostou mesmo dele, pois pulou nas suas costas, derrubando-o de cara no chão.

O filme estava começando a me conquistar. Havia uma cena em que um grupo de chimpanzés jogava pôquer. Era maravilhosa. Todos os chimpanzés sentados ao redor da mesa, arrumando as cartas nas mãos e escolhendo qual jogariam na mesa. Um dos chimpanzés estava fumando, e ele amou fazer aquilo. Foi uma das minhas cenas favoritas do filme.

Acho que a pessoa que ficou mais feliz com o filme de Sonny foi minha mãe, que aparecia no set com bastante frequência. Dizia com orgulho para todo mundo: "Eu sempre soube que a minha filha seria estrela de cinema." Eu tinha que rir. Conhecer George Sanders foi um grande bônus.

Nossa vida estava tão louca naquela época que achei que nada mais pudesse me surpreender, mas foi nesse momento em que conhecemos uma pessoa em uma outra categoria de loucura. Foi em uma viagem a Nova York acompanhados da nossa amiga Joey. Estávamos hospedados no famoso hotel St. Regis, na East 55th Street, quando nos encontramos com Francis Ford Coppola, que estava na cidade trabalhando em um filme novo. No lobby, nos deparamos com o artista Salvador Dalí. Ele passava todo inverno no St. Regis. O famoso surrealista nos olhou de cima a baixo e nos convidou para uma festa que sua esposa e musa Gala estava dando na suíte dela, número 1610. Aceitamos o convite e Dalí nos recebeu graciosamente, vestindo um blazer de veludo e parecendo esquisito como sempre. Sua jaguatirica de estimação, Babou, estava deitada em um sofá.

Todo mundo era lindo ou bizarro, e todos pareciam estar drogados. Muitas pessoas usavam peças de renda preta de babado e carregavam bengalas com topo de prata. O resto cambaleava pelo quarto falando um francês tão rápido que eu não teria entendido mesmo que tivesse prestado mais atenção nas aulas da sra. Simpson. Foi como entrar em um filme ruim de Fellini e, pela primeira vez, Sonny e eu não éramos as pessoas mais esquisitas em um recinto. Sentindo-me terrivelmente careta, não sabia o que fazer ou dizer. Acho que consegui fingir que era descolada, porque quando estávamos indo embora, Dalí declarou: "Venham jantar amanhã à noite." Foi uma ordem, não um convite.

Na noite seguinte, antes do jantar, Dalí nos recebeu em seu estúdio, que era menor e pouco iluminado. Logo que chegamos, ficou imediatamente óbvio que uma orgia havia acontecido ali. Uma porta aberta dava para um cômodo grande, onde pessoas estavam nuas ou em vários estágios de seminudez. Uma garota sem sutiã apareceu vestindo uma blusa transparente que poderia perfeitamente ser um pedaço de plástico-filme. Sem saber onde me sentar nem o que falar, acomodei-me em uma enorme poltrona de plush e fiz meu melhor para não parecer chocada. Joey sentou-se em outra poltrona, mas Sonny e Francis eram tão frouxos que se espremeram em um sofazinho de um lugar do outro lado da sala. Os dois simplesmente ficaram lá, como dois garotos, até se esticarem para pegar uma caixa de chocolates que eram fac-símiles do famoso relógio derretido de Dalí. Todo mundo riu. Os doces eram uma instalação de arte, não eram para comer. Foi uma surpresa não termos sido expulsos dali naquele instante.

Eu me remexi na poltrona e senti algo pinicando minha perna, então me virei e vi um objeto estranho saindo da fenda entre a almofada e a estrutura do assento. Curiosa, puxei e encontrei um lindo peixe de borracha pintado. Fiquei ainda mais interessada quando liguei o pequeno dispositivo de controle grudado nele e o rabo do peixe começou a se mexer de um lado para o outro. Concluí que era um brinquedo para ser usado na banheira.

Dalí estava me observando, e eu disse: "Ah, meu Deus, Salvador, isso aqui é lindo!"

"Sim", respondeu ele, com um sorriso no rosto. "É adorável, principalmente quando colocado no clitóris."

Larguei aquele peixe o mais rápido possível, enquanto Sonny e Francis imediatamente perderam o controle, transformando-se em garotos de 14 anos, chorando de rir, quase ao nível da histeria. Pegaram um livro de arte da mesa de centro e esconderam o rosto, para disfarçar. Só que era um dos livros de pintura do próprio Dalí, então tudo que eu via era a foto do rosto do pintor com seu bigode na capa sacudindo para cima e para baixo, enquanto o rosto real de Dalí com seu bigode olhava para nós sem entender nada. Sem a ajuda deles, de alguma forma consegui manter minha compostura. Mas, por dentro, eu estava… como posso dizer? Gritando. E, com isso, Dalí anunciou: "Vamos jantar?"

Acompanhados por aquela multidão de gente bizarra da orgia, caminhamos algumas quadras até o restaurante, onde veio ao nosso encontro a artista franco-americana Ultra Violet, que vestia uma camisa com gravata masculina e uma saia de veludo. Ela se sentou ao meu lado e, sem dizer nada, ficava repetidamente batendo na minha perna com sua bengala. *Se ela fizer isso de novo*, pensei, *vou dar um tapa nela.*

Menos de dez minutos depois de nos sentarmos, Dalí se levantou e anunciou: "Esqueci que temos outro compromisso." E, assim, todos eles se levantaram e foram para outra mesa, a apenas um metro e meio de nós. Aparentemente, estavam de saco cheio da gente. Ficamos tão aliviados que não conseguíamos mais esconder. Os garotos começaram a bater na mesa e nós nos acabamos de tanto rir. Tenho certeza de que Dalí achou que éramos uns cretinos, mas, àquela altura, já não estávamos mais nem aí.

De volta a LA, aceitamos o convite para aparecer na primeira temporada do *Carol Burnett Show*, na CBS, apresentado por uma das mulheres mais engraçadas da mídia. Era inovador em seu estilo variado de comédia, principalmente por ser apresentado por uma mulher, e ficamos lisonjeados em sermos apresentados por Carol como "líderes do novo movimento radical e alternativo", apesar de, aos meus ouvidos, ter soado como uma forma antiquada de explicar quem éramos. A forma como as pessoas nos descreviam sempre me fazia rir. Para me preparar para o programa, fui enviada à casa de figurinos Berman's, na Highland, para escolherem minha roupa. Enquanto esperava no trocador, fiquei muito nervosa, porque, aos 20 anos de idade, nunca havia sido vestida profissionalmente antes. Olhando para o meu reflexo no espelho de três dobras, vi a porta se abrir atrás de mim e por ali entrar o homem mais lindo do mundo. Ele tinha uns 30 anos, cabelos louros bagunçados e os olhos azuis mais maravilhosos de todos, parecia que tinha acabado de passar o verão na Grécia. Olhei para ele e disse: "Você é muito mais jovem do que imaginei que seria!" Rápido como um foguete, ele respondeu: "E você é muito mais baixa do que achei que seria!" Como eu era mais alta que Sonny, todo mundo sempre pensava que eu era uma gigante. Foi a primeira vez que vi Bob Mackie.

Nós dois rimos, e foi o início de uma amizade e colaboração que existe daquele dia em 1967 até hoje. Apesar de só ter encontrado com Bob Mackie uma ou duas vezes naqueles primeiros anos, eu sabia, no fundo do meu coração, que iríamos trabalhar juntos. O que eu não sabia era que ele se tornaria, sem a menor dúvida, um dos homens mais importantes da minha vida. Eu estava me sentindo fabulosa em um lindo minivestido Scarlet com mangas longas e largas de renda que ele adaptou só para mim, e assim entrei no holofote do programa de Carol Burnett para cantar meu último single solo, "You Better Sit Down Kids", uma música composta por Sonny. Sorri quando ele apareceu em um casaco verde de gola rolê e calça preta, e nós dois cantamos algumas canções juntos e brincamos um pouco, implicando um com o outro e rindo. Ele sempre sabia como me fazer relaxar no palco. Quando nos reunimos com Carol para um grand finale, foi tão divertido que nem parecia trabalho.

Sonny ainda estava fazendo muita coisa no nosso filme, apesar de a Paramount ter recuado e ter planos de fazer um outro filme só comigo. Ele também pretendia produzir um musical de Sonny & Cher chamado *The Beat Goes On*, além de uma animação. Quanto mais projetos, mais entusiasmado e nervoso ele ficava, e eu só surfava na onda, tentando acalmar as coisas, como sempre.

Quando *Tempos felizes* foi enfim lançado, recebeu boas críticas. O *New York Times* descreveu o filme como "vivaz" e "uma bobeira bem-humorada", e o *Los Angeles Times* disse que tinha seu charme. Sonny foi descrito como um cineasta por natureza, e minha atuação, como "descontraída". Eu não sabia se isso era um insulto ou um elogio. Apesar das críticas positivas, o filme não foi um sucesso nos cinemas, e Sonny ficou deprimido e frustrado. Ele havia nos comprometido financeiramente por causa daquilo e agora estava sozinho na empreitada, porque já tinha dispensado Charlie e Brian por se concentrarem demais nos novos artistas que estavam agenciando, como Buffalo Springfield e Iron Butterfly. Os dois sumiram antes que eu fosse comunicada, e, quando perguntei por quê, Sonny disse que eles tinham roubado nosso dinheiro. Li em algum lugar depois que tivemos que pagar a eles 250 mil dólares para romper o contrato.

Recusando-se a desistir da gente, Sonny marcou uma reunião com a agência William Morris, que era para estar nos empresariando. Chegamos e nos sentamos na ponta de uma mesa enorme ao lado de um monte de engomadinhos de terno. Quando Sonny pediu a eles para promoverem mais o *Good Times*, nos ajudarem a fazer nosso próximo filme e elevarem nossa carreira musical a outro nível, ninguém disse uma única palavra. E, então, o presidente do conselho, Abe Lastfogel, um homem baixo e esquisito de uns 60 anos, levantou-se e falou: "O futuro parece sombrio", e saiu da sala. Todo mundo se levantou e o seguiu.

Sonny ficou furioso, mas foi Joe DeCarlo que se prontificou a nos salvar, junto com Harvey Kresky, que trabalhava na WMA, mas pediu demissão para nos empresariar, embora ainda estivéssemos nos registros da agência. Sempre amamos Harvey, pois ele era o único na WMA que nos entendia de verdade. Jovem e hippie, ele não usava terno e era alto e bonito.

Fiquei grávida de novo no verão de 1967. Sonny e eu estávamos radiantes, apesar de ansiosos, mas logo sofri outro aborto espontâneo. Começou quando eu estava fazendo compras com Joey em Hollywood, comprando algo para vestir na luta de Muhammad Ali daquela noite. Agachada no banheiro de uma loja, com dor, eu sabia que estava perdendo o bebê, mas consegui chegar em casa antes de o sangramento começar. No dia seguinte, estava de volta ao hospital. Tinha pensado, ingenuamente, que engravidar e parir seria fácil.

Viajávamos de cidade em cidade tentando manter nossa carreira viva, mas nossas vendas haviam caído de milhões de cópias para dezenas de milhares. Com mais tempo livre e entrando em um ano de eleições pela primeira vez como figuras públicas, Sonny decidiu que devíamos nos envolver na política. Tinha ocorrido um aumento no crime organizado, mais protestos por direitos civis e crescentes falhas políticas na interminável Guerra do Vietnã. Pessoas no país inteiro estavam protestando. Sonny ofereceu nossos serviços à campanha presidencial do procurador-geral dos Estados Unidos, Robert Kennedy — que tínhamos conhecido brevemente —, convencido de que o irmão mais novo de JFK era o que o país precisava. Os tempos haviam mudado, assim como a música. Nós tínhamos ficado ultrapassados em comparação com artistas de 20 e poucos anos como Jimi Hendrix, que tocava guitarra com os dentes; Cream e Eric Clapton; e Led Zeppelin, cujas músicas eu amava. Eu teria ficado mais do que feliz de mudar junto com os tempos e ser mais rock and roll, mas meu marido de 33 anos vetava qualquer sugestão, então era isso aí. Eu conhecia as regras.

A essa altura, fiquei grávida de novo e logo sofri meu terceiro aborto espontâneo. Cada vez que perdia um bebê era pior do que a anterior e mais um golpe na minha confiança. Eu tinha só 21 anos, mas comecei a pensar se conseguiria ter filhos, algo que queria muito, apesar dos problemas no nosso casamento. O que eu mais odiava era o que se seguia após a perda de cada bebê. Inevitavelmente, eu encontrava alguém que perguntava sobre o bebê ou como eu estava me sentindo. Então tinha que explicar tudo o que tinha acontecido, o que só prolongava toda aquela experiência e deixava as coisas dez vezes piores.

Não entendia o que estava acontecendo e disse a Sonny, aos prantos: "Não quero mais fazer isso. É doloroso demais." Em uma tentativa de descobrir o que havia de errado, fui a uma consulta com meu ginecologista. "Você tem um útero nervoso, Cher", disse ele. "Em termos leigos, isso significa que seu útero tem contrações antecipadas sem motivo."

Sempre que estava em um momento triste, Sonny se voltava para a escrita e, depois de achar que havíamos exaurido quaisquer possibilidades de novos lugares para tocar, começou a trabalhar fervorosamente no nosso próximo filme, que planejava chamar de *Chastity*. Ele estava convencido de que a história de uma jovem moradora de rua que pegava caronas e tentava ir em busca de algo ia nos reconectar aos nossos fãs e à cultura jovem. Ele se tornou ainda mais passional com o projeto depois que Billy Friedkin ligou um dia dizendo: "Vou buscar vocês dois em dez minutos, vocês precisam ver esse filme novo. É inacreditável!" O filme era *A primeira noite de um homem*, estrelando Dustin Hoffman e Anne Bancroft, e nós dois amamos, pois era diferente e inovador. Acho que Sonny aspirava secretamente a fazer algo tão bom quanto aquilo.

Para ajudá-lo a terminar de escrever *Chastity*, ele contratou uma "secretária" jovem e loura para datilografar o texto. Aquela velha história. Certa noite, acordei com sede. Descalça e sonolenta, caminhei pela nossa casa ampla pelo corredor de mármore para buscar um copo d'água. Passei pela sala e depois pelo escritório, que era separado por um portão de ferro fundido com duas pequenas palmeiras, uma de cada lado. Não dava para enxergar muito através do portão, mas consegui ver algo parecido com duas pessoas. Ainda grogue de sono e sem pensar muito, segui andando para a cozinha. Depois que peguei minha água, ouvi barulhos, como murmúrios e sussurros. Naquele momento, soube que havia algo errado, mas segui de volta para o nosso quarto, quando vi a sombra de Sonny ajudando sua assistente a sair pela porta da frente. Que clichê mais escroto. Aquilo partiu meu coração, mas é preciso dar a ele nota dez pelo esforço.

Continuei andando em direção ao quarto e me deitei bem na beirada do meu lado da cama. Ouvi quando ele chegou atrás de mim e começou a dizer: "Cher, eu..." Mas ergui a mão no alto e retruquei: "Não diga uma palavra. Nem uma palavra, porra." Devo ter desconectado minha cabeça daquilo, pois, de alguma forma, consegui pegar no sono. No meio da noite, acordei, coloquei algumas roupas em uma bolsa e fui para a casa da minha mãe. Sempre que estou em um momento de angústia, desde aquela época até hoje, tenho a sensação de que quero falar com a minha mãe.

Ela ficou furiosa quando descobriu o que tinha acontecido e falou: "Cher, querida, preciso dizer que já faz um tempo que ouço histórias sobre ele." Não tive coragem de ouvir mais nada, ainda estava lidando com o que havia acontecido. Acordar já era um esforço tamanho. Eu estava tomada de tristeza. Minha mãe já tinha visto todo tipo de cafajestagem quando se tratava de homens e nunca perdoou Sonny por me magoar, ainda mais depois que ele ligou na manhã seguinte dizendo que a culpa era minha.

Quando Sonny chegou à casa dela para se defender, minha mãe conseguiu ficar quieta. Ela não ia começar a gritar com ele enquanto eu e minha irmã estivéssemos por perto. Sabia como eu me sentia mal, não ia jogar sal na ferida. Como sempre, Sonny usou seu charme e persuasão para me reconquistar. Ele me disse que estava arrependido, mas insistiu que a culpa era minha por não fazer sexo suficiente com ele. "Eu não precisaria buscar isso fora do nosso casamento se estivesse sexualmente satisfeito", insistiu. Era uma puta palhaçada, mas, quando ele terminou, me vi pedindo desculpas.

O incidente causou um mal-estar entre minha mãe e Sonny durante um bom tempo. Não muito depois, ela me escreveu uma carta com uma lista das suas queixas e, em seguida, parou de falar comigo.

Tentei esquecer o que tinha acontecido e fiquei aliviada quando Sonny e eu nos mudamos para uma nova casa. Tínhamos sido convidados para uma festa do ator Tony Curtis. A estrela de *Quanto mais quente melhor* e *Spartacus* (e um homem que se casou quase tantas vezes quanto minha mãe) ia dar uma festa de aniversário em sua mansão no estilo da Renascença italiana no número 141 da South Carolwood Drive, em Holmby Hills. Não fazíamos ideia de por que havíamos sido convidados, já que não conhecíamos Tony, mas logo descobrimos que ele gostava de estar cercado de pessoas "da moda", e acho que nos encaixávamos nesse perfil.

Quando os portões se abriram e Sonny dirigiu pelo longo caminho de entrada até a casa de Tony, fiquei chocada. Só tinha visto uma mansão como aquela nos filmes. Com tantos quartos, e no meio de hectares de paisagismo, ela era estonteante. Devia haver centenas de rostos famosos na festa, mas, ao entrar pelo hall com painéis de carvalho com aquela escada elegante, os espelhos venezianos e os lustres de cristal, eu só tinha olhos para a casa.

A propriedade de mais de mil metros quadrados fora construída nos anos 1930 e tinha nove quartos e dez banheiros. Muitos dos tetos eram pintados com afrescos, para parecer o céu, e cada cômodo continha uma lareira de mármore ornamentado. Havia estábulos e uma piscina olímpica. O antigo dono era Joseph Schenck, fundador da 20th Century Fox, que desenhou uma sala de cinema com uma porta secreta que dizem ter sido criada para que sua amante, Marilyn Monroe, entrasse e saísse discretamente sempre que o visitasse.

Ao caminhar pela propriedade, boquiaberta, falei a Sonny: "Nós vamos morar aqui um dia."

Ele olhou para mim e riu. "Tá certo. Se você está dizendo..."

Quando Tony Curtis nos cumprimentou, abriu os braços para nos receber. "Ah, vocês estão aqui, meus queriiiiidos! Sejam bem-vindos." Em um terno de veludo preto com uma camisa de seda e um cachecol preto comprido, ele era tudo o que eu imaginava e mais, um fabuloso clichê de estrela de cinema e totalmente incrível. Me lembrava um pouco Diana Vreeland e sua grandiosidade, e nós dois o adoramos na hora. Comentei o quanto tinha amado sua casa e ele me abriu um enorme sorriso. "Ah, então você precisa ver minha outra casa, querida", afirmou ele, entrelaçando nossos braços e me levando para fazer um tour. "Eu me mudei seis meses atrás. É uma versão menor desta daqui — e está à venda." Eu mal podia esperar para ver.

Dirigimos até a 364 St. Cloud Road, em Bel-Air, alguns dias depois, e Tony tinha razão, era uma versão menor da sua mansão da Carolwood, mas igualmente linda. Nós dois nos apaixonamos pela casa instantaneamente. Quando Sonny viu o quanto eu estava feliz andando pelos cômodos e nos imaginando ali, ele disse a Tony que bem que queria poder comprar a casa para mim. Delicado como seda, Tony respondeu: "Como é para você, queriiiiida, faço por 250 mil dólares." Sonny não disse nada e deixou que Tony continuasse balançando os braços e fazendo um tour completo conosco pela sala de jogos, biblioteca com painéis, sala de jantar, seis quartos, banheiros e pela enorme piscina. Quando voltamos para o carro, olhei para o homem que amava e disse simplesmente: "Son..."

"Eu sei", respondeu ele, suspirando. Ele olhou de volta para mim e assentiu. "Tudo bem. Vamos comprar."

Acho que não tinha como eu amá-lo mais do que naquele momento. Finalmente eu tinha a casa dos meus sonhos. Tony deixou que nos mudássemos em algumas semanas, apesar de Sonny ainda não ter juntado o dinheiro para pagá-lo. Denis Pregnolato, que trabalhava para nós dois e que eu considerava um bom amigo, se mudou para a ala menor, e nós logo convidamos amigos e família para um churrasco no jardim. A maioria ficou chocada, porque, assim como nós, não conseguia acreditar que morávamos em um lugar tão grandioso.

Uma vez na nossa casa nova, Sonny confessou que tinha gastado todo o nosso dinheiro guardado e nós não tínhamos nada para comprar móveis. Vendemos a casa de Encino de porteira fechada e, por muito tempo, tudo o que tínhamos era uma linda cama de dossel com quatro estacas de madeira e uma mesa de jantar enorme de mogno, com catorze cadeiras estofadas de veludo para quando a família de Sonny viesse nos visitar. Também tínhamos uma mesa pequena com cadeiras no jardim de inverno onde tomávamos café, que Ronnie Wilson generosamente decorou para nós como um presente de boas-vindas. Colocou um papel de parede com diferentes flores coloridas, assim como cortinas lindas e almofadas para combinar. Eu não ligava para a falta de móveis no restante da casa. Estava no paraíso. Éramos novos ricos, mas, como eu costumava dizer, melhor novos do que nunca.

Eu amava aquela casa, mas ela também foi um marco distinto na minha relação com Sonny. Um dos momentos que destacaram mais claramente essa mudança foi quando perguntei se podíamos sair e fazer algo divertido, porque sempre estávamos trabalhando ou dentro de casa. Ele acabou me levando para sair uma noite e fomos ver o filme *Os doze condenados*, estrelando Charles Bronson. Fiquei feliz quando, a caminho de casa após o cinema, ele virou para mim e disse: "Você gostou mesmo desse filme, não foi, Cher?"

"Sim", respondi, sorrindo. "Achei muito bom."

Houve uma pausa, e ele me olhou de um jeito estranho. "Sabe por que você gostou tanto?" O que saiu de sua boca me pegou totalmente desprevenida. "Porque você é sexualmente frustrada." Foi a primeira vez que achei que as coisas não estavam legais, que talvez Sonny não fosse meu amigo. Então, de repente, ele disse: "Me deixa sair desse carro agora!"

"Quê?", perguntei, achando que ele estava brincando.

"Pare o carro. Quero sair daqui agora!"

Sem aviso prévio, Sonny ficou descontrolado, gritando comigo para deixá-lo sair do carro. Eu estava apavorada, então parei como ele pediu. Quando ele saiu e bateu a porta, dirigi até a nossa casa o mais rápido que pude e entrei correndo para falar com Denis.

"Den, você precisa me ajudar! Algo muito louco acabou de acontecer quando estávamos voltando do cinema. Sonny perdeu a cabeça. Me fez parar o carro e saiu na Dead Man's Curve. Por favor, vai lá buscá-lo, ele vai vir andando para casa e não tem calçada lá. Estou com medo."

Denis saiu às pressas e o encontrou. Quando Sonny chegou de volta em casa, estava furioso. "Como se atreveu a me deixar lá?", gritou, antes de sair, irado. Olhei fixamente para a atmosfera raivosa que ele emanava e me perguntei: *Que merda acabou de acontecer?* Pensei que tivesse feito algo sem perceber, pois não conseguia ver sentido na reação dele. Foi perturbador. (Anos depois, pensei que provavelmente ele causou uma briga para ter motivo para sair de casa para um encontro.) Como era comum no caso de Sonny, que logo esquecia seus chiliques, ele seguiu a vida como se não tivesse feito nada. Era algo que comecei a perceber como um padrão. Sonny me desestabilizando e, um segundo depois, agindo como se nada tivesse acontecido.

Em geral, os rompantes dele vinham quando eu menos esperava. Quando morávamos na St. Cloud, eu fazia aula de tênis. Estava desesperada por uma distração e alguma atividade física que evitasse que eu enlouquecesse, então pedi a Joe para me ajudar, já que ele era o único indivíduo com quem eu me sentia à vontade. Também era o único indivíduo que conseguia se sentar com Sonny como se fosse um pai e ter uma conversa profunda. Falei para ele: "Joe, tenho que fazer algo ou vou ficar maluca. Tenho que sair desta casa e não aguento mais fazer compras o tempo todo. Preciso fazer um exercício físico. E quero muito aprender a jogar tênis. Você pode conversar com Son?" Joe sabia como era a minha vida e concordou em ajudar.

Depois de persuadir Sonny a meu favor, Joe me levou para fazer compras e eu escolhi um conjunto de roupa e um tênis. Depois ele me levou a Hollywood Hills para a minha primeira aula com a professora, que tinha que ser mulher. Eu amei cada minuto, e a experiência me levou diretamente de volta aos dias em que eu jogava *softball* com os amigos da minha mãe. Eu só tinha aulas particulares com a treinadora na casa dela e nunca via mais ninguém.

Certo dia, ela estava organizando uma festa que ocorreria após a minha aula. Os convidados começaram a chegar quando eu estava indo embora. Cumprimentei algumas pessoas ao passar e, então, Denis Pregnolato me buscou e me levou para casa. Quando chegamos, ele contou a Sonny que tinha me visto conversando com alguns homens.

Eu não fazia a menor ideia de que eles tinham se falado, porém, mais tarde naquela noite, olhei pela janela do meu quarto e vi uma chama. Olhando mais de perto, vi que Sonny estava acendendo o incinerador no quintal. Quando me dei conta de que ele estava queimando meu uniforme de tênis, senti uma onda de raiva e, logo em seguida, de desesperança. Eu amava minhas aulas. Não podia acreditar que ele estava sendo tão controlador. Me senti completamente traída. Por Dennis. Por Sonny. Algo dentro de mim mudou naquela noite.

Nada entrava no caminho do sonho de Sonny de me tornar uma estrela e ao mesmo tempo ganhar o respeito que desejava, então, quando ele não conseguiu convencer nenhum estúdio a investir no seu projeto depois do fiasco de *Tempos felizes*, teve que pedir alguns empréstimos. Como ele disse, era um risco válido e que mostraria à indústria cinematográfica o que os jovens gostavam de ver. Quando ele enfim juntou dinheiro suficiente, contratou uma equipe de quinze pessoas e um diretor (que só havia feito comerciais e não sabia de nada). O homem parecia a imitação de um diretor de Hollywood e era meio que um charlatão. Tinha jogado um charme para cima de Sonny e virado amigo, e nós todos fomos para o Arizona tentar salvar a nossa carreira mais uma vez, mas as coisas só deram errado. Para manter os custos baixos, eu usava minhas próprias roupas — uma camiseta vinho, uma calça de suede e mocassins — e carregava a mesma bolsa de couro de vaca que tinha conseguido no Sunset uns anos antes.

Sonny sempre disse que *Chastity* era inspirado em mim, e acho que eu poderia ter ficado ofendida, mas não fiquei. O roteiro era sobre uma adolescente hippie sem papas na língua que não tinha foco algum e ficava perambulando pela vida sem nenhum talento além de energia pura. A história era bem fraca, para dizer o mínimo, e a embromação de Sonny não contribuiu em nada para melhorar. Minha personagem, Chastity, até que era interessante. Detestava ser tocada, mas em segredo desejava uma vida normal. Ela pegava caronas pelo Sudeste, roubava um carro e dirigia até o México, onde era seduzida por uma mulher lésbica em um bordel antes de se apaixonar por Eddie, um estudante de Direito com quem ela era instável demais para se relacionar. A parte bissexual foi inspirada pelo episódio em que Sonny pensou que eu era namorada de Melissa quando nos conhecemos.

Um ator britânico chamado Stephen Whittaker foi escalado para fazer o estudante de Direito, e nos demos bem na mesma hora. Ele havia recentemente feito um *bad boy* em *Ao mestre, com carinho*, e aquele seria seu segundo filme. Começamos a nos falar entre as cenas e eu gostava da companhia dele, pois conversávamos de verdade, e ele estava genuinamente interessado no que eu tinha para dizer. Foi ótimo encontrar alguém com quem eu pudesse me relacionar, sem ser de um jeito sexual. Ele era só um garoto da minha idade com brilho nos olhos, que entendia meu amor pela atuação.

Na madrugada do dia 6 de junho de 1968, Sonny recebeu uma ligação que parou a produção por alguns dias, apesar de o dinheiro e o tempo serem escassos. Robert Kennedy tinha sido assassinado por um atirador no Ambassador Hotel, em Los Angeles. Aos 42 anos, ele acabara de vencer a pré-candidatura presidencial do Partido Democrata e estava celebrando com colegas de campanha e jornalistas quando foi baleado. Só havíamos nos encontrado uma ou duas vezes, que foram suficientes para nos impressionar e, se não estivéssemos trabalhando no filme, talvez estivéssemos com ele naquela noite para comemorar, já que nossa programação era fazer campanha assim que as gravações acabassem. O assassinato de Kennedy ocorreu quase dois meses após o assassinato de Martin Luther King Jr., outra imensa perda para o mundo. Algumas semanas depois, Sonny e eu fomos um dos poucos artistas brancos convidados para cantar no Soul Together, um show beneficente para um fundo no nome de Martin Luther King, no Madison Square Garden. Foi a nossa primeira vez cantando em um templo sagrado da música, e ficamos muito gratos por fazer parte do elenco musical.

Os artistas principais eram Aretha Franklin, Jimi Hendrix, Young Rascals, e Sam & Dave. Nós estávamos lá no final do *line up*, junto com King Curtis & the Kingpins. Sonny usou um conjunto quadriculado preto, e eu, um vestido no estilo egípcio comprido de cetim rosa. Eu mesma tinha desenhado a roupa, que minha costureira Sadie tinha feito para mim. A última vez que havia usado o vestido, ele estava perfeito, mas, quando vesti daquela vez, pareceu meio apertado. Quando Sonny saiu com Aretha Franklin para procurar uma bebida, fui observar a multidão de uma passagem em arco onde ninguém conseguia me ver. De repente, percebi alguém ao meu lado e dei de cara com Jimi Hendrix. Ele usava uma jaqueta de veludo, uma camisa de seda volumosa e anéis maravilhosos. Sorrindo, ele se apresentou e me perguntou: "Você tem alguma coisa?" A princípio, não sabia do que ele estava falando, mas logo entendi que era de drogas, porque acrescentou: "Todo mundo está querendo lá nos bastidores."

Quando falei a Jimi que não usava drogas, nós conversamos sobre amenidades. Só sei que Jimi era legal e que gostei dele; era gentil e educado. Não sei o que eu esperava, mas não era aquilo. Muito bonito, ele era um cavalheiro. Tinha uma personalidade interessante também, e eu amava seu estilo e seus trejeitos. Era apenas alguns anos mais velho que eu e, quando morreu dois anos depois por causa do alcoolismo e dos excessos da vida, fiquei muito triste. Seu nome foi acrescentado a uma longa lista de músicos, cantores e especialistas talentosos da indústria que morreram das chamadas "mortes do rock and roll" no final dos anos 1960. Dentre eles, o angelical Brian Jones, Janis Joplin e Brian Epstein.

Depois do show, voltamos para o Arizona para terminar de filmar *Chastity*, e Sonny se ocupou supervisionando a equipe e tentando impedir que os custos saíssem do controle. Mas não estava ocupado a ponto de não reparar que eu e meu colega Stephen estávamos nos dando bem. Ciumento e preocupado que Stephen e eu tivéssemos um caso, Sonny mudou minhas cenas para um horário diferente do dia, para que meu coprotagonista e eu quase nunca ficássemos juntos. A atmosfera no set ficou terrível, e o que Sonny fez foi muito injusto, porque eu nem conhecia Stephen direito e não havia oportunidade alguma de nos encontrarmos em segredo, uma vez que filmávamos sem parar. Eu sequer me sentia atraída por ele. Só gostava de ter alguém mais jovem e mais livre com quem conversar, com crenças mais parecidas com as minhas. A possessividade de Sonny arruinou tudo, e fiquei muito brava com ele por isso. O roteiro já era descabido, mas Sonny piorou tudo ao cortar todas as cenas de intimidade entre mim e Stephen, sequer permitindo que nos beijássemos. Era uma idiotice, uma vez que era para eu me apaixonar pelo cara. Dali em diante, o filme inteiro não fez mais sentido algum.

Quando as filmagens finalmente terminaram, voltamos para casa, onde descobri que estava grávida de novo, o que explicava por que meu vestido estava apertado no show. Meu médico me disse: "Cher, quero você de repouso por um mês. É para ficar deitada. Não quero nem que ande de carro nem faça nada que possa te chacoalhar." A ideia era bem atraente depois daqueles anos anteriores, embora, olhando em retrospecto, eu tenha certeza de que Sonny surtou ao pensar que eu não poderia trabalhar, já que não tínhamos dinheiro algum. Enquanto eu estava de repouso, Sonny manteve seu ritmo de vida acelerado. Ele passava o dia todo fora, trabalhando nas edições e, às vezes, chegava tarde da noite. A sala de edição se tornou sua segunda casa. Em setembro, ele foi à Convenção Nacional Democrata em Chicago, onde houve manifestações nas ruas. Ele teve uma ideia de lei que sugeria uma forma de colocar pessoas jovens na legislatura como "senadores juniores", para dar voz e ajudar a cobrir o buraco geracional da política. Reuniu-se com todas as mulheres dos senadores para falar disso. O senador George McGovern demonstrou interesse na ideia, e, quando voltou, Sonny só falava de McGovern e de como ele deveria ser nosso próximo presidente. Sonny tinha precisado voltar de viagem antes do previsto porque acabou virando alvo dos protestos, com os estudantes o acusando de ser rico e de fazer parte do sistema. Ele não se ajudou nem um pouco quando, naquele mesmo ano, concordou em filmar uma propaganda do

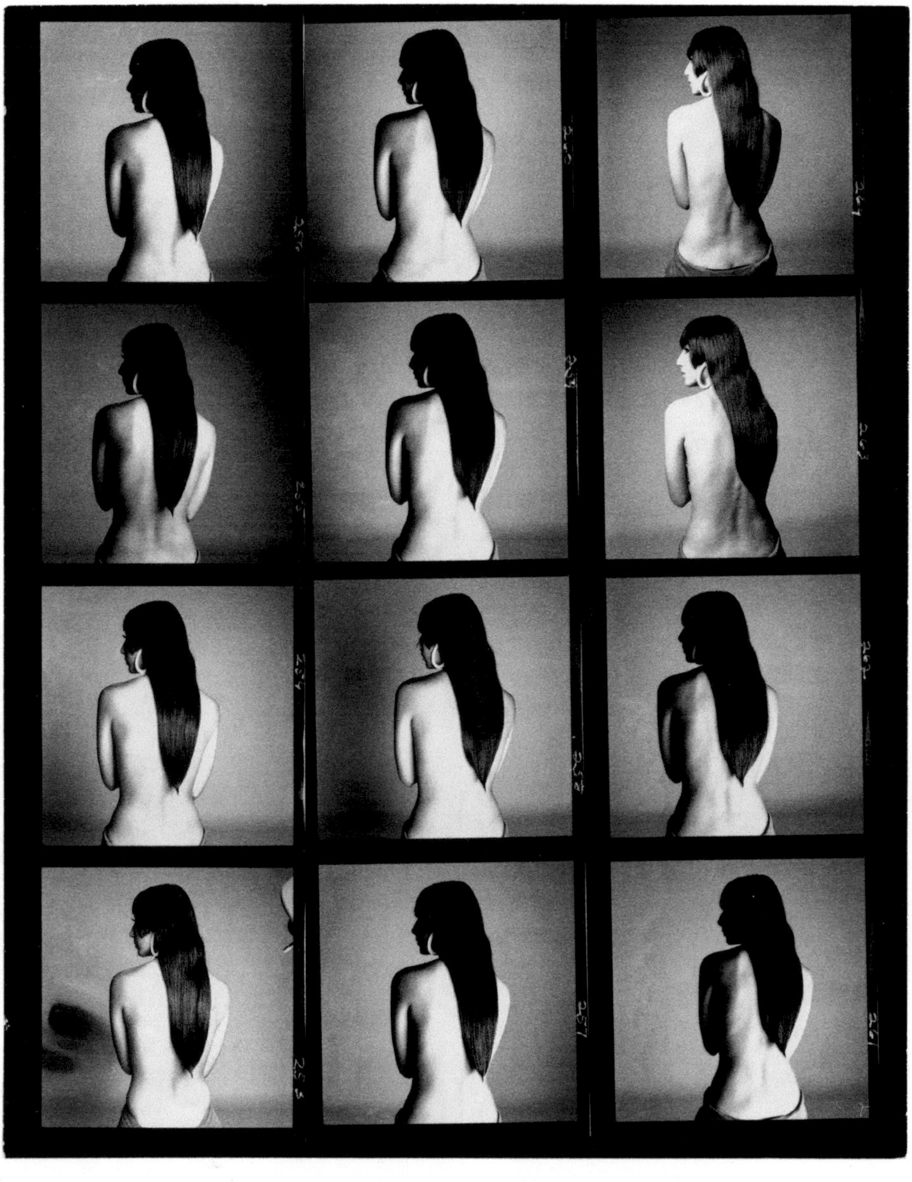

Primeira sessão de fotos com Richard. A sra. Vreeland estava lá.

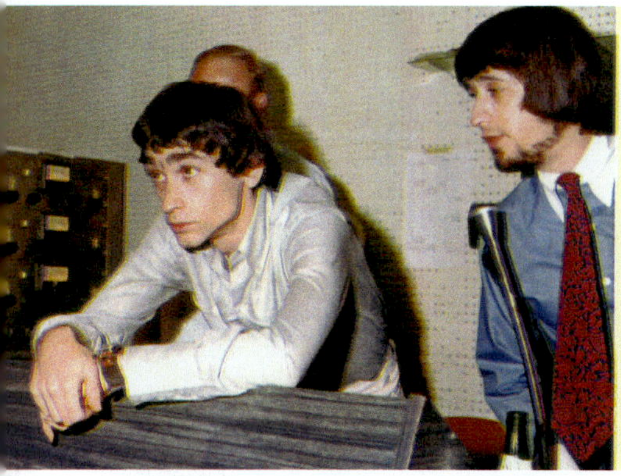

Nossos primeiros empresários, Charlie e Brian.

Sonny e eu nos juntamos a milhares de pessoas em Hollywood para protestar contra a brutalidade policial em 1966.

Minha vida é bordar.

Com meu amado Scunci, nos anos 1970.

Na piscina da casa de Encino com Sonny.

Uma folga na estrada.

Joey e eu.

Pronta para uma premiação.

Tendo acabado de chegar ao local, estava me preparando para subir ao palco.

Sarang e eu. Ele lambeu a minha perna e sua língua era como uma lixa.

Son, eu e Margie.

Still do filme Chastity *com Sonny na cadeira de diretor, minha amiga Joanna e eu.*

Cumprimentando a plateia do Martin Luther King Benefit no Madison Square Garden, em 28 de junho de 1968.

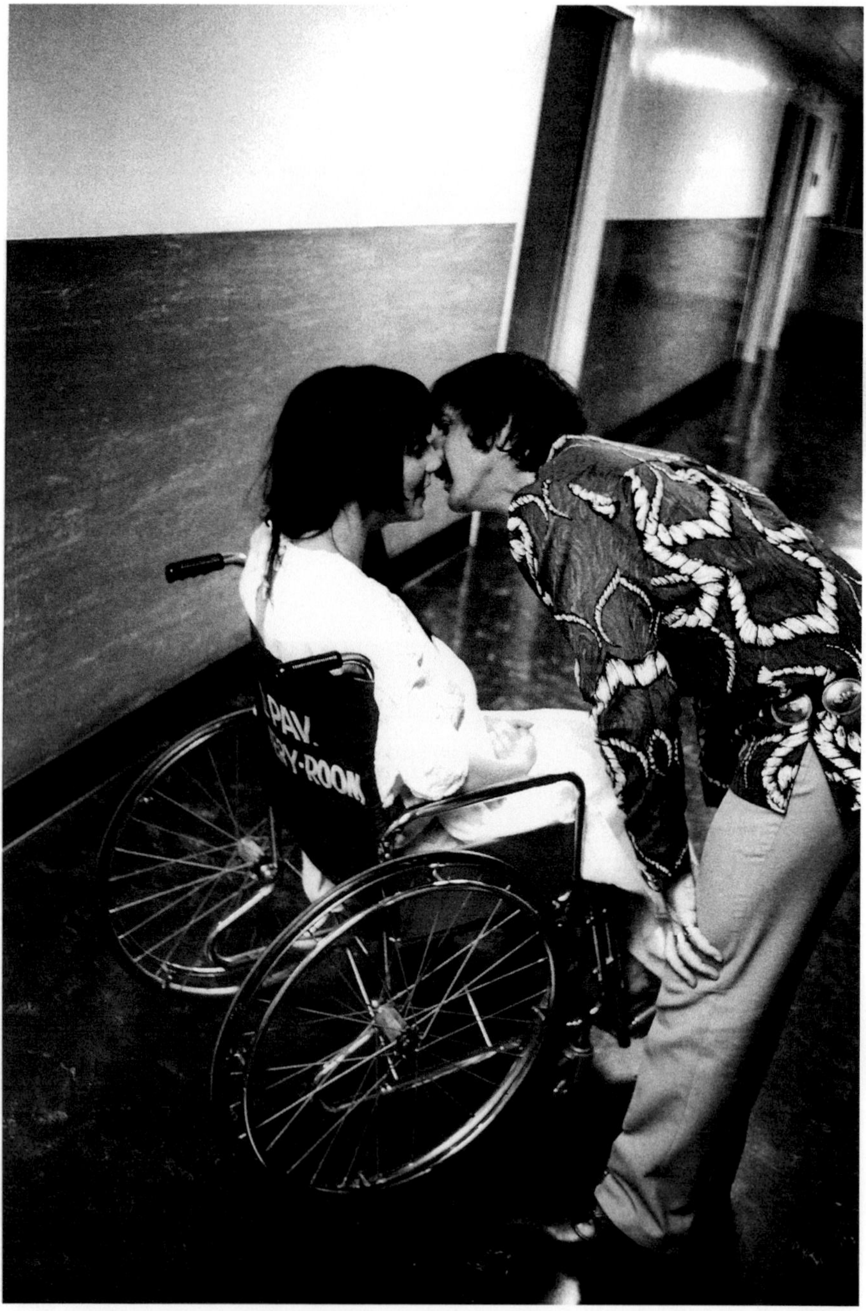

Son me beijando quando fui ter Chas.

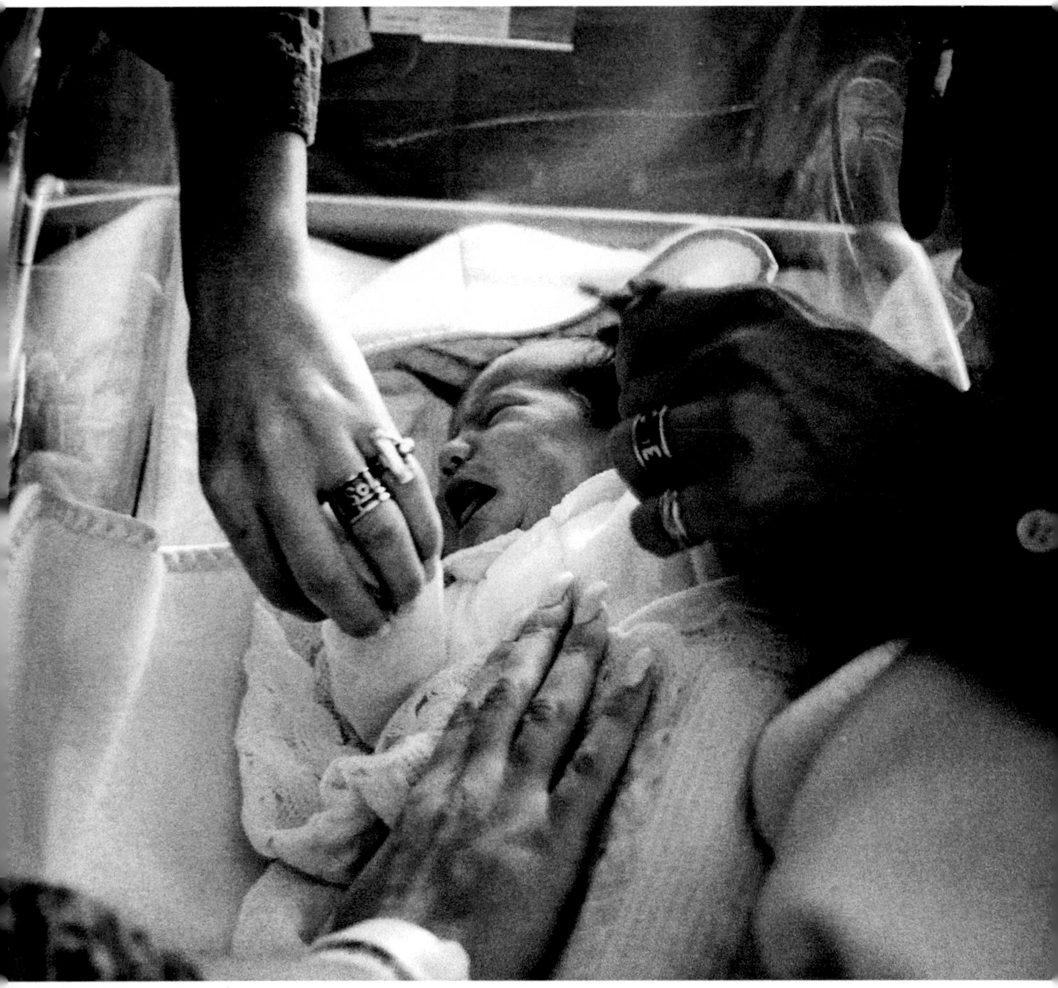

Chas aconchegada. Minha mãe e meu pai. Anéis de Sonny & Cher.

Uma nova mamãe brincando com Chas. No Blue Room do Fairmont Hotel.

governo de trinta minutos chamada *Marijuana*, para ser distribuída nas escolas americanas. Nela, advertia os adolescentes que, ao se tornarem "maconheiros", poderiam arruinar os anos mais importantes de sua vida. Sendo um homem de mais de trinta anos, vestido com um pijama dourado de seda em nossa casa opulenta, ele acabou parecendo completamente desconectado do público-alvo. Ano após ano, alunos do nono ano até o fim do ensino médio eram obrigados a assistir a esse filminho, portanto, a mensagem dele fez com que nós dois parecêssemos idiotas, ainda mais porque eles não estavam nos ouvindo de qualquer forma.

Para depois que o bebê nascesse, Sonny tinha assinado um contrato de um mês com shows duas vezes por semana na Flamingo, em Las Vegas. Faríamos a apresentação de abertura, em um teatro sentado, para Pat Boone, o que era um retrocesso enorme para nós, pois costumávamos ser o show principal e esgotar ingressos em casas de shows enormes. Apesar de saber que precisávamos do dinheiro, era uma cidade de que eu não gostava naquela época — normalmente, eu ficava doente lá. Não sei se era o ar-condicionado, o ar seco ou simplesmente o estresse de estar presa no meio do deserto, mas me sentia sufocada e claustrofóbica toda vez que íamos para Vegas.

O comportamento de Sonny estava instável e temperamental, mas nunca me ocorreu que ele pudesse estar usando drogas em segredo. Ele era tão ferrenhamente antidrogas que nunca imaginei que isso pudesse ser verdade. Mas um dia vi algo que não deveria ter visto. Estava descansando na nossa cama quando nosso segurança, Big Jim, entrou no quarto com algo e colocou dentro do armário do banheiro de Sonny. Não pensei que fosse nada de mais, porém, depois que Jim saiu, fui procurar um barbeador emprestado para raspar a perna e encontrei algo que eu não esperava. Dentro do armário havia uma garrafinha quadrada de plástico, de uns 15 centímetros de altura, com centenas de comprimidos azuis de Valium, o tipo de recipiente em que um farmacêutico guarda comprimidos em maiores quantidades antes de dividi-los em prescrições individuais.

O banheiro de Sonny era um lugar particular, e eu sabia intuitivamente que não deveria entrar ali, mas não fazia ideia de que fosse porque ele guardava em segredo Valium e analgésicos controlados para suas pedras no rim. Se soubesse disso naquela época, com certeza teria explicado as oscilações de humor que o deixavam tão difícil de entender ou as noites em que me acordava para conversar sobre algo. Era por isso que eu tinha comprado os diários para ele. Não acho, nem por um instante, que ele pensasse nesses comprimidos como as "drogas" que condenava publicamente, como maconha e LSD. Como estava prestes a descobrir, aquele não era seu único segredo.

No meio de todo esse turbilhão, Sonny me ligou do seu escritório um dia e disse: "Estou indo para casa e vamos nos casar."

Respirei fundo e respondi simplesmente: "Ótimo." Na minha cabeça, já éramos casados desde que trocamos alianças no banheiro, portanto seria uma mera formalidade. A cerimônia tinha que ser feita rapidamente e de forma privada, para que ninguém descobrisse que estávamos fingindo sermos casados desde o início. Naquela época era diferente, e como morar junto antes de casar era algo bastante reprovável, nós não teríamos sido aceitos como modelos. Naqueles tempos, se a verdade viesse à tona, seria o fim da nossa carreira e, de toda forma, não era como se eu tivesse sempre planejado um casamento dos sonhos. Não era o meu estilo.

Coloquei uma calça boca de sino e uma camiseta bacana e estava pronta quando Sonny chegou logo depois, pouco antes que Joe D e sua namorada, Margie (que mais tarde virou Margie Perenchio), aparecessem na nossa casa para serem nossas testemunhas. Quando o advogado chegou, fomos até a biblioteca, onde um juiz de paz realizou a breve cerimônia. Assinamos os documentos para legalizar nosso relacionamento. Demorou poucos minutos. Não houve vestido branco, nem bolo, nem convidados, nem flores. Minha cerimônia havia sido melhor e mais longa. Mas eu não me senti traída. Longe disso. Fiquei feliz pela cerimônia ter finalmente acontecido. Sonny foi direto para o escritório com aquele pedaço de papel tão importante, e eu voltei para o quarto, para repousar. O que aconteceu não fez com que o que nós já tínhamos parecesse mais especial. Ainda estávamos juntos, eu estava carregando o bebê dele no ventre e agora éramos marido e mulher, com um certificado para provar. Era só isso.

Fiquei felicíssima quando nosso bebê sobreviveu aos primeiros meses sem que meu útero o expulsasse. Sonny estava convencido de que era um menino, pois era o que ele queria, uma vez que já tinha Christy. Eu não ligava. Só queria que nascesse vivo e saudável. Com a proximidade da minha data prevista de parto, a ansiedade de nos tornarmos pais fez maravilhas pela nossa relação. Embora Sonny estivesse ocupado como sempre, ele estava mais carinhoso comigo e me acalmava toda vez que eu entrava em pânico pensando no parto. Raramente sem a câmera, Sonny tirou dezenas de fotografias enquanto minha pequena barriga inchava e virava uma barriga não tão pequena.

No início de 1969, minha amiga Judy Allison fez um chá de bebê para mim em um hotel em LA. Atrás de uma mesa comprida, extremamente grávida com uma blusa volumosa de estampa indiana, abri os brinquedos e as roupinhas que Cass Eliot, Liza Minnelli, Joey Maalouf (agora Steiner) e outras amigas me deram. Erguer no ar os pequenos macacõezinhos, chapéus e tapa-fraldas para que todos vissem realmente fez cair a ficha de que, dessa vez, parecia que eu ia chegar ao final da minha gestação e levar meu bebê para casa.

No aniversário de 34 anos de Sonny, dia 16 de fevereiro de 1969, comecei a ter contrações, ele me levou para o hospital e, depois de algumas horas, fomos informados de que era um alarme falso, e ele me levou de volta para casa. A mesma coisa aconteceu algumas semanas depois. E então, no dia 3 de março, mais ou menos às dezoito horas, liguei para o escritório dele e disse: "Chegou a hora!" Ao que ele respondeu: "Beleza, falo com você mais tarde", e desligou. Pensando que seria mais uma viagem perdida, ele continuou trabalhando.

"Não, Son!", gritei do outro lado da linha. Eu estava com tanto medo que mal conseguia falar, de tanto que os meus dentes batiam.

Joe D estava com ele naquele dia, olhou para Sonny como se ele fosse maluco e falou: "Você não acha que deveria ir para o hospital, para não perder o nascimento do seu bebê?" Sonny de repente se deu conta do que eu tinha dito no telefone e correu para o carro.

A lua estava muito cheia naquela noite, me lembro de olhar para ela a caminho do hospital. Simplesmente gigantesca. Quando cheguei ao Cedars--Sinai no banco de trás da nossa limusine Rolls-Royce ridícula, Sonny estava esperando para tirar fotos minhas de todos os ângulos, tentando me fazer rir até quando eu escondia meu rosto, olhando de cara feia para ele o tempo todo. Depois de me colocar em uma cadeira de rodas, ele entregou a câmera para Denis Pregnolato e o instruiu a tirar fotos dele me levando na cadeira pelo corredor.

"Lembre, Cher, eu quero um menino!", disse ele, rindo o tempo todo.

"Eu vou te matar se você não parar de tirar fotos!" Eu estava dando um meio-sorriso, mas não queria fotos minhas treze quilos mais pesada, suando e sentindo dor. Ele me garantiu que eu o agradeceria nos anos seguintes, e não estava errado.

Enquanto eu era levada à ala de parto do hospital, cada parte do meu corpo tremia. Fiquei petrificada com o que estava por vir e me senti completamente despreparada conforme meu trabalho de parto evoluía, sobretudo quando Sonny teve que sair e ir para a sala de espera — como era de praxe na época. Ele instruiu Denis a tirar mais fotos dele olhando pensativo pela janela, fumando um cigarro e vestindo um jaleco de médico. O evento inteiro foi capturado em celuloide.

Ainda em pânico, só me acalmei quando meu ginecologista maravilhoso, o dr. Alfred Heldfond, chegou. Estava acompanhado de sua enfermeira sueca, Elizabeth, que tinha se tornado minha melhor amiga durante a gravidez e foi esplendorosamente bondosa comigo. Eu amava tanto Elizabeth — mais ainda quando descobri, depois, que sua mãe havia morrido naquele dia e, ainda assim, ela insistiu em estar no meu parto.

Naquela época, não havia anestesia epidural, então você ficava ou cem por cento consciente e sentindo dor, ou completamente adormecida. Depois que me deram as drogas, não vi mais nada. Tudo foi um grande borrão. No início da madrugada, me mandaram fazer força, e então ouvi um choro de bebê e perguntei dezenas de vezes: "Meu bebê tem todos os dedos das mãos e dos pés?", antes de cair no sono.

Sonny veio na manhã seguinte me contar que tínhamos uma menina de 3,4 quilos e que ela era linda. Ele não parecia se importar nem um pouco que não era um menino. Eu a nomeei Chastity Sun, "Chastity" porque era meu nome no filme que tínhamos acabado de fazer e "Sun" em homenagem ao pai dela.

Não conseguia acreditar no quanto ela era miúda. Incrivelmente fofinha, ela tinha olhos enormes e uma cabeleira preta, parecia um pequeno esquimó. Eu estava muito feliz, mas, depois que a levaram de volta para o berçário, fiquei em um estado de ansiedade tão grande por ter que cuidar dela que pedi um remédio para me ajudar a dormir. Não funcionou, e tive uma noite terrível suando, apavorada por não fazer ideia de como ser mãe. Não ajudou o fato de, na manhã seguinte, o interfone tocar anunciando "Mamães, preparem-se para ver seus bebês", e ninguém trazer a minha filha. Quando perguntei a uma enfermeira, ela respondeu com firmeza: "Não posso falar nada, você precisa esperar o médico." Desabei em pânico, liguei para Sonny e só consegui dizer "Son, a bebê!" entre soluços. Quando Sonny chegou correndo ao hospital e descobriu que Chas estava bem — eles estavam só tentando aumentar a temperatura corporal dela em uma incubadora —, perdeu completamente a compostura com toda a equipe. Eu conseguia ouvi-lo gritar da minha cama.

Quando Sonny chegou no dia seguinte, foi direto ver Chas no berçário e, ao voltar, estava bastante furioso, tentando manter a calma pelo meu bem, mas não conseguiu esconder a raiva. "O que houve?", perguntei, com medo de que algo de ruim tivesse acontecido dessa vez.

Ele franziu a testa. "Sua mãe esteve aqui."

"Como assim? Quando?"

"Agora. Ela disse à enfermagem que queria ver a neta."

"Ela está vindo me ver?", perguntei, me ajeitando nos travesseiros.

"Não, sinto muito, babe. Ela já foi embora." Ele estava tão bravo com a minha mãe naquele dia que não achei que fosse voltar a falar com ela algum dia. Eu quase tinha esquecido por que não estávamos nos falando daquela vez, mas a decisão dela de não me ver acabou comigo.

Quando recebi alta do hospital e fui para casa, Chas chegou em seu quarto pastel rodeado de tudo o que ela precisava e mais um pouco. Fui direto para a nossa cama de dossel, mas, no meio daquela primeira noite, acordei sozinha. Sonny tinha saído.

Ao olhar para cima, pensei: *Estou vendo o teto.* Não era possível ver o teto da nossa cama, porque ela tinha uma cobertura. Ao perceber que estava deitada no chão, quente de febre, me levantei para ir até o banheiro, mas mal consegui ficar de pé. Senti uma sensação correndo pelo corpo, uma cólica terrível e, chegando ao banheiro, tive uma hemorragia. Havia sangue por todo lado e desmaiei no chão. Acordei e tentei me levantar de novo, mas acabei desmaiando outra vez.

Não sei quanto tempo demorou até que Sonny chegasse em casa, mas, quando ele me encontrou, ajoelhou-se no chão e me colocou em seus braços. Chamou o médico na mesma hora, que veio para me dar injeções para conter o sangramento. O médico permaneceu comigo a noite toda, para garantir que eu estivesse bem. Olhando em retrospecto, fico me perguntando onde é que Sonny foi na primeira noite em que vim para casa com a nossa bebê, mas, na época, eu estava cansada e fraca demais para pensar nisso. Apesar de não estar lá naquele momento, preciso dizer que Sonny foi compreensivo e preocupado. Talvez fosse a culpa por estar seja lá onde estivesse na hora em que precisei tanto dele. De toda forma, não sei o que teria feito sem ele.

Dormi pelos três dias seguintes. Estava tão fraca que mal conseguia segurar Chas, e Sonny me dava bife para comer, para tentar me fortalecer. Ficou do meu lado e me prometeu que a bebê e eu ficaríamos bem. Ele foi um pai e tanto, cuidou de nós duas. Logo, estava mexendo o molho de macarrão com uma das mãos e ninando a bebê no peito com a outra. Quando Chas tinha uns 3 meses, minha mãe apareceu — sua primeira visita em quase um ano. Ela entrou no nosso quarto enquanto eu me vestia. Chas estava deitada na cama chorando de fome. Eu estava prestes a amamentá-la.

Minha mãe olhou para mim e para sua neta recém-nascida, e a primeira coisa que saiu da sua boca após meses de silêncio e de eu quase ter morrido por sangramento foi: "Essa bebê é insegura." Sonny ficou furioso. Minha mãe sempre teve um pé no passado e um no futuro, podia ser esplêndida e fabulosa em um momento e então, em um piscar de olhos, ficar maluca. É difícil de explicar pessoas complexas, mas todo mundo na minha vida parecia ser bem complexo e frágil, sempre agindo por impulso — eu inclusive. Na verdade, devo ser a rainha disso.

Quando me recuperei, sequei os olhos, peguei minha bebê, rezando para que minha mãe não estivesse correta quanto a ela ser insegura, e a ninei no colo. Eu era mãe agora, e estava determinada a fazer o melhor que estivesse ao meu alcance.

14

the harder they come

Três semanas após parir, peguei um avião para Page, Arizona, para a minha segunda sessão de fotos da *Vogue* com Richard Avedon. Em um primeiro momento, fiquei em pânico por não poder levar Chastity comigo, mas Sonny insistiu que eu fosse, porque a exposição seria boa e nos manteria nos olhos do público. A enfermeira alemã que eu havia contratado para cuidar de Chas era boa com a bebê, mas severa demais comigo. Ela era muito alta e grande, parecia uma lutadora e agia como se eu fosse deixar Chas cair no chão ou machucá-la de alguma forma. Eu não sabia nada sobre cuidados com um bebê, mas não era uma idiota completa. Ela mal me deixava encostar na minha filha, e chegou ao ponto em que eu tinha que entrar escondido no quarto de manhã bem cedo, pegar Chas, trazê-la de volta ao meu quarto e trancar a porta. A alemã me seguia, marchando ruidosamente pelo corredor atrás de mim, pois tinha feito uma das primeiras infusões espinhais e aquilo deixara seus passos muito pesados e desiguais. Ela me chamava do lado de fora do meu quarto: "Sra. Bono. Por favor, abra a *porrrta*!" Não via a hora de me livrar dela quando voltasse para casa depois da sessão de fotos.

Gee voou para o Arizona comigo, enquanto Sonny ficou em casa para organizar uma nova turnê e fazer o planejamento final da gravação do meu próximo disco. Graças a Deus. Era a primeira coisa divertida que eu fazia em meses e foi maravilhoso estar sozinha com Gee, Richard e Ara Gallant, e conheci um homem chamado Maurice Hogenboom, que era o fotógrafo e modelo que o diretor de elenco havia escolhido para sair nas fotos comigo. Ele era lindo, muito gentil e tinha uns mil metros de altura. Essa sessão era a terceira de uma série que Diana Vreeland tinha organizado: Verushka já tinha sido fotografada no Japão, Toots (Anjelica Houston), na Irlanda, e agora eu seria a terceira para concluir a série. Meu corpo já tinha voltado a ser como antes, então não precisaram esconder uma barriguinha e me colocaram em roupas modernas de Giorgio baseadas nos indígenas americanos. Fizeram uma maquiagem doida que parecia que eu tinha penas nos cílios ou um crânio de vaca tatuado na testa. E me encheram de joias Navajo turquesa — despertando um amor que durou a vida inteira. Havia também uns cintos fabulosos adornados com franjas, colares de ossos e pulseiras sensacionais.

Eu me senti livre e relaxada no set. Todo mundo me tratava como uma adulta, e ninguém tentava me controlar. Arizona era congelante em abril e, um dia, tive que entrar em um lago até a cintura e ficar, por um tempo, segurando um pônei em um cabresto. Richard posicionou suas câmeras nas margens do Lake Powell e nos fez posar nas pedras vermelhas ou em descidas de montanhas. Eu tremia tanto. Richard ficava me dando doses de uísque, e fiquei muito bêbada. Quando voltamos para o hotel, minha irmã me colocou direto em uma banheira quente. Enquanto eu ainda estava meio grogue, Sonny ligou e minha irmã ficava colocando minha cabeça debaixo d'água para que eu não dissesse nada. Ela inventou alguma desculpa qualquer para ele e depois me disse que eu não deveria falar com Sonny porque estava embriagada.

Enquanto estávamos na sessão de fotos em Arizona, Diana Vreeland foi despedida da *Vogue*. Grace Mirabella assumiu o cargo e reduziu meu ensaio do que deveriam ser vinte páginas para talvez seis, e só publicou as fotos mais de um ano depois, em agosto de 1970, em uma reportagem com o título "Cher-Okee in Indian Country" ["Cher-Okee em terras indígenas", em tradução livre].

Voltei para casa do ensaio fotográfico me sentindo muito bem, e foi quando Sonny se sentou comigo e confessou algo que me levou ao limite. "Estamos falidos, Cher. Devemos 270 mil dólares de imposto de renda à Receita Federal e não temos mais dinheiro nenhum. Vamos ter que voltar para a estrada."

Não chorei. Não gritei. Sequer pensei: *Ainda bem que comprei dois secadores de cabelos*. Mas, quando se perde tudo, acredite, ter duas de cada coisa não significa absolutamente nada. Acima de tudo, fiquei com medo. Segurando a nossa bebê, perto de falir em uma mansão que, de repente, parecia grande demais, eu me sentei imóvel, tentando absorver o que Sonny estava me dizendo. Como se estivesse conversando com uma criança, ele explicou que teve que usar muitas centenas de milhares de dólares do nosso dinheiro para fazer os filmes e que também devíamos bastante dinheiro em empréstimos. Pensei em todos os seus carros de luxo e no momento em que implorei para que ele comprasse a casa para mim. "Vamos dar um jeito", ele dissera, e percebi que a casa dos meus sonhos custava exatamente a quantia que devíamos. É assim que as pessoas na indústria do cinema e da música se enrolam tanto com dinheiro. Você vem do nada e, de repente, tem todo esse dinheiro e está aparecendo no *Ed Sullivan*, e as pessoas estão gritando seu nome no mundo inteiro, e você acha que vai durar para sempre. E um dia a fonte seca e você percebe que não guardou nada.

Como alguém que não sabia porra nenhuma sobre dinheiro, sempre me senti sortuda em ter Sonny na minha vida, na crença de que ele era ao mesmo tempo inteligente e astuto. Nunca me ocorreu que ele não soubesse o suficiente sobre finanças e pudesse não ser o homem ideal para fazer esse trabalho. Nenhum de nós jamais tinha ficado tempo suficiente em um emprego para pagar imposto de renda, então acho que ele não contou com isso ou talvez simplesmente tenha ignorado. Tudo aconteceu tão rápido que pagar impostos provavelmente era a última coisa que passou pela cabeça dele. Não tínhamos um empresário, só Charlie e Brian, que não sabiam nada sobre a indústria da música, e nunca sequer os deixamos cuidar do nosso dinheiro. Joe D sabia mais, mas era um gângster. Tenho bastante certeza de que ele roubava joias, mas duvido que tenha pagado imposto algum dia.

Sonny estava escondendo as notícias ruins de mim até que o bebê nascesse e me garantiu que tentou de tudo para impedir a nossa ruína. Dava para ver o quanto doía nele admitir que tinha estragado tudo. Estávamos tão falidos que ele pegara dinheiro emprestado do nosso motorista, Joseph. Que tal? Nota dez pelo esforço. Sonny sequer tinha terminado de pagar a nossa casa para Tony Curtis, então não podíamos vendê-la, e o mercado imobiliário estava em baixa, de modo que o retorno seria pequeno. Ele também me disse que sabia que ia partir o meu coração ter que ir embora daquela casa. Nossa única esperança era vender nosso último filme para um estúdio e voltar a fazer shows, embora não tocássemos mais nos grandes eventos de música, portanto, o dinheiro seria bem menor.

"É assim que as coisas estão, Cher", disse Sonny finalmente, com a voz calma. "Não tem o que fazer, a não ser começar de novo." Então meus ouvidos se fecharam e fiquei completamente imersa em mim mesma. Via na expressão de Sonny que ele estava com medo e tentando esconder essa informação. Eu tinha acabado de parir, meus hormônios estavam totalmente descontrolados. Quanto pior é uma situação, mais calada eu fico. Permaneci em silêncio. A pior parte era que esse era apenas o início, e eu não sabia se era o início do fim, o fim de verdade. Comecei a ter um ataque de pânico terrível e a tremer de medo. Sonny segurou os meus ombros e falou: "Olha para mim. Me dá dois anos, e prometo que vamos ser ainda maiores do que já fomos." Ele parecia determinado e cheio de energia. E, acima de tudo, acreditava piamente que nós dois éramos estrelas. Algo no jeito que me olhou me fez acreditar nele.

"Tá bem, Son", respondi, com a maior coragem que consegui reunir, secando os olhos. "Dois anos."

Para começar a próxima fase da nossa carreira, fomos todos para Londres aparecer em um programa de TV britânico chamado *This is Tom Jones*, apresentado pelo cantor. Aquela noite de maio no Elstree Studios também contemplava o adolescente Stevie Wonder cantando um medley de suas músicas. Eu era fã dele desde que o vira no *American Bandstand* em 1963 como Little Stevie Wonder cantando "Fingertips". Depois, o apresentador cantou "The Beat Goes On". Tom vestia um terno, e eu, um vestido de franjas. Foi ideia de Sonny entrar no palco e me tirar dali à força, como se estivesse bravo por eu estar cantando com outro homem, deixando Tom perdido e perplexo. Foi tudo ensaiado, mas a ironia era que a atuação de Sonny não estava tão longe da realidade.

Voamos de Londres para Nova York, quando soube que vô Roy tinha falecido aos 63 anos de idade. Não pude ir ao enterro, mas Gee foi e me contou que a minha mãe estava muito triste de perder o homem que ela ainda adorava.

De Nova York, Sonny foi comigo para Alabama terminar de gravar meu sexto disco solo, e o primeiro pela Atlantic. O título, *3614 Jackson Highway*, era em homenagem ao endereço do estúdio Muscle Shoals, na cidade de Sheffield, onde foi gravado. Alguns dos maiores artistas haviam gravado lá: Aretha Franklin, Rolling Stones, Joe Cocker e Stevie Wonder, entre muitos outros. Estava claro para Sonny, mesmo antes de chegarmos, que Jerry Wexler, produtor e sócio da Atlantic Records a quem atribuía-se ter cunhado o termo "*rhythm and blues*", seria o produtor, mas isso não impediu Sonny de dar sua opinião. Quando cheguei com Chas e Sonny na cidade em abril, vi imediatamente que Jerry não ficou feliz. Sonny disse que estava lá para me apoiar e tirar fotos, e foi ele que me fotografou em uma roupa de miçangas parada na frente do estúdio com a banda, que usei no encarte do disco. Mas Sonny não conseguia parar de interferir, e ele e Jerry não se deram muito bem. Os dois discutiam tanto que Jerry acabou no hospital, e eu, deitada no cemitério do outro lado da rua, onde conversava com os mortos.

O disco foi lançado no dia 20 de junho de 1969, menos de três meses depois que me tornei mãe e não muito antes do lançamento do nosso filme *Chastity*. Sonny escreveu em seu diário: *É um excelente disco. Acho que o melhor que ela já fez.* Algumas críticas diziam coisas boas sobre a minha voz, mas isso não mudou nossa sorte. A Atco cancelou meu disco seguinte e me dispensou.

Nosso filme *Chastity* foi lançado no mesmo mês, distribuído pela American International Pictures, mas foi considerado para maiores de 17 anos, apesar de não ter nada que poderia ser considerado "conteúdo adulto". Portanto, o público mais jovem que estávamos tentando atingir não podia assistir ao filme sem estar acompanhado de um adulto.

O filme foi avaliado duramente pelos críticos. Frustrados, nós dois ficamos resfriados e estávamos doentes demais para irmos ao lançamento, e provavelmente foi melhor assim.

Sem um hit na música ou no cinema, o plano de sair em turnê foi por água abaixo. Não havia trabalho suficiente para que pudéssemos bancar nosso agente Harvey Kresky, da William Morris, então ele nos largou para ficar com clientes mais bem-sucedidos, mas Joe D permaneceu conosco. Sonny colocou nossa casa à venda e, além dos shows que tinha conseguido no Flamingo, em Vegas, fechou as únicas outras datas possíveis, fazendo o circuito dos clubes sociais e se apresentando em teatros de hotéis e cassinos.

Sonny e eu não sabíamos o que esperar, mas estávamos aliviados por conseguir trabalho. Então, em setembro de 1969, colocamos Chastity em um berço portátil e contratamos uma babá chamada Heidi, que acabou se mostrando a mulher mais doce do mundo. Sonny montou uma banda. Os músicos iam separadamente em uma van, e nós tínhamos nosso carro com Chas em um moisés, enquanto viajávamos com uma agenda apertada de shows, começando com três semanas no Elmwood Casino, em Windsor, Ontário, Canadá. Tenho certeza de que o local era perfeitamente tranquilo, mas, vindo de onde vínhamos, pareceu terrível. Ficamos hospedados em um motel do outro lado da rua, e uma estação ferroviária ali perto nos manteve acordados a noite toda com os apitos dos trens passando. O encanamento do nosso quarto não funcionava direito e havia mofo nas paredes finas como papel. Desfizemos a mala, e Sonny pediu um fogareiro elétrico e começou a cozinhar molho de macarrão em nosso quarto para nós e a banda, pois não tínhamos dinheiro para pagar restaurantes. Eu quis me deitar e morrer.

Para nosso look de palco, Sonny vestia seu terno com uma camisa chique e uma gravata borboleta. Ele decidiu que eu precisava parecer mais adulta, então pediu a Sadie para me fazer um vestido no estilo grego, no qual acrescentaram uma linda corrente de bronze que saía do ombro, descia até a cintura e voltava para cima. Eu parecia uma espécie de deusa. Nos pés, usava sandálias romanas que Sonny tinha mandado fazer como um dos figurinos de Velho Oeste do filme. Vestidos e prontos, deixávamos Chas com Gee ou Heidi e pegávamos o elevador de serviço até o subsolo, onde abríamos caminho pela cozinha cheia enquanto tentávamos não escorregar em algum molho nem esbarrar em um garçom que passava voando por nós carregando cinco pratos. Parados ao lado das portas vaivém e tentando ficar fora do caminho, esperávamos a nossa deixa da apresentação anterior e então aparecíamos acenando e sorrindo, como se estivéssemos tocando no Hollywood Bowl com lotação máxima. Como sempre, eu controlava meus nervos olhando para Sonny em vez de fazer contato visual com a "plateia", enquanto cantávamos nosso set lamentável.

Já tínhamos tocado para 30 mil fãs que não paravam de gritar e agora tínhamos sorte se na plateia houvesse mais de cem pessoas. Em um dos nossos primeiros shows à meia-noite no Elmwood, tivemos que tocar para quatro pessoas. Quatro. Muitos desses lugares foram um verdadeiro fiasco. Certa noite, tive um ataque de pânico só de pensar em ter que subir naquele palco e ficar lá durante uma hora. Achei que não fosse conseguir. Apavorada, disse a Sonny: "Não consigo. Hoje não. Simplesmente não consigo!" Ele foi gentil comigo e respondeu: "Está tudo bem. Só entra comigo para a música de abertura e depois você pode sair a hora que quiser. Vou cantar até você conseguir voltar." Quando foi demais para mim, fiz como ele sugeriu e saí do palco, assistindo a ele cantar das laterais. Nós tínhamos passado de apresentações para grandes multidões de jovens que nos amavam e conheciam cada palavra das nossas músicas para pequenos grupos que não nos conheciam, não necessariamente gostavam da gente e poderiam ser descritos como ambivalentes ou até levemente irritados. Aquele público não estava ali para ver a nossa apresentação; estava ali para jantar ou para beber assistindo ao show da meia-noite. Eu não estava acostumada a implorar para que a plateia gostasse de nós. Era o meu pior pesadelo. É mil vezes mais difícil voltar a ser alguém do que se tornar alguém. Ficar famoso é duro, mas voltar das cinzas é quase impossível. Fiz isso muitas vezes, mas aquela era a minha primeira vez. Sonny me conhecia bem e sabia a coisa certa para me dizer, pois o fato de saber que eu poderia sair do palco a hora que quisesse tornava mais fácil subir no palco todas as noites para cantar com ele.

Com o desejo de que continuássemos na mídia, Sonny planejou que aparecêssemos como convidados em qualquer programa de TV possível. Fomos para a Filadélfia sermos coanfitriões do programa de Mike Douglas, convidando-o para vir ao palco cantar "Baby Don't Go" conosco. Depois, Mike perguntou a Sonny por que estávamos tocando em restaurantes, e meu marido camaleão nem pestanejou. "Acho que isso nos solidifica como artistas", respondeu, fazendo parecer verdade. "Acho que é preciso entrar em contato com o púbico em geral, não só com um grupo de determinada idade. E é preciso entreter quando se está lá em cima." Ele acrescentou que nossa plateia era muito engajada por sermos um casal, mas que seu sonho era que eu fosse uma artista solo e ele, a força por trás da música.

Mais tarde, no programa, levamos Chastity para fazer sua primeira aparição na televisão.

Nos primeiros dois anos da vida dela, trabalhávamos constantemente, fazendo pequenos shows por todo o país. Chas atingiu muitos marcos do desenvolvimento, como sentar-se e engatinhar pela primeira vez, em hotéis caros e baratos. Ela era nosso único entretenimento, e era um presente. Estar com ela era como se fosse Natal todos os dias. Ela era tão feliz e adorável que seus pezinhos nunca encostavam no chão, pois todo mundo, da banda aos funcionários dos hotéis, queria segurá-la. Quando seus cabelos lourinhos começaram a crescer, ficaram com as pontas pretas, então ela parecia uma pequena roqueira punk, décadas antes de sequer sabermos o que era isso. Após assistir a tantos ensaios, ela começou a fingir que estava conduzindo a banda. Uma vez, coloquei minha camiseta nela e minha bandana ao redor da sua barriga, e parecia um vestidinho de festa. Ela saiu pulando "conduzindo" tudo e ficou muito animada. Uma bebê inacreditavelmente boazinha, ela era o único foco da nossa longa estrada de volta a quem havíamos sido um dia. Não tínhamos dinheiro, não tínhamos uma casa grande e não fazíamos refeições requintadas, então nós três só ficávamos juntos. Não importa o quanto nossas circunstâncias fossem difíceis, Sonny sempre me fazia rir. E, de um jeito estranho, passar por dificuldades de novo ajudou a revitalizar a nossa relação. Sermos pobres concentrou o foco no que podíamos fazer, no que era importante e na melhor forma de passarmos o tempo. Foi como sentir que éramos nós três contra o mundo.

Tentando engajar nosso público e me usando como parte de um experimento, Sonny teve uma das suas ideias mais malucas. Achou que eu deveria cantar a ária "Um bel di vedremo" de *Madame Butterfly*, de Puccini, que eu tinha decorado quando era criança. "Fazer isso como um solo já no meio da apresentação pode ser diferente e interessante", insistiu ele.

Falei: "Por favor, eu realmente não quero fazer isso. Já não chega de tortura?" Ele respondeu: "Cher, por favor." Ninguém gostava e a maioria das pessoas me olhava boquiaberta, mas é claro que, na noite em que paramos de cantar essa música, uma pessoa se aproximou e pediu que cantássemos. Meu Deus.

Tudo era difícil naquela época: as hospedagens, as horas, as pessoas na plateia. Cada noite era como uma guerra, e perdíamos quase todas as batalhas. Por fim, em um segundo show no Elmwood, em Windsor, Ontário, fiquei cansada das pessoas que desejavam estar em outro lugar. Era um show da meia-noite, e diversas das pessoas na plateia estavam bêbadas e não ligavam muito, então simplesmente virei de costas para elas e comecei a conversar com a banda, fazendo os músicos rirem. (Ainda bem que bandas riem de qualquer coisa.) Um desordeiro na plateia gritou algo e me fez pensar: *Ah, cara, vá se foder*. Não me lembro do que ele disse (vai saber!), mas respondi algo que deve ter sido engraçado, pois algumas pessoas da plateia começaram a rir. Son deu um passo para trás e olhou para mim como se dissesse: *Beleza, vamos ver até onde você vai com isso.* Normalmente, ele me olharia de soslaio, mas simplesmente esperou. Aquilo foi bom, porque enfim pude dizer o que estava sentindo. E então Sonny se juntou a mim e começamos a fazer piadas, e não importava de fato o que a plateia pensava, nós estávamos simplesmente curtindo juntos.

Começamos a seguir na direção desse novo tipo de performance e ficamos mais corajosos com o que dizíamos no palco, mas era sempre oito ou oitenta. Nós dizíamos algo em uma noite e o público amava, e depois dizíamos em outra noite e todo mundo ficava em silêncio. Estava começando a dar certo, mas ainda não o suficiente. Era uma faísca de esperança, mas ainda estávamos presos todos os dias naqueles hotéis, fazendo dois shows por noite. Eu queria que tudo voltasse a ser como antes.

Certa noite, quando eu estava no nosso quarto do hotel, alguém do nosso grupo trouxe ao palco um homem que analisava a letra cursiva das pessoas. Ele tinha feito isso para alguns membros da nossa banda e nós tínhamos nos divertido muito ouvindo o que ele havia deduzido. Esse estranho não me conhecia nem sabia a minha história. Eu estava em outro cômodo quando escrevi alguma coisa no papel. Quando voltei, ele olhou para o que eu havia rascunhado e colocou a mão no meu ombro.

"Você está infeliz", disse ele em voz baixa. "Não se preocupe. Você não vai ficar com seu marido para sempre."

Fiquei tão chocada que mal consegui falar. Também fiquei apavorada, preocupada com a possibilidade de aquilo chegar aos ouvidos de Sonny. Depois que ele foi embora, não conseguia parar de pensar naquilo. Fiquei ansiosa e temerosa. Foi como o Triângulo das Bermudas da minha vida. Terrível. Não disse uma palavra por alguns dias, mas enfim fui a Sonny e falei para ele: "Son, estou infeliz. Não sei por quê, mas estou muito triste." Ele demorou um instante, então explodiu. Gritou: "Você é muito ingrata. Quer que eu me divorcie de você?" Fiquei chocada. A primeira coisa que veio à minha cabeça foi: *Eu nunca mais vou te dizer como me sinto de novo.*

15

senhoras e senhores, sonny & cher

Acho que é verdade quando dizem que a necessidade é a mãe da invenção, porque aos poucos fomos desenvolvendo um show que, em algum momento, as pessoas começaram a fazer fila para assistir. Elas não vinham nos ver cantar, mas ouvir nossas piadas. Não tínhamos experiência como escritores e demorou bastante tempo para entendermos do que o público gostava. Son e eu começamos a simplesmente conversar um com o outro no palco e, se fosse engraçado, mantínhamos no show. Ele percebeu que era uma boa ideia. Eu sempre me achei inteligente e engraçada, e, quando conheci Sonny, ele ficou encantado com isso. Agora, diante do público, estava conseguindo falar de forma mais livre de novo. Simplesmente era eu mesma, meio que como a minha mãe, de quem adquiri meu senso de humor, assim como o meu tio (o homem com o melhor *timing* cômico do mundo), o meu avô e Jake, e também a minha irmã, depois que ela ficou um pouco mais velha. Na minha casa, ter senso de humor era algo celebrado, mas nunca, nem em um milhão de anos, imaginei que fosse virar comediante de stand-up. Não aconteceu da noite para o dia, mas, depois de muito tempo refinando nosso número, o show começou a ficar com os ingressos esgotados. Estou falando de *meses*.

Basicamente, eu provocava Sonny e ele retrucava. Eu fazia piadas sobre a compulsão por comida da mãe dele, e ele implicava com meu nariz ou com o fato de eu ser magra demais. Seu peso e sua voz eram alvos fáceis, assim como sua esperança de se tornar um *sex symbol*. "Você teria que aparecer nu e pegando fogo para atrair a atenção dessa plateia", dizia a ele, acrescentando, depois de um instante: "Bem, talvez só pegando fogo..."

Nossa dinâmica começou a mudar, pois eu tinha nos conduzido a uma nova área de trabalho por acaso. De repente, ficamos animados de novo, como quando começamos a ser Sonny & Cher. Nossas personas no palco eram o oposto da vida real. Ele não estava sendo ele mesmo quando interpretava o marido magoado que se permitia fazer algumas piadas de volta: a vítima infeliz de uma vaca metida. Ele só estava sendo esperto e curtindo aquilo, o que deixava o número engraçado para a plateia — e para mim. Estar no palco, de repente, era como atuar ou brincar, e comecei a curtir. Quanto mais Sonny e eu nos divertíamos, mais a banda ria e, por fim, a plateia também.

As piadas eram tão boas que faziam com que o público ouvisse as músicas, que intercalavam o show. Em vez de tocar para um casal de bêbados virados de costas, nos vimos despertando ataques de riso em casais que se identificavam com nossos problemas maritais e compravam ingresso para nos assistir fazer piada com isso. No início de 1970, desenvolvemos uma espécie de roteiro. Em cada performance, subíamos no palco com uma vaga ideia do que havia acontecido na noite anterior e então tentávamos poli-la e deixá-la melhor, refinando-a em tempo real para conseguir vinte minutos de risos. A banda virou nossa cúmplice. Eles gargalhavam das nossas piadas, e as pessoas na plateia riam junto.

Com o tempo, fomos ficando cada vez melhores. Ajudava o fato de que as pessoas agora nos aplaudiam, o que tornava tudo mais divertido, e nossa apresentação, mais relaxada. Sonny dizia algo sobre si mesmo, como uma piada sobre como se vestia nos anos 1960: "Eu era mesmo um pouco esquisito e bobo."

"É", eu respondia. "E qual é a sua desculpa agora?"

Ou: "Ei, Cher, lembra quando as jovens tentavam rasgar minhas roupas e gritavam?"

"Agora elas gritariam após rasgar sua roupa", eu rebatia. *Timing* era tudo.

Ele dizia para a plateia: "O Natal este ano foi muito bacana. Minha mãe cozinhou, e ela sabe mesmo fazer um peru, não é?"

Com a expressão blasé, eu arqueava uma sobrancelha e respondia: "Sim, sabe fazer entrar na boca dela."

Sonny era o oposto perfeito e, para uma "escada", ficava hilário no palco. Muitas vezes, ele ria tanto que não conseguia dizer suas falas, o que me fazia gargalhar, até que nenhum de nós conseguia continuar a piada.

Em um clima muito melhor, comemoramos o primeiro aniversário de Chas no início de março de 1970. Sonny virava uma criança grande ao lado dela, e eu podia assistir aos dois, muito feliz, durante horas. Ele era tão criativo e louco por ela que inventava histórias absurdas com uma reviravolta italiana, como o conto da Princesa Boa do Lixo, que amava alho e raspava caixas de pizza. Foram esses os tipos de história que ele contou durante a infância dela.

Nós estávamos tão ocupados viajando e trabalhando que nosso mundo consistia somente em nós três, Dennis e Joe D. Quando Gee me contou que minha mãe ia se casar de novo, fiquei feliz por ela. Aos 44 anos, ela ainda era linda, e Hamilton Holt, um cavalheiro do Sul com cabelos grisalhos, cujo nome ela adotou — e manteve — era um sortudo por estar com ela. Não pude ir ao casamento deles na Flórida, e, depois que se mudaram para lá durante os três anos que o casamento durou, nós só conseguimos ir visitá-los duas vezes, pois estávamos trabalhando sem parar.

Continuamos com a turnê, enquanto Sonny acrescentava mais e mais datas com a ajuda da agência William Morris. Passávamos uma semana em uma casa de shows, depois fazíamos uma série de noites únicas nas cidades adjacentes. Comemoramos meu aniversário de 24 anos e o de 35 de Sonny na estrada. No meu segundo Dia das Mães sendo mãe, estávamos em um quarto de hotel mequetrefe e Sonny tentou me alegrar escrevendo *Feliz Dia das Mães, eu te amo, mãe* com sabão no espelho do banheiro. Peguei a câmera dele e tirei uma foto, como prova.

Nosso novo empresário Freddy Apollo, da WMA, veio assistir à nossa apresentação e gostou tanto que organizou um show para uma plateia só de comediantes no hotel Century Plaza, em Los Angeles. Bill Cosby estava no auge da sua carreira e nós fomos logo antes dele. Foi um pesadelo pensar na nossa apresentação para a princesa Margaret. Por razões que não consigo imaginar, recebemos a proposta de um roteiro para televisão não muito depois disso, um novo especial de TV chamado *Sonny & Cher Nitty Gritty Hour*. A apresentação deu certo, mas pareceu muito planejada e menos espontânea do que fazíamos na nossa turnê. Nada surgiu depois disso, e voltamos para a estrada com nossos dois shows por noite. Eu me sentia constantemente cansada. A boa notícia era que as reações à nossa apresentação eram melhores, então estávamos ganhando dinheiro e começando a crescer. Sonny ficava dizendo: "Cher, estamos indo para algum lugar. Vamos chegar em algum lugar. Você vai ver." Imaginei que, pelo menos, conseguiríamos pagar os impostos que devíamos ao governo, que me deixavam nervosa, mas Sonny não parava de falar: "Eu prometo, eu prometo." Nesse caso, ele merece mesmo uma nota dez pelo esforço, pois insistiu para que conseguíssemos casas de show maiores e melhores, e, antes que eu me desse conta, tínhamos um esquete de oito minutos em um programa de TV popular chamado *Love, American Style*, que foi ao ar em janeiro de 1971. Eu fazia uma menina que estava animada por seu namorado estar prestes a aparecer e pedi-la em casamento, e Sonny fazia um amigo maluco dele que estava apaixonado por mim e tinha ido até a minha casa para me persuadir a não me casar. O truque dava certo, é claro, e nós corríamos ao pôr do sol para comer em um restaurante italiano.

Foi somente em uma noite em junho daquele ano, quase exatamente dois anos após Sonny me dizer "Me dê dois anos, Cher, e eu prometo que seremos ainda maiores do que já fomos", que tudo mudou. Fred Silverman, o executivo de 33 anos que estava no comando como gerente de programação e desenvolvimento na CBS Television, veio assistir a uma performance que fizemos em Nova York depois de ter visto a gente em algum lugar. Estávamos fazendo um show por três noites seguidas no clube Royal Box, no hotel de convenções de 51 andares Americana, onde, alguns anos antes, Lennon e McCartney tinham anunciado a formação da Apple Corps. Fred gostou da gente e falou com a William Morris sobre nos contratar como apresentadores substitutos para um episódio noturno do imensamente popular *Merv Griffin Show*, no meio de abril.

Sermos convidados para apresentar um programa de entrevistas no horário nobre da televisão era algo enorme para nós. Merv tinha começado como cantor com bandas grandes e acabou indo parar na Broadway e em filmes antes de ser convidado para apresentar seu próprio programa de TV em 1962. Todas as famílias nos Estados Unidos o assistiam, inclusive a nossa, e, quando ele criou os jogos *Wheel of Fortune* e *Jeopardy!*, tornou-se um dos primeiros magnatas do entretenimento bilionários do nosso país.

O formato do programa de entrevistas de Merv era diferente de tudo que tínhamos feito antes, e saímos completamente da nossa zona de conforto. A lista de convidados que já haviam comparecido incluía o autor Gore Vidal, a cantora Judy Garland, a atriz Janet Leigh, o diretor John Huston e o boxeador Muhammad Ali. O plano do nosso programa contemplava uma entrevista com a editora da *Cosmopolitan*, Helen Gurley Brown, que havia escrito o bestseller *Sex and The Single Girl*, e o ator Michael Blodgett, que havia estrelado no filme *De volta ao vale das bonecas*. Também conversamos com a atriz Jackie Joseph, presença constante no *Doris Day Show*, e fiz uma externa com o jogador de futebol americano Fred "The Hammer" Williamson, de quem eu era fã porque era adorava o esporte. Nossa aparição sob os holofotes pareceu boa, e as críticas foram animadoras.

Sem que soubéssemos, Fred Silverman tinha visto algum potencial na nossa apresentação e estava em busca de um tipo de programa mais contemporâneo, para atrair espectadores mais jovens já cansados de apresentadores de longa-data como Merv Griffin, Dean Martin e Doris Day. Querendo um feedback maior, Fred enviou dois dos seus melhores produtores e roteiristas, que haviam recentemente trabalhado juntos no *Andy Williams Show*, para nos assistir e ajudá-lo a decidir se éramos bons o suficiente para ter nosso próprio programa. Quando Allan Blye e Chris Bearde entraram no quarto veneziano do hotel Fairmont, com seus carpetes escuros, iluminação elaborada e Fs gigantescos nas paredes, brincaram que aquilo os lembrava do salão de jantar do *Titanic* "logo antes de atingir o iceberg, mas com menos gente".

Inacreditável, mas os dois gostaram da nossa pequena apresentação, dizendo depois: "Deus abençoe aqueles dois, eles apareceram, fizeram suas piadas engraçadas, cantaram seus hits e havia mais alguma coisa ali. Como cantores são ok, mas como comediantes são sensacionais." Depois do programa, eles foram ao camarim, e nos demos bem na mesma hora. Decidiram que não tínhamos experiência, mas um talento nato. No momento em que pousaram de volta em LA, já tinham escrito o formato do nosso novo programa, baseado no que Sonny e eu havíamos desenvolvido sozinhos. Em poucos dias, Fred Silverman nos ofereceu a chance de gravar um piloto de verão, *The Sonny & Cher Comedy Hour.* Conseguimos seis episódios, pois a CBS estava lançando uma minissérie sobre as seis esposas de Henrique VIII e nós seríamos a abertura. Obrigada, Henrique.

Era surreal embarcar nessa nova aventura excitante juntos depois de tudo pelo que tínhamos passado. Sonny estava especialmente feliz, saltitando e contando a todo mundo que quisesse ouvir que ele sabia que conseguiríamos. Cientes de que precisaríamos de um bom representante legal para negociar nossos novos contratos, Sonny se lembrou do advogado Irwin Spiegel, que sempre sonhara em contratar. Quando Sonny era jovem, foi ao tribunal assistir a um julgamento por alguma razão. O homem que estava certo deveria ter ganhado, mas, em vez disso, o cara que estava claramente errado levou a melhor. Irwin tinha representado o cara errado e, daquele dia em diante, Sonny decidiu que, se algum dia precisasse de um advogado, era aquele homem que iria contratar. Para mim, era só mais um homem de terno, mas foi com Son para as primeiras reuniões com a CBS. Havia um único detalhe com que eu me preocupava, e falei aos executivos: "Quero muito que Bob Mackie desenhe as minhas roupas." Quando disse isso, todo mundo me olhou como se eu fosse uma doida. Era como se eu tivesse dito: "Vou largar Sonny para fugir com o Dumbo." Não tínhamos dinheiro, não havia chance de contratarmos alguém com o prestígio de Bob Mackie para desenhar minhas roupas. Eles me disseram que o figurinista Ret Turner já havia sido contratado. Então começaram a falar de negócios, e eu me levantei e saí. Liguei para Bob e pedi ajuda. Ele concordou em colaborar com seu amigo Ret, que era chefe de figurino da NBC e também uma figura lendária.

Recebemos dois meses para terminar nossos compromissos de turnê e nos prepararmos para nosso primeiro programa. Achávamos que estávamos prontos e ficamos animados e lisonjeados com a oportunidade.

Conseguimos nossa primeira plateia ao vivo para o *Sonny & Cher Comedy Hour* dizendo para as pessoas que passavam que haveria comida e bebida de graça. Felizmente, foi a única vez que precisamos subornar alguém para assistir ao nosso programa. Não que soubéssemos disso no dia em que nosso piloto foi filmado no Studio 31 na Television City da CBS na esquina da Fairfax Avenue com o Beverly Boulevard. Estávamos os dois rezando para tudo dar certo. Sonny estava mais nervoso do que eu, o que achei divertido. Eu o vi pular de um lado para o outro como um grilo e pensei: *Son, fala sério! Controle-se. Nós fazemos essa merda há anos.*

De vez em quando, se meu medo de palco ficasse muito sério na estrada, eu tomava um quarto de um dos comprimidos de Valium de Sonny para me acalmar, mas naquele dia eu não estava com medo. Tinha a nossa apresentação toda planejada e havia decorado meu roteiro na primeira leitura. O programa era quase idêntico ao que estávamos fazendo nos dois anos anteriores, só que sem as viagens constantes e os lugares terríveis. Com a nossa experiência no *Nitty Gritty Hour* e no *Merv Griffin*, eu me sentia com mais recursos para aparecer diante de uma câmera e de uma plateia pequena. Também tínhamos uma ótima equipe que nos ajudava com tudo, desde as trocas de figurino até levantar alguns cartões caso esquecêssemos as nossas falas (algo que acontecia com frequência com Sonny). Então, não éramos mais nós dois contra o mundo.

Ret Turner fez um excelente trabalho como chefe de figurino e logo se tornou um dos meus amigos mais queridos. Ele buscava Chas depois das suas aulas de dança e a trazia para o set, onde ela nos mostrava os novos passos de sapateado que havia aprendido naquele dia, e então ele a deixava pentear os cabelos ruivos dele em vários rabos pela cabeça toda. Era uma dinâmica familiar, além de uma dinâmica de trabalho. Nossa verba inicial era muito baixa, e só podíamos ter algumas poucas roupas cada. Ret fez um vestido longo branco que usei na abertura do show, e nós o adaptamos repetidamente e de todas as formas possíveis: começou como um vestido no estilo grego com gola alta e terminou como um casaquinho curto na frente e comprido atrás. Ret e Bob colocaram cerejas nele, um coração para o Dia dos Namorados, franjas, colares e qualquer coisa que estivesse ao alcance. Não havia dinheiro para as contas e laçarotes que eu desejava. O estúdio de Carol Burnett ficava em frente ao nosso, e Bob Mackie fazia o figurino do programa dela, então muitas vezes pegávamos emprestado ou roubávamos peças do seu guarda-roupa para melhorar nosso figurino. Felizmente, ela e eu vestíamos o mesmo tamanho. Eles invadiam até nossos rivais na NBC, fazendo milagre com o que conseguissem encontrar, sobretudo quando se tratava dos figurinos mais malucos de personagens.

Conforme a hora se aproximava, nós nos posicionamos no set especialmente desenhado para nós e apertei a mão de Sonny. Sua maior preocupação era a presença de Fred Silverman, que tinha vindo de Nova York e estava assistindo da coxia com Chastity no colo. Ele tinha ido visitar Carol Burnett e checar seu novo programa *All in the Family*, que era filmado em um estúdio perto do nosso. Fred era todo sorrisos, mas, mesmo com aquela cara de ursinho de pelúcia, sabíamos que ele era um dos executivos e o homem que tínhamos que impressionar. Um repórter e um fotógrafo da revista *Life* também estavam esperando, com a câmera e o caderno posicionados. As apostas eram altas.

Com uma animação de nós dois criada pelo artista gráfico John Wilson, um anunciante falou: "Do Television City, em Hollywood, senhoras e senhores, Sonny e Cher!" Fiquei ali parada, absorvendo tudo e pensando: *Ah, é ISTO que eu deveria estar fazendo.* Desde que eu tinha me sentado boquiaberta no Grauman's Chinese Theater aos 5 anos de idade, queria aparecer na tela do meu próprio programa. Tinha sentido a mesma coisa assistindo ao Elvis. Vinte anos depois de *Dumbo*, estava finalmente acontecendo. Houve um rufar de tambores dramático, e a parede do palco subiu para a nossa chegada, coberta com dezenas de holofotes redondos gigantescos, como em uma penteadeira, cada holofote impresso com uma versão em desenho do nosso rosto, meu e de Sonny. Subimos as escadas dos bastidores e entramos no palco, de mãos dadas. Vestidos com figurinos brancos combinando, abrimos o programa cantando frases alternadas de "The Beat Goes On" até chegar na minha deixa para dar um passo à frente e fingir que estava me deixando ser levada pela música, como eu fazia no nosso número nas casas de show. Sonny fingiu indignação e tentou interromper, mas continuei cantando por cima dele ou bloqueando-o da visão, até que ele parou a música, com as mãos na cintura, e eu continuei cantando à capela. "E eu, não sou ninguém?", perguntou ele. "Essa música era para ser nossa, meu amor."

Eu concordei (pausa cômica) e respondi: "Era." A plateia riu, e continuei cantando. Em determinado momento, parei e deixei que fosse a vez dele, olhando-o de cima.

"Você está chateada porque eu quis meu holofote?", perguntou ele.

"Ah, minha nossa, não", respondi, usando uma frase antiquada enquanto olhava para a plateia com um sorriso.

Sonny desistiu e me concedeu o holofote, mas eu balancei o quadril de um jeito provocante e ele interrompeu de novo, dando um passo à frente e dizendo: "Não, não, não. Ela é a mãe da minha filha!" Para mim, falou: "Pode parar de fazer isso? Use os pés, como eu faço, e estale os dedos." Ele recebeu sua primeira salva de palmas com a fala: "A Cher só mexe o corpo assim no palco. Depois do show, *nada* acontece."

O comediante e ator veterano de 78 anos Jimmy Durante era hilariante e foi um dos nossos primeiros convidados. (Ele era um cara das antigas; demoramos um tempo para conseguir que pessoas mais jovens viessem ao programa.) Jimmy foi o primeiro no nosso esquete "vamp", onde eu aparecia vestida de mulheres notórias da história, como Cleópatra, Pocahontas e Mata Hari. Depois do esquete, eu me sentava sobre um piano velho de bar com as pernas cruzadas ou deitada, usando um vestido vermelho longo lindíssimo, cantando a música sobre ser "*a scamp, a vamp, and a bit of a tramp*" [uma malandra, uma sedutora e um pouco trambiqueira], antes de soletrar *V-A-M-P*. Eu amava aquela parte porque não estava só cantando, mas atuando, e o ato inteiro ficava bem mais divertido. A plateia também parecia adorar, e o estúdio a transformou em uma marca registrada minha em função do ótimo feedback recebido. Toda a experiência me lembrava muito o nosso filme *Tempos felizes*, do qual Sonny tinha escrito quase tudo sozinho e, de repente, parecia muito à frente do tempo.

Eu estaria mentindo se dissesse que me lembro de cada detalhe dos primeiros programas, mas sei que levamos um tempo para pegar o jeito. Fred Silverman era como uma figura de pai protetor para nós e seguia garantindo aos executivos da CBS que nós seríamos um hit se nos dessem uma chance. Olhando em retrospecto para aquela primeira temporada, trabalhamos muito, mas também aprendemos novas habilidades. Uma coisa é ser engraçado de forma espontânea, mas ler falas de um roteiro e torná-las engraçadas é um desafio bem diferente. Era perfeito? Claro que não, mas era uma excelente chance para deixar a estrada e subir no nosso próprio palco. Como Sonny não decorava suas falas, ele franzia a testa para conseguir ler os cartões com as deixas presos no verso dos adereços. Eu o deixava embromar por um tempo, soltando frases aleatórias, seguindo com ele na direção em que ele fosse e retrucando com uma frase retórica. O show foi escrito para Sonny ser a "escada" e eu fazer as piadas, mas desenvolvemos nosso próprio modelo. Falei para ele: "Son, não leia a porcaria dos cartões com as deixas como você está fazendo, simplesmente diga o que quiser e seja bobo como você sempre foi." Sonny me respeitava como artista e também sabia que podia contar comigo, então, quando eu era ríspida com as críticas sobre o nosso número, falávamos de igual para igual, e ele ouvia. Eu não tinha tempo para explicar em detalhes, e ele sabia que eu estava trazendo aquilo à tona para ajudá-lo. Logo, começou a confiar no seu próprio estilo de comédia e ficou engraçadíssimo. Ele improvisava, passeando pelo palco como uma criança grande. Muitas vezes, me fazia gargalhar, e as pessoas o amavam. Nossas técnicas e personalidades eram completamente diferentes, mas nos uníamos para criar algo perfeitamente completo. Conforme fomos entendendo o que funcionava, conseguimos brincar um com o outro, e Sonny começou a se sentir mais livre, experimentando e fugindo do roteiro. Era como se o programa tivesse vida própria e nós pudéssemos simplesmente ser nós dois. Era algo totalmente novo, o que é sempre difícil, mas, quando tomou forma, foi mágico. Não me lembro de um único programa em que estivéssemos bravos um com o outro. Podíamos estar em um dia ruim, mas, no momento em que começávamos a trabalhar, éramos Sonny & Cher. O que as pessoas viam era realmente a verdade. Nós nos divertíamos muito e éramos iguais. Atuar naquele programa era uma diversão perfeita, nós dois entendíamos o que era ser duas crianças brincando. Se Sonny entrasse pela porta neste instante, nós seríamos Sonny & Cher. Era o que fomos destinados a ser, e assim éramos.

Cientes de que nosso estilo de vida ia mudar, contratamos para Chastity uma babá britânica chamada Linda Koot. Ela tinha 20 e poucos anos e estava em forma para passar o dia correndo atrás da nossa filha muito ativa. Linda trazia Chas para o set quase todos os dias para almoçar conosco e ficar no meio da nossa equipe. Chas não fazia ideia de que estávamos trabalhando, achava que o programa era uma grande brincadeira na qual todo mundo se fantasiava e se divertia. Sabendo que ela estava segura com Linda, nós podíamos nos concentrar na nossa rotina semanal, que começava muito cedo na segunda-feira de manhã com a leitura do roteiro. Todo mundo se sentava ao redor da mesa dando sugestões e fazendo perguntas. O monólogo do nosso piloto tinha basicamente a mesma estrutura do que fazíamos quando estávamos na estrada, mas todo o restante se desenvolveu conforme o programa evoluiu. Havia todo tipo de material diferente: o quadro recorrente da "vamp", baseado em mulheres famosas da história; um esquete chamado "a lavanderia", em que eu fazia Laverne e Teri Garr era Olivia; "a cartomante", com a minha cabeça dentro de uma máquina de vendas de doces ditando o futuro de Sonny; "Sr. e Sra.", um esquete de gênero em que eu era o homem da casa; e tantos outros. Durante os seis primeiros programas, nós só estávamos testando algumas coisas para entender o que funcionaria, guiados pelo nosso diretor Art Fisher, cuja voz dizia "Corta!" de trás das luzes brilhantes como se fosse a voz de Deus. Quando sua voz ressoava no microfone, Chas olhava para o teto e perguntava: "É Art Fissue?" Trabalhávamos muito, mas era prazeroso demais. Nossos produtores Chris Bearde e Alan Blye faziam um excelente trabalho, e nossas críticas melhoravam a cada semana.

O único problema que todos tinham era com os meus cabelos, que já passavam da cintura. Cabeleireiros eram enviados ao meu camarim para me preparar para cada nova sequência, olhavam para a minha crina preta espessa, piravam e diziam: "Mas o que é para eu fazer com *isso*?" Assustados com o desafio, eles tentavam espremê-lo embaixo de perucas, o que era um desastre, até finalmente acharmos Renata, que havia trabalhado na ópera alemã e conhecia um estilo específico de amarrar os cabelos, então finalmente as perucas passaram a entrar e sair com facilidade. Fiz minha própria maquiagem durante anos, porque nunca gostava do jeito que os profissionais me deixavam. Não tive um maquiador até Tommy Cole fazer minha maquiagem para *Marcas do destino* em 1984, e não consegui ninguém consistente até o filme *As bruxas de Eastwick*, em 1986, me trazer um dos meus melhores amigos, Leonard Eagleman, que continuou fazendo minha maquiagem em todos os filmes depois disso. Em algumas semanas de filmagem, minha pele estourou com várias espinhas devido à base que eu usava durante horas sob luzes quentes de palco. Meu rosto começou a parecer o de uma adolescente cheia de hormônios. Mas eu não devia estar tão feia, pois nossas críticas continuaram positivas. Os críticos descreviam Sonny e eu como "adoravelmente desencontrados" e aplaudiam os produtores por não cortarem as partes em que ele se esquecia e tinha que improvisar. Nosso programa não era o que as pessoas esperavam ver na TV, mas foi por isso que deu certo. Era simplesmente um casal implicando um com o outro, e as pessoas pareciam se reconhecer nisso, sobretudo quando as câmeras focavam em como nos olhávamos ou em como Sonny retirava um fio de cabelo do meu rosto. Fred Silverman disse mais tarde para nós: "Quando começamos, eles estavam muito apaixonados e muito próximos, e minha esperança era que ficassem no ar por 25 anos." Tenho certeza de que era o que Sonny esperava também.

Trabalhávamos no programa todos os dias: segunda fazíamos a leitura do roteiro; terça era dia de ensaio; quarta fazíamos as marcações de câmera e os ensaios de dança, se houvesse, além dos testes de figurino e depois as gravações de faixas de ópera, se houvesse; quinta e sexta eram os dias de marcação, quando filmávamos tudo, incluindo as sequências em chroma-key que usavam tela azul, uma tecnologia em que nosso diretor Art Fisher havia sido pioneiro. Sexta era o dia que a plateia ao vivo entrava para assistir à abertura e ao fechamento do programa. No fim de semana, estávamos exaustos, então tirávamos folga para nos recuperarmos e passarmos um tempo com Chastity, que havia aprendido a nadar aos 6 meses e adorava brincar na piscina com a gente. Era cansativo, mas fazíamos nosso melhor para que desse certo. Alguns fins de semana, íamos para a praia de Oxnard, onde Sonny tinha nos comprado um casebre bem único. Foi lá que vivi um dos dias mais felizes da minha vida. Estava sentada nos degraus do quintal de trás da casa vendo Sonny caminhar até a praia com Chas quando, de repente, ela parou, voltou correndo até mim, me deu um beijo e disse: "Mamãe, eu te amo tanto", e voltou para a companhia do pai. Foi um momento de muita cura.

Quando nosso piloto de temporada de verão acabou no dia 6 de setembro de 1971, a CBS ficou encantada com a audiência e imediatamente nos ofereceu a renovação do contrato, nos dando mais treze episódios do *Sonny & Cher Comedy Hour*, que iriam ao ar do dia 27 de dezembro ao dia 20 de março de 1972, estendendo as gravações até pouco antes do terceiro aniversário de Chas. Eles trouxeram alguns novos atores e roteiristas empolgantes, incluindo Teddy Ziegler (que eu amava), Freeman King, Peter Cullen, Murray Langston, e um roteirista/comediante jovem chamado Steve Martin, que tinha obtido sucesso com *The Smothers Brothers Comedy Hour* (um programa cancelado pela CBS após uma temporada devido a um esquete ofensivo que envolvia a paródia de um sermão). Steve saiu em turnê com a gente depois do programa e se tornou uma grande estrela fazendo comédias de TV e filmes. Eles também contrataram Teri Garr, que era engraçada o suficiente para ter seu próprio programa e era provocada sem piedade pelos rapazes. Todos a zoavam constantemente. Se ela estivesse de rabo de cavalo, eles o puxavam ou colocavam a ponta em potes de tinta preta, ou pisavam nos saltos do sapato dela, ou desenhavam no seu rosto enquanto dormia. Não o faziam por maldade, eram apenas idiotas e infantis. Eu vivia dizendo a eles para se comportarem, senão iam se ver comigo. Nós duas logo nos tornamos amigas.

As coisas pareciam diferentes agora que o programa havia sido escolhido para permanecer na programação. Tínhamos mais confiança em tudo que fazíamos. Era um sonho. Sonny e eu agora tínhamos camarins bem maiores, com sofás e banheiro. Eu adorava aquilo. Às quintas e sextas, a alegria ficava especial, pois Ret ia à feira, comprava milhares de coisas gostosas para comer e arrumava tudo no meu camarim. As pessoas passavam casualmente naquele momento de tensão pré-gravação, entravam, sentavam-se e comiam a nossa comida. Todo mundo no estúdio ficava conversando no meu camarim, e até Alan ou Chris podiam aparecer, porque eu tinha uma arara surreal do Ret.

Como alguém que sempre amou moda, eu me sentia uma criança solta em um camarim da CBS agora que tínhamos verba para um desfile de figurinos. Tirar medida para eles, enquanto ganhavam alfinetes e cortes para abraçar meu corpo, me levava de volta aos dias assistindo à Vovó fazer lindas roupas ou experimentando os vestidos da minha mãe quando ela estava no trabalho. Desde o início, os executivos da CBS reclamavam do preço dos meus vestidos, mas pararam de incomodar quando perceberam que as pessoas não assistiam ao programa somente pela comédia, mas também porque queriam ver as minhas roupas. O dinheiro que se gastava nos vestidos estava trazendo mais espectadores.

Toda semana, eu tinha um esquete solo. Sozinha no palco com um dos vestidos arrasadores de Bob, eu cantava uma música antiga que amava, normalmente dos filmes clássicos ou alguma que minha mãe cantava. Antes de começar, eu pedia ao diretor de cena para trazer Son. (Algo que continuei fazendo mesmo depois do nosso divórcio.) Ele, então, vinha para o set e ficava atrás da câmera me assistindo. Aquelas luzes do palco eram tão fortes que eu só conseguia ver a sombra dele, mas saber que Sonny estava ali era reconfortante. Quando acabava, ele vinha até mim e me dizia o que tinha achado. Se houvesse algo que acreditava que podia ficar melhor, ele me dizia e nós fazíamos tudo de novo, mas eu sabia pelo olhar dele quando tinha sido lindo. Eu não teria feito esses solos sem ele. Quando o assunto era cantar, eu confiava em Sonny.

Trabalhar na televisão era completamente diferente de tudo que eu conhecia. Toda semana, tínhamos novos convidados, novas músicas para cantar, novos roteiros para aprender. Quando éramos só nós dois no palco, podíamos inventar nossas próprias piadas conforme fossem surgindo. "Você acredita em reencarnação?", perguntei a Sonny um dia. Quando ele respondeu que sim, fiz uma pausa de alguns segundos e completei: "Então volte mais alto." A altura dele sempre rendia as melhores risadas.

Quando começamos com o programa de verão, era difícil para Chris e Alan (nossos produtores) conseguirem convidados, mas, no momento em que conquistamos o horário nobre e nossa audiência estava nas nuvens, as pessoas começaram a implorar para participar. Não conseguíamos controlar os pedidos. Nosso programa trouxe nomes imensos como Truman Capote, Muhammad Ali, Elton John, Tina Turner, Twiggy, Redd Foxx, Kris Kristofferson, Hugh Hefner, Bob Hope, Jean Stapleton, Jackson 5 e Billie Jean King, dentre tantos outros. Alguns dos nossos convidados eram atores e músicos grandiosos que queriam uma chance de se divertir, vestir meia-calça e usar figurinos malucos. Foi maravilhoso convidar Tony Curtis e nosso antigo amigo Glen Campbell para falar besteira conosco, assim como a comediante Phyllis Diller, que tocou a espineta e foi engraçada e séria ao mesmo tempo que tentava me fazer rir me chamando de "a princesa que não sabia sorrir". Também recebemos a atriz de *As panteras*, Farrah Fawcett, que se tornou minha amiga. Anos depois, quando Farrah ficou doente, me pediu para passar seus últimos dias na minha casa, porque queria ver o mar. Ryan negou isso a ela, dizendo: "Se ela quer ver o mar, pode ficar na minha casa."

Carol Burnett foi ao programa diversas vezes e era sempre como um foguete. Nós estávamos destinadas a sermos amigas desde o princípio. Claro, éramos duas taurinas. Aquela mulher conseguia me fazer rir só de olhar para mim, o que não era surpresa alguma, uma vez que era um gênio da comédia. Chastity a idolatrava, e a via com tanta frequência na TV que sabia que ela era famosa, coisa que não achava de jeito nenhum de mim.

Ao fim de cada noite, minha vida era bastante rotineira. Eu chegava em casa, subia para ver a bebê, tirava minha maquiagem, penteava os cabelos, prendia-os em um rabo de cavalo, lavava o rosto, escovava os dentes, assistia a um pouco de televisão e ia dormir. Era isso. Eu não ia a lugar algum, e o trabalho era pesado para mim. Eu tinha um cronograma especialmente exigente, porque tínhamos mais convidados masculinos que femininos, e normalmente eles queriam um esquete comigo em vez de com Sonny, sobretudo se fosse um homem cantor que quisesse fazer um dueto.

Fiquei ainda mais ocupada quando Sonny decidiu que, além de preparar e filmar um programa por semana, deveríamos voltar a gravar novas músicas e voltar para a estrada. "Temos que extrair o máximo dessa segunda chance, Cher", insistia ele, parando para repetir o que estava virando seu mantra: "Este é o nosso momento." Eu sabia só de olhar para o seu rosto que não era uma sugestão, mas uma afirmação do que iríamos fazer. E quem era eu para discutir com o homem que havia cumprido sua promessa?

Para lucrar com o nosso sucesso, ele me mandou trabalhar em um novo álbum para a Kapp Records com o produtor Thomas Garrett, o "Snuff". Com o nosso cronograma de gravação de TV rigoroso, tive uma semana para terminar o disco. A boa notícia foi que amei imediatamente o "Snuffy", que era um comediante nato e excelente em seu trabalho. Sem qualquer formação formal na música, ele tinha começado como DJ no Texas, mas tinha um ouvido tão bom para hits que já estava milionário aos 30 anos de idade. Foi a primeira vez que Sonny não se envolveu, pois estava ocupado demais montando nosso novo show ao vivo para a turnê musical. Eu queria mais tempo, mas não havia, e Snuffy era um cara do tipo "direto ao ponto", de todo modo, então entrei no estúdio e gravei os vocais algumas vezes, ouvi algumas vezes, gravei de novo mais algumas vezes e foi isso. Eu sempre conhecia as músicas com perfeição antes de aparecer no estúdio, sabendo que não teria muito tempo de verdade para cantar e ouvir, e na época não dava para limpar os vocais, como se faz hoje.

Intitulado *Chér* (com o acento que adotei aos 11 anos de idade e praticando meu autógrafo para parecer chique), a capa do meu sétimo disco foi um close em preto e branco tirado por Richard Avedon, me mostrando pensativa com os cabelos molhados e penteados na frente do rosto. Briguei com todo mundo por essa capa. Era a única que parecia gostar. O single que a gravadora lançou foi "Gypsys, Tramps and Thieves", que virou minha primeira música no top dez como artista solo e me rendeu até minha primeira indicação ao Grammy. A triste verdade é que, embora fosse a primeira vez que eu me sentia reconhecida pelos meus colegas e sem o nome de Sonny aparecendo em lugar algum, estávamos trabalhando tanto que sinceramente não lembro como me senti. Quando você está fazendo um álbum e um programa de TV e tem provas de figurino, sessões de foto e shows, além de ser mãe, tudo vira um grande borrão. Aquela música também nunca foi uma das minhas favoritas, pois eu não gosto muito de canções que contam histórias, como "Ode to Billie Joe", do Bobbie Gentry, apesar de essa também ter sido um grande sucesso. "Gypsys" tem o mesmo tipo de energia, assim como as outras concorrentes daquele ano — Janis Joplin com "Me and Bobby McGee" (lançada depois da sua morte trágica aos 27 anos por overdose de heroína); Joan Baez com "The Night They Drove Old Dixie Down" (eu adorava essa, é maravilhosa); e Carly Simon com "That's the Way I've Always Heard It Should Be". No fim, Carole King levou o prêmio com a sua brilhante "Tapestry". Mas, como Snuff Garrett gostava de lembrar, nós não estávamos fazendo música só para mim. Nunca tive a oportunidade de escolher minhas próprias canções naquela época, eram sempre selecionadas para mim por Snuffy, Sonny ou quem quer que estivesse produzindo — sempre um homem. "Gypsys" foi um sucesso tão grande que o disco foi relançado com uma nova capa, renomeado com o mesmo nome do single, e ganhou ouro. Eu tive que dar os louros a Sonny — ele insistiu muito, mas sabia o que estava fazendo quando me mandou de volta para o estúdio. Com um hit, eu não podia negar.

Com algo como cinquenta shows realizados no final daquele ano, levou muito tempo e esforço para administrar nossos shows de música, nosso programa de TV e nossa vida pessoal. Um deles tinha que sofrer. Sonny sempre me lembrava que "achávamos que estávamos garantidos de dinheiro da última vez, mas não estávamos". Ele lotou demais nossa agenda, sem sequer me dar tempo para respirar. Algumas semanas, organizava com a produção de gravar dois episódios em três dias, para que pudéssemos ir direto para a estrada e fazer nove dias seguidos de turnê. Era uma beleza para os produtores, porque economizava o dinheiro deles, mas significava dobrar o número de figurinos, provas, ensaios de dança e mudanças de última hora no roteiro para todo mundo que trabalhava no programa. Aquela agenda insana só podia acontecer mais ou menos uma vez por mês. Nosso querido amigo George Schlatter (criador de *Laugh-In*) disse uma vez: "Se Sonny e Cher estivessem dirigindo do Valley até Hollywood, Son faria um show em Mulholland para quebrar a viagem." George estava contando uma piada, mas era meio que verdade.

16

i will always love you

Certo dia, chegamos para fazer a leitura do roteiro, e o texto estava tão caótico que precisava ser reescrito. Ao perceber que teríamos um momento de liberdade, Ret e eu viramos um para o outro como se disséssemos *Vamos sair enquanto podemos* e fomos direto para a porta. Eu ainda estava de meia-calça e collant, mas peguei meu chapéu de caubói, feito por Bob, e entramos na minha Ferrari turquesa. (Sou apaixonada por Ferraris. Minha favorita era a Dino que eu tinha; se fosse um homem, eu teria me casado com ela e estaríamos juntos até hoje.) Ret e eu dirigimos para a Saks Fifth Avenue, em Beverly Hills, onde vi um par de lindas botas de couro preto Charles Jourdan, que comprei na mesma hora. Enquanto passeávamos pela loja, de repente, nos vimos em uma sala redonda espetacular toda espelhada e repleta de frascos de perfume. Peguei um, borrifei no ar e disse a Ret: "Meu Deus, amei esse aqui. Sonny não me deixa usar perfume, mas e se eu usasse só no programa?" Ret assentiu. Ergui os olhos e vi que uma multidão de mulheres, apontando e sussurrando, começava a se formar. Quando percebi que elas não se dispersavam, perguntei a Ret: "O que elas estão olhando?"

Ele riu e respondeu: "Para você, claro. Você está na televisão, querida. Todo mundo sabe quem você é." Eu estava tão ocupada trabalhando que não saía para o mundo real para ver que era famosa de novo, mas dessa vez em 4k.*

Sonny e eu nunca fomos tão ricos e atarefados. A Receita Federal havia sido paga e agora tínhamos fama, dinheiro e respeito. Era a fantasia que eu sempre imaginara, embora nunca tenhamos entrado naquela concessionária de Cadillac com uma bolsa cheia de dinheiro. Eu começava a perceber que a fama da televisão era diferente da dos álbuns e shows. Nenhum de nós conseguia acreditar.

Eu enfim podia usar o tipo de vestido lindo e enfeitado que sempre sonhei. Bob fez um coberto de miçangas vermelhas brilhantes com uma abertura na barriga que me deixou doida. Ele e Ret ainda precisavam pegar fantasias emprestadas para os dançarinos, mas, para mim e para os convidados, podiam criar o que quisessem com uma verba que tinha aumentado para 5 mil dólares por roupa. Bob sempre disse que meu corpo tamanho 36 era como um cabide, onde ele podia pendurar qualquer coisa e tudo ficava bom. Aos 25 anos de idade e pesando 49 quilos, eu estava finalmente ficando com o corpo definido, sobretudo quando comecei a fazer coreografias para as nossas apresentações no programa. Além disso, meu biotipo havia entrado na moda.

Para minha surpresa, fui nomeada uma das dez mulheres mais bem-vestidas dos Estados Unidos, junto com a estilista Carolina Herrera e com Liza Minnelli. Foi surreal. Ninguém que tivesse me visto nos anos 1960 teria imaginado. Sonny, é claro, fez piada da minha nomeação no nosso programa e implicou comigo sem dó, dizendo que minhas roupas deslumbrantes só acentuavam meu nariz "tamanho GG".

Bob Mackie e sua equipe sabiam exatamente como exibir minha silhueta, apesar de terem que entregar novas roupas de dois em dois dias toda semana. Nenhum dos figurinos dele permitia o uso de roupas íntimas, e

* "4k" fornecido por Slash Electric Alexander Edwards.

perdi a conta de quantas horas fiquei nua na frente de Bob e sua equipe em seu estúdio na Melrose Avenue, enquanto eles me observavam de todos os ângulos e definiam a melhor forma de me vestir. Elizabeth Courtney, a famosa modista que já tinha feito vestidos para Marlene Dietrich e Marilyn Monroe, dentre outras, supervisionava tudo. As pessoas se aproximavam de mim para apertar aqui e puxar ali, ou eu tinha que tirar o vestido e virar do avesso. Graças a Deus ficamos todos amigos e a maioria dos homens era gay, então nunca me senti constrangida.

Como Sonny e eu éramos casados, éramos quase livres de censura no programa e podíamos fazer *muito* mais insinuações maliciosas do que se fôssemos solteiros, o que descobri mais tarde, quando tive meu próprio programa com a presença constante de dois censores no set. Mas Sonny e eu tínhamos que aderir a uma lei ultrapassada de vinte anos, o Código de Práticas para Emissoras de Televisão, que determinava como se vestir "dentro dos limites da decência". Bob e eu achávamos tudo aquilo uma insanidade em um momento em que as mulheres mostravam os seios e suspendiam as blusas quase até os ombros. Havia Raquel Welch, Marilyn Monroe, Barbara Eden e Jayne Mansfield. Bob cortava tudo no limite do que era permitido. Não sei como conseguia se safar. Fazia cortes nas costas e fendas laterais, mostrando meu tronco comprido, mas, às vezes, usava algumas tiras de tecido para cobrir as partes ofensivas. Era um pé no... bem, na cintura. É claro que essas tiras corriam para o lado conforme eu me mexia ou Bob desistia delas em cima da hora só para ver se alguém ia morrer de choque e, quando isso não acontecia, expunha mais e mais do meu corpo, o que não me incomodava em nada. Era divertido. Eu sempre havia usado calça, e era a primeira vez que as pessoas me viam feminina ou sexy.

Nossos roteiros também abusavam e ficávamos no limite da ousadia. As pessoas adoravam. Para lembrar ao nosso público da pureza de Sonny & Cher, começamos a trazer "a presidente do nosso fã-clube" para nossa música de fechamento, "I Got You Babe". Vestida com uma versão em miniatura das nossas roupas, Chastity ficava passeando pelo palco, e eu a pegava no colo e a abraçava enquanto ela dava um tchau tímido para a plateia. Parecia entender perfeitamente.

Nosso programa "fácil de assistir" se tornou uma instituição das noites de segunda-feira; as famílias americanas entraram na nossa onda e nos elevaram para o top dez, angariando milhões de telespectadores toda semana. Alguém nos descreveu como "o casal esquisito favorito da televisão" e "os improváveis queridinhos do horário nobre". A emissora fazia infinitas pesquisas de mercado, e o veredito era que a maioria das pessoas achava que eu era talentosa e bonita, com roupas estonteantes, mas Sonny era o adorável, o bobo, o brincalhão. Um comentário justo.

Agora que éramos enormes, Sonny estava em uma missão para nos manter no topo. Não bastava ter dinheiro para queimar. Ele queria que nós ganhássemos tanto a ponto de nunca mais precisarmos cozinhar em um quarto de hotel barato. Eu não o culpo. Concordava com ele. Quando estávamos na pior, podíamos ter a palavra "trouxas" estampada na testa. E então, no momento em que voltamos à crista da onda, todo mundo queria ser nosso novo melhor amigo. Sonny estava fazendo tudo ao seu alcance para aproveitar esse momento e passava o tempo todo falando sobre o programa e os últimos contratos que havia fechado. Ele parecia estar se tornando um dos "caras de terno" de quem sempre zombamos, como se ser artista não bastasse mais. Sonny queria ser um magnata. Eu começava a sentir falta do siciliano sorridente que segurava Chas com um braço e ficava de pé na frente do fogão mexendo molho.

Quando Sonny começou a fumar cigarrilha, me senti obrigada e confrontá-lo. "Jura, Son?", falei da primeira vez que vi uma entre seus lábios. "Você vai fumar a porra de um charuto agora?"

Nesse dia, ele me olhou como se eu tivesse 16 anos e respondeu: "Por que não vai comprar uma roupa?" Falei para mim mesma que ele estava tão cansado quanto eu, trabalhando demais, mas começava a sentir que havia algo errado. Ponderei que ainda atuávamos muito bem juntos, mesmo que nosso tempo no trabalho tivesse se tornado mais satisfatório do que a nossa vida em casa. Para onde tinha ido toda a diversão? Em vez de passar o máximo de tempo possível comigo e com Chas, que morria de saudades dele, Sonny perdia horas em reuniões com nosso advogado Irwin fumando cigarrilhas e fechando mais shows, discutindo novos contratos e negociando acordos melhores com a gravadora. Sonny adorava ser o chefão, o negociador. Não queria mais ser apenas o artista. Aquilo agora parecia não ser digno dele. O Salvatore Bono feliz e despreocupado por quem me apaixonei no Aldo's tinha desaparecido, e a pessoa que ele estava se tornando me incomodava.

Ele chegou a organizar algo que chamou de "o exército benevolente de El Primo", no qual todo mundo — inclusive eu — recebeu um casaco de náilon com o nome e o cargo bordados. Ele se intitulou El Primo, é claro, e eu era a Prima Donna, enquanto seus "primaderes" ou "primadetes" tinham listras nas dragonas que representavam seu status, de soldado raso a sargento. Pelos meus "anos de serviço", eu era a que tinha mais listras. As pessoas da nossa equipe (que seguia crescendo) receberam uma carta dizendo que tinham sido aceitas para "servir em sua ditadura suprema" e poderiam subir de cargo e ganhar um bigode no estilo de Sonny de bronze, prata ou ouro, com a frase: "Esperamos que sua conduta seja nada menos que excelente, e você será julgado por sua performance por Sua Supremacia." A ideia era engraçada e a mensagem, direta, mas era eu que vivia com El Primo. Nunca usei aquele casaco, mas o tenho até hoje.

O trabalho era uma zona segura. Nós nunca brigamos no set, mas, em casa, Sonny parecia mais desconectado de mim. Certa noite, eu estava assistindo a algo na televisão sobre aborto e comentei despretensiosamente que achava que as mulheres deveriam ter esse poder de escolha. Ele surtou comigo quase da mesma forma de quando falei que estava infeliz ou após *Os doze condenados*, quando ele me disse que eu tinha gostado do filme porque era sexualmente frustrada e depois gritou: "Me deixa sair desse carro agora!" Sempre que ficava bravo daquele jeito, eu me calava, apesar de ele nunca ter encostado um dedo em mim. Nunca entendi por que não conseguia responder nem brigar com ele, mas simplesmente sabia que não iria ganhar. Você aprende, depois de um longo período, que não vale a pena.

Ficar com Chas, meu amor pela moda e fazer parte da família da CBS me mantinham viva, mas eu tinha 20 e poucos anos. Queria ter as próprias opiniões e fazer amigos. Estava começando a me sentir em uma bolha. Nós não saíamos para jantar e não íamos a shows ou ao cinema (com exceção de *Os doze condenados* e *A primeira noite de um homem*). Tudo o que eu fazia era trabalhar, comprar roupa e ficar com Chas.

Então algo que eu queria mais do que tudo surgiu. A mansão de Holmby Hills de Tony Curtis tinha acabado de ser colocada à venda. Ela me lembrava de toda a diversão que vivi com Tony, frequentando jantares e dançando na Factory, que ficava lotada de todas as estrelas imagináveis. Tony era muito sociável e nos adorava. E, graças a Deus, Sonny também o adorava e gostava de passar tempo suficiente com ele a ponto de sairmos juntos. Aquela casa representava memórias felizes para mim. Desabei em lágrimas pedindo a Sonny para comprá-la.

"Nós vamos morar aqui um dia", eu havia dito a Sonny naquela noite cinco anos atrás, quando passamos pelos portões abertos e subimos a montanha até a primeira mansão que vimos na vida. "Tá certo. Se você está dizendo...", respondera ele, rindo.

Bem, ele não estava rindo no dia em que eu o enlouqueci, implorando para fecharmos o negócio. Nos dez anos que passamos juntos, eu raramente tinha chorado ou pedido alguma coisa. Não precisei pedir mais de uma vez, já que Sonny também queria aquela casa, um símbolo gigantesco de que estávamos de volta e havíamos triunfado. Para mim, foi como aquele meu momento Scarlett O'Hara dizendo: "Nunca mais passarei fome." Esperava que aquele castelo brilhante no topo da montanha mudasse as coisas. Como tantas mulheres, eu estava cega.

Diferente da casa em St. Cloud, que estava completamente vazia quando nos mudamos, pedimos para nosso amigo Ronnie Wilson redecorar "o casarão", que ficou incrível. Ele tinha feito viagens de compras à Europa, preenchendo-o de antiguidades e tecidos árabes, pinturas a óleo e cristais lapidados comprados pela metade do preço que teriam custado nos Estados Unidos. Meu Deus, era estonteante. Havia uma guarita enorme, um cômodo de equipamentos que fizera parte dos estábulos, trilhas para cavalgar e uma ala de empregados tão grande quanto a casa. O quarto de Chastity foi decorado do jeito que imaginei que seria o sonho de qualquer garotinha — rosa e branco, com lindos adornos de madeira nos cantos do teto, um carpete rosa-escuro, uma cama de dossel de ferro fundido com tela branca e paredes decoradas com homenzinhos vestidos de rosa, tocando instrumentos. No canto, havia um leão em tamanho real que Hef dera a ela quando nasceu. Realmente, gosto é algo individual, porque desde cedo ela dizia que o quarto de equipamentos era o seu espaço preferido da casa. Ela chamava de "esconderijo do Drácula". Vai entender.

A cozinha era o cômodo de que eu menos gostava, pois era escura e industrial demais. Era uma cozinha profissional, então não havia nada de bonito nela; além disso, ficava tão longe que o dono anterior dizia que era possível morrer de fome só de tentar chegar até ela. O andar de cima era adorável, do jeito que eu me lembrava, e eu tinha meu próprio closet para minhas roupas e meus sapatos. Nosso quarto tinha uma temática em amarelo com uma cama de dossel de mogno e papel de parede. A biblioteca repleta de estantes era meu lugar preferido, e um dos menores. Tinha dois sofás de couro e prateleiras lindas de mogno que enchemos de livros que não tínhamos tempo para ler.

Eu mal podia esperar para mostrar a casa para minha irmã e minha mãe. Jackie Jean Crouch, agora Georgia Holt, nunca poderia imaginar, lá no Arkansas, que cruzaria a porta de um lugar como aquele. Nem eu. Passeando pela casa e admirando tudo, minha linda mãe com seus cabelos fabulosos, suas roupas chiques e sua postura elegante se encaixava perfeitamente ali. Foi um momento grandioso para nós duas.

A partir do instante em que compramos a casa na Carolwood Drive, nós a chamamos de "o casarão". Nunca vou esquecer o dia em que nos mudamos. Quando aqueles portões de ferro fundido se abriram, e olhamos para cima e vimos aquela mansão de 1.100 metros quadrados com nove quartos e dez banheiros, meu primeiro pensamento foi: *Meu Deus, vou ter que viver com ele pelo resto da vida para poder pagar por isso.*

Apesar de termos a casa mais linda do mundo, Sonny nunca queria dar festas nem convidar amigos ou familiares, a não ser que fosse Dia de Ação de Graças, Natal ou o aniversário de Chastity, quando ele fazia todos os esforços possíveis. Não que eu tivesse amigos para convidar. Sonny tinha impedido que Joey fosse lá, mas nunca me deu uma explicação, só dizia que andar com outras mulheres era "burrice". Joe D já estava fora de cena havia tempos e nos processava por centenas de milhares de dólares, e eu não tinha permissão de confraternizar com a banda. Só restava a minha irmã, que estava ocupada trilhando o próprio caminho de atriz.

Entediada e sozinha, houve algumas vezes que fiquei tão brava com Sonny que quase o confrontei — a noite em que ele queimou meu uniforme e equipamento de tênis, por exemplo, e o dia em que a mulher de Brian Wilson, Marilyn, me convidou para uma festa do Tupperware. Sonny e eu estávamos em contato com "Brain" desde a época do Gold Star e ficamos encantados quando ele se casou com sua paixão de infância, Marilyn. Pensando que um evento com participação exclusivamente feminina na casa dela para vender utensílios de cozinha jamais poderia ser considerado subversivo, aceitei o convite, mas Sonny me disse que eu não podia ir. "Quê? Por que não, Sonny?", perguntei, as lágrimas já escorrendo. "Elas são minhas amigas. Só vai ter mulher lá. Nenhum homem vai!" Por que eu não podia ir a uma festa no meio da tarde, pelo amor de Deus? Não havia ameaça alguma.

Ele me olhou e respondeu: "Não há motivos para você ir a uma festa assim, isso é idiota." É como se ele achasse que o evento não era digno de mim, abaixo da "Cher". Mas não cabia a ele ditar se eu podia ou não ir.

Foi um respiro de ar fresco quando uma menina de 21 anos chamada Paulette entrou na minha vida em um belo dia de junho de 1972, em um evento 32 quilômetros ao norte de Washington. No momento em que nos conhecemos, ela falou comigo em armênio: "*Inchpes es?*" (Como você está?) E eu respondi: "*Lav yem.*" (Estou bem.) Estas são duas das três frases que sei em armênio, a última sendo "Eu te amo". Quando Paulette explicou que seu sobrenome era Eghiazarian e seus pais eram descendentes de armênios, nos conectamos de imediato.

Ela era quatro anos mais nova do que eu, e sua vida parecia ter saído de um filme. Filha de um ex-oficial de inteligência na Segunda Guerra Mundial que se tornou membro fundador da CIA, ela tinha morado no mundo inteiro — da África ao Oriente Médio. Depois de terminar a escola, foi modelo durante um tempo antes de viajar com uma equipe de surfe com base no Havaí. Tinha ido a Woodstock de trailer e visitado lugares exóticos como Porto Rico e Corfu. Em determinado momento, cansada de seus dias chapada na praia, foi para casa visitar sua família em Washington sem a menor ideia do que faria depois.

Como parte do acordo que Sonny tinha feito para nós, naquele mês tocaríamos no salão da Shady Grove Music Fair em Gaithersburg, Maryland. O maluco e incrivelmente engraçado Steve Martin era nosso show de abertura. Era um local em que já tínhamos tocado antes, mas, agora que éramos famosos na televisão, esperava-se que fizéssemos um encontro antes do show com políticos e outras figuras poderosas. Quando cheguei com Chastity e fui direto para a mesa procurar o biscoito favorito da minha filha, avistei Paulette na hora. Ela se destacava da multidão. Lindíssima, com o bronzeado marcado e os cabelos castanhos e compridos, ela usava uma regata preta e uma calça boca de sino com correntes douradas. Intrigada, fui até ela e perguntei: "Quem é você? Você não se parece com as pessoas daqui."

Olhando ao redor para os caras de terno, ela riu e respondeu: "É, não." Alegre e extrovertida, Paulette explicou que só estava ali porque conhecia o dono do local.

Na noite seguinte, ela estava de volta, desta vez nos braços do nosso gerente de turnê Jerry Ridgeway. Eles formavam um casal lindo. Sonny tinha uma regra de que nossa equipe masculina não podia trazer mulheres aleatórias para a turnê, somente namoradas fixas, então Ridgeway disse que era isso que Paulette era e perguntou se ela podia nos acompanhar até o nosso show seguinte. Quando Sonny concordou, fiquei muito feliz, ávida por uma companhia feminina. Nenhuma de nós poderia ter imaginado que, a partir daquele encontro do acaso, nós nos tornaríamos melhores amigas por mais de cinquenta anos e que nossas vidas se entrelaçariam das maneiras mais estranhas e complicadas.

Quando fomos para Nova York, minha nova amiga estava lá (também com Ridgeway), e todos ficamos hospedados no hotel St. Regis. Conversamos, fizemos compras e nos demos bem imediatamente. Gostávamos das mesmas coisas e tínhamos um senso de humor bastante similar. Paulette me ensinou diversas coisas, e eu queria sempre ouvir mais sobre as suas aventuras sensacionais. Assim como muitos dos meus amigos, ela escolheu um apelido para mim, já que era impossível usar meu nome em público sem que as pessoas se virassem para ver. Para Paulette, eu sempre serei "Cheralina", enquanto ela era "Pauli" para mim. Seja lá o que fizéssemos, era sempre divertido, e ela sabia como se portar, nunca ficava irritada quando as pessoas me abordavam na rua ou tiravam uma foto minha quando estávamos juntas. Talvez por ser de Washington, ela lidava com isso de forma perfeita.

Sonny não parecia se importar com o fato de eu ter uma amiga, provavelmente porque achava que Pauli era muito nova e não tão esperta quanto ele, então nunca a considerou uma ameaça. No nosso mundo, ela era ingênua (e, no dela, a ingênua era eu). Sonny sabia que conseguiria controlá-la. O que ele não podia imaginar era que ouvir sobre as aventuras dela colocaria minha própria situação sob uma perspectiva diferente. Eu não queria a vida dela, mas estava começando a pensar se queria a minha. Pauli sempre foi uma pessoa carinhosa e divertida, que até hoje se comporta como adolescente. Eu só conseguia admirá-la. Ela me fazia lembrar de Jake, melhor amiga da minha mãe, que era extrovertida, sempre fazendo brincadeiras.

A companhia de Pauli mudou tudo para mim e fiquei ainda mais feliz quando ela voou de volta para LA conosco e se mudou para a casa de Ridgeway, em Malibu. Paulette admirava abertamente a minha vida e acreditava que Sonny e eu tínhamos o casamento perfeito com uma filha perfeita, que eu tinha um guarda-roupa perfeito e vivia em um mundo perfeito. Ela não fazia a menor ideia da tensão que crescia dentro de mim. Na verdade, eu achava cada vez mais difícil comer e dormir. Estava ficando magérrima. No aniversário de Paulette, ela fez frango à Cordon Bleu, que eu amava. Lembro que tentei comer e não consegui dar nem uma garfada. Aquilo me assustou.

O mais doido era que, embora estivesse profundamente infeliz, eu ainda amava Sonny, mesmo não estando mais apaixonada por ele. Nós éramos uma dupla maravilhosa na TV, mas, em casa, as coisas começavam a desmoronar. Ele não reparava mais em mim, então não percebeu. Éramos loucamente apaixonados nos primeiros anos e entretínhamos um ao outro o tempo todo, mas o *Sonny & Cher Show* o mudara tanto que eu não o reconhecia mais. Conseguia viver com ele porque separava as coisas e já me acostumara a censurar o que dizia e fazia perto dele. Como estava com ele desde muito nova, conhecia as regras e sabia como deveria me comportar para não causar problemas. Já tínhamos sido como irmã e irmão, pai e filha. Já tínhamos sido parceiros. Família. E tínhamos o mesmo sonho. Era isso que nos mantinha juntos. Mas ele não parecia mais se importar com o que eu sentia ou sequer que tinha emoções. Era indiferente a mim, ocupado demais tentando construir um império e se tornar um magnata.

Cada vez mais ansiosa e estressada, não tinha a mínima ideia do que poderia fazer. Estava começando a me sentir presa. Não sabia como enfrentá-lo ou me defender. Sinceramente, não sabia. Era uma merda. E, para completar, eu não podia contar isso para ninguém. Não confiava em pessoa alguma, pois tinha medo de que qualquer coisa que eu dissesse pudesse chegar aos ouvidos de Sonny. Então simplesmente bordava até a exaustão, era como mantinha minha mente ocupada. Sabia que as consequências de me separar seriam enormes, não só para mim, mas para

Chas, que tinha verdadeira adoração pelo pai. E não nutria desejo algum de ter mais filhos com ele. Apesar de fazer o meu melhor como mãe, os dois tinham uma espécie de relação especial e secreta que não me incluía. Ele brincava com ela do jeito que brincava comigo no início. Quando começamos a namorar, Sonny inventava palavras e expressões próprias. Uma que ele usava muito era "não, sampian!", que significava "não, obrigado". Ele não usava mais essas palavras inventadas comigo, mas usava com Chas. Tratava nossa filha como se fosse o filho que ele sempre quis e a chamava de El Primo Jr.

No fim de outubro de 1972, tivemos um período bastante conturbado fazendo dois programas um atrás do outro para que pudéssemos nos apresentar em Reno. Eu estava a ponto de desmaiar, mas tivemos que viajar para Las Vegas para fazer dois shows em uma mesma noite no Congo Room do hotel Sahara, algo que vínhamos fazendo de vez em quando desde a primavera.

Paulette foi conosco, e eu precisava demais de uma amiga. Ela amava ficar com a gente e me ajudava de todas as formas, desde buscar revistas e meu doce favorito a vestir meus figurinos. Depois dos shows, ela foi comigo até meu quarto, onde tirei meus cílios postiços e perguntei o que ela faria naquela noite. Paulette me disse algo como: "Não sei, vou para o quarto de um dos caras da banda beber cerveja, fumar maconha e brincar com os instrumentos. Não é tão divertido assim, Cher."

Logo depois que ela chegou, fomos procurar Sonny para perguntar a ele se eu poderia ir a um evento a que o resto da banda iria. Embora ele nunca ouvisse músicas novas e não me deixasse ouvir em casa, achei que Sonny poderia gostar da ideia e ir junto, e fiquei animada. Eu o encontrei na nossa suíte falando de negócios com Denis e Irwin, discutindo quanto dinheiro os shows tinham rendido. Então, falei: "Ah, maravilha, vamos para a Europa." Sonny olhou para mim franzindo a testa e retrucou: "Por quê? Você não vai conseguir fazer dinheiro nenhum na Europa."

"Não", esclareci. "Pensei que pudéssemos sair de férias."

Ele revirou os olhos e respondeu: "Cher, fala sério." Não lhe ocorreu que talvez eu precisasse de um descanso.

Ele, então, me chamou para assinar algo, dizendo: "Nós conseguimos um contrato com o Caesars." Respirei fundo e pensei: *Não há "nós" aqui.*

Eu não tinha voz alguma nas decisões, e pensar nisso me deixou nervosa. Naquele momento, não consegui articular meus sentimentos, só respondi "Tá bem" e assinei o contrato para nos apresentarmos em Vegas todo verão por sei lá quantos anos, amarrando-nos a algo que eu não queria, porque fazer turnê parecia estar me matando e eu sabia que Chastity estava sofrendo também. Perceber que meu marido sempre colocaria os negócios acima de mim e dos meus sentimentos me arrasou. De repente, fiquei muito brava, apavorada e me senti completamente presa.

Ao lembrar por que estávamos ali, dei um sorriso forçado e perguntei: "Ei, todos os caras da banda vão levar as namoradas a um evento. Parece bacana, quer ir?"

Ele mal olhou para mim e respondeu: "Não, mas vai com Ridgeway e Paulette." Dali em diante, comecei a ficar sem esperanças e, logo, desesperada. Entre o contrato com o Caesars, o desprezo pela ideia das férias e ele me dizer para simplesmente ir com Ridgeway e Paulette para o evento, eu me senti muito desrespeitada. Depois dos nossos shows, eu conseguia ouvir música subindo do hotel lotado pela minha porta francesa aberta. E ali estava eu, aos 26 anos de idade, no que havia se tornado um casamento sem amor. Sonny tinha me dado as ferramentas e a confiança para que eu me tornasse a pessoa que minha mãe sempre me disse que eu seria e depois havia perdido o interesse. Minha mãe me chamava de egoísta, assim como ele. Talvez os dois estivessem certos ou talvez não fosse eu a egoísta. Será que eram eles? Saí descalça na varanda do nosso quarto e olhei para baixo. Estava tonta de tanta solidão. Vi como seria fácil passar por cima da sacada e simplesmente desaparecer. Por alguns minutos insanos, não consegui imaginar outra possibilidade. Fiz isso umas cinco ou seis vezes e sempre pensava em Chas, na minha mãe, na minha irmã, em todo mundo, em como minha atitude poderia fazer com que as pessoas que me admiravam vissem isso como uma solução viável, e sempre voltava para dentro. E então, certa manhã, tudo mudou. Naquela noite entre os shows, saí na varanda novamente e dessa vez pensei: *Não preciso pular, posso simplesmente deixá-lo.*

Paulette não sabia o que se passava comigo e, no dia seguinte, conversava sobre o que ela vinha fazendo em LA, mas eu estava distraída. Então ela mencionou casualmente que Bill, um guitarrista jovem que havia se juntado à nossa banda, tinha pedido uma foto três por quatro minha. Não estranhei, porque as pessoas pediam fotos minhas o tempo todo, não era algo incomum. Ela acrescentou que também tinha visto Bill tentando desenhar minha silhueta, o que achei fofo. Rindo, ela disse: "Acho que Bill está apaixonado por você, Cheralina!"

Bill era o oposto de Sonny (apesar de os dois serem aquarianos). Era alto, tinha um sotaque texano e 21 anos de idade. Eu sabia que ele era um bom guitarrista porque reparei quando estava tocando riffs para mim certa noite, quando apresentamos "Superstar" do The Carpenters. Pensei: *Caramba, ele é muito bom e está me ouvindo de verdade*. Eu tinha fechado meu lado romântico e não tirei nenhuma conclusão disso tudo, além do fato de ele ser talentoso.

Continuei sem achar nada de mais quando ouvi de Paulette que Bill e sua namorada não transavam havia meses, então me vi chamando a namorada para se juntar a nós no spa do Caesars Palace naquela tarde para descobrir se aquilo era verdade, e era. Eu não tinha um plano, só fui seguindo o curso das coisas. Ainda não havia conseguido voltar a comer ou dormir direito, e estava pesando 44,5 quilos no primeiro dia da minha menstruação. Pouco depois, Pauli mencionou que, entre os nossos dois shows naquela noite, ela e o restante da banda iam ver os Righteous Brothers tocarem no hotel Hilton, bem perto do nosso.

Depois que o primeiro show acabou, sem pensar, saí do palco, troquei de roupa, vestindo uma calça jeans e uma camiseta. Son chegou, e, enquanto ele tirava o terno, me aproximei da porta e falei: "Vou assistir aos Righteous Brothers com Pauli e Ridgeway", e saí pelo corredor. Não fiquei esperando a resposta dele. Ele gritou: "Você enlouqueceu?" Mas eu já tinha ido embora. Corri até o quarto de Paulette, esbarrando nos caras da banda, que estavam saindo do palco, e nós todos fomos juntos para o salão do Cassino do Hilton. Meu coração ficou acelerado a noite inteira. O salão tinha mesas com cabines em formato de meia-lua. A namorada de Bill sentou-se em uma, e um dos caras sentou-se na ponta, ao lado dela, e então Bill entrou do outro lado, e depois, eu. Enquanto eu deslizava para me sentar ao lado dele, Bill agarrou meu braço e me puxou com tanta força que trombei com ele, e suas pernas ficaram pressionadas ao lado das minhas. Quando ele colocou a mão no meu joelho, pensei: *Bem, isso é inesperado*. Até hoje, não sei como ele foi tão ousado.

Quase não deu tempo de correr de volta do salão do Hilton para o nosso segundo show no Sahara, o que foi bom, pois Sonny não teve tempo de brigar comigo. Ele estava sentado esperando, furioso. "Você está muito encrencada, Cher!", gritou. "Ficou maluca?"

"Não, Sonny, não fiquei", respondi, muito mais calma do que estava de fato, e me vesti rapidamente enquanto ele continuava me dando um sermão. Ignorando-o, saí correndo para subir no palco, ainda abotoando as calças. De alguma forma, me sentia fora do corpo enquanto agia sem nenhum tipo de plano (e ainda não tinha comido quase nada). Era como se eu estivesse derrubando peças de um dominó, uma após a outra, sem nem imaginar de onde tinha tirado coragem. Quando o show terminou, agradeci com uma reverência, e Sonny e eu saímos do palco em direções opostas, sem dizermos uma palavra um ao outro. Corri para o camarim, tirei minha roupa e, quando ele chegou ao meu lado tentando conversar, já estava vestida e saindo dali. Ele ficou chocado, estava totalmente despreparado para aquilo. Não sabia para onde eu estava indo nem o que ia fazer.

Encontrei Paulette e disse a ela: "Quero fazer o que você faz depois do show."

Ela olhou para mim como se eu estivesse doida e respondeu: "Sonny *nunca* deixaria você entrar naquele quarto."

"Não, não, está tudo bem", menti. "Tenho permissão."

Paulette me olhou com um olhar desconfiado, mas assentiu. "Se você está dizendo..."

Ela me levou para o quarto do baterista Jeff Porcaro. Todos ficaram felizes de me ver, mas também muito nervosos. Não conseguiam entender como eu tinha fugido e estavam preocupados de serem punidos por Sonny. Exatamente como ela havia descrito, os caras da banda estavam sentados em círculo fumando, bebendo e conversando de um jeito que eu não fazia havia anos. Eu estava sentada lá com todo mundo quando Bill apareceu. Ele se sentou por um momento, conversou com os caras, depois se levantou devagar e disse: "Vou até a recepção comprar mais cigarros."

Tomando uma decisão repentina, dei um pulo e falei: "Vou junto com você. Preciso de uma revista."

Paulette olhou para mim e, com medo das consequências, protestou: "Mas eu acabei de comprar todas as revistas que tinha lá!"

E respondi: "Babe, você se esqueceu da *Popular Mechanics*", e saí.

Enquanto Bill e eu seguíamos para a recepção e entrávamos no cassino, perguntei a ele: "Você vai mesmo comprar cigarros?", e ele fez que sim. "Bem, eu não vim comprar revistas."

Ele parou, falando: "Hein?" Então expliquei: "Só vim porque queria ficar com você."

Chocado, Bill começou a andar ao meu redor em um círculo enorme algumas vezes. Acho que sua cabeça tinha entrado em parafuso. Eu conseguia vê-lo com milhões de pensamento fervilhando, como: *O que isso significa? O que ela está dizendo? O que vai acontecer? Vou perder meu emprego? Ou coisa pior?* Nós entramos no cassino, passamos pelos caça-níqueis e fomos até uma banquinha de cigarros, onde nos deparamos com David Brenner, um comediante de stand-up que fazia o show de abertura para nós. Ele quase desmaiou ao me ver em público com Bill. Eu, sozinha, com um cara? Era como ver o monstro de Frankenstein com o Dumbo. David veio até a gente, um pouco trêmulo, e disse: "Oi, pessoal, o que estão fazendo?" David e Sonny eram muito próximos, e imaginei que ele não gostaria de ser a pessoa a lhe contar aquela fofoca. Respondi, tranquila: "Ah, só viemos comprar cigarros." David olhou para mim, nervoso, mas o leite já estava derramado, eu tinha chutado o balde.

Bill comprou seus cigarros e disse: "Não quero voltar direto para o quarto."

Ele não disse isso de um jeito sexy, e sim de um jeito confuso, como *Não quero voltar para um quarto cheio de gente agora*. Eu não respondi. Ele me mostrou uma parede imensa de tijolo atrás do hotel. "É aqui que a gente vem fumar antes do show", falou ele. Eu assenti. Nós nos encostamos na parede em silêncio, lado a lado. Bill, de repente, disse: "Todo mundo na banda se pergunta como você consegue viver dessa forma." Era a primeira vez que alguém me dizia isso, e eu não soube como reagir. Nunca pensei que outras pessoas reparassem, e a ideia de que todo mundo na banda falava sobre o assunto me deixou constrangida. Então Bill me puxou para perto dele e me beijou. Senti que minha cabeça estava quase explodindo. Ele beijava muito bem, mas a questão toda era que Sonny nem gostava de beijar. Era isto que eu havia imaginado na sexta série, quando sabia que beijar fazia parte do meu futuro.

Voltamos para o quarto de Jeff Porcaro, provavelmente uns vinte minutos depois de sairmos, e nos sentamos com todo mundo. Então, o telefone tocou e era Sonny. "O que você pensa que está fazendo, Cher?", perguntou ele. "Que porra acha que está fazendo?"

"Ah, sei lá. Só estou conversando com o pessoal."

Seria possível ouvir um alfinete caindo no chão.

"Você enlouqueceu? Volta agora para o quarto."

Eu não fazia ideia de quem eu era naquele instante, porque disse para ele: "É que o Bill quer entender melhor sobre os direitos de participação dele, então pensei em subir com ele para o nosso quarto." Eu me levantei, e Bill se levantou comigo. Não sabia o que esperar. Falei qualquer coisa que me veio à mente, mas não fazia ideia de como Bill ia reagir. Se eu fosse ele, estaria pensando: *Péssima ideia, é o meu chefe lá em cima. Não vou subir com você para o quarto.* Ele precisou ter colhões *bem grandes*. Quando entramos em nossa suíte, Sonny estava esperando na poltrona, olhando para nós em silêncio total. Bill nunca pareceu tão alto quanto no momento em que ficou ao meu lado, enquanto encarávamos meu marido.

"Pode ir para o quarto enquanto conversamos?", Sonny pediu a Bill em voz baixa, que lhe obedeceu.

Ainda me olhando de cima a baixo, Sonny parecia diferente. Aflito. Inquieto. "O que você está fazendo?", perguntou ele, mas não respondi. E então, genuinamente curioso, ele falou: "O que você quer?"

Não consegui acreditar no que saiu da minha boca em seguida. Lembrei que Sonny tinha destruído o roteiro todo de *Chastity* só porque eu estava conversando com meu par romântico no filme, e afirmei: "Quero transar com Bill." Parece maluquice hoje, eu não quis falar aquilo de verdade, mas achei que colocar assim era a única forma de ele me libertar. Eu já tinha tentado dizer a Sonny que estava infeliz e aprendido a minha lição. Achei que talvez assim pudesse dar certo. Só queria que tudo aquilo acabasse.

O silêncio foi ensurdecedor. Então ele respondeu: "De quanto tempo você precisa?"

Olhando em retrospecto, não faço ideia do que me fez responder: "Duas horas." A conversa toda era insana. Fui de não discutir com ele para isso. E, enquanto isso, Bill estava no quarto sozinho, sem nem imaginar o que aconteceria, e tenho certeza de que não apostaria nisso nem em 1 milhão de anos.

"Está bem", respondeu Sonny e, sem dizer outra palavra, se levantou e saiu. Entrei no quarto onde Bill estava sentado, encostado na cabeceira da cama de pernas esticadas e tornozelos cruzados, fumando um cigarro. Eu sabia que o tinha colocado em perigo e sabia que isso não era legal. Sentei-me ao seu lado. Ele estava vestindo uma jaqueta nova de couro, e aquele cheiro sempre vai me lembrar dele.

Então começamos a conversar de um jeito que eu nunca tinha feito antes, porque não confiava que as pessoas não contariam tudo a Sonny. Não sei o que me fez baixar a guarda e me abrir com Bill naquela noite, mas revelei tudo. Ele me perguntou: "Como as coisas ficaram assim? O que aconteceu para vocês estarem vivendo desse jeito?"

Eu respondi com sinceridade, tentando entender a resposta enquanto a elaborava. "Estamos juntos desde que eu tenho 16 anos. Por algum motivo, isso simplesmente aconteceu, progrediu assim. Éramos felizes e, em algum momento, paramos de nos importar um com o outro."

Bill perguntou: "Como você consegue trabalhar com ele toda semana?"

Tentei encontrar palavras que fizessem sentido. "Eu amo fazer o programa", disse a ele. "Sonny me diverte muito, e somos como duas crianças lá. Não tem essa de 'chefe' e 'regras'. É só diversão, e ele se comporta que nem antigamente, quando nos conhecemos e nos apaixonamos. É como se tudo voltasse a ser bom."

Ele não conseguia entender. Eu também não entenderia se me ouvisse. Até hoje, não consigo acreditar que contei a um desconhecido tudo sobre minha vida pessoal. Agi totalmente de acordo com o meu coração, sentindo que podia ter um aliado e precisava de um. Bill era um guitarrista de 21 anos, e Sonny era "Sonny", de "Sonny & Cher", que tinha 37 anos e era chefe dele. Ainda assim, Bill fora até o quarto de hotel comigo, e depois para o quarto ao lado, onde Sonny pedira que esperasse. Ele poderia ter ido embora a qualquer momento, nós não nos conhecíamos direito, ele não me devia nada, mas ficou, e abri meu coração para alguém com quem nunca tinha conversado, não conhecia seus princípios nem seu caráter. Ele poderia ter ido direto contar tudo a Sonny. Mas não foi. "Nós todos nos sentimos muito mal por você", falou ele. E foi só o que aconteceu, nós nos sentamos e conversamos, e eu chorei. Nada mais. Ambos estávamos exaustos. Além disso, eu não teria feito nada no meu próprio quarto, não importa o que estivesse vivendo.

Quando me dei conta, já estava no meio da madrugada e Sonny tinha voltado. Eram por volta de cinco da manhã, e ele foi muito frio comigo. Arrasada, me deitei ao lado dele e pensei: *É a última vez. Você não vai mais fazer isso comigo.* Eu estava brava para caralho. Àquela altura, já tinha certeza de que ele não me amava mais. Pouco depois, eu ainda estava meio acordada quando ele se aproximou do meu lado da cama, pegou minha mão e tirou a aliança de casamento do meu dedo. Levei um segundo para perceber o que estava acontecendo, mas estava exausta demais para me importar.

Acordei já à tarde, ainda meio perdida. Não havia sinal algum de Sonny, e eu não fazia ideia do que faria depois. Era para ele e eu estarmos no palco em duas apresentações seguidas naquela noite, mas não havia chance alguma disso acontecer. Quando fui ver Chastity, o quarto dela estava vazio, e descobri que Sonny havia mandado nossa filha junto com a babá de volta para Los Angeles. Fiquei bastante irritada por ele ter feito aquilo — mais uma de suas decisões unilaterais, impondo seu controle.

Pedi para Paulette dizer a Bill que queria conversar com ele, e ela me contou que ele estava indo para o Texas. Perguntei: "Quando? Quero conversar antes de ele partir." Àquela altura, o dia já estava escurecendo. Eu me levantei da cama, vesti um casaco grosso longo e um par de botas. Estava tão aérea que não coloquei nada por baixo. Ele me encontrou no camarim e perguntou se algo ia acontecer entre nós. Falei: "Não sei o que vai acontecer com nada." E saí. Durante a hora seguinte, andei para cima e para baixo na orla tentando pensar em um lugar para ir, mas as pessoas me reconheciam e ficavam se aproximando e pedindo autógrafos, dizendo: "Ei, Cher! O que você está fazendo na rua?" Outras me contavam como estavam animadas para ver nosso show mais tarde. Tudo era muito surreal; era como estar em um filme barato do Fellini em Vegas. De cabeça baixa e tentando não chorar, busquei refúgio em um estacionamento enorme e vazio, apenas para ficar sozinha. Em certo momento, voltei para o hotel e fui direto falar com Sonny. Enquanto caminhava pelos corredores do Sahara procurando meu marido, dizia continuamente para mim mesma: *Vou fazer isso. Vou mesmo.* Por fim, eu o encontrei emburrado no camarim, onde entrei e falei:

"Sonny, preciso de quinhentos dólares em dinheiro. Agora." Eu só possuía cartões pré-pagos, e não tinha outra maneira de conseguir dinheiro vivo. Ele me entregou o dinheiro sem dizer uma palavra.

Desde que começamos a morar juntos, ele estava convencido de que eu o deixaria um dia, coisa que só me contou anos depois, embora tenha escrito em um poema que me deu naquela época, quando ainda trabalhávamos para Phillip. Havia um trecho que dizia "uma borboleta para ser amada por todos, não só por um". Mas aquilo era poesia e eu tinha 17 anos. Nessa idade, o que se sabe sobre qualquer coisa? No dia em que compreendeu que o momento enfim tinha chegado, ele também percebeu que não havia nada que pudesse fazer para me impedir.

Enquanto eu ia embora, ele murmurou algo, mas continuei andando, então ele gritou um último comentário na minha direção: "Os Estados Unidos vão te odiar por acabar com a gente!"

Eu me virei e me encolhi ao ouvir algo tão irritante vindo dele, mas logo me dei conta: *Caramba, é provável que seja verdade.* Raras vezes ele esteve errado e sabia que aquilo ia mexer comigo, porque sempre me preocupei com o que as pessoas pensavam. Eu amava o programa, amava o público, mas simplesmente não ligava mais. Ele tinha me colocado contra a parede, e eu não sabia mais o que fazer. Olhando para ele de um jeito frio, falei: "Ontem à noite, eu não me importava se estava viva ou morta."

Fui para o meu quarto, arrumei uma mala e corri para o quarto de Ridgeway, onde achei que estaria mais segura e Paulette me esconderia. Foi onde encontrei Bill sentado no sofá. Ridgeway e Paulette iam levá-lo ao aeroporto. "Vem comigo, Cher", implorou ele. Foi muito corajoso da parte dele pedir isso, mas eu não conseguia nem pensar direito para responder.

Não consigo lembrar o que aconteceu depois e nem a sequência exata, mas algo mudou dentro de mim quando descobri que Sonny tinha transado com a namorada de Bill na noite anterior, por vingança. Minha cabeça ficou acelerada, e falei impulsivamente: "Não vai para o Texas, Bill. Vem comigo para São Francisco. Sonny me deu dinheiro para as passagens." Por alguma razão, o único lugar para onde pensei em fugir foi Sausalito, a cidadela tranquila à beira-mar onde Sonny e eu tínhamos passado um dia nublado perfeito certa vez. Pensava naquele lugar como um local seguro e, naquele momento, só queria me sentir em segurança. Não especifiquei

Sausalito na frente de Pauli e Ridgeway, sem saber o que eles contariam se Sonny os pressionasse. Estava instintivamente me protegendo ao esconder deles uma informação importante.

Quando Bill concordou, peguei um par de óculos escuros emprestado de Paulette, e Ridgeway relutantemente parou o carro alugado nos fundos do hotel, e Bill e eu entramos. Sentada no banco da frente, Paulette ficava se virando para trás para me ver nos braços de Bill e dizendo: "Estou tão feliz por você!"

"Cala a boca, Paulette!", retrucou Ridgeway, irritado, com os olhos repletos de medo pelo retrovisor. "Eu provavelmente vou perder meu emprego. Você não entende as consequências disso aqui?" E é claro que ele tinha razão. Eu era metade do casal de maior sucesso da televisão e a atração principal do hotel Sahara, abandonando-o poucas horas antes de um show esgotado. A fofoca estava se espalhando para todos os cantos. Não me lembro do voo naquela noite nem sobre o que Bill e eu conversamos — se é que conversamos sobre algo. Chegamos a São Francisco de madrugada e pegamos táxis separados, caso alguém nos visse, mas nossos motoristas se perderam na famosa neblina da área da baía. Depois descobrimos que Sonny tinha enviado detetives particulares atrás de nós, mas eles também se perderam. Não tinha chance alguma de ele me deixar partir sozinha. Incapazes de achar o caminho de volta para a costa, Bill e eu acabamos de volta no aeroporto antes de nos hospedarmos em um hotel barato por volta das quatro da manhã. Quando chegamos na recepção, o cara atrás do balcão deu um pulo e gritou: "Oi! Cher! Bem-vinda. Cadê o Sonny?"

"Hum... Ele está vindo no voo seguinte com o restante da banda e os dançarinos."

Bill interrompeu e pediu: "Dois quartos, por favor."

Depois que Bill me levou até meu quarto, eu me joguei na cama e ele se deitou ao meu lado e me beijou com doçura como tinha feito antes, embora eu percebesse que estava nervoso dessa vez. Um pouco depois, nós fizemos amor e foi inacreditável. Naquele momento eu soube que nunca mais faria sexo com Sonny. Nas horas seguintes, senti uma mistura esquisita de alegria, alívio e exaustão, que terminou de forma abrupta quando o telefone tocou. Os detetives particulares deviam ter achado a gente. Atendi e ouvi

Denis Pregnolato dizer: "Cher, vai ser muito ruim para o Bill se você não vier para casa agora."

"Tudo bem", respondi, quase sussurrando. "Vou pegar o próximo voo." Eu me levantei de imediato e fui correndo para o aeroporto LAX sozinha. Era a primeira vez que pegava um avião ou mesmo entrava no aeroporto sozinha, mas sequer percebi. Enquanto isso, Bill foi para o Texas, para evitar os repórteres.

Bill era um cara calado, mas, caramba, ele teve muita coragem de enfrentar Sonny Bono. Foi completamente contra a minha volta para LA, mas eu sabia que era para o bem dele. Eu ainda estava só dando um passo atrás do outro, na esperança de que ficaria tudo bem. O hotel Sahara publicou um comunicado à imprensa dizendo que nosso show tivera que ser cancelado porque eu estava sofrendo de exaustão e que o apresentador de TV Johnny Carson nos substituiria. A imprensa imediatamente repassou para os canais de notícias, e colunistas de fofoca começaram rumores de que Sonny e eu tínhamos brigado em Vegas e que eu não havia subido no palco porque estava com o olho roxo. Não sei o que Sonny disse à CBS, mas naquela semana voltamos a filmar o programa e, de alguma forma, estávamos hilariantes.

Para mim, é difícil descrever como foi deixar Sonny, de tanta privação de sono, sem comer, tão confusa, tão triste, tão atordoada, tão sem saber o que iria acontecer depois, tão sem imaginar como seria a reação de Sonny para qualquer coisa. Dei cada passo com base nos meus instintos, sem nenhum pensamento real, de um jeito meio nebuloso, mas a verdade é que, no momento em que comecei, não dava mais para voltar atrás.

Quase delirando no instante em que cheguei de volta ao casarão, eu só queria me deitar na minha cama, mas Sonny estava sentado no último degrau da escada, com uma cara terrível. Eu via em seu rosto que ele estava exausto. E eu estava cansada demais para me importar. Sonny me disse: "Você deveria pedir desculpas a Irwin." Irwin chegou à nossa casa cerca de uma hora depois e me desculpei com ele. Não me ocorreu naquele momento o quanto aquilo era ridículo. Irwin sentou-se comigo para conversar sobre as implicações legais da minha fuga, com Sonny na sala o tempo inteiro. Eu mal conhecia Irwin e nunca havia gostado dele. Além de em geral ser um homem desagradável, ele havia sido responsável por perdermos Joe D e o contrato com o Caesars. Explicou bem detalhadamente que se eu persistisse com minhas ações desastrosas, romperia todos os meus contratos, o que poderia me custar milhões de dólares. Eu disse que não ligava. Estava cansada demais para lidar com ele. Então ele perguntou: "O que você quer, Cher?"

Nada havia me preparado para essa pergunta, e hesitei por um instante. Tanto Irwin quanto Sonny ficaram me observando pensar. Por fim, encontrando minha voz, falei: "Quero uma casa em Malibu onde eu possa passar os fins de semana e 5 mil dólares por mês na minha própria conta bancária. Se Sonny concordar, eu faço o próximo programa. Se não, não faço." Sonny nem piscou. Eu não sabia na época, mas podia ter pedido muito mais e teria conseguido: não fazia ideia do quanto eles estavam com medo de mim e do que eu poderia fazer. Ficaram mesmo apegados a eu ter dito que não me importava. Todos aqueles homens de terno tinham ditado o que eu faria durante muito tempo. Agora eu estava dizendo a eles o que não iria fazer.

Irwin me encarou por alguns instantes e respondeu: "Está bem." Simples assim. Eu não conseguia acreditar. Tudo havia mudado em 48 horas. Sentindo uma enxurrada de alívio, fui para a cama, onde dormi um sono profundo como nunca antes.

O que me lembro em seguida é de quando Sonny, algumas horas depois, entrou e se sentou na beira da cama. Ele não falou muito e tinha a atitude de alguém que havia apanhado. Sequer parecia bravo e estava tão emaciado que pensei que talvez ele também não comesse fazia dias. Ele se sentou no chão, e eu estava chorando. Perguntou: "O que houve, parceira?"

Respondi: "Quero falar com Bill." Peguei no sono de novo, ainda exausta, e Sonny foi embora.

Uma hora e pouco depois, a assistente dele, Sharon, me acordou. "Bill está no telefone." Ela me levou até a ala dos empregados para que eu pudesse falar sem que Sonny escutasse.

"Não sei o que fazer", falei, chorando, quando ouvi a voz dele.

"Deixa eu ir até você. Não quero que fique sozinha." Eu disse a ele que ia comprar uma casa na praia e que ele podia ir lá ficar comigo. Uma semana depois, ele pegou um táxi até a casa de Sharon. Eu o busquei, usando um conjunto de suede turquesa-claro que tinha acabado de comprar e dirigi até meu novo apartamento em Malibu, na rua do Moonshadows. Pauli me disse: "Sabe, quando a gente está apaixonada, usa tons pastel." Que coisa mais esquisita de se dizer.

Nos dias anteriores à chegada de Bill, Irwin me bombardeou com uma lista de exigências, para garantir que o público que tanto amava o casal Sonny & Cher não descobrisse que nosso casamento estava em crise. Concordamos em não contar à imprensa, já que ainda tínhamos shows para fazer e, àquela altura, eu queria fazê-los. Fui informada de que podia usar meu apartamento em Malibu como quisesse, mas que estava proibida de ser vista com um homem em qualquer local público. Tentaram me convencer de que eu não podia ir a restaurantes nem ao cinema, mas não achei justo, então ficou acordado que Paulette podia me pegar e me levar ao cinema, mas não para jantar fora.

Eu não me importava com nada daquilo. Estava livre e tinha uma vida para chamar de minha.

17

we can work it out

Poucos dias após eu terminar com Sonny, ele e eu voltamos à CBS e ficamos lado a lado no palco. Ele sorriu e disse: "Que bom que você deu a volta por cima."

"E que bom que voltei com *tudo* em cima também", retruquei, gesticulando para o meu decote em um vestido revelador.

Sonny deu de ombros e olhou para o meu peito. "Mesma coisa."

Aquele episódio do programa acabou indo até muito mais tarde do que de costume, mas estávamos bem afiados e engraçados. A dor nunca interferia na nossa relação quando estávamos dentro daquele estúdio. Juro por Deus, nunca estivemos melhores no palco do que naquela semana, ainda mais na nossa paródia do comercial da margarina Chiffon, na qual Sonny fazia um homem em busca do sentido da vida. O slogan da Chiffon era "Não é bom ir contra a Mãe Natureza", então Sonny aparecia escalando uma montanha até o topo, onde eu estava sentada como guru.

Quando ele perguntou "Qual é o segredo da vida, Mãe Natureza?", eu respondi "Vai se foder!" em vez da minha fala do roteiro. Sonny soltou uma gargalhada, e eu também. Nós rimos tanto que todo mundo teve que esperar até que nos acalmássemos. Quando Art sugeriu que gravássemos de novo, Sonny respondeu: "Não sem advogados!", o que nos fez gargalhar de novo e tanto que todos nos olhavam como se fôssemos malucos, e éramos mesmo.

Sonny chamou a minha decisão de deixá-lo de meu "momento Nagasaki" (pelo qual me presenteou com uma plaquinha de ouro dezoito quilates com a frase e a data gravados). Houve muita especulação da mídia sobre nossa suposta briga violenta e ele ter me batido no Sahara, mas era possível perceber, só de olhar para mim, que Sonny não tinha me batido coisa nenhuma e, pelo nosso comportamento, que estava tudo bem.

Algumas pessoas acharam que estávamos fingindo alegria nos programas gravados logo após a nossa separação, mas a sintonia que ainda tínhamos no palco não era mentira. Não tem como fingir uma coisa dessas. Sempre fomos Sonny & Cher, mesmo quando não éramos mais a Cher e o Sonny. Eu implicava com ele sem dó, como sempre tinha feito, e ele tinha virado o palhaço natural que se escondia sob aquela bobagem de El Primo. Quanto mais louco era o esquete, melhor nós fazíamos. Durante aquelas horas sob os holofotes, imersos no trabalho, estávamos nos divertindo de novo.

Conforme as semanas passavam, comecei a levar um tipo de vida independente que havia tempos queria. Eu me sentia vibrante e adorava me vestir como quisesse, sem pedir permissão a ninguém. Era uma combinação estranha de sofisticação e ingenuidade. Tinha viajado o mundo inteiro dentro de uma bolha. Agora, tudo era uma aventura. Lembro-me da primeira vez que fui ao supermercado sozinha, algo que não fazia nem sei havia quanto tempo. Passeei pelos corredores chocada e maravilhada. Coloquei no carrinho tudo que quis: Oreos, Snickers, Ruffles ("a batata da onda") e Dr. Pepper (um alimento essencial para mim). Além disso, tive que comprar todas as coisas básicas: pão, leite, açúcar, azeite, tudo que tentava lembrar e em que não pensava havia anos. Pode parecer idiota, mas eu estava muito ocupada trabalhando e, quando não tínhamos dinheiro, era Sonny quem cozinhava. Quando cheguei ao caixa, a mulher registrou todas as minhas compras e me entregou a notinha.

Assinei *Com todo o meu amor, Cher*. A moça pegou a notinha e riu. Pauli me sacaneia até hoje por isso.

Quando tinha fins de semana livres, o que não era tão comum porque eu ainda trabalhava na maior parte dos dias, Bill pegava um avião para me ver e nós ficávamos no meu apartamento em Malibu. Conversávamos por horas, e realmente nos conhecemos melhor. Era muito bom estar com alguém que perguntava o que eu achava e estava interessado em dividir experiências comigo. Bill tinha um ótimo senso de humor, era de fácil convivência e o sexo... eu queria ligar para o jornal e dizer: "Descobri uma nova coisa fascinante!" Em muitos sentidos, Bill era o extremo oposto de Sonny em muitas coisas, e uma delas, especificamente, era muito divertida para mim: Bill adorava beijar. Ele era alto e tinha um sorriso doce e um sotaque texano que lembrava minha família (a Vovó tinha um sotaque texano, meu pai tinha um sotaque texano, eu cresci com esse sotaque). Eu era alguns anos mais velha que ele, mas, em experiência de vida, era mais jovem. Ele me contava sobre sua vida, sua adolescência e seu irmão Warren, que tinha uma bela voz e que eu contratei depois como backing vocal. Não havia tensão, regras ou pressão. Pela primeira vez em onze anos eu podia usar perfume e ouvir música. Não precisava me preocupar com *Fiz a coisa certa? Disse a coisa certa? Ri alto demais?* Uma vez, estávamos planejando assistir a um filme, e Bill me perguntou: "O que você quer ver?" Eu comecei a chorar. Para mim, era quase impossível acreditar que aquela pergunta tinha me feito chorar, mas Sonny nunca havia me perguntado isso antes e, em todos os anos que passamos juntos, eu só tinha vivido uma experiência de filme com ele, *A primeira noite de um homem*, e era Billy Friedken que havia nos levado.

Bill e eu não podíamos ser vistos juntos em público, mas quebrei esse acordo por um motivo muito especial. No meu novo apartamento, eu não tinha nada para tocar música, o que não era um problema, porque não tinha disco nenhum. Então, Bill comprou um aparelho e nós fomos juntos à Tower Records, no Sunset, para comprar fitas cassete. Começamos a caminhar pela loja e ele seguiu na minha frente. Em algum momento, percebeu que eu não estava atrás dele e chamou: "Cadê você?" Quando me encontrou, eu estava perdida no setor das fitas cassete, pegando todas as que estavam na prateleira. Fazia anos que não entrava em uma loja de música. Gastei seiscentos dólares (mais de 4 mil em 2024). E voltávamos a cada duas semanas, sempre que novos álbuns eram lançados. Tínhamos um baú em casa onde guardávamos as fitas e, em dois meses, estava lotado. Eu me lembro de comprar Beatles, James Taylor, The Doobie Brothers e, principalmente, *Talking Book*, do Stevie Wonder.

Bill e eu não conseguíamos passar tanto tempo juntos quanto gostaríamos, já que eu estava sempre no estúdio e ele, trabalhando onde conseguia emprego. Eu também tentava estar em casa com Chas toda noite para dar jantar e banho, então só conseguia vê-lo uma ou duas vezes por mês. Ele tinha um apartamento no Valley, onde podia ficar quando não estava comigo em Malibu. Eu o visitei lá apenas uma vez. Nunca gostei muito de drogas, mas Bill às vezes fumava maconha, como a maioria das pessoas que eu conhecia naquela época, e decidi que ia provar. Dei um trago no baseado dele e me senti bem. Ele teve que sair para buscar algo, e eu falei que podia ficar lá sozinha esperando tranquilamente. Enquanto ele estava fora, a namorada do seu colega de apartamento chegou e acendeu um baseado. Ela me ofereceu e, como eu tinha me sentido bem da primeira vez, aceitei e dei mais uns três tragos, acho. Então comecei a me sentir bem esquisita, entrei no banheiro de Bill e resolvi tomar um banho quente. Foi quando ouvi a voz de Sonny dizer: "Viu? Falei que algo de ruim ia acontecer se você me deixasse. Espero que esteja satisfeita." Naquele momento, eu estava tudo menos satisfeita.

Com exceção dos meus fins de semana com Bill, eu ainda morava no casarão com Sonny, para poder ficar com Chas o máximo possível, o que funcionava surpreendentemente bem. A casa era imensa e nós tínhamos duas suítes principais que ficavam em alas opostas da residência. A assistente de Sonny, Connie, foi morar com a gente, o que não era incomum, e a outra assistente, Sharon Wixem, também estava hospedada lá. Connie tinha uma voz doce e infantil e se vestia de um jeito bem despretensioso. Ela usava os cabelos presos para trás e se vestia com modéstia, com roupas não tão atraentes. Chas e eu gostávamos muito dela. Pode soar maluco, mas, quando ela deixou de ser a assistente de Sonny que morava com a gente e virou a namorada de Sonny que morava com a gente (e começou a se vestir de um jeito completamente diferente), eu continuei amando aquela mulher. Tenho certeza de que ela nunca achou que seríamos amigas, mas, por mais estranho que pareça, nós todos nos dávamos muito bem. Havia bastante espaço para todos nós naquela casa de mais de mil metros quadrados. Sonny dizia que já tinha ouvido música demais na vida e, por isso, não escutava nem música clássica. Então, Connie fugia para o meu quarto, trancava a porta, acendia um cigarro e ouvia qualquer coisa que estivesse tocando. Chas vinha também, às vezes, e nós a fazíamos jurar segredo. O que acontecia no quarto das meninas ficava no quarto das meninas.

Sonny e eu estávamos virando amigos de novo. Um dia de manhã, desci para tomar café e Sonny me surpreendeu dizendo: "Sabe, depois que você saiu com Bill naquela noite no Sahara, pensei seriamente em atirar você pela varanda." Ele riu um pouco desse comentário, e eu também. Era doido ele estar me dizendo aquilo. E continuou: "Pensei que poderia alegar insanidade, como Spade Cooley, e pegar sete anos de prisão, até ser solto. E aí assinaria um contrato de um livro e teria meu próprio programa de TV."

"Ah, você pensou, é?", retruquei. "Bom, não teria sido necessário me empurrar da varanda, porque eu ia mesmo pular!" Poucos segundos depois, nós dois estávamos gargalhando. Ninguém que tivesse assistido à nossa reação ao que havia sido o momento mais obscuro do nosso casamento teria entendido. Não achei, nem por um segundo, que Sonny realmente teria me empurrado pela varanda, mas tenho certeza de que isso passou pela cabeça dele, e ele sabia que pular também tinha passado pela minha. O que mais podíamos fazer, se não rir?

No programa, os roteiristas inventaram para mim uma personagem nova que se tornou uma das minhas favoritas. Seu nome era Laverne, uma doida que estava sempre na lavanderia. Ela se tornou a favorita do público também. Teri Garr interpretava a sua amiga, Olivia, de forma brilhante. Bob Mackie e Ret Turner me ajudaram a escolher a roupa dela, que era um macacão de estampa de tigresa, óculos de gatinho de pedras e uma bunda enorme. Decidimos que os cabelos seriam uma versão feia da personagem de Lucille Ball em seu programa *I Love Lucy*, e, portanto, foi feita uma peruca grande e ruiva com uma confusão de cachos e a raiz escura visível. Nos pés, eu usava um salto alto de plástico terrível com uns peixes falsos ou algum outro tema barato estampado. Bob também encontrou brincos de plástico reluzentes do tamanho de bolas de golfe para conflitar com meu colar e pulseira de bolas, e um cinto horroroso de elástico que circundava minha cintura e acentuava a barriga e a bunda grandes que ele havia costurado por dentro da roupa. Eu colocava um pedaço de pepperoni na bolsa para ela pegar de vez em quando e dar uma mordida.

Minha personagem estava quase pronta para encarar o público, mas eu ainda não tinha acertado sua voz, apesar de tentar diferentes sotaques. Sempre acabava como Edith Bunker da série *All in the Family*. Já pronta para gravar pela primeira vez, vi um dos roadies mascando chiclete e perguntei: "Ei, amigo, tem um para me dar?" Coloquei dois chicletes na boca e Laverne ganhou vida. Depois de me olhar no espelho e me declarar lindíssima, fui para a gravação. Todo mundo amou a personagem e ela se tornou um esquete regular. "Na lavanderia" era o único esquete que conseguíamos gravar ao vivo, porque o set era pequeno e só havia dois personagens, mas deixava o programa especialmente animado, tanto para nós quanto para o público. Eu podia fazer Laverne bem doida, nada era um exagero para ela.

Agora que eu era uma mulher livre, entrei em contato com Joe D para convidá-lo de volta à minha vida. Eu sentia muita saudade dele e queria que conhecesse melhor sua afilhada, Chastity. Apesar da eterna batalha judicial contra nós depois de ter sido demitido, Joe ficou emocionado com meu contato. Ele sabia que Sonny e Irwin tinham mentido para mim e que eu não pudera ligar para ele antes.

Sonny e eu ainda estávamos "juntos" aos olhos do público, então, quando ele aceitou o convite de uma festa para assistir ao resultado das eleições com Jack Benny de anfitrião na casa da sua esposa, Mary, eu fui junto. O presidente republicano, Richard Nixon, estava concorrendo contra o senador George McGovern. Sonny e eu votamos em McGovern. Sempre fui democrata. Minha mãe foi uma baita traidora naquele ano e colocou placas a favor de Nixon no jardim da casa dela e de Gilbert, apesar de nunca ter concordado de fato com as políticas de Nixon, devido às suas crenças sociais. Gilbert era republicano, assim como a maioria dos empresários. Arranquei as placas da grama e as joguei nas enormes latas de lixo que ficavam na garagem.

Naquela temporada, recebemos Ronald Reagan (na época, governador da Califórnia) no nosso show, o que também não me deixou muito satisfeita. Sonny o presenteou com o "cobiçado prêmio Bono" — uma réplica da estatueta do Oscar, mas com um nariz enorme e um bigode. "Foi feito à minha exata imagem", disse Sonny com orgulho, ao que eu acrescentei: "É até do mesmo tamanho." Ele foi bem agradável como convidado. Afinal de contas, era um ator.

Na festa de Jack Benny, estavam Lucille Ball, Johnny Carson e mais muitos nomes famosos. Nós nos sentamos em cadeiras arrumadas na frente de uma televisão enorme enquanto aguardávamos os resultados. Ouvindo piadas pelo que pareceram horas, comecei a pensar: *Foda-se esse negócio. Eu nem queria estar aqui.* Lucille estava claramente entediada também, pois, conforme os votos apareciam, ela começou a fazer piadas sobre os repórteres tagarelas que comentavam sobre o significado de cada uma das atualizações. Estava sendo engraçada e irreverente. Lucille era uma mulher direta e corajosa, que não levava desaforo para casa. Eu a conhecia desde pequena, mas, naquela noite, ela me meteu em uma encrenca. Eu não conseguia parar de rir dos seus comentários. Saber que não deveria rir só me fazia rir mais ainda e, conforme suas falas maliciosas continuavam, o mesmo acontecia com a minha risada, o que incomodou Sonny, já que Johnny Carson estava na fila da frente com as irmãs Ford.

Não se passou muito tempo até Johnny Carson reclamar para a mulher de Jack Benny sobre o incômodo, e tive certeza de que Lucy seria dispensada. Então percebi que ninguém ia dizer uma palavra sequer a ela, porque ela teria castrado todo mundo. Todos morriam de medo dela. Eu, contudo, era totalmente diferente. Como uma criança malcriada, fui banida para uma salinha, então fui saindo e fechei a porta atrás de mim, enquanto Lucy se virava e me dava uma piscadela. Quando entrei na salinha, vi Rosalind Russell sentada sozinha no sofá. Fiquei sem ar. Ela era uma das minhas heroínas. Uma das minhas atrizes favoritas. Ela tinha feito de tudo, inclusive o filme *A mulher do século*, que acho que vi umas 5 mil vezes. Não exatamente, mas dá para entender o que quero dizer. Ela interpretava mulheres trabalhadoras de todos os tipos de estilo de vida: uma juíza, uma advogada, uma jornalista etc. Era um grande modelo a ser seguido e uma atriz fantástica. Aos 65 anos, ainda era linda. Eu a cumprimentei de um jeito tímido e me sentei ao seu lado no sofá, pensando em sobre o que poderíamos conversar. Ela se inclinou para a frente e falou uma das coisas mais memoráveis que alguém já me disse: "Sabe, Cher, eu assisti ao seu programa e você é muito engraçada e talentosa. Acho que poderia ser uma boa atriz, caso se dedicasse. Eu continuaria atuando, se fosse você." Assim como meu professor de atuação Jeff Corey, essa mulher com quatro indicações ao Oscar, ganhadora de cinco Globos de Ouro e vencedora de um Tony viu algo em mim, e nunca esqueci suas palavras. Eu tinha uma espécie de depósito no fundo da mente onde guardava minhas convicções: primeiro da minha mãe, depois de Jeff Corey e agora da Mulher do Século.

Naquela temporada de verão, Richard Avedon me fotografou para a capa da *Vogue* usando cílios que pareciam tarântulas. Era a minha segunda capa da *Vogue* naquele ano. Richard tinha me fotografado em abril usando maiôs da Eres. Colocar uma daquelas fotos na capa desafiava toda a convenção, e fiquei maravilhada, apesar de descobrir depois que foi por um acaso, pois "Doc", o homem que escolhia as capas, não gostou de nenhuma outra para aquele mês e decidiu tentar a sorte. Uma vitória é sempre uma vitória.

Enquanto eu crescia cada vez mais internamente, Sonny começou a mudar em pequenas coisas também. Ele não tinha mais a pressão de fingir ser um marido, o que nos colocou de volta em um acordo mais parecido com o que tínhamos quando nos conhecemos e éramos apenas amigos. Sem expectativas, era mais fácil curtir a companhia um do outro. Certa manhã, ele me surpreendeu perguntando: "Quer ir para Paris no fim de semana?" Essa é outra coisa que as pessoas não entendem. Depois de tudo que estávamos passando, eu ri e respondi: "Claro." Acho que ficamos no Raphael, que é um hotel legal, mas nada chique. Fomos visitar os pontos turísticos, saímos para almoçar, jantar e fazer compras. Eu me lembro de comprar algo da Kenzo. Não era exatamente como nos velhos tempos, mas uma versão diferente da personalidade dele dos velhos tempos. Ele estava engraçado e brincalhão. De volta ao hotel, ele tomou um banho de banheira enquanto fiquei sentada no chão com as costas na parede e os pés para cima, apoiados na banheira, olhando para ele enquanto ele me olhava de volta.

"As meninas de hoje em dia não vão topar as suas palhaçadas", falei para ele. "Você vai ter que mudar. Não pode tratar as garotas modernas de hoje do jeito que me tratava. Elas não vão aguentar que você diga para onde podem ir, como devem se vestir, se podem ou não usar perfume ou ouvir música. Não vão aturar o tipo de merda que aturei." Mas, no fim, elas aturavam as merdas, sim. Ele encontrava meninas jovens e dava presentes para distraí-las. Era sempre o mesmo: primeiro, brincos de diamante; depois, um Porsche 914, se a menina continuasse com ele; e, se a relação ficasse séria, um upgrade para um Porsche 911 Targa (pouquíssimas ficaram tempo suficiente para chegar no Targa).

Toda vez que tento explicar aquela viagem para alguém, as pessoas dizem que não entendem por que ou como eu fui. Não é fácil entender, não faz sentido. As nuances são bastante complexas, mas, na época, me pareceu algo completamente natural e normal. Éramos apenas dois bons amigos se divertindo. Mas, uau, algo grandioso me aguardava.

Em janeiro de 1973, o *Sonny & Cher Comedy Hour* foi indicado para o Globo de Ouro na categoria Melhor Musical ou Série de Comédia, e nós fomos convidados para a cerimônia no hotel Century Plaza, em LA. Foi um evento do qual fiquei extremamente feliz de participar, pelo meu amor por filmes e sobretudo pela vitória de *O poderoso chefão*, baseado no meu livro favorito de todos os tempos, brilhantemente dirigido por nosso amigo Francis Ford Coppola. Não poderíamos estar mais orgulhosos. Sonny vestiu um terno e eu, um casaco de pele de raposa por cima de uma saia multicolorida e um top combinando, com meu umbigo mais uma vez sendo o foco. Como disse antes, hoje eu não usaria pele de animal nem morta, mas os tempos eram outros. Nós não vencemos, mas Marlon Brando ganhou como Melhor Ator, embora tenha boicotado a cerimônia e se recusado a aceitar o prêmio, em protesto ao "imperialismo e racismo dos Estados Unidos". Outros vencedores da noite incluíram *Cabaret,* estrelando a vencedora de Melhor Atriz, Liza Minnelli, e Diana Ross como Nova Estrela do Ano por seu papel como Billie Holiday em *O ocaso de uma estrela*. Aplaudi demais meus amigos e fantasiei em ter a chance de subir naquele palco um dia.

Paulette e eu voamos para o Havaí, para descansarmos um pouco de Los Angeles, e Bill ia nos encontrar lá. A ilha era bem diferente de como é hoje, com poucos prédios altos e não muitas casas construídas na montanha. Quando voltei depois, fiquei chocada. Havia tantas casas que mal se via a montanha. Pauli e eu nos divertimos muito juntas. Basicamente ficamos deitadas na praia pegando sol. Eu me lembro de ter ido ao Havaí a trabalho antes disso com Sonny. Nós encontramos um casal idoso — eles pareciam bem idosos na época, mas, pensando bem, não tenho certeza de se eram realmente tão velhos. Eles iriam ao nosso show, e eu tinha parado para falar com eles, que é um traço estranho da minha personalidade: às vezes, paro para conversar com pessoas que não conheço. O casal nos contou: "Minha esposa e eu juntamos dinheiro a vida toda para que pudéssemos conhecer o Havaí, e choveu o tempo inteiro." Aquilo me fez pensar que *realmente precisamos fazer as coisas enquanto somos jovens*. Além de a chuva ter estragado a viagem deles, naquela idade eles não podiam mais correr pela ilha nem sair para nadar no mar. Entendi algo sobre a espera e pensei muito sobre isso. Fiquei contente por vê-los animados para o nosso show, assim pelo menos teriam uma coisa divertida para fazer. Quando Bill chegou, fiquei muito feliz em vê-lo, mas logo ele disse que andava pensando e que queria se casar comigo e que eu me mudasse para o Texas com ele. Falei: "Eu te amo, mas não estou divorciada e tenho uma filha. Fiquei casada durante toda minha a vida adulta e acho que não quero me casar de novo." Ele ficou bastante magoado e eu não podia fazer nada para resolver isso. Pauli tinha um amigo, Barry Hilton, que era dono de um iate, então nós entramos nele e velejamos até Maui. Deixei uma carta para Bill. Anos depois, alguém me perguntou se deixei Sonny por outro homem, e respondi: "Não. Deixei Sonny por outra mulher. Eu."

A segunda temporada do *Sonny & Cher Comedy Hour* terminava em março, e Sonny estava confiante de que a CBS ia querer uma terceira, o que nos daria trabalho até a primavera de 1974. No nosso penúltimo episódio, tivemos um dos nossos convidados mais impressionantes: o capitão John Nasmyth, ou "Spike", um piloto americano de 32 anos que havia sido mantido em cativeiro pelos vietcongues por chocantes 2.355 dias — mais de seis anos — durante a Guerra do Vietnã, torturado e temendo por sua vida, até ser libertado. Quando a imprensa mundial perguntou o que mais queria com a sua liberdade, ele pediu "roupas novas, o maior bife da Califórnia e os álbuns de Sonny & Cher". Ficamos muito honrados.

Ele havia sido libertado em fevereiro de 1973 e, um mês depois, concordou em ir ao nosso programa. Spike estava magérrimo, com olheiras escuras, mas, com exceção disso, parecia incrivelmente normal após a sua experiência trágica, e, humildemente, segurei no seu braço. Nosso público o ovacionou de pé, e, quando ele conseguiu falar, contou que ele e seus colegas prisioneiros conversavam muito sobre Sonny e eu na prisão "Hanoi Hilton" e, às vezes, cantavam algumas de nossas músicas para se manterem alegres.

Nós agradecemos a Spike em nome do país e o presenteamos com todos os nossos discos lançados desde que ele havia sido capturado. Foi um momento especial. Sonny e eu também estávamos usando o que era conhecido como pulseiras POW/MIA — uma pulseira fina com os nomes e número de serviço de prisioneiros de guerra ou de pessoas desaparecidas em ação, para que não fossem esquecidas. A minha continha informações do segundo tenente Hayden Lockhart Jr., cujo avião foi abatido em 1965. Mais tarde, ele foi ao programa receber sua pulseira, que foi entregue por mim. Era um homem jovem e doce, cujo nome ficará sempre gravado no meu coração.

Em março, comemoramos o quarto aniversário de Chas com uma grande festa no jardim de casa, uma celebração que ambos sempre esperávamos, assim como o Halloween, quando Chas usava fantasias confeccionadas por Ret. O aniversário teve passeio de pônei e balões, e nós contratamos um palhaço, rindo ao nos lembrarmos do dia em que Gee se vestiu de palhaça em um dos aniversários anteriores de Chas em St. Cloud e quase derreteu de calor com a maquiagem e a peruca. Teve o tradicional bolo de aniversário com cobertura do Ralph's, e Joe D aceitou meu convite e foi. Pauli, Chas e eu ficamos muito empolgadas. Era a primeira vez que ele e Sonny se viam desde que tinham brigado. Fiquei aliviada de ver todo mundo se comportando com educação, e ninguém morreu por isso. Carol Burnett foi com a filha de 4 anos, Erin, e todas as outras crianças ficaram muito entusiasmadas, porque achavam Carol muito mais famosa do que nós.

A temporada de prêmios continuou com o 45º Oscar no Dorothy Chandler Pavilion, mais repleto de estrelas do que nunca, com apresentadores que incluíam Merle Oberon, Rock Hudson, Jack Lemmon e Clint Eastwood. Liza ganhou o prêmio de Melhor Atriz por sua atuação estonteante como Sally Bowles em *Cabaret* e, para nossa alegria, nosso amigo Francis Coppola ganhou Melhor Roteiro Adaptado por *O poderoso chefão,* que também levou o prêmio de Melhor Filme. Sonny e eu fomos convidados para apresentar o Oscar de Melhor Canção Original, que foi para o compositor de "The Morning After", do filme *O destino do Poseidon*. Foi a primeira vez que o Oscar foi transmitido internacionalmente, então os olhos do mundo todo estavam sobre nós. Vestida com uma saia longa dourada e um top de barriga de fora (até hoje uma das minhas roupas preferidas de todos os tempos), subi no palco e reclamei que Sonny nunca me levava para sair. Em uma resposta cuidadosamente roteirizada, ele falou que era porque eu sempre dizia que não tinha nada para vestir. "É verdade", respondi.

Olhando para mim de cima a baixo, com a barriga exposta, Sonny assentiu e acrescentou: "E você realmente não está usando nada." O público riu.

A situação não estava tão simples em casa. Eu andava tendo problemas com a dinâmica da nossa vida. Uma coisa era fazer tudo funcionar, outra era entender. Sonny sugeriu que eu conversasse com alguém sobre o que estava sentindo. Ele agendou para mim algumas sessões com um terapeuta no Valley. Não me lembro muito dele, era bastante genérico, mas contei tudo sobre Sonny e nossa vida juntos, na esperança de que o profissional conseguisse me ajudar. Expliquei que antes era muito solitária e que não podia ir a lugar algum nem fazer nada sem a permissão dele. Ele me fez mergulhar fundo nos danos colaterais da minha infância também, que eram tão difíceis de lidar quanto o meu casamento. Foi só muito depois que soube que o terapeuta estava relatando tudo o que eu dizia a Sonny. Lembro que, quando descobri isso, gritei com Sonny: "Como pôde fazer isso?" Ele sequer tinha uma resposta. Até hoje, acho inacreditável. Não é o extremo da traição da confiança seu terapeuta contar para outra pessoa tudo o que você está falando? Fiquei muito puta. Me senti violentada, como se tivesse sido estuprada, como se não conseguisse me proteger de maneira alguma.

Logo descobri que Sonny fazia coisas escondido de mim muito antes na nossa relação. Joe D admitiu para mim que, durante o tempo em que estivemos juntos, Sonny dormia com dançarinas, atrizes, garçonetes e até prostitutas, na nossa casa e na estrada. Ele pedia um quarto extra, ao qual conseguia chegar passando por uma porta lateral da nossa suíte para o quarto de Joe D e depois para o da garota, que esperava por ele depois que eu ia dormir. Após eu ouvir isso de Joe D, algumas mulheres começaram a aparecer e me contar a verdade. Me falaram que Sonny dizia que tínhamos um casamento aberto e que eu sabia de tudo. Acho que o que mais me chocou foi que, com exceção de quando o peguei na nossa casa com a secretária, nunca suspeitei de absolutamente nada. Não podia imaginar onde ele encontrava tempo para isso. Nos anos seguintes, conforme mais pessoas me contavam a verdade, diziam: "Mas você devia saber. Tinha que saber! Todo mundo sabia."

Bem, eu não sabia.

Em maio, gravei meu segundo álbum solo, *Half-Breed*, com Snuff Garrett produzindo de novo. Naquele inverno, a música que deu nome ao disco se tornou meu segundo hit como artista solo. Depois que terminei de gravar, Sonny e eu voltamos para a estrada em uma turnê de verão penosa, com shows praticamente toda noite.

Paulette e Ridgeway eram parte da nossa equipe nessa turnê, e eu estava muito feliz de ter minha amiga comigo. Também comecei a conversar mais com nosso pianista David Paich, que já estava conosco havia anos. Seu pai, Marty, era nosso maestro, então eu conhecia David para além dos dois anos em que ele estava na banda. Ele era muito doce, e era bom ter alguém que gostasse de mim de novo. Nós conversávamos e flertávamos um com o outro de um jeito não tão inocente. Era uma amizade que se tornou física, e depois voltou a ser amizade, e aquilo só durou aquela turnê.

Certa noite, estávamos todos em um motel de uma cidade pequena em Iowa que tinha um parquinho para crianças no fundo. Paulette, David Paich, Jeff Porcaro, Steve Porcaro, David Hungate, Steve Lukather e eu estávamos todos sentados no balanço, porque ainda era cedo demais para irmos dormir. Ficamos conversando e nos balançando, brincando como se fôssemos crianças, e alguns caras fumavam maconha, mas não fazíamos nada específico, só matávamos tempo. Tínhamos feito um bom show e estávamos relaxando e papeando. Não consigo nem descrever a inocência daquele momento. Fui para o meu quarto me sentindo bem, e de repente Paulette chegou me contando que tudo estava um caos. Eu não sabia exatamente o que estava acontecendo, mas ela falou que Denis tinha aparecido e levado os caras da banda separadamente, para ameaçá-los. Ele tinha se tornado uma espécie de *capo bastone* de Sonny. Falou para David que, se ele não tivesse cuidado, ia quebrar os dedos dele e, para Jeffrey, que ia explodir seu Porsche. Fui dormir pensando na confusão que estava acontecendo.

Sonny estava sendo o siciliano antiquado de sempre. Em muitos sentidos, um siciliano antiquado era sexy, mas não nesse. Na manhã seguinte, descobri que todos os músicos da banda tinham parado de falar comigo, sob a ameaça de serem demitidos. E, pior ainda, Sonny tinha enviado Chastity para casa com a nossa babá Linda, para que eu não tivesse nem a companhia dela. Eu tinha achado que o controle de Sonny sobre mim já havia acabado. Com todo mundo me ignorando, me senti completamente sozinha. No minuto em que não tinha mais ninguém com quem conversar, comecei a fumar, talvez porque precisasse de algo para fazer. Não sei por quê, simplesmente fiz isso. Vi como minha liberdade podia ser tirada de mim rapidamente, porque achei que estivesse segura e não estava. Tudo era um grande déjà vu.

A única pessoa que falou comigo foi David Brenner, nosso comediante e amigo, que disse: "Não entendo o motivo, mas não quero perder meu emprego." E, depois disso, ninguém mais falou comigo durante a turnê inteira.

Nem Paulette falava comigo, exceto sobre burocracias. Demorei um tempo para perdoá-la. Estava mais brava com ela do que com qualquer outra pessoa, pois ela era minha melhor amiga. Em sua defesa, Pauli estava com muito medo de enfrentar Sonny e não podia arriscar perder o emprego. E ela namorava um antigo integrante da equipe que também seria demitido caso confrontasse Sonny. Não ajudava o fato de Sonny estar conversando com ela sobre sua relação conturbada com Ridgeway, compartilhando sua sabedoria distorcida. Ele mandou que ela se fizesse de difícil e nem transasse com ele, transferindo-a para a nossa suíte para se certificar de que Pauli estivesse cumprindo o combinado. O truque dele deu certo — por um tempo — e Ridgeway se deu conta do que estava perdendo. Quando questionei Paulette sobre estar me ignorando, ela falou: "Cher, o que quer que eu faça? Todo mundo tem pavor de Sonny. Temos que fazer o que ele manda ou estamos fora."

Furiosa, porém quieta, às vezes eu não conseguia esconder minha raiva, mesmo na frente dos nossos fãs. Estávamos cantando em algum teatro quando eu simplesmente me virei de costas para Sonny e permaneci assim durante o tempo todo em que cantávamos "I Got You Babe". Como falei antes, não consigo fingir. E, naquela noite, não fingi. Cantei para o público. E aí todo mundo ficou bravo comigo. Paulette me disse: "Sério, Cher.

Aquilo foi uma idiotice." Todos acharam que eu estava sendo infantil e deveria ter sido mais profissional. Eu me senti muito traída e pensei: *Vão todos se ferrar. Sonny ameaça quebrar a mão de uma pessoa e explodir um Porsche, mas eu me virar de costas é um exagero?*

Fiquei bastante aliviada de chegar em casa depois daquela turnê terrível e estar de volta com Chas, o amor da minha vida. Também foi bom voltar para a CBS para preparar a terceira temporada, cujo primeiro episódio iria ao ar em meados de setembro. De volta ao Estúdio 31, me senti imediatamente calma e agradecida por estar de volta.

Como sempre com Sonny, quando sua raiva passava, tudo voltava ao normal. Quando começávamos a filmar o programa, tudo era esquecido, e Sonny voltava a ser aquele cara engraçadíssimo, mas, a partir dali, fiquei mais inquieta, pois não conseguia entender o que tínhamos feito para deixá-lo tão bravo. Sonny e eu voltamos ao Sahara, em Vegas, com Chas e Linda, a turma toda. Nossas apresentações durante aquelas semanas foram gravadas profissionalmente, uma vez que Sonny tinha fechado um contrato para lançá-las como um disco ao vivo. Dá para ouvir Sonny apresentando a banda. Com uma voz melancólica, ele continua contando ao público que ele e eu ficamos juntos por uma década, e que, quando começamos, não tínhamos quase nada. Depois fala do nosso piano de 85 dólares e da nossa antiga cama de bronze, acrescentando: "Nós tínhamos essa filosofia... de que não importava o quanto as coisas ficassem difíceis, enquanto tivéssemos um ao outro, tudo daria certo." Uma pausa. "A filosofia se tornou uma música, e depois se transformou em um disco, e então virou nós dois. E gostaríamos de tocá-la para vocês agora." Uma deixa para "I Got You Babe".

Depois, ele apresentou "You'd Better Sit Down Kids", dizendo que as palavras sempre tocaram seu coração, porque a letra era sobre um pai que tinha que dizer aos filhos que ele e a mãe não iam mais ficar juntos. Olhando para mim, com os olhos marejados, ele falou: "A coisa mais difícil do mundo é dizer a uma criança pequena que tudo acabou, porque as crianças não entendem, acham que você é perfeito." Não sei se as palavras dele foram calculadas para me deixar culpada, mas foi assim que me senti.

Houve momentos em que vi no rosto de Sonny que ele estava nostálgico pelo jeito que as coisas eram antes, embora ele tenha sido o causador do fim. Ele havia tido tudo que queria. Achei que, em algum momento, fosse perceber que era eu que estava sempre ali ao lado dele, que o amava, e acho que ele me amava também, mas não o suficiente para ser fiel ou bondoso. Eu ainda adorava trabalhar com ele, assim como adorava algumas partes da pessoa que ele era, mas não sabia mais como compreendê-lo. A verdade é que eu conhecia Sonny melhor que qualquer pessoa, mas, às vezes, simplesmente não fazia ideia de quem ele era.

18

you raise me up

Em dezembro de 1973, fui convidada para a festa de Natal do famoso produtor musical Lou Adler. Falei a Sonny que iria, e ele disse: "Não vai, não." Retruquei: "Você pode vir comigo ou ficar em casa, mas eu vou, sim." Então, fomos juntos à casa de Lou, e acabei no chão conversando com Goldie Hawn, que estava lá sentada vestindo um macacão. As pessoas passavam pela gente, não lembro exatamente quem, mas nós duas estávamos ali nos divertindo juntas. Então um homem se aproxima e Goldie diz: "David! Venha se sentar aqui com a gente." Eu o reconheci porque já o tinha visto com Ahmet Ertegun na casa de shows Troubadour no ano anterior. Ele sempre se dirigia a Ahmet de uma forma tão respeitosa que imaginei que fosse um dos promotores de eventos ou um assessor de imprensa. Nós três conversamos por um tempo, e eu pensei: *Esse cara é demais*. Ele era muito inteligente e engraçado. Todo mundo era atraído por ele, as pessoas meio que se aproximavam de onde estávamos sentados e se juntavam a nós. Dois dias depois, ele ligou para mim, me convidando para jantar. Não sei como conseguiu meu telefone. Não lembro como, mas respondi: "Claro." Pensei: *Vai ser ótimo. Todo mundo adora ele, posso ter um novo amigo.*

No dia seguinte, ao dirigir até a casa de David, li as instruções que ele me deu e achei o nome da rua familiar. De repente me dei conta de que ele morava a três quarteirões de mim, na Copley Drive, o que me deixou confusa. Quando embiquei o carro em uma linda casa em estilo espanhol, pensei: *Como um promotor de eventos ganha o suficiente para comprar uma casa dessas?* Toquei a campainha, e David abriu a porta vestindo uma camisa de algodão xadrez e uma calça jeans. Eu viria a saber depois que aquela era a sua roupa de sempre. Estava com o receptor do telefone grudado no ouvido enquanto a outra mão segurava o aparelho, seguido do fio mais longo que eu já tinha visto. Ele disse: "Não consegui tomar banho." Achei engraçado, uma informação tão aleatória.

Ele fez um gesto para que eu entrasse. Então desligou o telefone, e nós passamos pela sala de estar, entramos na sala de jantar, e lá estava Lou Adler. Os garotos se sentaram cada um em uma ponta da mesa, me deixando entre eles. Fiquei pensando: *Isso é meio esquisito, mas tudo bem.* Acho que imaginei, quando David me convidou para jantar, que seríamos só nós dois, mas foi bom encontrar Lou e, apesar da surpresa, não me incomodei. Não me lembro da refeição inteira, mas começou com uma deliciosa sopa de abacate gelada, algo que eu nunca tinha experimentado. Depois do jantar, fomos até a sala de estar e nos acomodamos no sofá. Conversamos durante um tempo, e então Lou foi embora e ficamos só David e eu. Ele começou a me contar sobre a vida dele, e comecei a contar sobre a minha. Conversamos a noite inteira. Foi muito bom ser eu mesma sem precisar policiar o que falava.

Quando finalmente descobri no que David trabalhava, tudo fez sentido. Percebi que ele não era um dos promotores de eventos de Ahmet, mas sim um dos seus protegidos. David era um gênio dos negócios e tinha fundado a Asylum Records, que recentemente havia passado por uma fusão e virado Elektra/Asylum. Junto com seu sócio Elliot Roberts, ele também empresariava Crosby, Stills, Nash & Young, The Eagles, Jackson Browne, John David, Joni Mitchell, Elton John e Linda Ronstadt. Eu estava começando a me dar conta do titã que ele era na indústria. Em certo momento, enquanto conversávamos, Joni Mitchell entrou pela porta e passou pela sala, a caminho da cama. Ela estava morando ali enquanto gravava seu álbum mais recente. Mais tarde, David fundou a Geffen Records, assinando contrato com Guns N'Roses, John Lennon, Donna Summer, Peter Gabriel, Aerosmith e eu. Até hoje, nunca conheci ninguém que amasse tanto a indústria e os artistas quanto David. Ele era um novo tipo de executivo da música. Tratava os artistas como filhos.

Às altas horas da madrugada, parecia que eu conhecia David a vida inteira. Ele era gentil, generoso e tímido; era meu novo melhor amigo. David não queria que eu fosse embora, mas já era bem tarde, e eu precisava estar na CBS em algumas horas. Só tinha tempo de correr para casa, tomar um banho e ir direto ao estúdio. David me convidou para ir com ele no dia seguinte à casa de Robbie Robertson. Bob Dylan e a esposa dele, Sara, também estariam lá (assim como Libby Titus), e David tentava assinar contrato com Bob.

"Está bem", respondi, me sentindo repentinamente animada. Ele me acompanhou até a porta e se despediu me dando um beijo na bochecha.

Quando cheguei ao trabalho, Sonny não estava feliz por eu ter passado a noite fora, mas agora eu era independente ou, ao menos, semi-independente.

Na noite seguinte, David me buscou e me levou à casa de Robbie à beira-mar, e fomos conversando o caminho todo. Ele era sempre a pessoa mais inteligente do ambiente, e nunca conheci ninguém que o superasse na conversa. Paramos para colocar gasolina no carro e, enquanto aguardávamos, ele se virou para mim e disse: "Falei para o meu terapeuta hoje que acho que estou apaixonado por você." Pensei: *Ah, que merda! Isso vai estragar tudo!*, e me espremi lá no canto do meu banco até a maçaneta encostar nas minhas costelas. Como se isso fosse mudar algo.

Eu achava que sabia como as coisas seriam com David, que nos tornaríamos amigos que moravam próximos, mas ele não parava de me surpreender. De imediato, não o enxerguei de outra forma, mas aquele jantar em Malibu mudou meus sentimentos, pelo menos um pouco. Quando chegamos, Robbie e sua esposa, Dominique, além de Libby, Bob e Sara estavam sentados ao redor de uma mesa de madeira coberta de velas, tantas que as chamas iluminavam a sala e davam um brilho caloroso aos presentes.

Todos os amigos de David ficaram satisfeitos em vê-lo e nos receberam à mesa. Era como uma cena de filme. Eu me lembro de olhar para David do outro lado da mesa através das velas, com todos conversando de um jeito afetuoso, e pensar: *Sabe, tem algo de especial nele.* Voltamos para a casa dele depois do jantar e conversamos um pouco, mas, diferente da noite anterior, quando me levantei para ir embora, olhei para ele paralisada de medo e saí correndo pela porta sem sequer abraçá-lo. Acho que David ficou um pouco apavorado porque achou que eu iria beijá-lo, o que era a última coisa que eu tinha em mente. Na outra noite, ele tinha convidado Lou para protegê-lo de mim, o que achei hilariante quando descobri, porque nunca tomei a iniciativa com um homem em toda a minha vida. Depois disso, não o vi durante alguns dias, pois estava trabalhando. Eu realmente sentia saudade de conversar com ele e de estar perto dele, e isso me fez perceber: *Talvez eu deva repensar.*

Não começamos a namorar de imediato; nós meio que fomos nos aproximando e nos encontrando com uma frequência cada vez maior, até nos tornarmos inseparáveis. Éramos loucos um pelo outro. Fui seu primeiro relacionamento sério. Poucos dias depois, ele falou ao seu melhor amigo Sandy Gallin: "Estou apaixonado pela Cher!", e Sandy não conseguia acreditar. Não contamos para mais ninguém, porque ainda não podíamos ser vistos juntos em público, então basicamente passávamos todo o nosso tempo na casa dele.

David acordava de manhãzinha e ia dormir bem mais cedo do que eu. Eu ficava com ele até que dormisse e então me levantava e ia para casa. Em geral, o tempo era tão bem calculado que Joni costumava voltar do estúdio na hora que eu estava saindo e, de vez em quando, ela me mostrava uma demo do que tinha feito naquele dia. Certa noite, estávamos sentadas no sofá, uma de frente para a outra, e ela comentou: "Cher, você tem uma luz verde linda ao seu redor, como uma aura delicada." Foi de um jeito positivo, como se realmente curtisse aquilo. Pensei: *Que máximo.* Quando seu álbum, *Court and Spark*, foi lançado, foi muito estranho. Durante todo o tempo em que fazia o disco, nós estávamos lá, brincando e conversando sobre a vida, e de repente o álbum é lançado e vira um grande hit, chegando ao número 2 na *Billboard.* Em primeiro lugar, estava *Planet Waves*, de Bob Dylan, e em terceiro, *Hotcakes*, de Carly Simon, ambos também lançados pela gravadora de David. Joni tinha escrito uma das músicas do seu disco, "Free Man in Paris", que falava sobre David, e realmente captou o espírito dele na letra evocativa daquela música.

Também escreveu na música que David lidava com "*telephone screamers*" (pessoas que gritam ao telefone), o que era verdade. Ele nunca se descontrolou comigo, mas se descontrolava quando se tratava de negócios, de um jeito genial. Ele brigava com o advogado de entretenimento David Braun, e eu ouvia os dois berrando. Não sei por que tanto se esgoelavam, mas David Geffen sempre ganhava a discussão. Eu não conseguia acreditar que aquele homem bondoso e gentil, que sempre me chamava de "meu bem", pudesse fazer tanto barulho.

Quando Sonny percebeu com quem eu estava me encontrando, ficou muito desconfortável. Todos na indústria sabiam quem era David Geffen. Sonny não gostou do fato de eu estar saindo com alguém tão inteligente e poderoso, muito mais poderoso do que ele. A tensão começou a aparecer e Sonny foi mudando, até mesmo no trabalho. Antes de David e eu ficarmos juntos, Sonny e eu nos dávamos bem e parecia que as coisas tinham voltado a ser como eram antes, mas, de repente, toda a diversão que estávamos vivendo no programa desapareceu. Talvez não tenha acontecido de uma vez. Realmente não lembro, mas depois que David entrou na minha vida, Sonny não era mais a mesma presença divertida e brincalhona que sempre fora no programa.

David era o namorado mais amoroso que eu já havia tido e cuidava de verdade de mim, porque era o jeito dele. Certa tarde, Tony Fantozzi veio jantar na casa de David. Tony era o agente da William Morris que cuidava da conta de Sonny & Cher, e era tão próximo de Sonny que os dois se chamavam de paisanos. Quando Son e eu fomos escolhidos para aquele primeiro teste de seis semanas do programa, comemoramos com Tony em um restaurante, e ele pegou uma caneta enorme e escreveu no papel da mesa: *Ao início de tudo. The Sonny & Cher Show. Fantozzi.* Agora, tantos anos depois, ele se virou para mim com um sorriso e disse: "Então, o que você acha de *The Cher Show*?"

Minha reação imediata foi de horror. Fiquei com tanta raiva que mal consegui falar. Foi a deslealdade que me chocou — aquele cara supostamente era um amigo próximo de Sonny. Aquilo me deu repulsa e me fez pensar: *Alguém ainda tem valores? É o dinheiro acima de tudo, então?* Para ser sincera, eu nunca tinha pensado em um programa só meu. E não acreditava que Tony tivera a ousadia de ir até a casa de David me propor aquilo. A questão de ter um programa só meu não havia passado pela cabeça de David também. Ele ficou furioso e pediu que Tony fosse embora de imediato. Nunca mais falei com ele.

Além de Sandy Gallin, os melhores amigos de David eram Jack Nicholson, Anjelica Huston ("Toots") e Warren Beatty, que na época namorava a atriz britânica Julie Christie. Todos eles pareciam entender que a nossa relação precisava ser escondida. Nós seis ríamos muito juntos — principalmente com Jack, mais conhecido pelos amigos como "Johnnie" —, se bem que, quando vi Warren de novo, ele continuava muito charmoso. Falei para ele: "Está tudo bem, Warren. Não precisamos fazer tudo aquilo de novo." E nós dois começamos a rir.

No dia 14 de fevereiro, saí para resolver algumas coisas na rua e também fazer umas comprinhas. Estacionei meu carro na Rodeo e, quando voltei, encontrei uma sacolinha de presente amarrada ao volante. Eu me sentei no banco e abri a sacola, e dentro havia uma caixa da Cartier com uma pulseira de diamantes inacreditavelmente linda, junto com um bilhete fofo de David. Quase comecei a chorar. Era o primeiro presente de Dia dos Namorados que eu recebia na vida, e colocá-lo dentro do meu carro como surpresa foi muito atencioso da parte de David. Como a maneira como ele sempre se certificava de que o meu carro estivesse com o tanque cheio. Sonny e eu nunca comemoramos o Dia dos Namorados em todos os anos que passamos juntos, então eu sequer tinha me dado conta de que data era. Sonny me dava joias caras, mas parecia mais uma forma de mostrar para os outros o dinheiro que tinha, não algo para me agradar. Sonny era amoroso e divertido, mas o romantismo não fazia parte da sua natureza. David era romântico e me achava fabulosa. Fui a primeira pessoa a dividir a cama e a vida com ele.

Com a CBS prestes a decidir se haveria ou não mais uma temporada do programa, um dia David me perguntou sobre meu contrato e como eu era paga. Falei que não sabia, porque nunca tinha lido o contrato. "É hora de dar uma lida", respondeu ele e, de alguma forma, conseguiu o documento, não sei como. Depois de ler até o final, ele me ligou e disse: "Meu bem, esse contrato é de servidão involuntária. Você trabalha para Sonny. Não tem direitos, voto, dinheiro, nada. Você é uma funcionária de uma empresa chamada Cher Enterprises com um salário que provavelmente nunca recebeu e três semanas de férias por ano. Ele é dono de 95% da empresa e o restante é do advogado dele, Irwin Spiegel." No fim, foi o que Irwin recebeu por se livrar de Joe D.

"Espere aí!", gritei. "Isso não pode estar certo!"

"Cher, é isso mesmo. Juro. Sinto muito, meu bem."

David começou a ler o contrato para mim e, como havia dito, eu não podia sequer assinar um cheque ou retirar dinheiro algum sem a assinatura de Sonny ou Irwin. Eu era uma funcionária da Cher Enterprises sem participação alguma, portanto, não tinha acesso ao dinheiro que ganhava para a empresa. Além disso, havia um contrato com a empresa e só podia trabalhar com a permissão de Sonny. Isso significava que, além de eu não ter dinheiro algum, também não tinha meios de ganhá-lo, a não ser que Sonny autorizasse. David me contou que o contrato devastador havia sido feito quando Sonny e eu ainda estávamos juntos — não era algo novo. Eu me lembro de, em determinado momento, Sonny começar a me pedir para assinar umas páginas que diziam Cher Enterprises, mas não achei nada de mais na época, exceto que o nome Cher Enterprises era bacana. Tudo o que David me contou foi um soco no estômago. Eu não conseguia compreender que aquilo era verdade. Entendia as palavras, mas não o significado — como aquilo tinha acontecido? Como Sonny tinha feito isso sem dor na consciência? Ele havia sido tudo para mim e, durante algum tempo, eu havia sido tudo para ele. E a história ainda piorava. David me disse que eu estava presa à Cher Enterprises por mais dois anos.

Senti mais decepção do que raiva. Nem sequer conseguia chorar. Que bem me fariam as lágrimas? Em vez disso, fiquei sentada em total estado de incompreensão, até que disse: "Você quer dizer que não tenho dinheiro algum? Não sou dona de nenhuma das casas? O que vou fazer?"

"Não precisa se preocupar com isso agora, meu bem. Nós só temos que tirar você dessa enrascada." Graças a Deus David estava ao meu lado. Sem ele, não teria nada. Teria sido impossível cuidar de mim ou da minha família. Sonny teria me deixado com meu carro e minhas roupas. E, no final, ele me deixou mesmo com meu carro e minhas roupas, e eu tive que comprar o casarão dele. Quer dizer, eu não tinha dinheiro para comprar a casa — David ia comprar. Demorou dias para que o horror completo se instalasse. Eu tinha trabalhado a vida inteira e aparentemente não havia ficado com nada. Nunca, nem por um segundo, imaginei que tivesse que me proteger justamente de Sonny e, mesmo assim, os contratos que ele me fazia assinar eram planejados para arrancar toda a minha renda e os direitos da minha própria carreira.

Eu só conseguia pensar: *O que se passou na cabeça de Sonny no dia em que ele e Irwin fizeram esse contrato?* E o que ele fez depois, acendeu a porra de um charuto? Em retrospecto, não me surpreenderia se tivesse acontecido depois que voltei de Sausalito com Bill e disse a Sonny e Irwin que não me importava com as consequências de abandonar o programa. Posso apenas especular, mas sei que os deixei assustados. O que podemos fazer quando uma pessoa para de se importar? Sonny foi sem dúvida responsável por nos transformar em quem éramos, mas demorei muito a aceitar que ele jamais teria alcançado nada daquilo sem a minha voz e o meu talento para comédia. É difícil entender, mas acho que Sonny não acreditava estar fazendo nada de errado. Não acho que ele via dessa maneira, penso que separava o contrato de si mesmo e, sinceramente, imagino que preferisse ser o Sonny divertido e brincalhão do nosso programa ao magnata dos negócios com um charuto na mão. Foi como uma profecia autorrealizável. Ele dizia que sempre pensara que eu o deixaria um dia: "Uma borboleta para ser amada por todos." Então me fez ir embora. É só o meu palpite, mas faz sentido. Sonny tinha os seus demônios. Havia algo dentro dele que nunca consegui entender, algo que o afastou daquele cara fabulosamente engraçado e o transformou em alguém que seria capaz de tirar tudo de mim. Durante anos, quebrei a cabeça para compreender como ele pôde fazer aquilo e até hoje não consigo entender.

Liguei para Lucille Ball para pedir seu conselho. Contei: "Lucy, quero me separar de Sonny, e você é a única pessoa que conheço que já esteve na mesma situação. O que eu faço?" Lucy e o marido também tinham se tornado famosos trabalhando juntos como estrelas da televisão. E ele também era um baita mulherengo. Então, Lucy o deixou. Ela me disse: "Foda-se ele, é você que tem talento." David disse que eu precisava de um advogado, e eu respondi que tinha Irwin.

"Não, não, não. Ele é advogado de Sonny. Você precisa do próprio advogado", falou e se ofereceu para pagar um profissional especializado. David ligou para Joe D, que estava prestes a processar Sonny e eu por ter sido demitido. David explicou a situação e pediu a ele que me desse Mickey Rudin. Joe D concordou e ficou feliz em fazer isso. Mickey Rudin era um dos melhores advogados especializados nessa área em Los Angeles: o cara que representava Frank Sinatra e quem havia ajudado Lucy a sair do casamento e do programa de TV com Desi Arnaz. Como parte do acordo, ela comprou as ações dele na empresa Desilu, que mais tarde vendeu por milhões de dólares. Mickey me aconselhou que a primeira coisa a fazer para quebrar meu contrato era pedir o divórcio. Eu não podia simplesmente mandar que meus advogados enviassem a Sonny a petição de divórcio. Queria conversar com ele primeiro e olhar no fundo dos seus olhos.

Apesar de parecer bizarro, eu ainda estava presa a algo inexplicável com Sonny. Ele era pai da minha filha, outrora meu melhor amigo da vida toda e o homem que eu amava, minha figura de pai, de irmão mais velho, de primo doido, e toda a parceria da minha vida. Seja lá o que ele tivesse feito e por mais brava que eu estivesse, senti que devia a Sonny que fosse eu a conversar e ver se conseguíamos encontrar uma solução entre nós. David me falou que eu precisava dizer a ele que não faria os próximos programas se não virasse sócia igualitária. Àquela altura, eu já nem queria mais fazer o programa. Tudo tinha acabado para mim.

Espumando de raiva, não conseguia encarar Sonny em casa, então pedi que nosso encontro fosse no escritório. Entrei, me sentei, acendi um cigarro e olhei bem para ele. "Son, pedi para uma pessoa olhar o meu contrato, e nele diz que sou sua funcionária. Isso não pode estar certo, pode? Como posso ser funcionária? Sou sua sócia. Sua esposa. Nós criamos tudo isso juntos e nenhum de nós tinha nada quando nos conhecemos, portanto, me diga que está errado."

Olhando para mim e acendendo um dos seus charutos idiotas, ele não disse uma palavra.

"Eu quero a minha metade do dinheiro, Son. Só estou pedindo o que é justo." Tinha trabalhado a minha vida inteira desde a adolescência até aquele dia sem ganhar nada. Queria o que era meu. Mas Sonny me encarava com olhos frios, não havia nada daquele brilho que eu vira um dia.

"Você tem que rasgar essa porra desse contrato, Sonny, e fazer um novo", insisti. "Tenho que ser sua sócia. Meio a meio."

Para minha surpresa, Sonny balançou a cabeça e, sem emoção nenhuma, disse: "Não vou fazer isso, Cher." Fiquei genuinamente chocada com a resposta. Falando comigo de um jeito que quase parecia ensaiado, Sonny me disse que eu não sabia do que estava falando e perguntou quem tinha me aconselhado. Eu sabia que teria que lutar pelos meus direitos. Tinha uma filha para criar e uma irmã e uma mãe para ajudar.

"Se você não concordar em me dar a metade do dinheiro e refazer o contrato, Sonny, não vou assinar mais um ano com a CBS. Não vou fazer nada com você. Não vou trabalhar para não receber nada."

Sonny deu de ombros. "Você vai ser processada."

"Não estou nem aí."

"Bem, a CBS vai renovar o contrato a qualquer momento, e aí vamos ver o que você vai fazer."

"Estou falando sério, Son", respondi, ficando de pé e apagando meu cigarro. "Só quero o que é justo." Ele achava que eu jamais abandonaria o programa, mas, àquela altura, eu não podia voltar atrás, não importava o que acontecesse. A expressão de Sonny sempre foi jovial, e seus olhos sempre tiveram um brilho especial. Mesmo quando brigávamos, logo depois estávamos rindo de novo. Aquela era uma nova versão dele, me olhando sem um pingo de sentimento, completamente frio comigo, como se eu não fosse ninguém. Não quero dizer que ele se tornou uma pessoa diferente, mas algo aconteceu quando começou a fumar aqueles charutos; ele me olhava como se eu não fosse a pessoa que o tivesse amado durante todos aqueles anos. Fui embora.

Sonny estava convencido de que a CBS não cancelaria o programa e que eu voltaria atrás, então simplesmente me ignorou. Demorei um tempo até enfim perguntar como ele teve coragem de ficar com todo o meu dinheiro quando ainda estávamos juntos. Ele deu de ombros e respondeu: "Eu sempre soube que você iria me deixar." Eu retruquei, dizendo que aquela não era uma resposta de verdade. Além de pegar todo o meu dinheiro, era uma crueldade sem fim me impedir de ganhar mais. Nunca entendi o que o tinha levado a fazer aquilo.

Ao me conhecer, Sonny havia desistido de se tornar um astro, mas nós viramos Sonny & Cher juntos. Depois perdemos tudo como Sonny & Cher juntos, mas eu nunca fui embora nos tempos difíceis. Fiquei com ele, sofrendo. Falei inúmeras vezes que não havia Cher sem Sonny, mas é claro que não haveria Sonny sem Cher também. Foi no dia que me ouviu cantando no quarto que tudo começou a se cristalizar para ele. Então como ele pôde fazer isso comigo?

Quando Sonny se deu conta de que David tinha lido o contrato e estava me aconselhando, ficou com medo e, quando soube que David tinha contratado Mickey Rudin, viu que estava com um problema enorme. Tentou me pressionar, me bajular e argumentar comigo, insistindo que sempre tinha me dado tudo o que pedi — roupas, joias, Ferraris e as casas dos meus sonhos. Ameaçou me processar junto com a CBS, mas nós dois sabíamos que eles não poderiam me processar por nada, se eu não tinha um centavo.

Sem conseguir mais confiar em Sonny, decidi ligar para Fred Silverman, chefe de programação da CBS. David não acreditava muito nessa abordagem. Ele me disse: "Meu bem, as pessoas não fazem nada com base na palavra. As pessoas fazem as coisas por contrato, e não podem fazer um contrato com você até o programa ser cancelado." Eu sabia disso, mas precisava tentar. Consegui que Freddie me atendesse no telefone e falei: "Freddie, sou eu. Estou ligando para te contar uma coisa e preciso que me escute. Preciso que você não renove o contrato do programa." Ele ficou um pouco chocado — tenho certeza de que era a primeira vez que ouvia aquele pedido na vida. E então contei exatamente tudo o que estava acontecendo. Ninguém, em sã consciência, acabaria com o *Sonny & Cher Comedy Hour* naquele momento, mas expliquei a Freddie que eu não poderia seguir sendo funcionária da Cher Enterprises e prometi que não iria para outra emissora. Ele falou que pensaria no assunto e acho que acreditou no que eu disse. Ele definitivamente gostava de mim, mas não tinha um motivo real para confiar na minha pessoa. Freddie mal me conhecia — ele morava em Nova York e, de vez em quando, visitava o estúdio em Los Angeles para dar um oi.

Enquanto isso, Sonny e eu ainda tínhamos uma temporada para finalizar. A primeira vez que voltei à CBS, estava nervosa. Não tinha dado nem dez passos dentro do prédio quando esbarrei com Sonny. Ficamos nos encarando no corredor como dois pistoleiros de *Matar ou morrer*. "Olá, Ligeirinha", disse ele, fazendo uma cara engraçada. Então começou a rir, e eu também. Nossa conexão era bizarra nesse nível. Quando não estava sendo um babaca, Sonny Bono era tão encantador que eu quase o amava.

Estávamos tão acostumados a continuar com o show, independentemente do que estivesse acontecendo na nossa vida pessoal, que fizemos exatamente o que era esperado de nós, e mais. Embora Sonny parecesse mais magro e, em alguns momentos, seu sorriso não condissesse com o olhar, ele e eu entrelaçamos os braços e cantamos "Will You Love Me Tomorrow". Conseguimos gravar o programa todo, até que Sonny apertou minha mão e disse um formal: "Muito obrigado, companheira."

Antes de terminarmos de gravar a temporada, recebi uma ligação de Freddie. Ele disse: "Ouvi dizer que você está fechando um contrato com a NBC para fazer o *Cher Show*." Era a primeira vez que eu ouvia falar daquilo.

"É mentira", disse a ele. Alguém estava espalhando uma fofoca de que eu ia fechar contrato com a NBC. Tudo o que eu podia fazer era contar a verdade e torcer para que ele acreditasse em mim. "Eu juro, Freddie, se um dia houver um 'Programa da Cher', vai ser na CBS. É a minha casa, e não quero ir para o Valley." Ele riu, e acho que isso fez com que acreditasse que eu estava sendo sincera. Eu jamais faria aquilo com mais ninguém. Mal sabia eu que David vinha conversando com Freddie também. Por algum milagre, Freddie concordou, e a CBS não renovou o programa. *The Sonny & Cher Comedy Hour* chegaria ao fim em março de 1974. A quarta temporada, que começaria naquele inverno, foi por água abaixo. Eu havia sacrificado o programa para salvar a minha vida.

Sonny e Irwin jamais imaginaram que eu faria aquilo. Ficaram desesperados. "Você sabe o que fez, Cher?", Sonny me perguntou em uma voz que não soava natural para ele: triste, irritada e impotente. Logo depois, me avisou que eu teria que sair do casarão. Ele queria vendê-lo e disse que, por questões de publicidade, nossa corretora imobiliária não podia mostrar a casa com nós dois morando lá. Por alguma razão, ela decidiu que eu é que deveria me mudar. Eu começava a perceber que as pessoas com quem Sonny e eu trabalhávamos eram leais a ele, não a mim. Preferia infinitamente que fosse eu a pessoa a permanecer na casa. Ele nunca quis viver ali. Era a casa dos meus sonhos e o lar de Chas.

O contrato de aluguel da casa de Malibu não havia sido renovado, de forma que eu não tinha onde morar, então me mudei para a casa de David por um tempo. Nunca me ocorreu simplesmente me recusar a sair do casarão, porque Sonny estava muito bravo. Fui embora sem Chas, sabendo que ela estaria segura com Linda. Saí de lá com uma malinha de roupas.

Quando a imprensa soube da notícia de que a CBS tinha cancelado nosso programa, foi uma loucura. A cobertura foi brutal. Sonny tinha razão — o país não ficou feliz. As pessoas estavam muito decepcionadas. Aqueles que me culparam não faziam ideia de como era estar na minha situação nem o quanto as coisas estavam difíceis. Não sei o que teria feito sem David, que era muito carinhoso e conseguia me distrair disso tudo. Íamos a jantares e às casas de amigos, e depois ele alugou uma casa para mim em Carbon Beach, em Malibu. Acho que já tinha sido de Dean Martin em algum momento. Ficava atrás de uma loja de bicicletas e tinha um braseiro na praia, que era nos fundos da casa, ou seja, perfeita para o verão. A casa vivia cheia de gente: Chas, Linda, Gee, Paulette. Era alegre e viva, sempre barulhenta. David me garantiu que eu estaria melhor lá, longe da imprensa, e me disse que cuidaria de tudo. Fez um contrato meu com seu gerente de negócios Gil Siegel, para que eu tivesse alguém em quem ele confiasse para cuidar da minha carreira. Também me convenceu a parar de fumar — pelo menos a diminuir —, me comprando um lindo anel de diamantes feito com várias argolas, que parecia uma pequena mola que rodava no meu dedo. A ideia era que eu brincasse com o anel em vez de ir em busca de um cigarro. Era belíssimo, e tenho esse anel até hoje. Quando as revistas de fofoca souberam do presente, divulgaram que estávamos noivos, apesar de isso não ter passado pela cabeça de nenhum dos dois àquela altura.

Em 21 de janeiro de 1974, Sonny e eu chegamos juntos ao palco para gravar nosso último programa, o 67º que fazíamos desde 1972. Iria ao ar um mês depois, no dia 27 de fevereiro, e então haveria um último episódio já gravado que iria ao ar no início de março. As pessoas fizeram fila do lado de fora da CBS por horas, na esperança de participarem da plateia ao vivo da nossa última gravação.

Antes de entrarmos no palco, nosso produtor Chris Bearde apareceu para falar com os trezentos fãs no estúdio, alguns dos quais já estavam aos prantos. “Penso exatamente como vocês”, disse ele. “Algumas das coisas que estão acontecendo são tristes. Todo mundo tem problemas e todo mundo merece uma chance de resolvê-los. Por que não Sonny e Cher? Eles vão chegar em alguns minutos, e vocês podem decidir por si mesmos. Vocês vão ver muito amor neste palco. Obrigado."

Se dependesse só de mim, eu teria sido sincera sobre o nosso rompimento com os milhões de espectadores, e não só com a plateia que assistia ao vivo. Acho que isso teria feito com que as pessoas de todo o país soubessem que ainda gostávamos um do outro, mesmo que não conseguíssemos permanecer casados.

Minha mãe e Gee foram ao estúdio para me apoiar, e choramos juntas pelo fim de tudo — do casamento, do programa e da música. Era difícil de encarar. Elas não eram as únicas aos prantos. A equipe estava um caco. Todos tinham se tornado nossa família ao longo dos anos. Em poucos dias, aquilo tudo acabaria, e a atmosfera amável e divertida que tínhamos criado juntos se perderia para sempre. Sonny e eu estávamos emocionados também, mas fizemos a abertura do programa de braços dados. Meu solo seria o último que eu iria gravar para o *Comedy Hour* e — como sempre — Sonny ficou por trás das câmeras enquanto eu gravava, cantando "All in Love Is Fair", de Stevie Wonder. Quando o clipe terminou de passar para o público ao vivo, não havia um único olho seco no estúdio.

Em 26 de janeiro, fomos convidados para o 31º Globo de Ouro. Eu tinha sido indicada a Melhor Atriz de Comédia ou Musical para TV, e *The Sonny & Cher Comedy Hour* a Melhor Série de TV de Comédia ou Musical. Sonny e eu decidimos não comparecer. Fiquei em casa e resolvi fazer a unha. Não estava com vontade de celebrar, e Carol Burnett já tinha ganhado o título diversas vezes antes, então estava convencida de que ela levaria o prêmio novamente. Enquanto explicava para minha manicure por que eu não ia ganhar, ouvi anunciarem o meu nome. Fiquei atônita com a ironia daquilo.

O aniversário de David estava chegando em fevereiro, e sugeri a alguns dos amigos dele que fizéssemos uma festa surpresa. Então, Louie Kemp, amigo de Bob Dylan, reservou o quarto Grand Trianon no hotel Beverly Wilshire. Decoramos o quarto todo como se fosse um circo. Ficou demais — tinha um malabarista de facas, um monociclista, dois mímicos, um cuspidor de fogo, dois lutadores de boxe, uma cartomante e músicos que tocavam andando pelo quarto. Veio gente do mundo inteiro para a festa. Todo mundo do universo da música e do cinema estava lá, incluindo Ahmet Ertegun, Warren Beatty, Jack Nicholson e Ringo Starr, para citar só alguns. Mo Ostin era o responsável por trazer David, e todo mundo gritou quando ele entrou no quarto. Depois que os aplausos cessaram, cantei "Parabéns a você", e Bob Dylan se juntou a mim para cantar a harmonia de "All I Really Want to Do" com a banda nos acompanhando. Rick Danko veio cantar "Mockingbird" comigo, e nosso parabéns terminou com Bob Dylan cantando "Mr. Tambourine Man".

Na segunda, dia 18 de fevereiro, Sonny entrou com o pedido de divórcio. Foi uma surpresa para mim. A notícia se espalhou por toda a imprensa, e todo dia surgiam manchetes sensacionalistas sobre "A batalha dos Bono", em geral incorretas e maldosas.

Naquela sexta, voamos para Houston para tocar no encerramento do evento anual Livestock Show and Rodeo. Elvis e os Jackson 5 também iam se apresentar naquela noite. As instalações no local eram, sendo generosa, básicas, e meu "camarim" era uma cabine de madeira que mais parecia um celeiro no meio da arena onde havia bezerros sendo enlaçados e touros sendo montados. Foi um caos. Era ótimo para as vacas e os touros, mas não para cantoras com vestido de pedraria. Paulette tinha ido comigo, mas estava fazendo alguma coisa enquanto eu lutava com minha troca de figurino no meio do show. Como era um lugar pequeno demais, meus cabelos ficaram presos no zíper das costas do meu macacão branco. Quanto mais eu puxava, pior ficava. Denis me achou e também não conseguiu fazer nada.

Olhando para o meu estado no espelho, com a cabeça inclinada para trás e os cabelos presos, comecei a rir tanto que não conseguia parar. A histeria tomou conta de tudo. Denis foi buscar Sonny, que me ouviu, mas confundiu minha risada com choro. Escancarou a porta, me viu toda contorcida, como se fosse um ponto de interrogação, e começou a rir também. Depois de tudo o que tinha acabado de acontecer, não consigo entender o sentido daquilo. Sonny começou a contar e aumentar a história para a plateia no microfone, fazendo piadas sobre o que Denis e eu estávamos fazendo lá dentro juntos. E foi muito engraçado, porque eu não saía de lá nunca. A plateia estava se acabando de rir também. Quando Paulette voltou, estávamos todos com lágrimas de riso escorrendo pelo rosto. Conseguimos nos recompor o suficiente para Sonny me libertar com uma tesoura. Meu zíper estourou, então minha bunda ficou aparecendo, e Pauli precisou colocar lenços de papel dentro da parte de baixo do macacão — o show tem que continuar.

De volta a LA, Mickey Rudin apresentou a papelada do divórcio, na qual afirmava que Sonny havia me mantido em "servidão involuntária", em violação direta da 13ª Emenda Constitucional dos Estados Unidos, que abolia a escravidão. Também acusava Sonny de "dominação e controle ilegais" dos meus interesses financeiros e de carreira. Esse movimento jurídico levou Sonny à loucura e ele apresentou uma reconvenção, exigindo os milhões de dólares que estimava que perderia quando eu rompesse nossa parceria. Sonny também entrou com um processo multimilionário contra David, pedindo uma medida protetiva temporária e acusando-o de interferir na nossa relação contratual. David não respondeu, pois isso estava abaixo dele, mas fiquei triste por Sonny e eu termos chegado ao ponto de só conversar através dos nossos advogados, embora a parte louca disso tudo fosse o fato de termos permanecido educados um com o outro no telefone quando falávamos de Chas.

Em 2 de março, David e eu demos um grande passo e chegamos juntos ao Grammy, no Hollywood Palladium. Foi a primeira vez que fui vista com ele em público, e a imprensa foi à loucura, rotulando-nos como "o casal mais bonito da indústria", enquanto as câmeras nos bombardeavam. Não acho que David tenha previsto esse nível de invasão e percebi que ele ficou muito desconfortável, uma vez que não estava acostumado a ser julgado pelos olhos do público. Portanto, não soltei a mão dele nem por um segundo. E ele sobreviveu.

Um mês após o Grammy, fui chamada para apresentar o Oscar de Melhor Trilha Sonora Original, que foi para o compositor Marvin Hamlisch pela trilha de *Nosso amor de ontem*. Fiz uma confusão com o nome dele. Uma confusão mesmo. David me acompanhou, e havia ainda mais fotógrafos dessa vez. Por alguma razão, naquele ano a produção colocou vários apresentadores para se sentarem juntos na coxia e assistirem ao prêmio no monitor. Devia haver uns dez de nós lá, esperando, quando uma mulher com um tailleur preto estilo chinês emergiu de trás da cortina e passou por mim sorrindo. "Oi, garota", disse ela ao passar. Eu congelei. Só conseguia pensar: *Ela falou comigo. Ela falou comigo!* Era Katharine Hepburn, uma heroína da minha juventude, a caminho para apresentar um prêmio.

Hepburn era uma mulher diferente, e com isso quero dizer que se destacava. Ela era durona, mas nunca de um jeito horroroso. Era simplesmente "Kate". Eu a venerava, junto com a outra "menina Hepburn", Audrey, e escrevi para ela algumas vezes dizendo o quanto admirava seu trabalho, como a fã que era. Anos depois, quando ela soube que eu estava procurando uma casa, sua assistente ligou perguntando se eu queria comprar a dela, dizendo que Kate ficaria feliz em me ver lá dentro, já que sabia que eu ia gostar do lugar. A propriedade era em uma das excelentes áreas antigas de Nova York, mas eu não tinha dinheiro suficiente na época. Até hoje, me arrependo de não ter ido nem visitá-la, porque talvez tivesse tido a chance de conversar com ela. Eu a vi, de fato, uma última vez. Encontrei ela sentada, de pernas cruzadas, na mesa do consultório do meu médico, dando um telefonema. Estava vestindo uma roupa que parecia saída direto do filme *Num lago dourado*. Que dama ousada e independente ela era.

Tentando focar no trabalho, voltei ao estúdio para gravar o restante do meu próximo disco, *Dark Lady*, com Snuff Garrett. O single de mesmo nome foi direto para o topo das paradas de sucesso. Era mais uma música que contava uma história e, portanto, não era a minha favorita, mas as pessoas amaram, assim como amaram o álbum, então quem sou eu para julgar? Graças a David, eu convivia com artistas maravilhosos, no auge de suas carreiras, todos fazendo coisas incríveis. Jack Nicholson, aos 36 anos, tinha acabado de estrelar em *Chinatown* e estava prestes a começar a gravar *Um estranho no ninho* (que lhe renderia seu primeiro Oscar). Anjelica Huston era modelo da *Vogue* aos 22 anos; Warren Beatty, aos 36, havia sido indicado para quatro Oscars e acabado de produzir uma série de shows beneficentes para arrecadar fundos para a campanha de McGovern; e Lou Adler, aos 40, comandava a casa de shows mais famosa da cidade, tinha vendido dezenas de milhões de discos em seu selo Ode Records e acabado de ganhar dois Grammys por seu trabalho no disco *Tapestry*, de Carole King, sem falar que estava prestes a produzir *The Rocky Horror Picture Show*. Eram pessoas no auge de suas profissões. E havia também todos os músicos hippies que David conhecia, como The Eagles, Harry Nilsson e

Joni, que compunham as próprias canções. Eu me sentia muito inspirada, queria ser como eles. Tinha acabado de emplacar um hit número um, mas queria elevar a mim e ao meu trabalho a outro nível.

Sabendo como eu estava me sentindo, David sugeriu que eu trabalhasse com um compositor como Jimmy Webb ou um produtor como Phillip Spector. Eu não estava muito segura em trabalhar com Phillip de novo, mas confiava completamente em David, então quando terminei de gravar meu disco com Snuffy, fui até os Studios A&M em Hollywood. Phillip também estava produzindo o álbum mais recente de John Lennon, *Rock 'n' Roll*, naquele momento e pediu despretensiosamente que Harry Nilsson fizesse o backing vocal.

Um dia, Phillip pediu a mim e a Harry para irmos ao estúdio fazer juntos o backing vocal do disco de John. Quando chegamos lá, ouvimos uma gritaria. Então John saiu feito um foguete do estúdio, muito bravo, enquanto uma cadeira voava pelos ares logo atrás dele. Eu conseguia ouvir Phillip gritando. Quando John passou por nós às pressas e saiu pela rua, berrou: "Nunca mais vou trabalhar com esse doido de novo. Ele é totalmente pirado!" Phillip nos viu, parou e perguntou educadamente se podíamos entrar e fazer uma guia vocal para uma canção antiga de Martha and the Vandellas chamada "A Love Like Yours".

"John precisa ouvir o tipo de coisa que eu quero fazer, então vocês se importam? Assim, quando ele voltar, pode simplesmente ouvir e aprender." Fizemos o que ele pediu. Foi a última vez que fiz backing vocal para alguém. Não tivemos problema algum, mas, algumas semanas depois, nossas gravadoras ligaram dizendo para Harry e para mim que Spector havia lançado um single ilegal na Europa, violando os nossos contratos.

Furiosa, pedi a Paulette para me levar até a casa de Phillip. Estava escuro e assustador quando cheguei lá, então hesitei por um instante antes de os portões se abrirem. Nós dirigimos até a entrada, onde fomos recebidas pelos seguranças. Determinada a confrontar Phillip, caminhei com passos firmes até a porta principal, enquanto Paulette esperava no carro. Um de seus funcionários me deixou entrar. A casa era fria, com o pé-direito alto — parecia um pouco com uma antiga casa mal-assombrada ou como se eu estivesse entrando em uma cena de *O crepúsculo dos deuses*. Fui conduzida a uma sala onde Phillip estava de pé ao lado de uma mesa de sinuca. Entrei, dei um abraço nele e depois falei: "Phillip, você sabe que não pode fazer isso. Harry está em uma gravadora, eu em outra, e você colocou nós dois sob o seu selo. No que estava pensando?"

Então ele começou a agir de um jeito estranho. Ficou agitado e tentou dar uma de esperto para cima de mim — esperto até demais, como se tentasse me intimidar. Ele me disse que podia fazer o que bem entendesse. Que nossas gravadoras poderiam processá-lo, se não tivessem gostado. Aí, pegou um revólver em que eu não tinha reparado antes, apoiado sobre o feltro verde. Olhando-o em fúria, enquanto ele brincava com a arma nos dedos, falei: "Não se meta comigo, Phillip! Você não vai fazer uma merda dessas, seu babaca. Sou eu, a Cher, tá bem? Você me conhece desde os meus 16 anos, e agora vai tentar fazer isso comigo? Abaixe essa porra de arma e prometa que nunca mais vai fazer essa merda com a minha música de novo, ok?" Fui saindo enquanto ele se desculpava, voltei correndo para o carro e falei para Paulette nos tirar dali logo.

Não achei que Phillip usaria aquela arma e tive certeza de que ele estava brincando com ela para se mostrar, mas, ainda assim, fiquei bem puta. "Meu Deus, provavelmente não estava nem carregada", falei para Pauli a caminho de casa, mas algo em Phillip naquela noite me atormentou.

A saída nervosa do estúdio de Phillip não foi a última ocasião em que vi John Lennon. Não muito tempo depois, David e eu entramos no restaurante Dan Tana e lá estava John no bar com Harry Nilsson. Os dois eram amigos havia muitos e muitos anos. Quando Harry me viu, perguntou se eu podia levá-los à noite de cinema na casa de Hugh Hefner. "John está doido para ver a Mansão da Playboy", pediu Harry. Hef dava festas o tempo todo, muitas das quais tornaram-se conhecidas como orgias de bêbados com algumas das Coelhinhas, mas as noites de cinema no domingo eram encontros casuais de amigos que gostavam de beber e jantar juntos antes de assistir a algum lançamento. Eram eventos bastante calmos. Eu não tinha mais nada para fazer naquela noite, então concordei em levá-los à casa de Hef. Quando chegamos, havia cerca de cinquenta pessoas que costumavam estar sempre lá, pessoas de quem eu não gostava muito, porque só iam para comer e beber de graça. John e Harry estavam agindo de um jeito engraçado até entrarmos na casa, e foi quando percebi que eles deviam estar mais bêbados do que eu supunha. Quando o filme estava prestes a começar, os dois começaram a cantar, com um sotaque inglês aristocrata: "Hef! Hef! Hef!" Só que, naquele sotaque, parecia: "Huff! Huff! Huff!"*

Fiquei muito constrangida e vi que Hef estava começando a se emputecer. Falei: "Parem com isso! Venham comigo." Era como se eu tivesse virado a mãe de dois garotos de 14 anos. Levei eles lá para fora enquanto David ia se desculpar com Hef. Rindo e tropeçando um em cima do outro, John e Harry caíram rolando pelo chão. Sentei-me com os dois dentro da infame Gruta — era como uma caverna enorme que dava entrada a uma das extremidades da piscina. Deixei-os sobre uns bancos que pareciam rochas enquanto entrava para buscar algo para eles beberem. Quando voltei, estavam de pé no meio da Gruta, completamente pelados e dentro da água (ainda bem). Mas começaram a sair lá de dentro, e eu disse: "Meninos, não saiam. O que estou vendo não é bacana. Por favor, não saiam daí." O tempo todo eles estavam rindo e nus. Tentei não rir, mas era impossível. Ficavam ameaçando passear pela mansão daquele jeito. David achou que estavam sendo ridículos. Nós estávamos incomodados com eles, mas os dois eram hilariantes. Demorei horas para conseguir convencê-los a se vestirem. Foi como controlar um rebanho de bêbados.

Continuei morando na casa de praia em Malibu enquanto meus advogados negociavam o divórcio, que envolvia uma divisão de estimados 28 milhões de dólares em propriedades e ações, o equivalente a 175 milhões em 2024. Não conseguiria ter feito nada disso sem David. Ele vivia no telefone com Mickey Rudin, garantindo que eu estivesse sendo bem cuidada. Paulette ainda era minha assistente, mas ela e Ridgeway tinham terminado de vez, e ela se mudou para minha casa por um tempo, depois para a casinha descolada de Gee em Laurel Canyon. Aos 22 anos, minha irmã estava atuando em comerciais e fazendo pequenas participações em séries como *Dias felizes*, mas ainda não tinha tido sua grande estreia em *General Hospital.*

Em 21 de março de 1974, Gee e eu descobrimos que nosso pai, John Southall, o único homem que chamei de pai na vida, estava muito doente. Tinha 52 anos. Em 13 de abril, Gee e eu íamos de Nova York para casa quando David, sabendo como seria importante uma visita nossa,

---

* Em inglês, o som é indicativo de raiva, impaciência, ofensa. [N. da T.]

alugou um avião particular para nos levar ao Texas, para vermos nosso pai. Entramos no quarto, e a pele dele estava amarelada, da cor de uma banana. Estava quase irreconhecível, diferente do pai lindo de que eu me lembrava, deitado na cama de um hospital de veteranos de guerra não muito longe de Burleson, morrendo de falência do fígado. Quando nos viu, seu rosto se iluminou. Pareceu muito feliz em nos ver ali. Aquele era o homem que tinha me resgatado de babás para ficar com ele e com a minha mãe. Que tinha me levado para tomar sorvete quando Gee nasceu e que me ensinara a dirigir. Ficamos com ele por cerca de uma hora e meia. Apesar de termos mantido contato de vez em quando, o pai do qual eu sentira uma saudade física após a separação dele e de minha mãe tinha uma nova vida com Jane e seus três filhos no Texas, então nossos caminhos raramente se cruzavam.

Havia muita coisa que eu gostaria de dizer para ele, mas fiquei quieta. Afinal de contas, ele era o pai biológico de Gee, e achei que os sentimentos dela deveriam ter prioridade sobre os meus. Sabendo que seria a última vez que estaríamos juntos, nosso pai começou a chorar. Ele morreu menos de uma semana após a nossa visita. Sua mulher, Jane, nos contou mais tarde que ele estava tendo lapsos de consciência nos últimos dias, mas, depois que fomos embora, ficou falando de mim e de Gee, dizendo o quanto estava feliz por ter nos visto uma última vez. Eu me senti muita sortuda por David ter tornado nossa visita possível e por tê-lo na minha vida.

Apesar de David nunca parar de trabalhar, ele também conseguia ser espontâneo e divertido. Costumávamos viajar para Nova York juntos ou ir à praia em Malibu com Chas. Ela e David se davam surpreendentemente bem. Tenho belas fotos de nós três brincando juntos. Em um primeiro momento, Chas amava muito David. Certa noite, ela estava tão animada para conversar com ele que entrou no banheiro enquanto ele tomava banho de banheira, foi até a borda e ficou passando a mão na água enquanto contava sua história para ele. Tive que pegá-la e dizer: "Amor, vem falar com David daqui de longe", porque ele estava meio que surtando. Então, um dia, o comportamento dela com ele mudou de forma abrupta, e ela tomou as dores de Sonny. Aquilo foi terrível e me deixou muito triste. David não tinha muita experiência com crianças e não sabia como lidar com a mudança de atitude de Chas. Depois daquilo, Sonny e eu concordamos que nunca diríamos nada ruim um do outro nem das pessoas que namorávamos para

Chas, porque aquilo só a machucava. Nós realmente levamos o acordo a sério, o que me deixa muito orgulhosa.

Então Sonny fez algo que acabou comigo. Mudando de estratégia no processo de divórcio, ele entrou com um pedido de guarda unilateral de Chas, alegando que eu era uma mãe inapta. O argumento dele se baseava no fato de, certa tarde, eu ter levado Chas à casa de Hef para ver os macaquinhos dele e brincar na piscina. Nossa filha conhecia e adorava Hef. Na verdade, a casa dele era um paraíso para ela, um lugar onde podia tomar sorvete servido por um garçom dentro da Gruta. Irwin Spiegel, advogado de Sonny, descreveu como se eu estivesse levando Chas a uma "casa de fornicação". O dia em questão foi inteiramente inocente. A única pessoa que encontramos foi Pam Grier. Eu nunca levaria minha filha lá se houvesse algo inapropriado acontecendo.

A ideia de perder a guarda de Chas ou de só vê-la aos fins de semana me enchia de ansiedade. Não entendia como Sonny podia cogitar tirar nossa filha de mim. Os dois tinham uma conexão especial, mas eu era a mãe dela.

Em maio, Sonny e eu fomos intimados a comparecer ao tribunal de Santa Monica para mostrar evidências sobre esse novo aspecto do nosso divórcio. Paulette se sentou ao meu lado e assistimos a Mickey Rudin fazer seu melhor para destruir as acusações de Sonny. Ouvimos o juiz dizer a Irwin Spiegel que ele estava se metendo em uma bela encrenca e que, se não parasse, podia haver em seu futuro um processo por difamação do meu caráter. Era o mesmo juiz que, em uma audiência prévia, tinha me dado um sermão duro, dizendo: "Neste país, sra. Bono, os contratos têm significado." O que ele não tinha entendido na época era como eu podia cantar "I Got You Babe" por aí e me apresentar com Sonny se não fôssemos casados. Eu simplesmente não conseguia fazer isso. Fiquei aliviada de ver que ele parecia estar ao meu lado na questão da guarda, mas adiou a decisão final, então deixamos o tribunal sem uma definição. Quando saímos, fomos recebidos por uma multidão de repórteres e fotógrafos gritando perguntas como: "Você ainda ama a Cher, Sonny?" Ou: "Cher, como era ser funcionária de Sonny?" Acho que, após uma vida inteira de exposição, não dava para esperar que nosso divórcio permanecesse privado. Fiquei em silêncio ao lado de Sonny, esperando que ele respondesse por nós dois, como sempre. Fui pega completamente de surpresa quando ele me jogou para trás, segurou a minha cabeça e enfiou a língua na minha goela. No momento em que me soltou, em meio aos flashes das câmeras, ele estava rindo tanto que a única coisa que consegui fazer foi rir também, mesmo querendo ficar brava com ele. Era outro exemplo do senso de humor insano de Sonny, que quase sempre conseguia me arrancar risadas, até no meio de toda a confusão. Felizmente, o juiz, por fim, decidiu a meu favor e acabou alocando para Sonny ainda menos tempo com Chas. Chocado, ele me perguntou: "Você vai mesmo cumprir essa decisão?" Ao que respondi: "Claro que não, seu bobo. Você pode vê-la sempre que quiser." A última coisa que eu ia fazer era impedir que a nossa filha visse seu melhor amigo.

As negociações financeiras seguiram, e eu estava sentindo falta de morar no casarão. Então, um dia, David perguntou a Mickey Rudin o que poderíamos fazer, e Mickey respondeu que eu só precisava entrar pela porta e ficar. David e eu dirigimos até lá em um dia de semana de manhã. Eu estava nervosa, sem saber o que esperar. Fiquei aliviada por Sonny não estar lá quando chegamos. Connie estava e, apesar de termos nos tornado amigas, imediatamente ligou para ele no escritório. Por incrível que pareça, ele não fez nada. Connie foi embora e, alguns dias depois, Sonny mandou alguém pegar as coisas deles e levar para a casa de St. Cloud, para onde os dois se mudaram depois que ele me fez transferi-la para o seu nome.

Eu estava felicíssima por voltar para a casa dos meus sonhos e bem animada em dividi-la com David, que foi morar comigo, prometendo dar os tipos de jantares e festas com que sempre sonhei e trazendo seu mordomo alemão Klaus e sua cozinheira Ida. Fiquei especialmente encantada com a vinda de Ida, porque ela fazia aquela sopa gelada de abacate que eu amava.

Minha felicidade foi tragicamente interrompida em julho de 1974, quando soubemos que nossa amiga Cass Elliot tinha morrido em Londres aos 32 anos. Recentemente, ela havia lotado o London Palladium pela primeira vez como artista solo e passado a noite pela cidade, primeiro na festa de aniversário de Mick Jagger e depois em alguns outros eventos, antes de voltar para o apartamento de Harry Nilsson, em Mayfair. Depois de tomar um pouco de champanhe, ela ligou para a amiga e colega de banda Michelle Phillips. Naquela noite, morreu dormindo, de parada cardíaca. No dia do funeral, Michelle apareceu na minha porta com a filha de 7 anos da Cass, Owen, e me pediu para cuidar dela até a hora do velório. Quando entrou na nossa casa, aquela criança que eu mal conhecia olhou para mim com os olhos tristonhos e disse: "Minha mãe está morta." Eu lhe dei um abraço e a confortei. Eu era mãe, sabia o que fazer. Ela e Chas brincaram juntas em silêncio durante um tempo, até ser hora de irmos para o cemitério Mount Sinai, para um velório a que todo mundo, de Carol Burnett a Robert Redford, estava presente. Sonny e Connie também foram. Foi um dia triste, mas como Michelle disse, pelo menos Cass morreu em paz e feliz.

Parecia que eu tinha acabado de estar com ela, dirigindo pela Mulholland em seu Mini Cooper. Cass quase me matara dirigindo tão rápido em uma estrada cheia de curvas, tentando me provar que o carro não ia capotar. Fiquei tipo: "Cass, talvez a gente não precise descobrir isso agora." Depois voltamos para casa, e ela foi se deitar porque tinha machucado as costas. Comeu um sanduíche de carne acompanhado de purê de batata e apagou o cigarro nas batatas. Falei: "Cass, isso não está certo."

Não lembro onde estava quando soube que Sonny tinha assinado com a ABC para apresentar seu novo programa solo, *The Sonny Comedy Revue*. Nossos amigos na CBS tinham dispensado a ideia, embora Art Fisher fosse dirigir e diversos outros veteranos da nossa equipe, incluindo Teri Garr, Billy Van e Freeman King, estivessem a bordo. O programa tinha tudo, dos monólogos de Sonny a seus esquetes solo, e a ABC gostou porque seria quase uma cópia do nosso programa e planejava convidar diferentes celebridades femininas para ocupar meu lugar. Em entrevistas de divulgação, Sonny brincou que a única diferença seria que, quando ele olhasse para a esquerda, "não ia ver uma índia parada ali". Os convidados da primeira temporada incluíam Glen Campbell, Smokey Robinson, Jackson 5, Hudson Brothers e Frankie Avalon.

Eu não queria que Sonny fracassasse, mas não sabia o que aconteceria comigo se ele fosse bem-sucedido. Sem o nosso programa, eu não tinha certeza de se ainda voltaria a trabalhar na televisão. Tinha construído muito pouco com o meu nome sozinha e estava morando em uma casa que não podia pagar, pensando no que seria de mim. David ficava me dizendo: "Não se preocupe, eu vou resolver isso."

Sempre achei que ter ou não uma oportunidade é pura questão de sorte. Há milhões de pessoas mais talentosas do que eu que lutam para fazer

Na estrada com Chas.

Chas na caixa de areia.

Mantendo Chas entretida na estrada. Ela amava palhaços.

Chas e eu depois de nadar na casa da St. Cloud.

"Feliz aniversário, mamãe" escrito com sabão.

Chas conduzindo a orquestra.

Cinco gerações de Sarkisian.

Chas e eu trabalhando no Playboy Club.

No chão do Muscle Shoals.

Aniversário de Chas com Joe D, Sonny, Gee como palhaça e eu.

Pauli e eu no Met Gala de 1977.

Cumprimentando fãs em um festival de música.

Com Elton John, Bette Midler e Flip Wilson durante a gravação de The Cher Show, *em 19 de janeiro de 1975.*

Com Rod Stewart e Dolly Parton para Cher… Special, *em abril de 1978.*

David Bowie e eu.

Com Bob Dylan, cantando "All I Really Want do Do" para o aniversário de David Geffen, Beverly Hills Hotel, 1974.

David em Aspen, fechando negócios.

David e eu. Não somos uma gracinha?

Eu, com a bolsa de maquiagem na mão, deixando a CBS.

Halston e eu.

Eu e meu Dino, com Pauli.

Ange e eu.

Gee e eu.

Mamãe, Gee e eu no Dia de Ação de Graças.

Deb e eu.

Adoro essa foto de Gregory.

Gregory e eu no Japão.

Grávida, com Gregory no Havaí.

Com Gregory e Elijah, de um dia de idade.

Chas e Elijah conhecem o Dr. Dentuço da Desordem Elétrica dos Muppets.

Elijah e um amigo peludo.

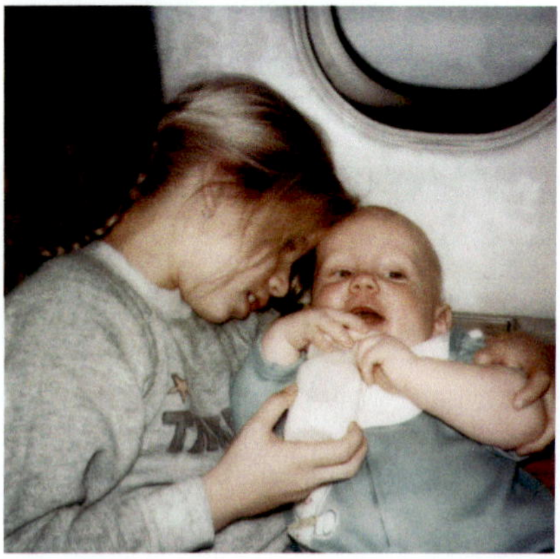

Meus bebês: Chas aos 7 anos, Elijah com 4 meses.

Tomando banho com Chas, 1974.

Elijah, Esqueleto, He-Man e eu.

sucesso e que nunca ficarão famosas. O talento conta, claro, mas, se você não tiver sorte, ninguém verá. Às vezes, penso no que teria acontecido se eu não estivesse na cafeteria Aldo's no dia em que conheci Sonny, ou se não estivesse cantando enquanto arrumava a cama naquele dia, ou se Darlene não tivesse chegado atrasada ao estúdio naquela manhã. Esses foram momentos cruciais que mudaram o meu destino.

David deve ter sentido minha inquietude, porque deixou seu império de lado por um instante para negociar com a CBS em meu nome e garantir um programa meu, a ser chamado simplesmente *Cher*. Não sei como ele fez aquilo nem se eu teria que pagar a Sonny metade de tudo o que ganhasse, mas David e Mickey Rudin mantiveram minha carreira e meu ânimo vivos. Eu estava animada, apavorada e imensamente grata a David por fechar aquele contrato.

Eu me reuni com Bob Mackie para conversar sobre qual seria o meu figurino no novo programa, agora que estava solteira, e pedi: "Não quero parecer uma dona de casa usando vestido de festa, tá?"

Bob jogou a cabeça para trás e riu. "Ah, Cher, minha querida, nós jamais vamos precisar nos preocupar com isso!"

Com algum tempo sobrando antes de eu começar a trabalhar no ano seguinte, David e eu estávamos em casa jogando gamão (um jogo que eu ensinara a ele) quando ele anunciou que, se perdesse, eu poderia pedir qualquer coisa. Pensando no quanto eu desejava férias, falei que queria uma viagem para a Europa para mim, Pauli e Gee. Você pode imaginar minha satisfação quando ganhei dele naquela noite — apesar de, sendo homem, ele ter insistido: "Meu bem, eu perdi de propósito." Não importa. Emocionadas e animadas, as meninas e eu planejamos uma grande aventura para o final de setembro de 1974, começando com passagens de primeira classe para Paris.

Uma semana antes do nosso voo, o *Sonny Comedy Revue* estreou na ABC. Estava concorrendo pela audiência contra *Kojak* e *The Wonderful World of Disney*, o favorito das famílias, o que foi uma pena para Sonny. Era difícil ganhar desses programas. Ele deveria ter sido colocado em uma noite em que pudesse construir sua audiência e depois migrar para outro horário — todo mundo sabia disso. Foi uma coisa meio escrota de se fazer. Quando ele entrou alegre no palco, o público foi à loucura, enquanto ele dizia: "Obrigado! Obrigado! Vocês acharam que eu era Robert Redford ou Paul Newman, mas sou só eu, Sonny Bono, uma combinação dos dois." Assisti ao restante do seu primeiro ato e gostei de bastante coisa. Se nosso programa nunca tivesse existido, poderia ter sido um hit, já que Sonny era realmente engraçado. Levei Chas e alguns dos amigos dela para vê-lo no camarim e dar apoio moral a ele. Era preciso muita coragem para aparecer naquele palco sozinho.

No dia seguinte, a CBS anunciou o programa *Cher*, que iria ao ar nas noites de domingo, às 20 horas, competindo de igual para igual com Sonny. A decisão da programação pareceu desnecessariamente cruel, como se quisessem fazer um "mano a mano". No fim das contas, acabamos não competindo, uma vez que o programa de Sonny foi cancelado antes de o meu começar.

Na noite seguinte, fui com Gee e Paulette ao Troubadour assistir ao último show de um grupo escocês chamado Average White Band (David estava atolado em reuniões). Minha irmã tinha uma queda pelo cantor e guitarrista, Hamish Stuart (que ela acabou namorando depois). Após o show, nós três fomos ao camarim, e nos convidaram para uma festa no Hollywood Hills. Gee e Paulette foram para casa arrumar as malas, mas decidi ser uma garota independente naquela noite e ir sozinha. E ia usar drogas.

Eu não conhecia o anfitrião da festa, um figurão de Wall Street de 30 e poucos anos chamado Ken Moss que havia criado — e falido — uma empresa aérea particular, mas, quase no instante que cheguei à casa, ele me ofereceu algo em um pedaço de papel-alumínio. Imaginei que fosse cocaína, a droga do momento. Por um breve instante, pensei: *Sou muito careta mesmo. Todo mundo usa drogas o tempo todo. Talvez eu devesse experimentar esse negócio.* E depois lembrei como estimulantes sempre me fizeram mal e caí na real. "Não, obrigada", disse, então, Moss tomou ele mesmo e depois ofereceu à banda um pó branco de um tipo diferente, armazenado em um potinho de vidro. Vi o baterista Robbie McIntosh cheirar algumas vezes e não achei estranho. Com todos ao meu redor começando a ficar entorpecidos, acendi um cigarro e fui buscar uma bebida.

Estava conversando com o guitarrista da banda, Alan Gorrie, na cozinha quando, de repente, ele começou a suar e sua pele ficou branco-azulada. Ele me disse que estava enjoado.

"Por que não vamos lá para fora pegar um ar fresco?", sugeri. No jardim, ele se sentiu melhor por uns dez minutos, antes de se dobrar e vomitar de forma violenta. "Tudo bem, tudo bem", falei, dando uns tapinhas nas costas dele. "Vou pegar uma toalha molhada para você." Quando entrei na casa, parecia uma pintura de Hieronymus Bosch. Dava para sentir o pânico, as pessoas estavam vomitando por todo lado. Hamish veio correndo até mim e me disse: "Robbie está muito mal no banheiro lá de cima, Cher. Você pode ajudar?" Quando falei que Alan também estava vomitando, ele me confirmou que os dois tinham tomado a mesma droga.

Sempre fiquei calma no meio de uma crise. Hamish e eu éramos os únicos que não tinham usado droga alguma, então ficamos circulando e tentando cuidar de todo mundo. Respirei fundo e falei para ele: "Vou só ver como Alan está primeiro." Eu o encontrei ainda tendo engulhos, mas ele parecia estar um pouco melhor, então o deixei no jardim e corri para o andar de cima. Robbie estava gelado, deitado em uns quinze centímetros de água na banheira. Havia pessoas aleatórias ao redor dele, e Ken Moss estava meio que bloqueando a entrada. Chocada, gritei: "Meu Deus, ele parece muito mal!"

Foi quando percebi que as unhas das mãos de Robbie estavam azuis. Entrei em pânico. Depois que a esposa de Bill Bixby cometeu suicídio, eles retiraram o esmalte das suas unhas das mãos e estavam todas pretas e azuis. Minha manicure, que também trabalhava para a esposa de Bixby, me contou esse episódio e disse que isso significava que a pessoa não estava recebendo oxigênio suficiente. Ninguém pareceu me levar a sério quando falei que tínhamos que pedir ajuda, então desci correndo em busca de um telefone para ligar para o meu médico. Naquela época, não existia o telefone de emergência. Meu médico não atendeu, então tentei meu ginecologista, que também não atendeu. Acabei falando com um ginecologista recém-formado que tinha acabado de começar a trabalhar no consultório. Ofegante, disse a ele: "Estou em uma festa e todo mundo está vomitando. Tomaram algum tipo de droga que não sei qual é. Tem uma pessoa deitada inconsciente na banheira com as unhas das mãos ficando azuis."

"Tudo bem", respondeu ele, com a voz firme. "Leve-o para a emergência agora. Pode só deixá-lo lá na porta, ninguém vai prender você, e vão cuidar dele. Você precisa levá-lo agora, porque cada respiração pode ser a última. E o cara de quem você está cuidando, que está vomitando, mantenha-o acordado até ele ter parado de vomitar durante uma hora."

Após desligar o telefone, repeti tudo o que o médico havia dito para Hamish, que respondeu: "Beleza." Então coloquei Alan dentro do meu carro e o levei para minha casa. Depois que saí, Ken Moss disse a todos que eu estava sendo "alarmista" e que Robbie só teria uma ressaca terrível na manhã seguinte, mas que ficaria bem e, assim, ninguém o levou para o hospital. Na minha cozinha, dei a Alan algumas compressas de gelo e o forcei a ficar caminhando até parar de vomitar. Depois, eu o levei para o banheiro, onde ele se deitou no chão, branco como um papel. Fiquei sentada ao seu lado durante um bom tempo até ele parar de vomitar e acabar pegando no sono.

No dia seguinte, ele acordou cedo se sentindo terrível e, depois de tomar um banho, ligou para ver como Robbie estava. A banda disse que ele estava muito mal quando voltaram para o hotel, mas que parecia que ficaria bem, então todos esperavam que ele acordasse melhor. Ligaram algumas horas depois e contaram para Alan que Robbie havia morrido. Ele desabou quando ouviu aquilo, e eu também. Aqueles caras não eram usuários pesados de drogas; eram só músicos jovens da Escócia comemorando o último dia da turnê. Havia sido uma noite de muito sucesso para eles, todo mundo tinha ido ao show. A festa depois era uma ocasião especial, e eles confiaram que as drogas que Moss tinha dado eram seguras. No fim das contas, o pó era uma mistura de morfina e heroína. Robbie tinha 24 anos e deixou a esposa e um filho pequeno. Todo mundo que passou mal naquela noite tomou a droga que Moss deu. Embora não pudesse ter feito mais do que fiz, me senti muito mal por não tê-los obrigado a levar Robbie para o hospital enquanto ainda havia tempo.

Alan foi ficar com seus colegas de banda, todos de luto e, quando David chegou em casa e me encontrou chorando, insistiu para que ligássemos para a polícia. Dois policiais chegaram para me ouvir, já que eu era testemunha-chave de um crime em potencial. Eles nos disseram que, durante aquele fim de semana inteiro, várias pessoas tinham morrido por causa da mesma mistura de drogas e que Moss havia fugido do país. Também contaram que tinham conversado com outros indivíduos que estavam na festa e que ninguém mencionou que eu estava lá, o que achei incrível. A investigação iniciou uma sequência de acontecimentos que acabaram resultando no meu testemunho para um júri popular que condenou Moss por homicídio culposo, por distribuir altas doses de heroína para os convidados. Ao retornar para os Estados Unidos, Moss foi rendido e enviado para a prisão.

A imprensa devorou minha ligação acidental à morte de Robbie e publicou todo tipo de histórias falsas e manchetes sensacionalistas, que me deixaram arrasada. Eu estava acostumada a ver coisas terríveis escritas sobre mim, mas David não. Ele se sentiu jogado de repente em uma situação que não sabia como resolver. Tive que explicar que parte da bagagem que ele carregaria por estar comigo era ter que lidar com um holofote gigantesco em cada aspecto da minha vida. Mas, dessa vez, a atenção era intensa e injusta. A verdade era que tudo o que eu fiz foi salvar a vida de um homem e tentar salvar a de outro, mas a insinuação era que eu havia participado de uma festa com drogas e era uma mãe inapta mesmo. Sonny ficou furioso. Todo mundo na minha vida queria saber por que eu tinha ido àquela festa sozinha. Sinceramente, a resposta é muito simples: porque eu quis. Não queria ir com ninguém cuidando de mim. Só queria ir sozinha a uma festa.

19

both sides now

Quando Paulette, Gee e eu fomos para Paris, levamos absurdas quinze malas. Eu estava tão feliz de fazer uma viagem com duas das minhas pessoas preferidas. Quando nos hospedamos no Hôtel de Crillon, estávamos famintas e sofrendo com a diferença de fuso horário. Paulette, a única que falava francês, pediu serviço de quarto. Eu havia aprendido a língua quando estava grávida, mas não tinha ninguém com quem praticar, então só falava um pouquinho, como uma criança. Gee tivera um namorado francês, mas, quando eles terminaram, ela esqueceu quase tudo o que aprendera. Paulette era a única que falava fluentemente, mas seu sotaque era assustador. Nós riamos muito toda vez que ela precisava dizer alguma coisa.

Depois do jantar, tomamos banho, trocamos de roupa e comecei a fazer a maquiagem das meninas. Eu era a maquiadora oficial da nossa viagem. Tinha muita prática, já que fazia minha própria maquiagem quando estávamos em turnê e também no programa. Era sempre um momento de calma para mim, quase meditativo. Com as meninas, levávamos cerca de três horas para ficarmos prontas, então sempre saíamos por volta de meia-noite, mas achávamos que estávamos estonteantes ou que parecíamos prostitutas. Descemos e passamos juntas pela recepção. Eu vestia uma capa roxa primorosa desenhada por Bob Mackie, e as meninas, lindos casacos que eu tinha emprestado. Ouvimos uma discussão e vimos duas mulheres em uma esquina apontando para nós e falando com agitação. Uma delas veio até mim e disse: "Madame, estou muito irritada! Aquela mulher achou que vocês fossem prostitutas e disse que não deviam ser aceitas em um hotel como esse, mas eu falei para ela: *Non, non, non*, aquela mulher é a Cher, uma famosa estrela da TV americana! Você deveria ter mais respeito, *je m'excuse*." Fui até as meninas e contei: "Aquela moça também achou que nós parecíamos prostitutas." E caímos na gargalhada. Não seria a última vez, mas foi provavelmente a mais memorável. Tivemos uma noite fabulosa e, na seguinte, fizemos tudo de novo.

Logo descobrimos que não dava para torrar todo o orçamento das férias dado por David em um hotel tão caro, então nos transferimos para o Hôtel Raphael, perto do Arco do Triunfo. Minha prioridade era encontrar os melhores lugares para dançar na cidade, apesar de minha irmã detestar dançar. A garota que tinha passado praticamente a infância toda com o nariz enfiado nos livros normalmente recusava o convite quando Pauli e eu saíamos para dançar, mas não em Paris. Em algum momento, soubemos que o músico americano Johnny Rivers estava na cidade e começamos a fazer uma piada entre nós. A todo lugar que íamos, dizíamos: "Estamos procurando Johnny Rivers, você o viu?" Não significava nada para ninguém, só para nós, mas, às vezes, alguém respondia: "Ah, acabei de ver Johnnie Rivers fazendo um show no lugar tal." Aquilo nos fazia rir muito, e continuamos com essa brincadeira durante a viagem toda, mas a verdade era que nós queríamos mesmo vê-lo! O Dani's era o local mais bacana da cidade, com as pessoas mais descoladas, o melhor ambiente e perfeito para dançar. Os parisienses sabiam quem eu era, mas não me abordavam como as pessoas nos Estados Unidos. Apesar de chamarmos atenção, gosto de pensar que era mais pelos nossos passos de dança do que pela minha fama.

Porém, certa noite, todo mundo parou de dançar e virou a cabeça na mesma direção, para uma jovem loura escultural de macacão preto arrastão colado no corpo que não deixava nada para a imaginação sob as luzes da boate. Era a modelo texana Jerry Hall, de 18 anos, com um corpo de morrer de inveja e nenhuma inibição, sacudindo os cabelos compridos para os flashes das câmeras. Paulette também recebeu muita atenção quando estávamos na França, e os caras estavam sempre tentando levá-la para sair. Conheceu o escritor e roteirista francês Pierre Billon, que imediatamente se encantou por ela. Estava tão entusiasmado que, certa noite, quando Paulette, Gee e eu jantávamos em um restaurante que parecia meio Velho Oeste, ele praticamente entrou com sua moto no lugar, indo até o bar tentando encontrá-la.

O romance durou um dia, talvez, e, de todo modo, logo fomos para Amsterdã. Em vez de ficarmos em outro hotel cinco estrelas, falei para Pauli que precisávamos encontrar um lugar onde estudantes universitários se hospedavam. O local "boutique" que ela achou para nós era no topo de um edifício de cinco andares sem elevador. Gee e Pauli praticamente pararam de falar comigo depois que tivemos de carregar cada uma das nossas malas — agora mais de quinze, porque eu tinha comprado malas da Louis Vuitton em Paris. (Um garçom de lá me contou depois, nessa mesma viagem, que só prostitutas carregavam malas da Louis Vuitton. Toda hora essa acusação de sermos prostitutas.) Quando estávamos instaladas, Pauli nos levou a uma boate para dançar. Tinha um cheiro um pouco estranho quando entramos, mas não liguei muito. A música era ótima, e eu me acabei de dançar. Em um intervalo para recuperar o fôlego, me sentei e peguei uma caixa de bala de hortelã na bolsa. Quando o cara ao meu lado me viu colocar uma na boca, perguntou se eu podia dar uma para ele. "Claro", respondi, mas, dez minutos depois, ele pediu por outra. Por fim, virou-se para mim e perguntou: "Quando esse ácido vai bater?" Quase cuspi minha bebida. Alguns minutos depois, a polícia invadiu o local e prendeu três pessoas bem na nossa frente, na pista de dança, com heroína. O lugar era um bar de haxixe, o que explicava o cheiro. Perguntei a Pauli: "Por que estamos aqui mesmo? O que eu não entendi?" Claramente, era hora de irmos embora.

Na rua, não conseguimos achar um táxi, mas conhecemos uns garotos americanos que estavam dirigindo pela Europa em uma kombi e se ofereceram para nos levar para o hotel. Achando graça da nossa espontaneidade, entramos no carro, mas eles estavam muito chapados e faziam piadas idiotas. Rimos com eles para não contrariar, pensando: *Dá para vocês só nos levarem ao nosso hotel?* De repente, um dos caras, que estava bastante chapado, virou-se para Pauli para pedir que ela fizesse um sacrifício pela carona de graça, mas cometeu um ato falho e acidentalmente perguntou: "Você não poderia fazer um sexofício?", e nós caímos na gargalhada. Essa expressão faz a gente rir até hoje.

De volta a Paris alguns dias depois, Paulette se encontrou com Johnny Hallyday, o roqueiro e *bad boy* mais famoso da França. Pierre era passado. Então todas fomos para Londres, onde nos hospedamos no que deve ser um dos menores hotéis da cidade. Parecia uma casa de bonecas. O carregador devia ter uns 97 anos e não conseguia levantar nenhuma das nossas malas. Entre isso e o elevador pequeno a ponto de só caber duas pessoas por vez, demorou quarenta minutos para levar toda a nossa bagagem até o quarto, que era do tamanho de um botão. Se uma de nós estivesse andando, as outras duas tinham que ficar sentadas. Era ridículo. Lew Grade tinha conseguido ingressos para assistirmos à peça *John, Paul, George, Ringo... and Bert* e enviou uma limusine para nos buscar. Era uma peça ótima, que mais tarde recebeu o prêmio de Melhor Musical de 1974 do Evening Standard Theatre Awards e do London Critics' Awards. Quando voltamos, eu me sentei na ponta da mesa de centro de vidro para que Paulette tivesse espaço para atravessar o quarto e a mesa quebrou comigo em cima. Falei: "Vamos embora daqui." Estávamos tentando pensar em um lugar para ir e ligamos para todos os hotéis da cidade que conseguimos imaginar. Nenhum deles queria nos ceder um quarto, já que passava das 22 horas. Não estavam nem aí que tivéssemos dinheiro ou que eu fosse a Cher. Minha irmã e Pauli ficaram muito bravas, então arrumamos todas as nossas coisas sem saber para onde ir e saímos do hotel. Sugeri que fôssemos para o Playboy Club, mas, quando ligamos, eles também disseram que não tinham quarto disponível. Falei: "Aposto que se o Hugh Hefner ligasse vocês nos receberiam." O cara no telefone riu e respondeu: "Claro que sim." Então, liguei para Joe D, que por coincidência estava na casa de Hef. Ele nos disse: "Vão para o hotel. Hef já resolveu. Estão esperando vocês lá." Aliviadas e animadas, fomos para o Playboy Club, e lá fomos bem recebidas. Amontoamos todas as nossas malas na recepção, eles nos levaram para o elevador e até um quarto enorme, que disseram ser o melhor, mas, quando abrimos a porta, estava uma bagunça. Havia caixas velhas de comida espalhadas com restos de frango e pizza dormida por todo lado. Voltamos à recepção exaustas e decepcionadas. Eram quase três da manhã e não tínhamos onde dormir. Nós nos sentamos sobre a nossa montanha de malas e ligamos para Joe D, contando a ele que o quarto estava nojento e perguntando para onde poderíamos ir. Ele me garantiu que Hef tinha um amigo, Bernie Cornfeld, com uma casa enorme, e me deu o endereço. Então lá fomos nós de novo, com um táxi para nós e outro para as malas. Por algum motivo, fiquei confusa quanto ao endereço correto, e, quando saímos na frente do que parecia ser a casa certa, mandamos Paulette até a porta. Depois de ela tocar a campainha por cinco minutos, apareceu uma coitada com bobes nos cabelos, pantufas de coelho e um baby-doll. Ela claramente não era Bernie Cornfeld. Por fim, a casa do amigo do Hef era a vizinha, então tocamos a campainha e um homem baixinho abriu a porta, de pé na escuridão, usando apenas um roupão. Ele nos conduziu para dentro da casa e, à luz do corredor, percebemos que o roupão era tão curto que, quando ele andava, dava para ver seu bom e velho pênis. Enquanto nós o seguíamos, eu ficava tentando não olhar para aquilo. Ele me levou ao meu quarto e me deu duas toalhas de rosto. Estava me preparando para tomar um banho quando ele fez uma visita surpresa de volta. Eu estava segurando apenas uma das toalhas e não sabia o que cobrir, em cima ou embaixo — parecia um desenho animado. Sem saber o que fazer, pulei na cama. Bernie me seguiu, sentou-se na beira do colchão e começou a bater papo, como se tudo aquilo fosse normal. Tinha alocado minha irmã e Pauli no porão, que elas disseram que parecia um barco úmido e mofado. Não duraram lá embaixo e subiram para ficar comigo, encontrando Bernie ainda falando alegremente vestido em seu robe minúsculo. Enfim, ele saiu do quarto e nós três nos esprememos na minha cama de casal. Dormi com o pé de cada uma de um lado da minha cabeça. No dia seguinte, arrumamos nossas malas de novo e entramos em outro táxi (com mais um extra para as malas) para irmos para um hotel normal que nos deixou finalmente entrar, agora que era de dia e nosso pedido por um quarto parecia mais respeitável. Eu me lembro de tomar um banho e de ficarmos juntas na cama assistindo a um documentário. Estávamos muito felizes só por estarmos sozinhas.

David tinha sentido muita saudade minha enquanto viajávamos e, quase no mesmo instante em que cheguei, me disse que iríamos para Aspen encontrar Lou, Jack, Toots, Warren e alguns outros amigos. Era minha primeira viagem a Aspen, e fiquei animada. Tinha sentido muita saudade de David. Voamos até o Colorado em um jatinho particular com Anjelica, a atriz e modelo Britt Ekland, meu amigo Ara Gallant da *Vogue* e as modelos Apollonia van Ravenstein e Ingrid Boulting, que tinha se tornado garota-propaganda da Biba, minha loja favorita em Londres. Algumas pessoas ficaram hospedadas na casa de Art Garfunkel, mas David e eu fomos para o Caribou, um clube privado só para membros, aos pés da montanha Ajax, que era tão bacana que quis que David comprasse um dos lotes.

Aspen, nos anos 1970, era diferente do que é hoje — era uma cidade de verdade. Quem trabalhava lá tinha dinheiro para morar lá, e só havia lojas independentes, nada de cadeias grandes. David e eu passeávamos pela cidade só olhando as lojas. Havia um lugar ótimo chamado Poppycock's, que vendia crepes; um Tom's Market, cujo dono era realmente um homem chamado Tom; e uma loja que vendia os melhores chocolates quentes do mundo. Havia uma casa de ópera e um hotel antigo, uma loja de brinquedos e um restaurante que havia sido o Ute City Bank. Eu me apaixonei pela energia e pela vibe do local. Me diverti muito aprendendo a esquiar e passava a noite dançando. Eu amava poder andar sem rumo sem precisar me preocupar com a minha aparência, porque não fazia a menor diferença. Certa noite, David sugeriu mais uma vez que deveríamos nos casar quando meu divórcio estivesse finalizado, e não discordei.

Depois que voamos de volta a Los Angeles, David continuou falando sobre casamento, mas, quando eu o lembrei de que ele não tinha feito um pedido de verdade, ele o fez na biblioteca do casarão da Carolwood depois de um jogo de gamão. "Quer se casar comigo, meu bem?", perguntou, segurando minha mão. Eu sorri e respondi: "Sim, Dave." Empolgado para escolher uma data, ele sugeriu o verão seguinte, porque meu divórcio já estaria resolvido até lá, mas eu disse que queria esperar até o inverno, para que pudéssemos nos casar em Aspen. Era coisa demais para absorver de uma vez só. Eu nem estava divorciada ainda.

Em novembro de 1974, fui convidada para o Met Gala, em Nova York. Diana Vreeland tinha sido chamada para ser consultora especial do Costume Institute após sair da *Vogue* em 1971. Ela transformou o baile em uma festa exclusiva e foi quem lançou a ideia de acontecer no Metropolitan, algo genial da parte dela. Antes de Diana, o Met Gala era um jantar à meia-noite em locais como Waldorf Astoria, Central Park e Rainbow Room. Ela também teve a ideia de abraçar a cultura pop e incluir celebridades na lista de convidados, junto com as pessoas da alta sociedade e os políticos. Em 1999, Ana Wintour assumiu a função e trouxe seu poder pessoal e artístico, além dos recursos da *Vogue*, que eram tremendos. Com os esforços dessas duas mulheres, uma festa com jantar custando cinquenta dólares por pessoa transformou-se no fenômeno global que é hoje. Fazia muitos anos que Diana havia me dito que eu tinha uma cabeça pontuda e linda naquela festa para Jacqueline Kennedy. Foi a primeira pessoa que viu beleza em um tipo diferente de mulher e a tornou linda para os olhos dos seus leitores, e a primeira que achou que eu poderia estar nas páginas da *Vogue*. Eu era uma mulher de Hollywood, e ela me tornou uma mulher da moda. Era uma outra categoria de ser humano.

Foi ideia de Diana adotar um tema anual para o baile, e naquele ano era o "Design romântico e glamouroso de Hollywood". Não é de se surpreender que eu tenha arrasado, mas estar nua ajudou. Quando pedi a Bob Mackie para me levar, ele perguntou o que eu gostaria de usar. Eu já sabia. "O vestido suflê", respondi. Era uma roupa que ele havia feito para a minha sessão de fotos mais recente da *Vogue* chamada "Moda dos anos 1920 aos anos 1970". O vestido tinha penas brancas costuradas na bainha e era feito de um tecido "suflê", que Bob me contou que havia sido proibido nos Estados Unidos por ser inflamável. Marlene Dietrich o tinha trazido da França muito tempo antes para Bob fazer um vestido para ela. Se acender um fósforo ao lado dele, desaparece como um papel de mágico, portanto, é preciso ser extremamente cuidadoso perto de velas ou de qualquer fumante, algo que todos no Met Gala eram, é claro.

O vestido transformou-se em algo verdadeiramente fascinante quando Bob espirrou água e o grudou na minha pele, de modo que parecesse o meu corpo nu coberto com pedrarias e penas. Não percebi o quanto estava nua até um dos convidados vir me perguntar: "Como é estar nua aqui?"

Respondi que era ótimo. Até hoje, a mágica do vestido de Bob nunca foi copiada, apesar de basicamente todo mundo no universo já ter tentado.

O vestido de Bob foi o assunto da festa. A foto que Richard Avedon tirou de mim no que ficou conhecido como "o vestido nu" foi escolhida para a capa da *Time* de março de 1975. A revista esgotou em todos os lugares, mas foi proibida em alguns estados. Algumas pessoas do Sul ficaram tão ofendidas com a imagem controversa, que diziam extrapolar os limites da decência, que arrancaram a capa da revista. Depois disso, Bob e eu só nos referimos a ele como "o vestido".

O Met Gala foi um triunfo, e eu me diverti muito com Pauli, Bob e o companheiro dele, Ray Aghayan, que também era um estilista brilhante e foi indicado ao Oscar três vezes por seu figurino em *O ocaso de uma estrela*, *Funny Lady* e *Uma certa casa em Chicago*. Havia muitas pessoas espetaculares lá, como Liza Minnelli, Andy Warhol, Gloria Vanderbilt, Lauren Hutton, Twiggy, Jackie Kennedy e Peggy Rockefeller. Diana tinha exposto os figurinos de vários filmes. Alguns dos meus também foram incluídos na exposição, apesar de eu só ter aparecido na TV. As roupas desenhadas por Bob eram espetaculares nesse nível. Também estavam expostos alguns dos figurinos feitos por ele para Carol Burnett, mas os dela eram mais descontraídos, e os meus eram vestidos de festa, que se adequavam mais ao tema.

Enquanto estava em Nova York para o baile, concordei em dar minha primeira entrevista para Andy Warhol para a revista dele, *Interview*. Ara Gallant me vestiu de forma linda para a capa de dezembro, colocando luzinhas de Natal nos meus cabelos e fazendo tranças presas a um quadro atrás de mim. Era um look incrível. David foi comigo à entrevista no Pierre Hotel. As entrevistas de Andy Warhol não eram comuns. Ele não falava muito. Só ficava lá e deixava a pessoa falando enquanto gravava. Era mais como um "happening" (à moda antiga). Nessa entrevista, ele me perguntou sobre tudo o que tinha acontecido com Sonny e depois quis saber se eu fazia minhas próprias unhas. Ele era assim.

De volta a LA para o Natal, David decidiu dar a maior festa que Carolwood já tinha visto e convidou estrelas suficientes para iluminar a casa inteira. Antes da festa, ele pediu para Paulette sugerir algo que eu gostaria de ganhar de presente. Ela sabia melhor do que ninguém que eu não gostava de surpresas, então veio diretamente falar comigo. Eu sabia exatamente o que queria. A Van Cleef & Arpels estava com um anúncio de página inteira na *Vogue* de dezembro de um lindo colar de diamantes. Era comprido e descia até o meio dos seios da modelo. Eu amei aquela joia. "Ah, que fácil", disse Pauli, rasgando a página. Quando Pauli contou a ele, David encomendou o colar na loja. Ele me deu o presente antes, para que eu pudesse usá-lo na festa, e rasguei a embalagem com muito entusiasmo, levantei a tampa da caixa e encontrei um colar que era da metade do tamanho da propaganda. No fim, a foto na revista era de dois colares juntos, e não um só. Nunca vou perdoar essa propaganda enganosa, Van Cleef & Arpels! Foi a maior injustiça da história moderna. Mas é claro que amei o colar e também Dave, por ter sido tão gentil.

A festa em si foi perfeita. Foi a epítome do "evento do ano", e as pessoas falaram dela durante muito tempo. Paulette e Gee ficaram encarregadas da lista de convidados, o que significava que elas listaram todos os caras gatos de todas as bandas nas quais conseguiram pensar e enviaram convites para eles. Todos compareceram. Havia muita gente, e tanto a casa quanto a tenda do evento estavam lotadas. Ventava e fazia muito frio naquela noite, então tivemos que alugar aquecedores e precisamos de tantos que tivemos que encomendá-los de toda a Califórnia. Sonny e eu nunca tínhamos dado uma festa naquela casa (nem em casa nenhuma, na verdade), por isso, aquilo tudo era especialmente emocionante para mim. Paulette se esforçava ao máximo para dar atenção aos caras que ela e Gee tinham convidado, mas, toda vez que alguém chegava, as pessoas diziam algo como "Nossa, a casa é muito linda", e David respondia: "Pauli vai mostrar a casa para vocês!" e levava as pessoas até ela. Ela passou a noite toda mostrando nossa casa para todo mundo enquanto Gee conversava com os caras. Pauli passou o tempo todo revirando os olhos, como se tivesse 10 anos de idade. David não percebeu que estava arruinando a festa para ela. Ela e eu ainda rimos dessa história até hoje.

Junto com o novo ano, veio meu novo programa. Em 6 de janeiro, às 20h45, entrei no palco sozinha pela primeira vez. Apesar de estar rodeada de pessoas que amava, com Art Fisher dirigindo, Bob e Ret fazendo meu figurino, Renate fazendo meus cabelos, Hammer (George Schlatter) produzindo e Paulette, Gee e minha mãe nos bastidores para me dar apoio moral, eu estava petrificada. Se achava que tinha pânico de palco antes, nada se comparou ao terror que senti naquela noite. Sabia que daria tudo certo com as músicas e os esquetes com convidados, mas o monólogo de abertura me fez tremer no meu salto de 7,5 centímetros. Todo tipo de coisa passou pela minha cabeça naquele momento. Pensei em estar sozinha, em não ter Sonny para quem me virar e perguntar baixinho: "Estou indo bem, Son?" De pé no escuro, a música começou só no piano. Ao ouvir as primeiras notas de "Let Me Entertain You", fiquei tão nervosa que não sabia se minha voz ia sair. Então a faixa surgiu e, de repente, me senti bem, muito bem. Cantei sob um único holofote e, após uma deixa na música, tirei minha capa e revelei um vestido nude de tule todo de strass que estava tão deslumbrante e estonteante que era possível ouvir as pessoas ofegando de admiração. Fui caminhando pela passarela no meu salto alto conforme o palco se estendia cada vez mais para dentro da plateia. Não era uma coisa simples — a plataforma era estreita e se mexia muito rápido enquanto eu seguia caminhando sobre ela. Foi ao mesmo tempo apavorante e emocionante. Tínhamos que tentar criar algo que fosse tão emocionante quanto Sonny e eu aparecendo juntos. Depois que os aplausos cessaram, falei: "Será que dá para fazer um pouco mais de comoção com o vestido?", enquanto mexia o quadril. Virando e levantando os cabelos, falei: "Ótimo, vamos aplaudir agora as costas do vestido."

Minhas mãos suavam. Fiquei sob o holofote e comecei meu monólogo falando que as pessoas deviam ter percebido que eu tinha desaparecido por um tempo, mas que estava felicíssima por estar de volta. "Meu nome é Cher", acrescentei, olhando diretamente para a câmera. "Tenho 28 anos, 1,71 metro de altura, cabelos pretos e olhos castanhos, peso 47 quilos quando estou feliz e 49 quando estou um caco. Estou com 48 agora, e meu destino está nas mãos de vocês." Depois disso, soltaram a gravação.

Graças a Deus por David, pois meu primeiro convidado foi Elton John, e os outros foram Flip Wilson e Bette Midler. Era incrivelmente difícil conseguir músicos de tanto sucesso para serem convidados na TV, mas, como David era muito poderoso, parecia conseguir qualquer pessoa. Elton e eu cantamos juntos "Lucy in the Sky with Diamonds" em um cenário prateado repleto de estrelas, e depois minha velha amiga Laverne emergiu da lavanderia para fazer um esquete com Flip Wilson, que fez Geraldine, uma personagem popular que ele havia criado para o *Flip Wilson Show*. As duas se divertiram muito recriando um encontro de ensino médio entre rivais.

Bette Midler juntou-se a mim para um esquete de "mulheres vulgares" que se passava em um bordel. Usávamos suspensórios, meia arrastão e corpetes de renda enquanto cantávamos sobre algumas damas audaciosas da história, de Mame a Sweet Georgia Brown. E então voltamos, Elton John e eu, dessa vez nos divertindo cantando "Benny and the Jets" antes do que foi um dos esquetes mais engraçados em que já estive presente. Chamado "A cortina final", éramos eu, Elton, Bette e Flip como aposentados decrépitos vivendo em uma casa de idosos no ano de 2025, refletindo sobre nossa antiga vida na música. Bob Mackie não poupou recursos nos nossos figurinos. Enquanto Elton vagava em uma cadeira de rodas brilhante decorada no estilo Harley-Davidson, eu usei os seios caídos que Bob havia feito com perfeição para Carol Burnett, e Bette exibiu seios do tamanho de bolas de futebol e uma bunda de mamute.

Para o grand finale do programa, Bette, Elton e eu fizemos um medley das nossas canções, incluindo "Mockingbird", "Proud Mary" e "Ain't No Mountain High Enough". Bob se superou com nossos figurinos, todos vestimos prata e branco, cantando em um set etéreo com balões por todo canto, como se fossem bolhas enormes. Eu sabia que a estreia seria um sucesso e não teria feito nada daquilo sem meus convidados, David, Bob e todos da equipe. A questão era: vou conseguir me manter à altura? A resposta acabou sendo um belo "sim". Meu programa teve estimados 21 milhões de espectadores na estreia e foi um hit maior do que o *Sonny & Cher Comedy Hour*. Bateu a audiência de *The Wonderful World of Disney* para espectadores do domingo às 20 horas, o que era insano. Nenhum estúdio jamais conseguira esse feito, e a CBS tentava superar a Disney havia décadas. Eu me lembro de ter dez anos quando a Disneylândia estava sendo construída e mal podia esperar para assistir àquele programa toda semana. Fiquei chocada e maravilhada com os números. Todo mundo me parabenizou e me senti muito grata. Tenho que dar crédito a David por tudo: por me tirar daquele contrato, por ser um namorado tão carinhoso e por organizar minha vida, que estava um caos sem fim. Eu teria saído correndo no meio da noite, aos berros, se fosse ele.

Eu não estava totalmente preparada para a diferença entre me apresentar como uma mulher solteira e como uma mulher casada. Embora meus novos vestidos não fossem mais reveladores do que os do *Sonny & Cher*

Show e o diálogo não tivesse nada de mais provocativo, eu agora tinha dois profissionais da censura no set, monitorando tudo o que eu usava e fazia. Todas as coisas das quais me safava quando estava com Sonny não rolavam mais agora que eu era uma mulher solteira. Por algum motivo, tudo o que eu vestia era considerado curto ou revelador demais. Será que estavam vivendo em uma caverna o tempo todo em que o *Sonny & Cher Show* esteve no ar? Às vezes chegava a ser ridículo. Certa noite, eu estava gravando um solo em um set criado para ser o cenário do apartamento de um artista. Bobby Kelly era um gênio e o fez com janelas enormes com água escorrendo de cima, como se fosse chuva. Eu estava com um vestido de festa longo, que tinha tudo a ver com o clima, e cantando quando um dos censores se aproximou e disse que eu parecia uma prostituta francesa. Falei: "Você está de brincadeira? Isso está lindo." Eles interpretavam tudo de um jeito sexual. Bob começou a argumentar com os dois, e fui para o corredor me acalmar, pois estava muito chateada. Foi quando avistei Norman Lear e o segurei. Disse: "Norman, você precisa entrar lá e me ajudar. Eles estão me dizendo que não posso cantar essa música porque pareço uma prostituta." Ele entrou e esculachou os dois caras, dizendo para pararem de ter a mente suja.

Quando Raquel Welch foi ao programa, contei como estava difícil a situação com os censores, mas acho que ela não acreditou muito em mim. Bob fez vestidos com recortes parecidos para nós duas, para um dueto de "I'm a Woman" que correu bem, mas, na hora do solo dela, ela usou um vestido de cetim estilo camisola para cantar "Feel Like Makin' Love". O vestido era sensacional, ela parecia uma diva. Quando começou a cantar, passou as mãos pelo corpo, e acho que eles pensaram que ela estava sexy demais, pois cortaram a música dela, que nunca foi ao ar. Os censores eram ruins desse jeito.

Em meados de janeiro, relutante, decidi que não podia me casar com David, no fim das contas. Não importava o quanto eu o amasse, eu não sabia se estava pronta, e tudo estava muito próximo ao divórcio de Sonny. David se mudou para o hotel Beverly Hills por um tempo, mas ainda continuávamos nos vendo constantemente, e ele disse aos produtores que seguiria me ajudando na primeira temporada. David sempre cuidava de mim. Acho que ele pensou que eu fosse mudar de ideia, e talvez mudasse mesmo.

Não estava certa da minha decisão. Não tinha certeza de muitas das decisões que estava tomando, pois ainda não tinha a prática de tomá-las.

Precisando de mais companhia feminina, chamei Paulette para morar comigo e com Chas. Ela topou na hora. Sem maridos ou namorados, ela e eu passeávamos nos fins de semana fazendo compras e saindo para dançar tanto quanto queríamos. Parecíamos duas adolescentes. Um dia, minha Ferrari estava com pouca gasolina e Pauli disse que ia no posto. Mas, quando estávamos saindo do estúdio mais tarde, o carro parou no meio da pista da Santa Monica Boulevard. "Como você se esqueceu de colocar gasolina no carro, Paul?", perguntei, frustrada, enquanto as pessoas buzinavam atrás de nós como doidas. "Ops!", respondeu ela. Fiquei irritada, mas a perdoei — até que, juro por tudo, a mesma coisa aconteceu na semana seguinte! Aí a bronca já foi mais tipo: *Qual é o seu problema, Paul?*

Outra vez, Paulette achou que seria divertido fumar maconha antes de irmos resolver tarefas na rua, então parou no acostamento do Sunset e acendeu um baseado. Apesar de detestar maconha na época que estava com Bill, eu me sentia uma pessoa diferente agora. Só tinha fumado três vezes, além daquela em que eu não sabia o quanto seria demais. Dei uns tragos com Paulette e me senti bem. Fomos para a North Beach Leather para consertar minhas roupas, mas, quando cheguei ao vendedor, comecei a sentir o efeito e simplesmente entreguei as roupas a ele e fui embora. Alguns minutos depois, Pauli viu uma viatura e foi dominada pela paranoia. Ela me fez engolir a metade do saquinho de maconha e fiquei passando mal por horas. Essa, meus amigos, foi a última vez que usei drogas (bem, com exceção de talvez uma ocasião em Aspen).

Paulette adorava ir a shows, mas eu nunca tinha ido a muitos, porque primeiro estava com Sonny e depois trabalhava demais. Ela tinha assistido aos Allman Brothers no Forum em novembro e não parava de falar deles. Então, um dia, quando eu estava dirigindo para casa e vi o nome de Gregg Allman no cartaz do Troubadour como show de abertura de Etta James, fui para casa e contei para ela, que falou: "Cher, deixa de ser ridícula. Por que Gregg Allman iria tocar em um local pequeno como o Troubadour? Ninguém vai do Forum para o Troubadour. E abrindo o show da Etta James?"

"Pauli, eu sei ler um cartaz. Inglês é minha língua materna." Não conhecia nada dos Allman Brothers, mas Pauli me contou. Da Flórida à Geórgia, eles eram considerados os pioneiros do *southern rock*. Gregory LeNoir Allman era o irmão mais novo de Duane Allman, o líder da banda, que havia morrido em um acidente de moto três anos antes, aos 24. O baixista morreu em um acidente similar um ano depois, então a banda se recompôs e lançou dois álbuns de sucesso com canções icônicas como "Jessica" e "Ramblin' Man". Gregory e o guitarrista, Dickey Betts, eram os mais populares do grupo, e as pessoas sempre iam aos shows para vê-los.

Quando, no fim das contas, eu estava certa sobre o show, Paulette ficou muito animada e disse que tínhamos que ir. Fomos eu, David, Gee, Paulette e Tatum O'Neal, a adolescente de 12 anos que estava hospedada na nossa casa. O Troubadour era um local intimista e já estava lotado quando chegamos. Etta James tinha uma história incrível, ficou famosa pela primeira vez enquanto fazia uma turnê com Little Richard. Foi namorada de B.B. King, cantou duetos com Elvis Presley e era amiga de Jackie Wilson. Ver dois grandes artistas se apresentarem no mesmo show não acontece com muita frequência, mas, quando acontece, é maravilhoso.

Antes de Gregg Allman começar a tocar naquela noite, a multidão estava histérica, com gente gritando sem parar. E aí as luzes se apagaram e todo mundo continuou conversando, mas dava para ver uma silhueta entrando no palco. Ele se sentou ao piano e começou a tocar. Em alguns segundos, era tanto silêncio que dava para ouvir até um alfinete caindo no chão. Então, as luzes se acenderam sobre ele. Era tão bonito, com cabelos louros compridos até os ombros e enormes olhos azuis. Tinha uma personalidade calma, mas seu rosto dizia tudo. Era completamente hipnotizante.

Gregory terminou seu set e ficou tudo escuro de novo, até que a equipe começou a desmontar o equipamento dele e a montar o do show de Etta. Gee e eu estávamos conversando durante o intervalo quando a pessoa que eu viria a conhecer como o braço direito de Gregory, Chank, se aproximou e me entregou um bilhete, que guardei no bolso. Gee me perguntou o que estava escrito, mas respondi casualmente: "Não sei, Gee. Não li." Ignorando minha falta de interesse, ela sugeriu que fôssemos comprar um cigarro, onde haveria mais luz para podermos ler, e assim fizemos. Quando desdobrei o pedaço de papel e li o que estava escrito, não consegui conter um sorriso. Era todo floreado. Começava com *Cara senhorita encantadora*... Ele dizia que era sua última noite, mas que, se eu retornasse na noite seguinte, ele "teria a honra" de tocar para mim. E então escreveu seu número de telefone e assinou "Gregg Allman". Intrigada, pensei: *Ah, que gentil*, e coloquei o bilhete de volta no bolso. Alguns dias depois, liguei para Gregory e disse que ele poderia me levar para jantar, em vez de tocar para mim.

Naquela noite, eu não fazia a menor ideia do que vestir. "O que acha que Gregory vai usar?", perguntei para Pauli, olhando para a pilha de roupas que eu tinha espalhado pela cama.

"Uma jaqueta de couro feita à mão da North Beach com uma calça combinando", respondeu ela, confiante. A North Beach era a marca mais descolada de LA e São Francisco naquela época. "Põe uma calça jeans, um salto, uma blusinha sexy e uma jaqueta, e você vai estar ótima."

E, de fato, quando Gregory chegou, estava usando exatamente o que Pauli tinha sugerido. Eu ainda estava me arrumando, então Pauli ofereceu a ele uma bebida enquanto esperava. Ele estava tão nervoso que pediu uma Coca-Cola antes de mudar de ideia duas vezes e acabar optando pela Coca no final. Quando desci as escadas, eu o vi se olhando no espelho. "Você está ótimo", falei, rindo. Ele sorriu e me entregou um presente: uma caixinha de madeira octogonal decorada com uma lua e estrelas esmaltadas (muito anos 1970). Deslizei a tampa e encontrei um tufo de algodão. Vendo somente um conteúdo branco em um recipiente pequeno, Pauli exclamou: "Ela não usa cocaína!"

"Relaxa, Paul", falei, levantando o algodão para que ela visse. Estava protegendo o menor elefante do mundo, esculpido em pedra rosa. Ainda o tenho até hoje.

Então Gregory e eu fomos para o que acabou se tornando uma das piores noites da minha vida. Eu já tive encontros terríveis, mas aquele foi o pior de todos. Primeiro, ele me levou ao restaurante Dino's, no Sunset, cujo nome era em homenagem a Dean Martin, com um revestimento de madeira escura nas paredes e cabines de couro. Nós nos sentamos em uma delas, com luz baixa, e ficamos olhando um para o outro, mas nenhum de nós conseguia pensar no que dizer. Tentando uma cantada, ele disse que me levaria de avião para o Havaí no fim de semana. "Isso funciona com outras mulheres?", perguntei, sabendo que a resposta seria *Sim*.

De lá, fomos para uma festa em uma suíte no hotel Continental Hyatt, também no Sunset. Dei oi para Judy Carne, a atriz de comédia de *Rowan & Martin's Laugh-In*, e Gregory me apresentou a Edgar Winter, outro músico louro de cabelos compridos que eu não conhecia. Na festa tinha muita gente chapada e, como eu era a única pessoa sóbria, me senti uma alienígena. Quando Gregory tentou me beijar, falei para ele parar. "Opa, cara. Quer saber, por que você não me leva para casa?" Quando saí do carro, ele se inclinou para a frente e disse: "Manda um beijo para a sua secretária", referindo-se a Paulette. *Imbecil.* A noite inteira foi uma grande decepção.

No dia seguinte, eu estava na CBS fazendo prova dos meus figurinos quando desabei em lágrimas pensando no quanto a noite anterior havia sido terrível. Nunca precisei ir a um encontro com Sonny, só me mudei para a casa dele, e minha relação com David começou com um jantar na casa dele, e esse era o resumo das minhas experiências com encontros nos doze anos anteriores. Aos prantos, falei para Paulette: "Ontem à noite foi terrível. Nunca vou ser boa nesse negócio de encontros."

Quando Gregory ligou no dia seguinte, falei: "Foi o pior encontro que já tive na vida."

"Eu sei. Para mim também. Podemos tentar de novo?"

Só consegui rir. "Por que eu faria isso?", perguntei, mas acabei concordando. Dessa vez, ele me levou à boate Candy Store, em Beverly Hills, onde dançamos até nossos cabelos ficarem molhados. Depois nos sentamos e conversamos, e Gregory estava completamente diferente. Não tentava mais me impressionar, sendo só ele mesmo. Nos dias seguintes, ficamos inseparáveis, apesar de ele logo ter voltado para casa, em Macon, uma cidade do interior da Geórgia. Depois começou uma turnê com a banda e só conseguíamos nos ver nos intervalos das nossas agendas lotadas. Era difícil não podermos ficar juntos, mas falávamos muito ao telefone e nos apaixonamos muito rápido um pelo outro. Eu nunca tinha namorado um *bad boy*, e ele tinha fama de ser um *bad boy* de marca maior.

Inevitavelmente, a fofoca de que estávamos namorando se espalhou, e a revista *Esquire* publicou uma reportagem de capa que fazia a seguinte pergunta: "Quem é homem suficiente para esta mulher?", enquanto as notícias de "Cher está apaixonada" se espalhavam por todos os jornais. Alguns desses veículos eram os mesmos que tinham dito que eu estava namorando

Elvis e Robert Redford, dois homens que nunca nem conheci, embora fosse adorar ficar no meio dos dois (brincadeirinha!).

David não conseguia acreditar que eu tinha ido dele para um irmão Allman. Ele me ligou e disse: "Se me vir na rua e eu estiver na mesma calçada que você, atravesse." Foi muito difícil de ouvir, porque eu ainda o amava.

Gregory e eu começamos a nos apaixonar quando ele veio me visitar durante um intervalo da sua turnê e pudemos ficar juntos de novo. Ficamos loucamente apaixonados e bastante atraídos um pelo outro. Apesar da fama de *bad boy*, ele era doce, gentil e muito sulista, do mesmo jeito que a Vovó e o Vô eram. As pessoas do Sul têm um jeitinho especial. Eu o chamava de "Gui Gui" e ele me chamava de "Chooch", que ele dizia que era significava "eloquentemente maluquinha". Eu o achava muito bonito. Tinha cabelos louros compridos e grossos, pele clara e bochechas rosadas. Às vezes, olhava para ele e seu rosto quase brilhava. Seu momento mais fofo era quando se recostava na cama com seu violão no meio da noite e tocava e cantava para mim. A voz dele era tão linda.

Todo tempo que eu não estava trabalhando, passava com Gregory. Nós saíamos para jantar ou escutávamos música e ficávamos juntos em casa. Certa noite, ele e eu chegamos de uma festa e acendemos uma vela enquanto estávamos nos arrumando para dormir. Dormimos com a vela acesa, e acordei com um som alto de estalo. Abri os olhos e vi que o abajur de macramê da minha mesa de cabeceira estava pegando fogo. Pior, o tecido debaixo do abajur estava pegando fogo e, pior ainda, a parede ao lado da minha cama, que era coberta de tecido, também estava em chamas. Meus cabelos pareciam ser o próximo da fila: estavam cacheados para a festa e tinham se esparramado enquanto eu dormia, então estava a centímetros do fogo. Gregory se levantou e correu para o banheiro em um segundo, pegou toalhas, molhou-as na banheira e as trouxe de volta. No dia seguinte, fui fazer compras com Ronnie Wilson e refiz todo o nosso quarto em uma tarde. Redecoramos em um estilo moderno de Bali, ficou esplêndido. O restante da casa era todo decorado com antiguidades, e eu queria algo novo, então o incêndio foi um mal que veio para o bem.

As pessoas logo me alertaram que Gregory estava se drogando, mas eu não quis ouvir. Ele não bebia muito e era muito agradável de se conviver. Acho que estavam tentando ajudar, mas eu não queria ser avisada. Não me importava com o que as pessoas pensavam. Percebi que ele estava usando blusas de manga comprida o tempo todo, até para dormir, mas me disse que era porque suava muito, e eu acreditei. Achei que talvez ele estivesse usando algo, mas não suspeitei da extensão do problema. Em certo momento, alguém me falou: "Se você está injetando heroína, não está fazendo sexo." Pensei: *Então definitivamente ele não está usando heroína!*

Em um dos meus fins de semana de folga, Gregory me mandou uma passagem para eu ir para a casa dele em Macon. Ele me buscou no aeroporto, e, quando chegamos na casa dele, havia duas mulheres fazendo churrasco no jardim. Dava para ver a floresta ao redor de toda a propriedade. As mulheres, Inez Hill e Louise Hudson, eram muito gentis, e a comida estava incrível. Elas tinham um restaurante famoso na cidade chamado H&H Soul Food. O melhor amigo de Gregory estava lá também — Hewell Middleton, "Chank", o rapaz negro magrinho que me entregara o bilhete no Troubadour. Acho que ele passava mais tempo na casa de Gregory do que na própria casa. Todo mundo amava Chank, inclusive eu, principalmente quando se referia a mim como "sra. Allman" (o que ele fez até o dia de sua morte). Chank estava sempre de bom humor — ele simplesmente era assim — e era como um irmão mais velho postiço de Gregory.

Também conheci o restante da banda nessa visita, mas não gostei de todos como gostei de Chank. Conforme fui conhecendo-os, tive a impressão de alguns tinham inveja de Gregory e diminuíam sua confiança frequentemente, até eu o lembrar que ele era o único Allman na banda. O único que foi simpático comigo foi o cantor, compositor e guitarrista Dickey Betts, um dos membros fundadores e o cara que escreveu "Jessica" e "Ramblin' Man". Dickey me recebeu na "família" e me contou do apoio da banda ao governador democrata, Jimmy Carter, um agricultor de amendoim que havia crescido em uma cidade não muito longe de Macon e que compartilhava dos mesmos valores em direitos civis. Eles haviam arrecadado o dinheiro que tinha iniciado a campanha. Ele era um servidor público de verdade, o oposto extremo de alguns políticos que venderiam a alma para manter seus empregos. Era uma tentativa ousada chegar ao Salão Oval, já que os Estados Unidos não elegiam um presidente do Sul Profundo desde antes da Guerra Civil, mas a banda o admirava, e ele havia se tornado um amigo.

Gregory esperou algumas visitas antes que eu conhecesse sua mãe, Alice, que todos chamavam de "Mama A". Ela tinha tido uma vida dura. Quando fui à sua casa, ela trouxe um caderno de recortes e me mostrou fotos e reportagens de jornal de quando sua família toda estava junta e feliz. Não tinha durado muito. Seu marido, Willis, havia sido assassinado na Virgínia aos 31 anos, quando Gregory tinha apenas 2 anos, e seu irmão, Duane, 3. Tenente do exército, Willis foi baleado por um andarilho que ele e um colega pararam para ajudar. O homem roubou cinco dólares deles e mandou que se deitassem com o rosto virado para o chão. Enquanto seu amigo fugia, Willis tentou pegar o cano da arma, mas foi morto na luta. Mama A nunca se recuperou do choque e, quando perdeu seu menino mais velho duas décadas depois, começou a beber. Quem poderia culpá-la? O caderno de fotos e reportagens acabava com a morte de Duane. Confusa, perguntei: "Mas, Mama A, o caderno termina em 1971. E os anos depois disso?" Ela respondeu: "Eu não tinha motivos para continuar fazendo um caderno depois que Duane morreu." Não acho que ela tenha dito isso por maldade. Acho que foi pega de surpresa e simplesmente respondeu a verdade. Nem deve ter percebido que Gregory estava na sala e conseguia ouvi-la. Vi em seus olhos que aquilo o magoou.

Gregory adorava andar comigo em seu Corvette pelas ruas da sua cidade adotada. Ele teve uma vida tão difícil, perdeu o pai em um crime absurdo e depois o irmão que, como ele contou, sempre o protegeu. Foi Duane quem convenceu Gregory a entrar para a banda, Allman Brothers. Gregory tinha sido aceito em uma faculdade de odontologia, queria ser cirurgião-dentista, mas seu irmão ligou e disse: "Venha para casa." Ele escolheu a música por causa de Duane. Um pai postiço e o melhor irmão mais velho que alguém poderia querer, Duane era a fortaleza de Gregory até morrer três meses após a ascensão meteórica da banda. Como Gregory disse, Duane tinha duas velocidades na moto — 160 quilômetros por hora e parada. Quando um caminhão surgiu na sua frente, ele não teve a menor chance.

Quanto mais Gregory se abria comigo, mais eu o amava. Tínhamos uma conexão de alma muito mais profunda do que qualquer outra que eu já tinha sentido, talvez porque ele também precisasse de ajuda. Também era um grande artista, e eu nunca tinha estado com ninguém como ele antes. Nossa conexão única era difícil de entender, e os fãs detestavam que um roqueiro raiz como ele namorasse alguém tão comercial e popular como eu. Na minha última noite com ele em Macon, eu estava quase dormindo quando Gregory me acordou às seis da manhã, me envolveu em seus braços e confessou: "Sou viciado em heroína, Chooch." Eu não sabia o que fazer com aquela informação. O que sabia era que confessar para mim era um progresso e eu tinha esperança de que significasse que ele estava pronto para receber ajuda. Ele me disse que queria ficar limpo, e eu não soube como responder. Liguei para a minha mãe, que tinha se casado com meu pai, Johnnie, que se viciara em heroína. Depois de me ouvir, ela perguntou: "Você o ama?"

"Sim, amo", respondi, chorando.

"Então, traga-o para casa."

20

all in love is fair

Paulette e eu decidimos que lidaríamos, nós duas, com Gregory e sua abstinência. Eu estava gravando o *Flip Wilson Show*, então Pauli precisava ficar com ele durante o dia e eu, à noite. Assim, eu não dormia um segundo. Após uma semana ou dez dias, deu certo.

A decisão de ficar ao lado de Gregory, sem importar o quanto seria difícil nem o quanto prejudicaria a minha reputação não foi fácil. A reação foi pior do que eu esperava. Alguns veículos já haviam questionado se eu era usuária de drogas após a festa de Ken Moss, e esses rumores ganharam credibilidade uma vez que eu estava com um astro do rock. Muitos amigos me perguntaram por que eu tinha ficado com Gregory depois que descobri sobre o vício dele, mas achei que conseguiria deixá-lo sóbrio.

Sempre que ele estava em um período sem drogas, era um ser humano gentil e doce. Ia aos meus ensaios e era adorável com Chas, que gostou dele logo de cara. O que Gregory não esperava era a maré de exposição que vinha com estarmos juntos. A maior parte da cobertura midiática era negativa, e eu queria muito que os Estados Unidos o conhecessem de verdade, não apenas o que achavam que ele era. Quando contei a George Schlatter que queria Gregory no meu programa como convidado, vi que ele não ficou feliz. Ninguém ficou. Gregory não era o tipo de pessoa que alguém queria ver em um programa familiar no horário nobre, principalmente quando a nação estava decidindo se me odiava ou não e milhões de fãs ainda esperavam que eu voltasse com Sonny. Apesar de achar que Gregg Allman era um dos maiores cantores do país, eu sabia, lá no fundo, que ele não se encaixava no meu programa. Mas insisti. Era importante para mim que Gregg fosse incluído naquela parte da minha vida e, depois de muita discussão, a CBS concordou. Eu estava totalmente equivocada. Não foi bom para nenhum de nós dois. Os fãs dele detestaram, assim como os meus. Todo mundo saiu perdendo.

Eu ia ver Gregory tocar sempre que podia e ficava chocada com o quanto algumas fãs eram abusadas e insistentes, mesmo quando eu estava bem ao lado dele. Podia estar de pé com Gregory na coxia e, mesmo assim, surgiria uma menina para beijá-lo e entregar o seu número de telefone. Ele dizia: "Estou conversando com a minha esposa!", mas elas agiam como se eu não estivesse ali. (Nós ainda não éramos casados, mas ele dizia isso para que elas soubessem que precisavam me respeitar.) Eu tinha vontade gritar: "Eu sou a Cher, porra!"

Em março, nós dois fomos convidados para uma festa de Paul McCartney e Wings para o lançamento do seu novo álbum, *Venus and Mars*, no navio de cruzeiro *Queen Mary*, atracado em Long Beach. Gregory apareceu só para o evento, e fomos com Gee e Paulette, que levou Mark Hudson, com quem estava saindo, e seu irmão Brett Hudson; os irmãos tinham feito um programa de verão muito engraçado no *Sonny & Cher Comedy Hour*. Somos amigos até hoje.

Em meio aos duzentos e tantos convidados que embarcaram com os cadetes navais estavam George Harrison, David Cassidy, Marvin Gaye e a banda The Faces, além de amigos como Bob e Sara Dylan, Joni Mitchell, Carole King e, claro, meu velho conhecido Tony Curtis. Na semana anterior à festa, os Jackson 5 tinham sido os convidados do meu programa, transformando-se em Jackson 6 ao insistirem que eu aprendesse seus passos de dança e me apresentasse com eles. Michael também estava na festa, então ele e eu passamos um tempo dançando juntos na pista. Naturalmente tímido, aquele garoto doce que estivera no *Comedy Hour* comigo e com Sonny tinha crescido rápido demais. Foi uma noite memorável.

A única festa que curti mais naquele ano foi a do meu aniversário de 29 anos, que Joe D fez para mim em sua boate PIPS, no Robertson Boulevard, inaugurada com apoio financeiro de Hef e Stan Herman. O lugar logo se tornou um ponto de encontro de celebridades. Todo mundo, de Mick Jagger a Lucille Ball, ia lá jantar e depois jogar gamão ou dançar. Pauli me ajudou a organizar a festa e tem até hoje a lista original de convidados, que incluíam Joni, Tatum, os Hudson Brothers, Carole King e muitos outros nomes. Paulette estava namorando Ryan O'Neal naquela época, e convidei Sonny, que chegou com uma nova namorada. Eu mudaria de nome se isso não tivesse acontecido. Percebemos que Paulette, Gee e a babá de Chas, Linda, eram as únicas mulheres do nosso círculo com quem Sonny não tinha transado. (Pauli, na verdade, ficou um pouco ofendida por ter sido a única assistente com quem ele nunca dormiu — "O que tem de errado comigo?", brincou ela.)

Meu divórcio com Sonny foi finalizado na sexta-feira, dia 27 de junho de 1975, e havia demorado tanto tempo e sido tão complicado que fiquei aliviada quando terminou. Eu tinha minha própria vida, e nossa relação era amigável.

Eu não sabia se a relação com Gregory iria durar. Estava vivendo um dia de cada vez. Mas então descobri que estava grávida, e decidimos nos casar. Tudo foi organizado em poucos dias. Contei a Paulette e Gee quando as duas estavam se bronzeando na piscina, dizendo: "Meninas, vistam-se. Gregory e eu vamos nos casar." As duas deram um pulo e me olharam como se eu tivesse entrado em um universo paralelo, mas falei: "Vamos, vamos lá resolver isso." Joe D arrumou um avião particular Learjet do Hotel e Cassino Harrah's para nos levar a Las Vegas.

Vesti o conjuntinho azul-claro com borda de renda branca que havia usado quando apresentei Gregory no meu programa. Sem fazer maquiagem ou arrumar os cabelos, peguei um chapéu de sol com abas grandes, entrei no carro com Gregory e as meninas e dirigimos até o aeroporto de Burbank. Seja lá o que achassem, nenhuma delas disse uma palavra.

Simplesmente segui em frente, um pé atrás do outro. O futuro nunca está escrito em pedra. Fiz o que achei certo. Estava pensando que, independentemente de qualquer coisa, se ia ter um bebê, queria estar casada. Joe nos esperava em Vegas e nos levou direto ao Caesars Palace, onde ele e Mickey espertamente espalharam rumores de que Frank Sinatra ia se casar com sua namorada Barbara Marx naquele dia, mas em um local diferente, para que a imprensa estivesse ocupada demais indo atrás dessa história e não nos notasse. No quarto de Mickey, o juiz de comarca James Brennan nos esperava para oficializar a união, e um buquê de flores brancas me aguardava, eu, a noiva em conflito que poderia ter desistido a qualquer instante, apesar de ter sido a pessoa que inventou aquilo. Eu estava sorrindo e tentando ficar feliz, mas no fundo pensava: *Cher, qual é o seu plano?* Com Gee e Pauli de madrinhas e Joe de padrinho, a cerimônia acabou em minutos. Posamos para uma foto e voltamos direto para casa. Eu não era mais Cher Bono, e sim Cher Allman, a terceira esposa de Gregory.

O dia do nosso casamento não teve nada de romântico. Não haveria lua de mel.

Gregory tinha que voltar para trabalhar, e eu precisava voltar para a CBS para começar os ensaios da segunda temporada.

Essa separação nos deixou tristes.

Na manhã seguinte, acordei e Gregory havia ido embora. Não tive energia para lutar por ele. Acho que era recíproco. Não tinha certeza nem de se via um futuro com ele àquela altura. Era deprimente. Entrei em seu banheiro e percebi que ele havia esquecido seu nécessaire. Não sei por quê, mas abri a bolsinha e encontrei lá dentro um saquinho plástico cheio de um pó branco. Acho que, quando algo assim acontece, testa a força da relação, e a nossa não era forte. Em geral, eu tinha a força para ajudá-lo, e ele, a disposição para me deixar tentar, mas, dessa vez, nenhum de nós tinha nada.

Não tive tempo de pensar naquilo. Ainda precisava me preocupar com a gravidez. Marquei uma consulta com meu médico para fazer um checkup. Ele cuidava de mim desde que nos mudamos para St. Cloud. Desde então, havia me ajudado com dois abortos espontâneos e feito o parto de Chas, então me conhecia muito bem e nos tornáramos amigos. Enquanto me examinava, ele descobriu que eu tinha alguns cistos no ovário e disse: "Posso resolver isso." Eu o conhecia havia tanto tempo que sabia que, se fossem perigosos, ele teria dito: "Você tem cistos. É necessário retirá-los." Eu entendia muito bem o que ele queria dizer quando ofereceu como uma opção. Pensei em como fiquei de cama na gravidez de Chas e em como não pude andar de carro por quatro meses, exceto para ir às consultas. Eu precisava estar no trabalho na segunda-feira. Precisava cantar e dançar. Tinha uma filha, uma mãe e uma irmã que dependiam de mim. Tinha que fazer uma escolha e sabia qual era. Foi mais difícil por não poder conversar com Gregory, mas tomei minha decisão e fiquei grata à compaixão do meu médico por me proporcionar essa possibilidade.

Um ou dois dias depois, estava sentada no estúdio por volta das seis da manhã, fazendo minha maquiagem, quando o assessor de imprensa Richard Grant, que era meu amigo, me ligou. Ele disse: "Cher, você sabia que Gregory está se divorciando de você?"

"Não. Me dá mais uma dica." O humor, às vezes, é minha maneira de lidar com a tristeza extrema. Inclusive, eu estava hilariante no set naquele dia — era como transformar a dor em ouro.

Na realidade, eu já tinha ouvido essa notícia alguns dias antes de Dickey, que tinha visto Gregory preenchendo os papéis do divórcio no escritório de advocacia dele, mas, quando perguntei a Gregory sobre isso, ele mentiu e negou. Obviamente era verdade, pois agora estava acontecendo. Na manhã seguinte, nove dias após nosso casamento, eu mesma entrei com o pedido de divórcio, citando "diferenças irreconciliáveis".

A cobertura da imprensa sobre nós foi mais brutal do que nunca, depois de os dois terem entrado com pedidos de divórcio, e não houve como escapar dos repórteres. Quando abordada por um deles, falei que, após anos de Sonny tomando conta de mim, eu estava fazendo aquilo sozinha, e ia acabar errando algumas vezes. Estava cometendo equívocos que são esperados de uma pessoa de 18 anos e tendo que fazer isso como uma das mulheres mais famosas dos Estados Unidos. Em Macon, Gregory falou aos repórteres que fora tudo um mal-entendido e que nosso divórcio não iria adiante, mas eu não fazia a menor ideia de por que ele achava isso. O que ouvi em seguida foi que ele estava em Buffalo, Nova York, buscando ajuda de dois psiquiatras especializados em dependência de drogas, mas para mim já era tarde demais.

Liguei para Sonny e perguntei se ele poderia ir à minha casa para conversarmos. Apesar de tudo pelo que tínhamos passado, ele ainda era uma pessoa para quem eu podia ligar no meio de uma crise. Ele veio na mesma hora e fez o de sempre: disse o que achava que eu deveria fazer e como deveria lidar com a imprensa. Mais tarde, naquele mês de julho, ele apareceria no *Tonight Show*, apresentado naquela semana pelo ator George Segal.

"Ei, por que você não aparece como convidada surpresa quando eu terminar minha entrevista? Isso pode colocar um fim nesse frenesi." Não fiquei muito confiante no início, mas ele me convenceu, então, entrei no set naquela noite, como Sonny sugeriu. Era a primeira vez que Sonny e eu éramos vistos juntos em público desde o meu casamento com Gregory, mas voltamos à nossa provocação de sempre. George Segal me perguntou o que estava rolando, e eu respondi: "Ah, não tem nenhuma novidade na minha vida." A plateia deu uma gargalhada. Depois, acrescentei: "A parte triste é que não preciso fazer nada para que as pessoas pensem que estou fazendo coisa demais."

"Bem, gostaria de lhe fazer algumas perguntas", disse George.

Olhando para ele com a minha melhor expressão séria, perguntei: "Mas elas são da sua conta?" E assim seguimos. Depois, também apareci com Elton John e Diana Ross grávida no Rock Music Awards, sendo carregada dentro de um esquife por homens seminus (mais uma noite comum de sexta-feira), e o interesse midiático pela minha vida pessoal diminuiu um pouco.

Então, certo dia, recebi uma ligação do médico de Gregory em Buffalo dizendo que eles nunca tinham visto ninguém com tanta determinação para se livrar de um vício. Além disso, era importante para a recuperação dele que eu fosse vê-lo. Sonny concordou que eu deveria ir e disse que ficaria com Chas enquanto eu estivesse fora, portanto, fui encontrar Gregory na reabilitação. Quando conheci as pessoas responsáveis pelo tratamento, elas pareciam muito bem-intencionadas, mas não acho que fossem boas o suficiente para lidar com um viciado barra-pesada com circunstâncias além do seu controle. Fui a algumas sessões de terapia com Gregory, onde ele me disse que sentia muita pressão para ser o "sr. Cher". Que achava impossível ser tudo o que imaginava que eu queria que ele fosse. Eu na verdade não queria que ele fosse nada além de uma pessoa sóbria. Gregory também odiava o fato de que os paparazzi estivessem nos esperando aonde quer que fôssemos. Não conseguia suportar toda aquela atenção. Entre nossas tentativas de reconciliar as diferenças, ele e eu caminhávamos, conversávamos e colhíamos maçãs no pomar. Compartilhando um quarto, nós nos deitávamos juntos na cama e assistíamos a filmes românticos, chorando ou rindo, dependendo do filme. Foi um interlúdio de paz, e a terapia pareceu ajudá-lo durante o período pouco maior do que o mês que ele permaneceu lá. Gregory achava que, uma vez que desabafasse tudo, as coisas entre nós ficariam ótimas. Fiquei feliz por ele ter feito aquilo, mas não tenho certeza de como me senti depois. Não é que eu não confiasse nele, mas era só questão de tempo até ele voltar a trabalhar. Nem todos os caras da banda o apoiavam em se livrar do vício e, além disso, outras pessoas estariam usando drogas. Gregory era um artista sensacional. Ele subia no palco e segurava a plateia na palma da mão, mas, por algum motivo, nunca se sentia confiante. Fazia sua arte apesar do medo (e conheço muitos artistas assim, inclusive eu). Gregory era supersensível, o que o deixava vulnerável.

Apesar dos meus sentimentos confusos, retirei o pedido de divórcio e decidi dar a ele outra chance.

Fui para casa logo depois, e Gregory sugeriu que nos encontrássemos na Jamaica para uma lua de mel tardia. Quando estávamos nos preparando para partir, eu o vi guardar na mala uma caixa de metal trancada com chave. Perguntei: "O que tem nessa caixa?"

"Metadona", respondeu ele. "Mas não preciso tomar se você não quiser." Ele abriu a caixa e jogou todos os vidrinhos no vaso sanitário.

Fiquei um pouco confusa, pois parecia que o conteúdo da caixa era importante, uma vez que estava trancada, mas também fiquei feliz de vê-lo mais responsável por sua própria sobriedade. Eu não sabia muito bem o que era metadona. Se soubesse que ele realmente precisava daquilo, teria dito: *Deixa de ser ridículo, leve com você*. No fim, Gregory estava dando um tiro no próprio pé.

O pequeno resort na praia de Negril havia ficado popular entre os músicos e era conhecido por suas belas cabanas à beira de algumas das praias de corais brancos mais bonitas do mundo. Gregory e eu chegamos ao paraíso.

Tivemos alguns dias idílicos naquele lugar lindo. Uma mulher mais velha que morava em uma casinha ao lado nos alimentava e cuidava de nós, enquanto eu nadava e me bronzeava. Gregory estava calmo no início, mas depois começou a ficar inquieto, o que me deixou nervosa, porque eu conhecia aqueles sinais. Quando voltei da praia tarde um dia, encontrei dois estranhos na nossa sala com Gregory, bebendo. Ele sequer me apresentou os caras, e concluí que eram pessoas que ele não queria que eu conhecesse. Vendo uma garrafa de rum quase vazia ao lado, pensei que talvez tivesse sido um erro ele ter jogado a metadona fora.

Fui até a cozinha e encontrei a moça que nos ajudava picando frutas. Alguns minutos depois, Gregory surgiu aos berros, todo inflamado, opressivo e falando muito alto. Ele era um homem grande e, embora não fosse nem um pouco violento, parecia ameaçador. A senhora deve ter achado isso também, porque pegou uma faca na gaveta e disse para ele: "Se encostar um dedo na moça, vou usar isso aqui!" Gregory se acalmou na hora, provavelmente porque viu que, apesar de ser pequena, ela falava sério. Voltou para sala, e imediatamente eu e ela saímos da cabana. Foi uma tarde estranhíssima, pois, na frente da casa dela, que era um casebre na praia, dezenas de caranguejos enormes verdes e amarelos corriam pela areia, fugindo dos homens com sacos de juta e tochas que os perseguiam.

Quando achamos que era seguro voltar para a minha cabana, certas de que ele teria ido em busca de mais drogas, entrei e comecei a pegar minhas coisas, enquanto a mulher fazia a vigília. Arrumei a mala de qualquer jeito, e minha salvadora chamou um homem para me levar até um hotel em Montego Bay. Estava com medo de ser conduzida naquelas estradas terríveis na escuridão por um estranho. Aquela noite surreal tomou mais um rumo bizarro quando fui deixada no hotel onde ficaria hospedada até meu voo na manhã seguinte e o garçom que me levou um copo de chocolate quente maltado me segurou e me deu um beijo. Pensei: *Será que esta noite ainda pode piorar?* O que ele achou que ia acontecer? Que pesadelo.

Na manhã seguinte, voei para Atlanta, onde ia encontrar com Paulette. Iríamos para LA juntas, mas os roadies da banda apareceram inesperadamente no aeroporto. Eles sabiam que eu estava chegando, porque eu havia ligado para Chank dizendo que estava preocupada com Gregory. Acabamos indo com eles para um evento de campanha de Jimmy Carter, onde iriam se apresentar, incluindo Gregory, que nos encontrou direto da Jamaica, onde tinha conseguido levar uma surra em uma parte perigosa de Kingston atrás de drogas. Após o evento, fomos todos para LA. A viagem acabou sendo a oportunidade de que Dickey precisava para enfim convencer Paulette a sair com ele, e os dois começaram a namorar.

Em LA, voltei para o estúdio para gravar a segunda temporada do meu programa. Durante o hiato de verão, entre a primeira e a segunda temporada, a CBS preencheu meu horário com um programa chamado *Joey & Dad*, porque meu programa era caro de gravar, então substituí-lo ao longo do verão era uma economia de grana para eles, em curto prazo. A substituição foi tão mal que as pessoas trocavam de canal para assistir à série *O homem de seis milhões de dólares*, que passava no mesmo horário e tinha emergido do zero a número um quando voltei. Não havia mais audiência sobrando: aquele programa era um fenômeno. *Joey & Dad* tinha me derrubado de 23,3 pontos, no fim da minha primeira temporada, para sete no fim do verão. Não havia nada que eu pudesse fazer com relação a isso. É uma merda, mas acontece.

Naquela temporada, tentaram aumentar as medidas de segurança na CBS. Todo mundo sempre entrava no estúdio pelo portão de carga; ninguém chegava pelo portão da frente. Eu fazia isso várias vezes ao dia, pois adorávamos ir à feira se tivéssemos algum tempo livre. Certo dia, eu estava entrando pela lateral e um dos seguranças me parou, dizendo: "Você precisa mostrar uma identidade para entrar." Respondi: "Como assim? Você sabe quem eu sou." Ele falou: "Eu sei, Cher, mas é uma regra agora, então não posso deixar você entrar sem ver." No dia seguinte, cheguei com uma foto de divulgação de vinte por 25 centímetros presa no peito. O segurança riu, assim como todas as outras pessoas que estavam no portão de carga, que também me conheciam, e eu a elas. Era por essas coisas que eu amava trabalhar na CBS — éramos uma equipe. Às vezes, os caras que trabalhavam no estúdio vinham nos assistir gravando. Todo mundo era amigável e brincalhão. O segurança me deixou entrar, e nunca mais mencionaram a necessidade de mostrar a identidade para mim. Aposto que Carol Burnett também não precisava mostrar a dela.

Na segunda temporada, David saiu do programa. Perder sua influência e seu apoio parecia uma catástrofe. George era um produtor supercompetente e um amigo próximo, mas, sem David e agora concorrendo com *O homem de seis milhões de dólares*, não conseguíamos os mesmos artistas VIPs. Minha velha amiga Teri Garr veio como convidada algumas vezes, e preenchemos espaço com aparições de Chas, além de comigo respondendo a perguntas do público e passando clipes com erros de gravação.

Mas não se pode lutar contra os números, e tentar recuperar o rombo de audiência de *Joey & Dad* contra a popularidade inacreditável de *O homem de seis milhões de dólares* era uma missão quase impossível.

Embora não tivéssemos mais todos os convidados que queríamos, ainda conseguimos chamar algumas estrelas realmente especiais. Quando Ray Charles chegou para se apresentar no meu programa, fiquei bastante nervosa e falei isso para ele. Muito doce, ele disse que também estava ansioso para me conhecer. Contei que tinha chorado vendo-o cantar "Georgia on My Mind" na televisão quando era pequena. Logo depois, não conseguia acreditar que estava de pé ao lado do piano cantando essa mesma canção com ele.

Bob continuou seu trabalho de desenhar roupas maravilhosas para o programa, além de muitas fantasias hilariantes para nossos esquetes. Quando recebi Carol Burnett, ele fez para nós uns moletons de galinha que tinham até a crista vermelha em cima, a papada embaixo e uma decoração com miçangas. Nós os usamos para um quadro que deixou todo o estúdio chorando de rir. A partir dali, Carol e eu passamos a ter entre nós uma piada de galinha que saiu completamente do controle. Mandei entregar cinquenta baldes cheios de frango frito do KFC no camarim dela um dia, e, em retaliação, ela me mandou uma caixa com galinhas vivas. Tinha galinhas espalhadas correndo por todo o set. O estúdio não ficou feliz, mas nós nos divertimos muito. Só Deus sabe o que aconteceu com as pobrezinhas.

Briguei com George e a equipe para convidar David Bowie, um artista britânico por quem eu era fascinada. Quando o cantor de 29 anos conhecido como "Thin White Duke", ou "duque branco e magrelo", chegou para os ensaios, a primeira coisa que percebi foi que um dos seus olhos era azul e outro, castanho, por causa de uma troca de socos por uma menina na adolescência. Aquilo era não apenas hipnotizante como extremamente sexy. Conversando no camarim, ele me contou que ia à loja de departamento Sears após o ensaio, comprar um terno para usar no programa. Ao imaginar que alguém como ele compraria em um lugar um pouco mais elegante, perguntei: "Tá certo, David, mas por que a Sears?"

"Ouvi falar desse lugar lá na Inglaterra, por isso quero ir até lá." Ele voltou uma hora depois com uma jaqueta roxa de poliéster com um tecido estaladiço que eu jamais teria escolhido para ele, mas era uma daquelas pessoas que ficava bem em qualquer roupa. Depois que ele apareceu no programa, me tornei fã para o resto da vida.

Tina Turner veio ao programa duas vezes com seu marido da época, Ike. Tina era uma artista de tirar o fôlego e se tornou uma amiga. Em um dos dias que estávamos filmando, ela foi ao meu camarim antes de entrarmos no ar, perguntando se eu tinha maquiagem. Estava com um hematoma no braço que não queria que aparecesse nas câmeras. Falei que tinha um produto que funcionaria. Ela se sentou enquanto eu procurava e me pediu baixinho e de forma bastante direta: "Me diga como você o deixou." Olhei para ela e respondi: "Simplesmente fui embora e segui adiante." Em retrospecto, aquilo me lembra do que eu mesma fiz quando procurei Lucy.

Quando estávamos ensaiando no palco, Tina e eu ficamos em um platô, e Ike, no chão. Enquanto ele tocava, não fazia expressão facial alguma, parecia um tubarão. Não sorriu nem um pouco; só tocou a guitarra sem emoção alguma. Eu simplesmente sabia que, seja lá o que estivesse sentindo, não era bom.

Apesar de todos os meus esforços, os números do programa continuavam ruins e eu estava achando cada vez mais difícil equilibrar minha agenda, minha filha, meu casamento e minha vida. Não tinha muito tempo para me preocupar com Gregory. Certo dia, no meio disso tudo, esbarrei com David Geffen no escritório do nosso empresário em Beverly Hills. Ele estava vindo de um lado e eu, do outro. Pensei *Ah, não!*, mas ele disse "Meu bem!" e eu respondi: "Dave." Ele me deu um abraço e um beijo, depois me contou que tinha acabado de voltar de um workshop incrível que o ajudara muito a se libertar do passado e limpar a mente de pensamentos ruins. Desde então, tinha perdoado tudo e todos. "O programa se chama *est*", acrescentou. "Você devia fazer. É transformador."

Fiz uma pesquisa e descobri que *est* era um acrônimo para "Erhard Seminars Training", um treinamento realizado por Werner Erhard. Werner era um ex-vendedor de carros que virou guru. Ah, tá. Mas David claramente tinha absorvido muito daquelas sessões, então paguei a taxa de inscrição de seiscentos dólares e convenci Gregory a me acompanhar no workshop de sessenta horas durante duas semanas em um prédio que parecia um grande salão de festas nos arredores da cidade. Assim que chegamos, recebemos uma lista de regras, que incluíam retirar o relógio, fazer jejum de quinze horas por dia, permanecer em silêncio a não ser quando fosse solicitado que falássemos e não ter intervalos para ir ao banheiro, a não ser que pedíssemos uma autorização especial, o que fiz na mesma hora.

Nós nos sentamos em uma sala lotada, com no mínimo outras cem pessoas, todas desconhecidas. Era desconfortável estar ali; todo mundo ficava olhando para mim e para Gregory só porque éramos famosos. E então o programa começou, e escutamos por horas a fio as pessoas sendo expostas e publicamente criticadas. Acho que a ideia era colocar todo mundo para baixo na primeira semana e elevá-los na segunda. Não sei. Não voltei para a segunda semana. Se quisesse ser colocada para baixo, podia pedir a um amigo. Que bom que Dave tinha tirado algo de bom daquilo, mas, para mim, aqueles caras pareciam um bando de idiotas pedantes. Quando Gregory começou a tamborilar em sua cadeira de metal, soube que ele jamais conseguiria aguentar aquilo por mais dois dias. Fiquei surpresa por ele passar a primeira noite lá, mas ele passou, e fizemos sexo pela primeira vez em milênios. Talvez houvesse mesmo algo na filosofia *est*, no fim das contas. Acordei e ele tinha ido embora, e eu não fazia a menor ideia de quando o veria de novo.

Não tenho certeza do que me fez voltar para a sessão na segunda manhã, já que meu coração estava pesado naquele dia. Devia ter fugido como Gregory, porque as coisas estavam prestes a piorar. Logo depois que a sessão começou, um homem com mais ou menos a minha idade se levantou para dizer que precisava desabafar algo. "Quando minha esposa e eu éramos jovens", começou ele, "tínhamos dinheiro para comprar somente dois cartuchos de oito pistas." Ao ouvir a palavra "cartucho", soube que estava encrencada. Ele continuou: "Herb Alpert and the Tijuana Brass e Sonny & Cher. Quando ela abandonou Sonny, minha mulher me abandonou também. Então o que quero saber é: o que *ela* está fazendo aqui?" Quando disse *ela*, ele se virou e apontou o dedo para mim. Eu estava duas mesas atrás e um pouco para o lado, mas ele não precisou procurar; sabia exatamente onde eu estava sentada. Então desabou em lágrimas.

Eu me levantei e fui para o banheiro de imediato. Graças a Deus tinha pedido autorização. De repente, percebi algo poderoso e inesperado. Simplesmente soube. Sabia que estava grávida de novo. Aquilo me lembrou algo que aconteceria com a minha bisavó ou a minha avó: do nada, você simplesmente sabe de algo. Passando a mão sobre a barriga, respirei fundo e disse: "Se você vai vir, vai ter que conseguir chegar por conta própria. Não tenho como parar agora." Eu sabia que seria impossível parar de trabalhar para ajudar esse bebê a permanecer no meu útero. Assim que pude, fui ver meu médico, mesmo já tendo certeza.

Estava caindo a ficha de tudo: Gregory, o bebê, não ter David. O teto desmoronava sobre a minha cabeça. Procurei a única pessoa que iria me entender. Liguei para Sonny e pedi que ele fosse à minha casa. É uma loucura hoje pensar que eu podia pedir ajuda a ele. Na verdade, é uma loucura que eu não tenha matado Sonny. Em vez disso, fiz o contrário. Joguei um salva-vidas. Sentados juntos em nosso antigo quarto, confessei: "Está difícil para mim na CBS, Son. Não gosto de brigar com o canal nem com os censores, e não consigo recuperar a audiência baixa de *Joey & Dad*. Não quero mais fazer isso sozinha." Fiz uma pausa. "Então, quer trabalhar comigo de novo?" Ele riu e respondeu que sim. Sonny amava nosso programa mais do que eu.

Entrando em ação, Sonny marcou uma reunião com Fred Silverman e os outros executivos-seniores da CBS e explicou nossa proposta. Eles gostaram da ideia, e foi feito entre os meus advogados e os do Sonny um contrato que efetivamente apagava nosso acordo de divórcio existente e me permitia repagá-lo com os novos programas e mais dezenas de shows de Sonny & Cher. Quando tudo foi acordado em uma última reunião, Sonny me levou de volta para casa muito animado. Esse foi o momento em que eu deveria ter contado a ele sobre a minha gravidez, mas não parecia certo, não queria entristecê-lo em um dia tão feliz. Mas, na manhã seguinte, tive coragem e pedi que ele voltasse. Sentei-me com ele no sofá da biblioteca, respirei fundo e falei: "Son, preciso te contar uma coisa. Estou grávida."

Ele colocou a cabeça entre as mãos, como sempre fazia, e falou: "Caramba, Cher!", puxando o ar por entre os dentes. Seu rosto tinha uma expressão de dor, como se eu o tivesse machucado fisicamente.

"Eu sei, eu sei, desculpa por não ter contado antes", falei. "Eu ia contar, mas queria descobrir se um novo programa seria possível e depois ver se eu conseguiria manter essa gravidez. Ninguém mais sabe além de você. Ninguém. Nem o Gregory. Então, estou contando para você agora."

"Eles não vão nos deixar voltar ao ar. Não com você grávida. E, definitivamente, não grávida de Gregg Allman." Apesar de chocado com a minha confissão, ele nunca perdeu o controle nem tentou me deixar culpada. Na verdade, depois de processar a informação, achou meio engraçado. Disse: "Cher, só você mesmo." A essa altura, nada mais realmente surpreendia nenhum de nós sobre o outro, e Sonny entrou no modo "conserto" com uma missão — como vamos resolver isso? Sua primeira tarefa era esclarecer tudo com a CBS. Não sei como ele fez isso, mas conseguiu. Era um acordo histórico e gigantesco eles nos trazerem de volta ao canal. Digo, mostrar meu umbigo havia sido o maior acontecimento na história da televisão em vinte anos. Para mim, voltar para estrelar um show com meu ex-marido, enquanto estava grávida do meu novo marido, que era um viciado em heroína, tinha se divorciado de mim uma vez e estava fora da minha vida naquele momento... nada disso jamais havia acontecido na história do universo. Para outro casal, essa teria sido a receita do desastre, mas, para nós, a lua estava na casa sete e Júpiter estava alinhado com Marte. O novo *Sonny & Cher Show* seria anunciado em dezembro e iria ao ar em fevereiro de 1976.

Tínhamos previsto que o bebê nasceria três meses depois que nossa primeira temporada terminasse, em abril. Dava para manejar, porque — com exceção dos meus seios — eu não tinha ficado muito grande quando estava grávida de Chas, e dava para confiar que Bob Mackie faria algo lindíssimo que não destacaria a minha barriga. Eu ia causar um ataque cardíaco nos censores. Eles queriam censurar. Eu era a punição deles.

Quando liguei para Gregory para contar que estava grávida, ele não acreditou em mim. "Por que eu mentiria sobre algo assim?", respondi. Ele voltou para Los Angeles por um tempo, mas não o vi. Gregory estava chateado porque os jornais estavam falando sobre o novo programa com Sonny, criando um triângulo amoroso sórdido onde não havia nada. Achei que ele estava querendo dar uma de alma torturada, mas lembrei que Gregg era viciado em heroína. É claro que ele já era uma alma torturada.

Por fim, ele não conseguiu lidar com aquilo, e eu encontrei um bilhete que dizia: *Chooch, tenho duas escolhas — voltar para Macon e ficar com o coração partido e sozinho ou ficar aqui e ser feito de tolo. Simplesmente não posso fazer a segunda opção, porque sou um homem, e um baita homem. Eu quase desejo ser capaz de suportar ser um tolo, porque assim poderia viver com você. Sua felicidade ainda é o mais importante. Meu Deus, como eu te amo, Gregory.*

E, assim, ele foi embora.

Sonny e eu fomos para uma coletiva de imprensa em Beverly Wilshire para falar sobre nosso novo programa e nos defendemos das perguntas como se fossem ataques: "Vocês estão fazendo isso por dinheiro?", "Você ainda é empregada de Sonny, Cher?", "E se o público odiar vocês?" Eu realmente não estava nem aí para o que aquelas pessoas estavam dizendo. Fazer o *Sonny & Cher Comedy Hour* de novo era um presente dos céus. O que me importava era se a nossa audiência ia gostar da gente e se Sonny e eu ainda íamos nos divertir. E nada mais. Eu já estava resolvida e, quando me sinto assim, aposto todas as minhas fichas. Sonny falou a maior parte do tempo, como sempre, explicando nossa honestidade e abertura um com o outro, enquanto fiquei ali sentada, feliz em falar muito pouco.

Sonny e eu abrimos nosso programa no dia 1º de fevereiro de 1976 entrando no palco com o seguinte anúncio: "Senhoras e senhores, juntos novamente pela primeira vez, Sonny & Cher!" Atrás de nós, havia um novo letreiro enorme de Sonny & Cher todo iluminado, com dois dedos cruzados no lugar do "&". Recebemos uma longuíssima salva de palmas, e, quando nossa plateia animada enfim se sentou, Sonny andou ao meu redor, olhando para a minha barriga antes de dizer que, quando eu fazia algo, fazia direito. Ele continuou, dizendo para todo mundo como era bom estar ali, e acrescentou: "Quando eu estava trabalhando sozinho, não havia muitas risadas." Ao que respondi: "Eu sei, Sonny, eu vi o seu programa." E, de repente, nós estávamos de volta. Nossos espectadores amaram quando cantamos "Love Will Keep Us Together", e os números indicavam que eles mal podiam esperar para assistir ao episódio seguinte. Aquele primeiro episódio se tornaria um dos programas mais assistidos da história da televisão americana (ao lado do episódio de *Dallas* "Who Shot JR?").

Olhando em retrospecto para todos aqueles programas, fico impressionada com o quanto ainda éramos engraçados, mesmo depois de divorciados. Talvez porque fôssemos mesmo. Nossa comédia ficou mais afiada e relevante quando deixamos de lado as piadas de sogra. O público sempre nos quis de volta, portanto, apesar de não poderem nos ter exatamente do jeito que esperavam, ainda éramos Sonny & Cher, e eles percebiam que nós ainda estávamos nos divertindo. Sonny até persuadiu Harold Battiste a voltar como nosso diretor musical, e havia muitas discussões prévias aos programas sobre quais músicas podíamos cantar agora que estávamos divorciados. Todo mundo concordava que "I Got You Babe" sempre seria a nossa música principal e, além disso, a mensagem dela ainda era verdadeira. Sonny e eu ainda éramos o sistema de apoio um do outro. Essa parte da nossa relação nunca mudou.

Tivemos alguns convidados magníficos na primeira temporada, mas talvez nosso momento mais memorável tenha sido quando Sonny estragou nossa apresentação do ator Raymond Burr, que havia estreado em *Têmpera de aço*, a popular série sobre um detetive em uma cadeira de rodas. Filmando no final de um dia longo, quando estávamos cansados e loucos para ir para casa, Sonny ficava confundindo tudo e caindo em uma gargalhada incontrolável, o que me tirava do prumo. Depois de muitas tentativas, ele meio que me empurrou para fora do enquadramento e eu me descontrolei, andando em círculos e dizendo para a equipe, chorando de rir: "Não consigo trabalhar assim!" Alguns segundos depois, seus ombros começaram a tremer mais uma vez, e, aos três meses de gravidez usando um vestido preto tomara que caia, tive que sair do palco pela esquerda às gargalhadas. Nossos erros de gravação foram tão ridículos que acabamos passando a cena inteira, tanto para a plateia ao vivo quanto para o público em casa. Desde então, aquele clipe foi visto por milhões de pessoas e resume perfeitamente a nossa relação. Não importa o que tenha acontecido entre nós, nós nunca perdemos aquela diversão infantil.

A palhaçada e as brincadeiras continuaram no sétimo aniversário de Chas em março daquele ano, que foi uma alegria, como sempre. Ela pediu uma festa com tema de monstro, então todo mundo se fantasiou e nós encenamos *O jovem Frankenstein*. Chas era apaixonada por Gene Wilder, que estrelava o filme. Bom, na cabeça dela, era apaixonada por Willy Wonka, que foi o primeiro papel dele que ela viu. Durante a fase Willy Wonka, anos antes, eu tinha visto Gene em uma padaria em Beverly Hills com Teri Garr, que estava saindo com ele na época. Falei para Gene: "Chas é apaixonada por você. Por favor, por favor, por favor, pode vir dar um oi ou qualquer coisa assim para ela? Não importa o quê, ela vai amar."

Quando Chas chegou com David um pouco depois, Gene se aproximou e disse "Oi" para ela. Quando percebeu quem ele era, ela o encarou e ficou atônita. Sequer se movia. Se eu visse Elvis na idade dela, teria ficado igualzinha. Gene falou com ela em uma voz muito gentil, depois se abaixou e deu um beijo em sua bochecha, e os dois saíram pela porta andando juntos. Não os vimos pelos vinte minutos seguintes; simplesmente foram dar uma volta em Beverly Hills. Ela estava tão em transe que acho que teria caminhado com ele até o Egito. Para sua festa com temática de monstro, Chas se vestiu de menino, como muitas vezes gostava de fazer, e percebi naquele dia, pela primeira vez, que ela também tinha desenvolvido o caminhar longo e arrastado de Sonny. Tal pai, tal filha. Eu estava tão orgulhosa de Chas por sobreviver ao nosso divórcio, ao meu casamento com Gregory, à minha gravidez e à pressão de tudo isso. Sabia que não podia ter sido fácil e também sabia que, devido à minha agenda de trabalho lotada, eu não estava por perto tanto quanto gostaria para ajudá-la a passar por isso. A boa notícia era que ela estava animada com o bebê e muito feliz por Sonny e eu estarmos trabalhando juntos de novo. Acho que ela tinha esperanças de que nós dois nos casássemos novamente, como qualquer criança teria.

Segundo o contrato que David Geffen havia feito para mim com a Warner Bros., eu estava comprometida em lançar mais um disco naquele ano. Meu álbum anterior, *Stars*, produzido por Jimmy Webb, não tinha ido muito bem, embora eu tivesse adorado fazê-lo e estar de volta ao estúdio de gravação. Tinha sido muito divertido trabalhar com Jimmy, um grande produtor, especialmente na minha faixa favorita, "Geronimo's Cadillac". *I'd Rather Believe in You*, que levou seis meses para ser gravado porque eu estava ocupada demais, estava destinado a ser outro fracasso. Sinceramente, não me lembro muito do álbum, pois não me conectei com as músicas que interpretava. Nunca é bom quando um disco dá errado, mas só pensei que tinha que ganhar dinheiro para viver e tive esperança de que algumas músicas melhores virassem hits. Mas não fiz só pelo dinheiro. Eu adorava cantar, foi a primeira coisa que aprendi a fazer. Só nunca me enganei pensando que o que fazia era ótimo ou que alcançava minhas expectativas. Eu não tinha muito respeito pela minha habilidade de cantora naquela época. Nunca pensei: *Ah, meus álbuns são muito bons* ou *Que orgulho deste disco*.

Não gostava tanto da minha voz até que, alguns anos depois, trabalhei com minha professora de canto Adrienne Angel, que a transformou por completo. É preciso saber suas próprias limitações e depois superá-las ou ficar em paz com o fato de que isso nunca acontecerá.

Na época em que íamos gravar nosso último episódio da primeira temporada, eu estava com seis meses de gravidez. A convidada era Diahann Carroll, e nós duas iríamos dançar sapateado vestidas de marinheiras, portanto, na última noite antes do hiato do nosso programa, ela e eu sapateamos até as duas da manhã, tentando acertar a coreografia. Eu só pensava: *Amanhã vou para o Havaí.*

Fiquei tão aliviada ao entrar naquele avião. Tinha alugado uma casa em Kahala e levado Chas e Ange, minha personal trainer que se tornou minha amiga. Finalmente havia entendido que precisava cuidar do meu bem-estar físico e mental. Levara anos, mas eu estava feliz de conseguir esse feito, mesmo nas minhas condições.

Chas e eu nos divertimos muito na praia soltando pipa, apesar de todos os homens em quilômetros sentirem a necessidade de nos ensinar a fazer isso. Nós ficávamos olhando para nossa pipa lá no alto do céu, com Chas segurando a linha, e aí um homem aparecia e tentava nos mostrar o que fazer. Tantos homens tentaram fazer isso, e eu pensava: *Esses caras são uns idiotas. Não vou deixar que cheguem nem perto da nossa pipa.* E, por fim, se eu via um caminhando na nossa direção, dizia simplesmente: "Não, estamos empinando nossa pipa tranquilamente, obrigada." O que eu queria dizer mesmo era: "Vai empinar a porra da própria pipa!" Era como algo saído de Tom Sawyer, exceto que eu estava empinando uma pipa em vez de pintando uma cerca. Depois, Chas e eu caminhávamos até uma barraca de comida ao ar livre que fazia parte do Kahala Hilton para almoçar e nos sentávamos na praia comendo e observando o oceano. Era nosso ritual, e foi muito bom passar aquele tempo com ela. Um dia, andando com ela de volta para o hotel, ouvi assovios atrás de nós. Rindo, me virei para que os homens que davam em cima de mim vissem que eu estava grávida. Não me aguentei e sorri enquanto eles abaixavam o rosto e sussurravam desculpas.

Um pouco antes de ir para o Havaí, eu tinha dado mais um ultimato a Gregory. Mandei que não me ligasse a não ser que fosse da clínica de reabilitação do hospital psiquiátrico Silver Hill, em New Canaan, Connecticut, até algum dia específico de junho. Não lembro a data exata que escolhi. Era algo arbitrário. Eu tinha chegado no limite de nós dois repetindo o mesmo padrão milhares e milhares de vezes e dito a ele ao telefone: "Estou cansada de fazer isso, Gregory. Estou cansada de ir para a reabilitação com você." Ele ficou quieto do outro lado da linha. "Mas eu continuo indo", falou ele com uma voz doce. Sua resposta me fez parar na hora, porque era verdade. Ele continuava indo para a reabilitação, tentando ficar sóbrio, fazendo esforços apesar das recaídas. Naquele momento, em vez de pensar na minha própria exaustão, senti empatia por ele. "Tá bom, Gui", falei. "Mas se você não me ligar da clínica às três horas desse dia, não me ligue mais." Conforme a data ia se aproximando, fui ficando cada vez mais ansiosa.

Na hora em que Gregory deveria me ligar da clínica, viajávamos havia cerca de uma semana. Eu estava em casa com Chas e Ange, sentada em uma cama de solteiro vendo TV e bordando. Quando quero ficar com a cabeça livre, preciso executar, pelo menos, duas outras atividades. Então o telefone tocou e era ele. Fiquei muito empolgada o tempo todo que conversamos ao telefone. Depois que desliguei, Ange queria saber detalhes da minha versão. O que ele disse? Como parecia no telefone? Como está se sentindo? Você vai encontrá-lo? Uma mulher sempre conta uma história melhor do que um homem. As mulheres nunca se esquecem dos detalhes. Por fim, tive que pará-la para dizer: "Ange, tem algo errado." Fiquei realmente nervosa. Primeiro achei que fosse uma onda de adrenalina, mas não era, pois senti uma contração. Sem dúvida, minha reação ao telefonema tinha causado um parto prematuro. Graças a Deus Ange estava lá. Liguei para o meu médico em LA e ele me disse: "Beba meio copo de uísque."

"Não tenho aqui", respondi.

"Tudo bem, não faz diferença. Pode ser bourbon, qualquer coisa."

Falei: "Nós não temos nada alcoólico aqui."

"Você conhece seus vizinhos? Peça uma bebida a eles."

Fui até a casa ao lado e os vizinhos me deram meio copo de uísque. Voltei ao telefone com meu médico e falei: "Estou um pouco nervosa." E ele respondeu: "Pode beber em pequenos golinhos, mas quero que beba tudo."

Com minha bebida no banco de trás, Ange me levou para o hospital Queen Kapi'olani, onde os médicos me disseram que iam injetar soro com álcool no meu braço. Comecei a chorar e disse a eles: "Eu não bebo álcool e acabei de tomar meio copo. O que isso vai fazer comigo?" Eles me falaram que eu ficaria bem e que o álcool funcionava como um relaxante uterino. Então, colocaram um acesso no meu braço. Ange ligou para todo mundo para contar o que estava acontecendo. Quando conseguiu falar com Sonny, ele se ofereceu para ficar comigo na mesma hora. Era bem típico dele, e fiquei muito grata. Ela também entrou em contato com minha irmã, Pauli e Gregory, que disse que estava a caminho. Fiquei em conflito com aquilo, já que significava que ele ia sair da clínica de reabilitação.

Foi tudo muito estressante, mas tenho uma memória engraçada de Ange usando uma daquelas latas de lixo enormes do hospital como lavatório improvisado para os meus cabelos, que eram compridos demais. Ela me ajudou muito. E pensar que havíamos nos conhecido apenas por causa dos treinos havia poucas semanas. Quando Gregory chegou, minhas contrações tinham acalmado, e recebi alta do hospital com um remédio que precisava tomar a cada quatro horas para me impedir de ter mais contrações. Voltamos para a casa alugada em frente ao mar sem nada ao redor e passamos as cinco semanas seguintes juntos naquele local idílico, curtindo provavelmente os melhores dias do nosso casamento. Ele cuidou de Chas e de mim tão bem que me apaixonei por ele de novo, rezando para que finalmente tivesse vencido sua batalha contra as drogas.

Quando pude sair da cama, passei meus dias tomando sol e nadando no mar com Chas, que adorava brincar na água. Felizes na companhia um do outro, Gregory e eu só saímos juntos duas vezes durante o tempo todo que estivemos lá. Uma noite, em um restaurante, fui ao banheiro e, quando estava lavando as mãos, uma mulher se aproximou e disse: "Não precisamos de gente que nem você aqui." Pensei que tivesse ouvido errado, mas percebi que não. Uma semana depois, fomos ao cinema e, quando Gregory estava pegando a chave do carro no bolso da calça, um homem veio e lhe fez uma pergunta. Enquanto ele respondia, com as mãos ainda no bolso, o cara deu um soco na cara dele e disse: "Isso vai te ensinar a não sair com as nossas mulheres." Eu estava com a pele bastante escura e meus cabelos estavam na altura da bunda, por isso o cara achou que eu fosse da ilha. Foi a gota d'água para a gente. Falei: "Isso não está dando certo. Vamos para casa." Mal saímos depois disso. Gregory se juntou ao meu ritual e de Chas de sair para comer na barraca e nos sentarmos na praia observando a água.

Paulette e Gee foram para lá, mas não puderam ficar muito. Dickey tinha dado um ultimato para Paulette: ou ela se mudava para Sarasota, ou os dois terminavam. Ela me disse: "Não quero te deixar, Cher, mas eu amo ele e vou tentar construir uma vida para mim lá. Por favor, tente entender." E, assim, ela pediu demissão como minha assistente. Ficamos sem nos falar por dois anos.

Quando foi hora de Gregory, Chas e eu irmos para casa, meu ginecologista, o dr. Heldfond, veio nos encontrar no Havaí, para que pudesse estar no voo de volta conosco. Ele era maravilhoso e tinha concordado em fazer o parto do meu bebê como seu último antes de se aposentar. De volta a LA, eu descansei e esperei, mas minha data prevista de parto chegou e passou. Eu estava com muitos centímetros de dilatação, mas o bebê não queria nascer. Primeiro, ele vinha antes da hora; agora, se recusava a sair! Antes de nascer, já era tão Elijah. Mas seu atraso me deu mais tempo para fazer algo que, por algum motivo, tinha me escapado: terminar o quartinho dele. Além de pintar as paredes, eu havia me esquecido de comprar coisas de que um bebê precisa. Entramos eu e minha barriga em uma loja francesa chique em San Vicente, e fui direto até duas vendedoras que estavam de pé ao lado do caixa. "Oi. Eu preciso de um berço, um trocador e uma banheirinha de bebê. E estou com cinco centímetros de dilatação!", falei, apressada. As duas ficaram boquiabertas, incrédulas. "Mas... Mas você deveria estar aqui agora?", uma delas perguntou. As duas me ajudaram o mais rápido que conseguiram. Estavam apavoradas com a possibilidade de eu parir no meio da loja.

Finalmente, no dia 10 de julho, meu parto foi induzido. Gregory permaneceu ao meu lado durante um parto rápido e tinha lágrimas nos olhos enquanto ajudava a trazer ao mundo nosso lindo filho, Elijah Skye Blue. Ele escolheu o nome Elijah e eu escolhi o restante, pois quando estava naquele hospital havaiano lutando por sua vida, tudo o que conseguia ver pela janela era o céu azul.

Nosso filho era um menino saudável que pesava 3,345 quilos, com todos os dedos das mãos e dos pés, cílios e cabelos louros — exatamente como Gregory. Não tinha um mísero traço meu. Gregory e eu estávamos felicíssimos naquele dia, e, quando meu álbum foi lançado mais tarde naquele ano, eu o dediquei ao meu filho, agradecendo-o por esperar até que eu tivesse acabado de gravar.

Aquelas primeiras semanas de volta ao casarão com nosso novo bebê e sua irmã mais velha amorosa foram deliciosas. Uma noite, saí do quarto e vi Chas na ponta do corredor. Elijah estava em seus braços e ela caminhava tranquilamente. O corredor não era comprido como um campo de futebol, mas na hora pareceu. Meu coração parou, e, para não a assustar, tentei falar de forma casual: "Chas, eu... Talvez a gente não devesse segurar o bebê sozinha. Ele é muito pequenininho." Minha filha de 7 anos revirou os olhos para mim e respondeu: "Mãe, estou fazendo isso desde que ele veio para casa." Sem que eu soubesse, durante uma semana, ela vinha carregando-o pela casa e não via nada de errado nisso. Só falei: "Tá bom, mas que tal fazermos isso juntas da próxima vez?"

21

changes

Em janeiro de 1977, Jimmy Carter, o fazendeiro da Geórgia que plantava amendoim, venceu as eleições e se tornou o 39º presidente dos Estados Unidos. Depois da posse, Gregory e eu fomos convidados para a primeira festa que Jimmy deu na Casa Branca para agradecer aos apoiadores que ele chamava de "Brigada de Amendoim da Geórgia".

Quando a festa se aproximava do fim, perguntei a um dos membros da equipe se seria possível ver a louça de Mary Todd Lincoln. Era o jogo de jantar que a esposa de Abraham Lincoln havia encomendado depois de ter ficado decepcionada com a porcelana descombinada da Casa Branca. O jogo de porcelana francesa era exibido em um armário com portas de vidro na Ala Leste e não decepcionava. Decorada com bordas roxas e douradas, cada peça continha uma águia-careca segurando um galho de oliveira e uma flecha sob um escudo de estrelas e listras. Eu era fascinada por Lincoln desde meus dias de colégio, e já tinha lido diversos livros sobre ele; portanto, ver aquela louça me deu arrepios. Também vimos pertences de outras primeiras-damas, assim como o "piano de Nixon", que ficava no andar de cima, no corredor da residência particular, antes de sermos levados para conhecer "Miss Lillian", a mãe de 78 anos de Jimmy Carter. Nós a conhecemos no Quarto de Lincoln, um cômodo que um dia fora usado como escritório do 16º presidente e onde ele assinou a Proclamação de Emancipação, em 1863. A cama era bastante estreita e altíssima, batia na minha costela. Devia ser como dormir no alto de um trem.

Tomada pelo momento, me joguei na cama e depois dancei pelo quarto, enquanto as outras pessoas riam. Foi um ato irreverente e louco, mas quando eu entraria no Quarto de Lincoln novamente? Gregory conhecia Miss Lillian da Geórgia, então ele foi conversar com ela enquanto eu ia ao banheiro, com seu assento de vime e uma caixa acoplada. Ao lado havia uma garrafa de bourbon Wild Turkey e, quando perguntei a Miss Lillian sobre aquilo, ela explicou que tinha trazido da Geórgia por precaução, acrescentando: "Ah, vai saber que tipo de bebida eles têm por aqui."

Naquele momento, a filha de 9 anos do presidente Carter, Amy, apareceu correndo e anunciou: "A mamãe quer que vocês fiquem para jantar." Era um convite impossível de recusar. Comemos na sala de jantar da ala residencial com Jimmy e sua mulher, Rosalynn, com Amy e a babá dela, Mary, e com Miss Lillian, que se sentou ao meu lado. Ela era brava. Amei seu jeito. Também amei Jimmy, que era honesto demais para ser político. Ele ficou muito entusiasmado ao nos contar sobre seus planos de encontrar trabalho para o povo americano. Estávamos tão esperançosos por ele naquela noite quanto havíamos estado por JFK. Um membro da segurança da Casa Branca tirou uma foto nossa com a câmera Brownie da família e me confidenciou que os funcionários já amavam os Carter, pois não eram metidos e tinham dito para o chef de cozinha que comeriam o que todo mundo comesse. Naquela noite, jantamos frango assado e ensopado em um molho grosso, feijão-fradinho e pão de milho, e estava tudo delicioso.

Depois do jantar, Jimmy sugeriu que tirássemos uma foto todos juntos. Rosalynn, Miss Lillian, Mary, a cabeleireira de Rosalynn, Gregory, Joe D, eu e o presidente. Conhecendo um pouco o passado de Joe D, me lembro de pensar: *Meu Deus, eu trouxe um criminoso para a Casa Branca.* Então

Jimmy explicou que, quando Mary era jovem, havia sido injustamente condenada por um crime que não cometera. Passou um tempo na prisão, mas conseguia sair de vez em quando para ver Jimmy e a família, como parte de um programa capitaneado por ele e designado para reabilitar presidiários. Mary, por fim, foi completamente inocentada, mas Rosalynn sempre soube, no fundo do seu coração, que ela era inocente. Aquilo fez com que eu me sentisse menos esquisita por trazer Joe D.

Ao deixarmos a Casa Branca naquela noite, Gregory estava em polvorosa, pois sentia que tinha contribuído para que Jimmy fosse eleito, o que era verdade. O presidente Carter afirmou isso publicamente, inclusive: "Foram os irmãos Allman que me colocaram na Casa Branca, arrecadando dinheiro quando eu não tinha nada." É claro que eu estava bastante orgulhosa — meu marido havia ajudado a eleger o presidente dos Estados Unidos.

A vida seguiu seu rumo, com Gregory voltando para a estrada, e eu, para o estúdio. Tínhamos vendido o casarão alguns meses após o nascimento de Elijah e estávamos morando em uma casa de estilo espanhol de três quartos com uma piscina na Linden Drive, em uma área de Beverly Hills conhecida como Flats. Tinha tudo de que precisávamos e era linda. O mercado estava em baixa quando vendi o casarão totalmente mobiliado para um barão dos carpetes por 1 milhão de dólares. Mais tarde, alguém me contou que só o revestimento original de madeira valia isso. Enquanto íamos embora da casa dos meus sonhos, na qual Chas tinha o quarto inteiro pintado de rosa, ela se virou para mim e disse: "Mãe, preciso te dizer uma coisa... eu odeio rosa."

Em março de 1977, Sonny e eu fizemos o que suspeitávamos que seriam nossas últimas apresentações juntos no *Sonny & Cher Comedy Hour*. Para um dos nossos programas finais, os roteiristas surgiram com a ideia de nos vestir como em 1964. Usamos nossos coletes de pele de lince e as calças boca de sino. Nós dois estávamos de peruca — Sonny com a sua de Príncipe Valente e eu com a minha de franjas e as laterais mais curtas. Harold Battiste sentou-se diante de um piano de cauda, enquanto eu me acomodei em cima do instrumento e Son ficou de pé ao nosso lado explicando como estava zanzando pelo nosso antigo apartamento quando teve a ideia do riff de três acordes que se transformou em "Baby Don't Go".

"Eu escrevi essa música para a Cher", contou ele à plateia. "Mas, acreditem ou não, naquele tempo a Cher era tímida, meus amigos." As pessoas riram ainda mais quando Sonny falou que eu estava com tanto medo de cantar sozinha que ele teve que se juntar a mim. Corta para a primeira música que Sonny & Cher gravaram juntos. Foi um belo momento.

Quando a temporada acabou, embarcamos na nossa turnê de reencontro, durante a qual promovemos nosso último single, que tinha o pertinente nome de "You're Not Right for Me" [em tradução livre: você não é a pessoa certa para mim]. Ainda estávamos na estrada quando soubemos que a CBS não ia renovar nosso contrato. Não ficamos felizes, mas estávamos orgulhosos do trabalho que havíamos feito. Tínhamos criado nosso próprio programa, algo diferente de tudo o que já tinha ido ao ar. Fred Silverman mais tarde chamou o que fizemos de "um sucesso monumental que contribuiu muito para a imagem da CBS... Nós nunca conseguimos isso com outro programa".

Naquele verão, Sonny e eu voltamos para a estrada e levamos as crianças conosco. Muito semelhante a Chas em seus primeiros anos, Elijah engatinhou pela primeira vez no corredor de um hotel, enquanto Sonny tirava fotos. Ele sempre foi muito bondoso, tanto com Chas quanto com Elijah.

Depois da turnê, Sonny se mudou para Palm Springs. Eu ia visitar de vez em quando com Chas. Sonny fazia churrasco e era ótimo. Ele nunca se sentava e comia, só beliscava e ficava vendo todo mundo comer. Teve inúmeras namoradas, mas traiu a maioria delas; não conseguia se conter. Certa vez, uma delas descobriu a traição e terminou o relacionamento. Ele não esperava por aquilo. Apareceu na minha porta aos prantos. Sentado na minha cozinha, disse: "Me desculpa pelo que fiz com você. Fui desonesto, tive todas aquelas mulheres e não pensei em como aquilo afetaria a nossa relação. Percebo agora que perdi Sarah porque fico fazendo a mesma coisa de sempre, apesar de você ter me avisado. Eu machuquei vocês duas e sinto muito por isso."

Nunca pensei que fosse ouvir um pedido de desculpa dele. Não mudava nada, mas foi bom saber que, no fundo, Sonny estava se dando conta, pela primeira vez, do quanto era doloroso o que tinha feito e estava genuinamente arrependido. Em determinado momento, ele e Sarah reataram e se casaram, com Chas como dama de honra.

Gregory passou a maior parte de 1977 em Macon ou em turnê com sua nova banda, Gregg Allman Band, que ele havia formado depois que a Allman Brothers acabou em 1976, logo após o nascimento de Elijah. Gregory e eu também tínhamos feito um álbum juntos naquele ano, chamado *Two the Hard Way*, assinando como "Allman e Esposa". Foi minha a ideia de não colocar meu nome, por querer que as pessoas focassem na música. Amei trabalhar com Gregory no estúdio. Fazer música junto com ele parecia fácil. Minha faixa favorita é "Do What You Gotta Do", porque a letra descreve nossa relação. Mas o disco finalizado não ficou tão bom quanto eu esperava: a voz dele era bem melhor do que a minha.

Ainda naquele verão, Gregory, Chas e eu fomos para Osaka, no Japão, onde Gregory estava em turnê, e deixamos Elijah com Alicia e Benito, meus funcionários de longa data. Gregory era sempre o homem mais alto em qualquer lugar que fôssemos, e nós nos destacávamos completamente quando passeávamos. Um dia, eu estava andando na rua e alguém veio até mim e ofereceu quinhentos dólares pela minha calça jeans. Eu não teria cedido minha roupa por quantidade de dinheiro alguma, tinha acabado de decorá-la com patchwork e estava lindíssima dentro dela. As pessoas lá eram muito gentis. Até esqueci uma câmera um dia no trem-bala e, quando voltei para procurar, lá estava ela, intacta. Fiquei chocada. Chas quis comprar uma câmera para ela quando estávamos no Japão, então dei trezentos dólares e ela voltou com um equipamento que valia uns 2 mil, talvez mais. Falei: "Da, onde você conseguiu isso?" E ela respondeu: "Um homem muito legal me deu." Tinha todo tipo de coisa: lente, filme, flashes e uma bolsa para carregar. O tutor de Chas disse que o vendedor simplesmente enlouqueceu com ela e deu os equipamentos sobressalentes. Eu ia para os shows de Gregory usando pouca ou nenhuma maquiagem e com roupas simples, como camiseta e calça jeans, na esperança de me misturar à multidão. De vez em quando, cantava como backing vocal ou fazia harmonias para ele, mas apenas em alguns shows.

Depois do Japão, fomos para Europa. Na Alemanha, descobri que Gregory estava bebendo escondido de mim. Arrumei minhas malas e voltei para casa.

Algumas semanas depois (ou um pouco mais), Sonny e eu fomos para o Havaí para nossa última miniturnê em hotéis e teatros, com alguns poucos dias de ensaio. No primeiro dia, Ange e eu começamos a subir a escada até o estúdio. Víamos os pés e as pernas das pessoas antes do restante do corpo. Quando chegamos ao topo da escada, vi a nuca de um homem e comecei a dizer "Aquele cara..." e ia terminar com "... se parece com Bill" quando o homem se virou e percebi que era mesmo ele, parado de pé com a guitarra pendurada no ombro. Era a primeira vez que eu via Bill desde que tinha ido embora de Oahu no iate de Barry Hilton. Pensei: *Caramba, Son, jura? É um pouco demais, mas não estou tão surpresa assim.* O personagem maquiavélico com quem eu havia me casado tinha pedido a Denis Pregnolato para chamar Bill para se juntar a nós e me desestruturar de alguma maneira. Aquilo era a cara de Sonny.

Ange e eu não sabíamos se ofegávamos de surpresa ou se nos jogávamos no chão, impacientes para ficarmos sozinhas para conversar sobre aquilo. Por que Sonny tinha feito aquilo? Qual era sua motivação? O que achou que fosse acontecer? Por que Bill tinha aceitado? Só Sonny mesmo para planejar e executar uma coisa dessas. E, assim como todas as outras coisas ridículas que ele fez, eu só pude rir, porque era absurdo. Mas, bom, a piada se virou contra ele, já que, apesar de Bill não falar comigo em um primeiro momento, quando terminamos o primeiro show, tínhamos nos reconectado. Impressionante, eu sei, mas ainda tinha um carinho muito grande por ele e havia passado aqueles anos todos amadurecendo como pessoa. Ainda não estava completamente madura, mesmo depois dos 30 anos. Isso não é uma desculpa. Só não sabia como fazer isso e até hoje sou um combo esquisito de ingenuidade e astúcia. Em algumas coisas, sou muita boa — trabalhar e julgar o caráter das pessoas —, mas não significa que não vou cometer erros. Eu só aprendo quando erro. Sei lá... Fico perplexa comigo mesma.

Voltar com meu doce texano por um tempo não foi o que nenhum de nós esperava, e com certeza não era o plano de Sonny, mas, cara, como foi bom! No entanto, o romance terminou junto com a turnê. Minha última apresentação junto com Sonny, tendo Bill na guitarra, foi no Ano-Novo de 1977, no Hilton Hawaiian Village, em Honolulu. Nossa última música foi "I Got You Babe".

Aos 18 meses de idade, Elijah já estava andando como um profissional, e Chas era ótima com ele, o que era um alívio, porque o menino dava bastante trabalho. Os dois me faziam rir e nós nos divertíamos muito na piscina e na praia, onde eu tentava recriar algumas das minhas melhores memórias da infância com meu pai e os amigos adoráveis da minha mãe. Gregory vinha nos visitar sempre que podia. Ele passou um longo período sóbrio conosco na casa de Linden e cuidava muito bem de Elijah lá. Havia um piano no andar de baixo, e ele colocava o filho entre as pernas e tocava piano enquanto o bebê usava todos os dedinhos para tocar várias teclas, em vez de escolher apenas uma, como as crianças costumam fazer. Gregory levou crédito por esse feito, com toda razão. Falei que ele não tinha herdado aquilo de mim. A casa vivia cheia de amigos de Chas correndo para todos os lados: Ricky, Hayden, Mia, Nicky. Foi um período muito agradável, mas então Chas me contou que, um dia, Gregory a tinha buscado na escola e a levado para um bar. Fiquei furiosa, mas aliviada por ela ter me contado e por estar em segurança. Escondi minha raiva e disse simplesmente: "Não se preocupe, babe."

Olhando para trás, vejo que era meio louca com Gregory. Ficava fazendo as mesmas coisas e esperando resultados diferentes, e é aí que mora a insanidade. Sou teimosa e cabeça-dura, o que pode ser uma qualidade boa, já que não desisto — mas isso pode se voltar contra mim também. É o que me trouxe ao lugar que estou hoje, mas às vezes é preciso saber quando parar. Esse momento veio logo depois, quando Gregory teve uma crise de paranoia uma noite e insistiu que tinha visto homens com armas no jardim da nossa casa. *Esta é a gota d'água*, pensei. *Seja lá o que esteja acontecendo com ele neste momento, não é seguro para as crianças.* Aconteceu apenas uma vez, mas eu não podia arriscar. Assim como todos nós, Gregory era traumatizado e difícil de se decifrar. Ele era complicado. Pelas razões certas e erradas, eu o amava. Seguimos caminhos separados e nos divorciamos no início de 1978.

Logo eu estava atarefada filmando um novo programa especial que iria ao ar em abril na ABC. Art Fisher era o diretor, e eu era corroteirista e coprodutora, aprendendo novas funções. Fiz uma participação especial como Laverne, e meus convidados incluíam The Tubes, Rod Stewart sem camisa fazendo o esquete maravilhoso "Belas pernas", e Dolly Parton, que conheci naquele ano.

Estava em uma festa na casa do meu empresário quando vi uma mulher lindíssima com cachos louros usando um tailleur branco e o que pareciam milhares de botões coloridos cobrindo o busto.

Olhando meio torto para o meu empresário, perguntei: "Quem é ela?"

Ele riu. "Não julgue pela aparência. Você vai amá-la. É uma cantora country fabulosa. Chama-se Dolly Parton." Ele estava certo, e ela é minha amiga até hoje. Quando estávamos em busca de alguém para interpretar a personificação do "bem" em oposição à banda The Tubes fazendo o "mal" no meu especial, eu sabia que ela era a mulher perfeita.

Desde a adolescência, eu queria fazer todos os personagens de *Amor, sublime amor*. Quando tinha 14 anos e todo mundo saía de casa, eu interpretava os papéis sozinha na sala. Os Jets ficavam no sofá, os Sharks, na mesa — todo mundo tinha um local específico, para que eu pudesse pular para o ponto correto enquanto atuava em cada personagem. Era uma grande diretora, mesmo naquela época. Nunca achei que fosse, de fato, ter a chance de fazer aquilo, mas, quando estávamos procurando algo diferente para colocar no especial, levei essa ideia para Art, que disse: "Vamos fazer!" Deu um trabalho insano: dez personagens, todos feitos com uso de chroma-key. É legal demais realizar um sonho que se tem desde criança. Quando eu era pequena, parecia algo muito distante para alcançar. Trazer aquilo para a vida real foi mágico, como se eu nunca tivesse desistido. Agora estava fazendo de verdade, na TV, como Cher, para um especial da ABC. Art era um gênio do chroma-key: eu fazia Maria me olhando no espelho, e então a câmera girava e subia uma escada, e eu era Anita cantando, e depois as duas cantando juntas. Quando interpretei os Jets, havia uma fila de diferentes versões minhas fazendo a coreografia sincronizada. Em determinado momento, todas as minhas versões corriam na direção da câmera e passavam por ela. E aí a câmera ia para uns degraus altos, e Bernardo (também interpretado por mim) estava sentado de camisa vermelha e calça preta, com os cabelos caindo na testa. Na verdade, eu queria ter esperado, porque acho que poderia ter feito algo bem melhor alguns anos depois.

Consegui envolver até minha mãe e as crianças no especial. Recriamos cenas da minha infância, nas quais a voz da minha mãe era ouvida brigando com minha versão pequenina por bagunçar sua coleção de discos. Chas e Lijah ajudaram a encerrar o programa, com minha filha de 9 anos me dando uma bronca por bagunçar sua coleção de discos e meu filho de 2 sentado no meu colo enquanto eu cantava "A Dream Is a Wish Your Heart Makes". Em determinado momento, era para Lijah cheirar uma flor que eu entregava a ele e fazer "Huuum", como se fosse algo agradável, mas ele fez uma careta terrível e disse: "Eca!"

Certa noite, Neil Bogart, diretor do meu selo de gravação, me convidou para ir a uma recepção para Gerald Ford em sua casa. Eu falei: "Vou por você. Não sou republicana, mas vou." Ele foi agradável; para ele, era só um show. Eu estava sentada na mesa de Neil quando alguém me perguntou se eu gostaria de conhecer Gene Simmons, ao que respondi: "Meu Deus, claro! Sou uma grande fã. Já assisti a todos os filmes dela", confundindo o macabro baixista cuspidor de fogo e mostrador de língua com Jean Simmons, a atriz britânica. Foi um equívoco constrangedor, mas que consegui retificar rapidamente pedindo a Gene que desse um autógrafo para minha filha roqueira, que eu sabia que ficaria felicíssima.

No palco, Gene usava uma roupa de couro preta e maquiagem preta e branca, sua marca registrada, e era conhecido pelos fãs como o "Demônio". No mundo real, ele parecia um cara bastante comum; quando falava, sua voz era profundamente rouca, como se estivesse tentando parecer sexy. Eu ri e perguntei: "Essa é sua voz verdadeira ou você se esforça para ela ficar assim?", o que o deixou constrangido. Não falei de sacanagem — era uma pergunta real. Depois disso, Gene começou a falar normalmente e acabou sendo muito legal e surpreendentemente educado, apesar de ter o ego de um deus do rock. Israelense e ex-professor do sexto ano — ele me contou que se deu conta de que não queria ser professor, mas sim se mostrar diante da turma —, era quatro anos mais novo do que eu e um filho único devoto à mãe, que sobrevivera a um campo de concentração nazista. E para completar, ele era completamente sóbrio e nunca havia tomado um gole de álcool na vida. No fim da noite, eu estava impressionada.

"Que tal se eu levar você em casa?", sugeriu ele. Na entrada da minha casa, ele disse que ia para o hotel escolher algumas coisas para Chas e as traria de volta. Respondi que tudo bem, e ele voltou com uns 5 mil itens do Kiss. Acho que Chas pensou que tivesse morrido e chegado ao céu. Primeiro por receber tudo aquilo e segundo porque Gene Simmons estava na nossa sala de estar. Ela falou: "Mãe, eu só pedi o autógrafo dele. Esta é a melhor coisa do mundo!"

Gene sugeriu que saíssemos juntos na noite seguinte e fôssemos a um show do The Tubes. Naquele momento, eu nunca tinha ouvido falar da banda de São Francisco e perguntei se podia levar minha grande amiga, a atriz Kate Jackson. O show me deixou estarrecida. Eles eram tão bons que fiquei chocada, mas Gene passou a noite inteira flertando comigo *e* com Kate. Quando ele foi embora, nós nos entreolhamos e sussurramos: "Que idiota!" Imaginei que ele tivesse parado por aí. Ele me ligou no dia seguinte para pedir desculpas, mas falei que nem Kate nem eu tínhamos gostado dele.

Logo depois, ele foi tocar no Budokan, no Japão, e me ligou de lá. Falamos por tanto tempo no telefone que Gene terminou com uma conta de 2.800 dólares. Foi quando confessou que me amava. Nós nem sequer tínhamos nos beijado. Só havíamos saído uma vez antes de ele viajar. *Qual é a desses caras?* Eu me lembro de ele me contar que, na volta dessa viagem, saíra do palco direto para o aeroporto, ainda de roupa e maquiagem do show, e entrara no avião daquele jeito, tirando tudo apenas durante o voo. Começamos o que veio a se tornar uma relação surpreendentemente agradável.

Eu tinha decidido investir em um pedaço de terra e construir uma casa nova para mim. Não sei o que me deu na cabeça, mas minha casa era o único lugar onde eu tinha privacidade e isso havia se tornado muito importante para mim. Fui procurar o local perfeito para Chas, Lijah e eu vivermos em paz e encontrei um terreno de 1,5 hectare em Benedict Canyon, no norte de Holmby Hills, o único que eu podia pagar, porque ainda não era uma área famosa. A propriedade pertencia a um homem que pintava folhas de celuloide, conhecidas como "cels", usadas nos desenhos de Walt Disney. Ele e a esposa moravam em um casebre que ele havia construído sem alvará. A construção parecia tão frágil que quase daria para soprá-la pelos ares. Eu tinha uma ideia clara de que tipo de casa queria construir. Sempre fui fascinada pelos egípcios e sua atípica maquiagem nos olhos e estilos de cabelos, assim como sua dança, música, perfumes e arquitetura.

A casa de seis quartos que seria conhecida como "a casa egípcia" era uma cópia de uma casa autêntica de parede de cal branca no norte da África que permaneceu inalterada desde os tempos bíblicos. Dentre as suas características incomuns, estava uma porta da frente gigantesca que deslizava para dentro da parede com áspides de ferro forjado no metal. Era o tipo de casa não convencional que todo mundo quer hoje em dia, mas que não era facilmente compreendida na época. O que eu não sabia era que minha nova casa levaria tanto tempo para ser construída quanto a Grande Pirâmide e que custaria o dobro. O arquiteto, Ted Grenzbach, achou que eu estivesse louca — todo mundo achou —, principalmente porque nunca havia desenhado nada como aquilo antes. Eu não tinha me dado conta de que Ted só fazia casas tradicionais. Não sei por que ele não recusou assim que viu meus planos, mas talvez quisesse inovar e criar algo interessante. Com certeza era o caso. Ele foi paciente comigo enquanto eu mostrava desenhos de casas em livros da série de TV *Jesus de Nazaré*, de Zeffirelli. Quando disse a ele que precisava de um grande telhado de vidro que abrisse eletronicamente sobre um jardim central, para ver o céu, assim como de janelas imensas que iam do chão ao teto e que fossem estreitas no topo e largas embaixo, ele me advertiu que, se o vidro quebrasse, eu teria que tirar a parede inteira para extrair o restante do vidro quebrado. Falei que não me importava. Pouco a pouco, o desenho foi tomando forma e a casa começou a subir.

Para poder me ver com mais frequência, Gene alugou um bangalô no Beverly Hills Hotel, onde podia se hospedar quando vinha de Nova York. No início, basicamente só nos beijávamos, pois eu ainda não queria nada além disso. Sempre pensei que não queria dormir com uma pessoa até ter certeza de que ficaria feliz em acordar ao lado dela na manhã seguinte. Não quero acordar ao lado de alguém com quem não posso conversar ou, pior, de quem não gosto. Então, Gene e eu tivemos que nos conhecer; conversávamos e caminhávamos. Até o levei para correr na praia. Ele me chamava de "Puppy" e me surpreendeu no meu aniversário com uma mensagem que dizia "Eu te amo, Cher" escrita no céu acima do Beverly Hills Hotel, antes de um coral completo e uma banda marcial entrarem no nosso bangalô, passarem pelo quarto e saírem. Como se não bastasse, ele alugou um tanque do exército, encheu-o com meu chocolate favorito, Snickers, e nos levou até o Sunset Boulevard, no restaurante Le Dome, onde amigos, família e atos circenses nos aguardavam.

Meus filhos também amavam ter "Genie" por perto. Ele era como uma criança grande. Era um excelente homem de negócios e havia criado uma imagem incrível e bem-sucedida como o "Demônio", bem como construído um império gigantesco de produtos. Anos depois, fez um prédio inteiro só para armazenar todos os produtos da marca deles, muitos dos quais havia desenvolvido sozinho. Sentia muito orgulho do que ele tinha feito: quando imigrou para os Estados Unidos, ainda falava com sotaque e, com muito trabalho, ele e seu colega de banda Paul Stanley criaram um negócio imensamente lucrativo por trás da banda. Mas a gente cria algo e depois se torna prisioneiro daquilo. Perto dos meus filhos, ele podia simplesmente ser a criança que existia dentro dele. Levava Chas no cinema, deu a Lijah seu primeiro violão, ensinou-o a nadar e o levava para andar de pônei em tudo quanto era lugar. Chas já era uma grande fã do Kiss e, quando Gene perguntou se ela queria contribuir em seu single solo "Living in Sin" junto comigo, ela quase morreu de felicidade. Nós nos tornamos uma turminha feliz, ainda mais depois que Gene apresentou minha irmã para Paul Stanley e os dois começaram a namorar.

Gene curtia o tempo que passava em Los Angeles, mas não era seu lugar. Havia imprensa em todo canto da cidade, especialmente em todo lugar onde eu estava. As roupas e maquiagens que tornavam o Kiss tão reconhecível também lhes permitiam fazer essa separação entre o modo celebridade e a vida privada. Me namorar turvava essa divisão, porque ele queria sair comigo sendo o Gene normal, mas a imprensa sempre estava por perto. Ele não queria interpretar sua persona quando estávamos juntos, mas não queria aparecer publicamente como seu eu privado. Eles todos usavam bandanas no rosto, como caubóis, quando saíam sem maquiagem. Gene era muito doce, e era interessante ver como se transformava quando vestia a fantasia do Kiss. Certa noite, ele me disse: "Puppy, quando estou fantasiado, posso ficar meio louco e não te tratar da mesma forma." Perguntei o que aquilo significava, e ele respondeu: "Bem, eu viro o Demônio."

"Tu... Tudo bem", falei, pensando sobre aquilo. Quando ele emergiu do camarim todo vestido, marchou pela sala e veio me assustar como um monstro, rosnando, dei um tapa na cara dele e gritei: "Genie! O que acha que está fazendo?"

"Nada, Puppy", respondeu ele, recuando.

"Que bom, porque não vou aturar isso, não!"

Quando Gene gravou um álbum na Inglaterra, me convidou para ir visitá-lo com as crianças. Passamos uma ou duas semanas lá. O estúdio ficava no interior, que era esplêndido, e havia dois cachorros tão grandes que Elijah podia montar neles. Gene era muito amoroso, tanto com Chas quanto com Elijah, e os três jogavam futebol juntos. Ele até interrompeu algumas sessões de gravação enquanto estávamos na cidade para poder brincar com eles e contratou um segurança só para as crianças, chamado Eddie Balandas. Elijah o chamava de "Eddie Bananas", e ele entrava no campo e jogava junto com eles também. Era muito lindo ver aqueles homens enormes como Gene e Eddie correndo pelo campo com os pequenos Chas e Elijah e os cachorros.

Em 1978, eu queria gravar um disco de rock, aventurando-me no tipo de música que gostava de ouvir. Mas Neil Bogart, que havia lançado as carreiras de Donna Summer e do Village People, achou que seria melhor se eu me tornasse artista de música disco primeiro. "Todo mundo está entrando na era disco hoje em dia", garantiu ele. "Até os Rolling Stones." Embora eu amasse dançar, não achei que seria uma rainha da música disco. Também fiquei preocupada, por nunca ter feito nada nesse universo, em não ser bem recebida pela comunidade. Estava procurando um lugar onde me encaixasse com a minha música, mas não tinha certeza de se minha exploração pareceria algo "repentino e temporário". Então falei: "De jeito nenhum!" Bem, talvez tenha falado só na minha cabeça, mas não para Neil. Eu gostava dele e confiava em seu julgamento. Era um homem de negócios inteligente e adorava música — a melhor combinação. Além disso, era minha primeira música com a Casablanca Records, e Neil e eu tínhamos uma boa relação, portanto, queria ser uma boa parceira e fazer aquilo por ele. Segui com a sugestão e gravei o álbum *Take Me Home*, produzido por Bob Esty. Quando gravei a música-título, me senti muito bem. Tocamos no estúdio e todo mundo gostou. A gente sabe quando tem um hit, porque surge uma certa vibração no estúdio. Às vezes, as pessoas presentes têm o instinto certo e, às vezes, não. Neste caso, estávamos certos. O álbum chegou ao número oito das paradas da *Billboard* e permaneceu lá por cinco meses.

Gene inventou o conceito para a capa do álbum: uma foto minha de biquíni dourado com enormes asas de ouro presas — e mamilos dourados —, pulseiras e uma tiara debaixo de uma capa dourada plissada. Eu parecia uma garçonete de Valhalla.

A essa altura, eu já sustentava financeiramente a minha mãe. Ela oscilava entre ficar muito orgulhosa por eu estar vivendo seu sonho e frustrada por meu trabalho me deixar tão ocupada. Diversas vezes, me dizia que não queria depender de mim, que o que queria mesmo era que eu abrisse um negócio para ela. Então, aos 48 anos, ela abriu uma loja chamada Granny's Cabbage Patch, em Brentwood, que vendia colchas de retalhos e camas antigas de bronze. Foi lá que conheceu Craig Spencer, que era um ano mais novo que eu. No início, achou que Craig seria um bom partido para Gee, que estava solteira e tinha acabado de sair da série *General Hospital* na esperança de conseguir papéis maiores. Passei alguns dias fora da cidade e, quando voltei, Gee falou: "A mamãe está com Craig." Eu perguntei: "E para onde eles vão?" E ela respondeu: "Não, ela está *saindo* com Craig." E eu pensei: *Uau! Isso aí, mãe!*

Logo ela chamou Craig para ser seu sócio. Era bom vê-la feliz e em uma relação amorosa. Craig e eu não nos demos bem no início, mas, conforme os anos foram se passando, nos tornamos bons amigos, e somos até hoje. A loja da minha mãe atraiu muita atenção da imprensa, mas nunca foi lucrativa e logo começou a dar prejuízo. Como minha gerente de negócios disse: "A independência de Georgia está acabando com você."

Já minha independência era muito boa. Gene e eu nos víamos aqui e ali, mas meus focos eram a carreira e os filhos. Elijah, Chas e eu saímos da casa em Linden e fomos para uma casinha em Malibu Colony, um grupo de construções datadas da Era de Ouro de Hollywood. Tínhamos um lote duplo com piscina e quadra de tênis, onde Elijah pedalava seu triciclo. Chas e Elijah tinham seus próprios quartos decorados do jeito que quiseram. Elijah tinha um beliche da Mimi London feito de troncos de árvore. Fomos muito felizes naquela casa.

Elijah se espelhava na irmã mais velha mais do que em qualquer um e a chamava de "Da", pois, quando era pequeno, tentamos fazer com que ele falasse "Chastity" quebrando a palavra em sílabas menores: "Chas-ti-ty"; ele respondia de volta: "Da-dee-da." Era muito engraçado, e Chas virou "Da" desde então. Elijah tinha o apelido de "General Cara de Bolacha" pois tinha nascido supergorducho, mas, no momento que começou a andar, só corria e ficou magrelo como um varapau. Quando fazia alguma estripulia ou se metia em encrenca (o que era algo constante), ele sempre corria para Chas em busca de refúgio. Os dois eram muito próximos, e eu ficava feliz por eles terem um ao outro, já que, como toda mãe que trabalha fora, me preocupava por precisar focar demais na minha carreira. Mas, no fim, eles amavam fazer parte dela, especialmente quando saíamos em turnê.

Elijah sempre foi agitado. Aos 9 meses de idade, alugamos uma casa no Havaí e eu o vi engatinhar pelo jardim sobre uma calha repleta de folhas e lama. Inquieto, Lijah enfiou as mãos lá dentro e começou a espirrar água para todos os lados. Corri até ele, mandei que parasse e limpei suas mãos. Dois minutos depois, aquela criança estava de volta ao mesmo lugar, afundando ainda mais as mãos. "Não, Lijah!", gritei. "É sujo!" Acrescentei: "*Sucio!*", pois ele tinha uma babá espanhola. "Tem bichinhos aí. Não brinque com isso, tá bem?" Eu o limpei de novo e o tirei dali. Menos de um segundo se passou e o garoto engatinhou diretamente na direção da calha, virou para mim, olhou dentro dos meus olhos e colocou as mãos para trás para pegar um pouco mais de lama. Agora eu estava irritada, então peguei-o do chão e dei uma palmada no seu bumbum. Furioso, ele me olhou com os olhos verdes enormes se enchendo de lágrimas. Eu o coloquei ao meu lado, mas, assim que seus joelhos encostaram no chão, ele saiu engatinhando a uma velocidade que Chas e eu não conseguimos acreditar. Estávamos tentando muito não rir quando ele chegou ao portão, abriu e foi embora engatinhando. Nós duas ficamos observando e pensando: *Essa criança está de brincadeira com a gente!* Assim como eu quando pequena, ele tinha decidido que já tinha aprendido tudo o que precisava com os adultos e estava pronto para se virar sozinho. *Ai, caramba*. Minha mãe costumava me dizer: "Espero que você tenha um filho exatamente como você." E ele era assim. Ela desejou aquele menino para mim. Mas Elijah era um doce também. Só gostava de fazer as coisas do seu jeito. Aos 2 anos de idade, talvez, ele sentou-se no salão de beleza ao meu lado, estendeu as mãos e escolheu o esmalte vermelho que queria que passasse nas suas unhas. Com certeza, era meu filho.

Chas sempre foi um anjo e muita madura para a idade. Ela era moleca e preferia usar só calça jeans e camiseta, rejeitando qualquer coisa que fosse "menininha" demais. Eu não me importava com o que vestisse, contanto que estivesse decente. Ela sempre foi inteligente e responsável, então fiquei surpresa quando fui chamada na escola um dia pela diretora, que me contou que minha filha estava tendo problemas emocionais, resultando em um rendimento baixo nos estudos, e sugeriu que eu a levasse a um psiquiatra. A crueldade de suas palavras me arrebatou, e fiquei me perguntando se aquilo era ou não verdade. Ainda bem que Betsy Glaser, professora de Chas, estava na reunião e esperou estarmos longe de ouvidos alheios para me dizer: "Isso não é verdade. Sou professora de Chas. Eu sei." Furiosa, ela continuou: "Essa mulher não conhece Chas e não tem formação em psicologia infantil. Você precisa levar sua filha para fazer um teste imediatamente."

"Teste de quê?"

"De problemas de aprendizagem. É o que acho que ela tem." Dito e feito: os especialistas a diagnosticaram com dislexia e ela foi enviada para uma escola especial (que odiou). Quando li um pouco dos livros que me enviaram sobre dislexia, pensei: *Ah, merda. Eu sou assim.* O teste de dislexia não existia quando eu era pequena e eu nunca tinha ouvido falar nessa palavra até o diagnóstico de Chas, mas explicava muita coisa. A diferença era que havia sistemas reais para ajudar minha filha que nunca estiveram disponíveis para mim. Senti como se um antigo mistério que vinha lá da minha infância tivesse enfim sido descoberto.

Uma outra característica da minha infância nunca havia ido embora — meu primeiro amor, a atuação. Meus sonhos de Dumbo, minhas esperanças de Cinderela. Embora estivesse interpretando em *Sonny & Cher*, eu sabia que aquilo não ia fazer com que as pessoas pensassem que eu poderia ser levada a sério como atriz. (Eu estava certa.) Podia ter ganhado um Emmy, mas meus amigos tinham Oscars. Ainda assim, eu lembrava o que meu professor de atuação Jeff Corey me dissera sobre eu ter talento quando era adolescente. Meus pensamentos eram conflitantes quanto a isso — eu podia interpretar e ser terrível ou podia interpretar e ser excelente.

Durante cinco anos, tentei tudo o que podia para obter papéis legítimos de atuação, mas não conseguia um agente para me representar em trabalhos como atriz. Era devastador para alguém que já tinha aparecido na capa da revista *Time.* Todos os meus colegas estavam no auge de suas carreiras, e eu não queria pedir favores. Não se pode pedir um emprego para as pessoas com quem você sai para jantar. Quando saíamos socialmente com agentes ou produtores, eu ouvia e expressava interesse, perguntava em que estavam trabalhando, para ver se tinha algum papel que eu pudesse fazer um teste, mas nunca havia abertura. Eu sequer estava dizendo em voz alta que queria ser atriz. E quando, em algum momento, pedi ajuda para David, ele me disse: "Meu bem, não tenho como agora, e você não quer deixar ninguém desconfortável nem parecer desesperada." Eu não queria comprometê-lo de jeito nenhum, mas é difícil quando as pessoas veem você por um prisma e não acham que pode fazer nada além dele. Estava acostumada com isso, mas não tornava menos doloroso.

Alguns anos antes, Jack Nicholson tinha concordado em me ajudar a marcar uma reunião com Mike Nichols, que estava dirigindo Warren Beatty e ele no filme *O golpe do baú*. Jack nos apresentou e fui até o escritório de Mike. Ele não foi maldoso, mas disse: "Existem dois tipos de mulheres, e você não é o tipo de que preciso para essa personagem." Foi gentil, mas direto. Não houve nenhum comentário seguinte, como "Se tiver outro papel para você no futuro, Cher, eu te ligo", não, nada disso. Foi um *não* objetivo. Fiquei com raiva e chateada, e não sei de onde tirei coragem, porque, em um momento de triunfo de meu lado seguro sobre meu lado tímido, me levantei e disse a ele: "Eu sou muito talentosa, e um dia você vai se arrepender." Sim, falei isso para Mike Nichols, um diretor vencedor de um Oscar. Então dei meia-volta e fui embora.

Na reunião que consegui depois, conversei com o produtor Jon Peters sobre seu próximo filme, uma refilmagem do clássico *Nasce uma estrela*, que Sandy Gallin havia me dito que estava reescrevendo usando algumas histórias baseadas na minha relação com Gregory, com as quais ficou familiarizado por ser meu empresário na época. Jon estava sentado em sem escritório fumando maconha e, quando cheguei, percebi que talvez ele tivesse segundas intenções para concordar em me ver. Além de tudo, foi um desperdício do meu tempo, pois, no final, sua namorada, Barbra Streisand, coproduziu o filme e ficou com o papel. Ela fez um trabalho excelente, a propósito. Então fui chamada para uma reunião com Ray Stark, um grande produtor e outro grande defensor de Streisand. Stark tinha seus 60 anos e era casado com a filha da falecida atriz de comédia Fanny Brice. A reunião foi na casa dele e, no segundo em que me sentei, o sr. Stark disse: "Você sabe por que *tacos* têm formato de xoxota?" Imediatamente fiquei surda, o que acontece comigo quando entro em choque. Ele era um produtor importante, mas tudo em mim gritava: *Você precisa sair daqui.* Pulei do sofá e disse: "Ah, meu Deus, sinto muito. Eu estava passando mal hoje de manhã, mas queria muito fazer esta reunião com você, por isso vim mesmo assim. Tenho que ir, não quero vomitar nos seus móveis." Enquanto ele me desejava melhoras, fugi daquele lugar. Anos depois, Jane Seymour revelou que ele havia abusado sexualmente dela, e não fiquei nem um pouco surpresa.

Sem ninguém para me oferecer papéis, eu não tinha alternativa a não ser voltar para a estrada, uma ideia que sinceramente me apavorava, pois seria minha primeira vez sem Sonny. Consciente de que o show teria que ser um espetáculo além do que qualquer um já tinha visto, começamos a trabalhar na criação dele em Los Angeles. Contratamos Joe Layton, que chegou com o show inteiro já pensado, assim como as pessoas que precisávamos chamar. Era genial. A gente só tinha que aprender. Ele tinha uma ideia de ter personagens masculinos personificando a mim, Bette Midler e Diana Ross; Bette e Diana gravaram as vozes com antecedência, então ouvíamos a voz de Bette dizendo: "Cher, estou indo embora!", ou Diana avisando: "Oi, garota, estou subindo no palco." Então os atores entravam. J.C. Gaynor, que fazia Diana, e Kenny Sacha, que fazia Bette, foram tão incríveis que amigos de Bette e Diana pediam para ir ao camarim depois do show cumprimentá-los. Até eles tinham sido enganados. Encontrei meu imitador, Elgin Kenna, quando estava assistindo a um programa de TV vespertino e imediatamente fiz uma ligação dizendo: "Preciso desse garoto." Ele era o imitador de mulheres mais talentoso que eu já tinha visto; às vezes, olhava para ele durante o show e achava que estava me olhando no espelho. Era impossível dizer quem era quem. Assustador!

Minha apresentação de estreia foi no Sahara, em Reno, no verão de 1979. Eu estava me preparando no camarim para me apresentar para uma plateia com ingressos esgotados, e meu velho inimigo, o medo de palco, surgiu na minha cabeça, e não havia ninguém para me ajudar. Olhando-me no espelho enquanto fazia minha maquiagem, pensei: *Isso é loucura, Cher. Você nunca vai conseguir. Em que estava pensando?* Que é o que penso inúmeras vezes antes de subir no palco, mas o show business não aceita chororô.

Eu havia contratado recentemente uma nova assistente, uma jovem de Ohio que tinha sido auxiliar de dentista chamada Deb Paull. A irmã de

Deb, Monica (que chamamos de "Mons"), tinha trabalhado para Sonny e para mim nas turnês na estrada e depois continuou trabalhando só para ele. Ao saber que eu estava procurando alguém, Mons me disse: "Tenho uma irmã que pode ser sua assistente." Quando Deb enfim chegou, Monica lhe entregou sua caderneta de telefones, desejou "boa sorte" e foi embora. Aquela menina de cabelos castanhos cacheados não sabia nada. Dirigindo de Ohio até a Califórnia, ela tinha trazido seus discos de vinil debaixo da janela traseira sob a luz direta do sol, e todos derreteram. Mas ela era bem-disposta e adorava a indústria da música. No seu primeiro dia de trabalho, viu Genie usando um robe rosa descendo as escadas cambaleando e se escondeu na cozinha. Por sorte, Deb era entusiasmada e engraçada, e passávamos muito tempo juntas. Era ela que estava comigo na minha noite de estreia e, apesar de não ter experiência prévia alguma no ramo, fez um excelente trabalho de me impedir de fugir correndo dali. Só Deus sabe o que Deb pensou daquela mulher assustada, tremendo no escuro como se nunca tivesse subido em um palco antes. O que ela não percebeu, e que poucas pessoas realmente sabiam, é o quanto sempre fui sensível e nervosa. O que preciso fazer é fechar os olhos e me jogar. Deb ainda está comigo 45 anos depois, então acho que ela conseguiu me decifrar.

Não me lembro de quem foi a ideia de eu surpreender a plateia entrando como Laverne, mas foi genial. Todo mundo estava esperando Cher aparecer sob o holofote com algum vestido esplendoroso, mas, em vez disso, surgi cambaleante pelo meio da multidão, com meu salto ridículo, sussurrando comigo mesma naquela voz rouca do Brooklyn, o que imediatamente quebrou o gelo e descontraiu. Laverne era uma presença familiar para o público. Escondendo meu nervosismo atrás de uma personagem e rindo de mim mesma com o pepperoni que Deb tinha colocado na bolsa de Laverne como um amuleto de boa sorte italiano, fiz um pequeno monólogo e corri para o camarim para uma rápida troca de figurino antes de voltar, como todos esperavam, com um glamouroso vestido de Bob Mackie. Mas, assim que comecei a cantar, o alarme de incêndio disparou, ofuscando minha voz. Olhei para a plateia com um sorriso e falei: "Sei que sou tão gata que chega a esquentar o clima, mas que loucura." Alguém conseguiu desligar a sirene e o show continuou, mas aí a droga do microfone deu problema. Quando o som voltou, falei: "Sabia que Sonny iria aparecer e estragar tudo!" A risada da qual eu sentia falta preencheu o auditório, e foi quando percebi que tudo ficaria bem.

Aquele show foi um sucesso tão grande que concordei em fazer minha primeira residência no Caesars Palace, em Vegas e Lake Tahoe, como parte de um acordo de quatro anos. Também concordei em ir para Atlantic City, Washington e um monte de outros lugares. Alguns críticos não me levaram a sério, mas o que eu sabia era que esse show pagava as minhas contas e o público adorava. Quebrei o recorde de audiência de Frank Sinatra no meu primeiro mês sozinha em Vegas. Meu show era diferente de qualquer coisa. Se as pessoas do meu lado da indústria achavam que eu era uma vendida ou que não tinha talento, eu não estava nem aí. Havia um crítico que, todo ano, escrevia que eu estava no fim da linha. Finalmente, falei a ele: "Quer saber, eu ainda estarei aqui depois que *você* chegar ao fim da linha." Eu estava certa.

Para ajudar a divulgar meus discos e as turnês seguintes, marquei presença no *Dinah Shore Show*, onde falei para a primeira mulher que vi na TV quando criança que, quanto mais velha me tornava, menos nervosa ficava ao aparecer diante do público. Estava me referindo a jogar esse jogo de longo prazo, com todas as mudanças pelas quais tinha passado na minha vida pessoal e toda a atenção que atraía. Após administrar inúmeras tempestades ao longo dos anos, tanto emocionais quanto financeiras, nunca sabia o que estava por vir. Mas sabia que tinha sobrevivido e descoberto que nada me derrubava (a não ser que algo acontecesse com a minha saúde ou com meus filhos). Também passei a aceitar que, sempre que fazia algo novo, meus fãs podiam não gostar e desejar que eu tivesse feito outra coisa, mas que, no fim, continuavam gostando de mim. Quando Dinah perguntou sobre os homens da minha vida, admiti que escolhia "pessoas estranhas", mas acrescentei que eram especiais e únicas. Ela foi obrigada a concordar.

Logo eu estava de volta à estrada para estrear o show em Las Vegas — uma noite após Frank Sinatra ocupar o mesmo palco, o que me parecia surreal. Embora tivesse feito turnês anteriores com Sonny, essa foi uma experiência completamente diferente. Com Sonny, eu vestia meu figurino toda noite e subia no palco, e depois ia direto para o meu quarto de hotel. Agora eu estava aprendendo junto com Deb todas as coisas que aconteciam durante uma turnê, e era muito divertido. Deb e eu íamos de LA para Vegas em uma limusine juntas. Encaixávamos nossas malas Louis Vuitton entre os bancos, jogávamos alguns cobertores e travesseiros por cima e dormíamos, como se fosse uma grande cama dentro da limusine.

Havia um local que vendia tortas a cerca de uma hora de Vegas onde parávamos, em geral depois de escurecer, e comíamos uma fatia de torta de maçã com um copo de leite. Aí, um cara chamado Angelo nos encontrava na porta dos fundos do Caesars e, depois que todas as malas eram retiradas do carro, nos colocava para dentro para vermos Sinatra apresentar sua última música. Havia um jeito específico para entrarmos, porque Sinatra não gostava que nenhuma luz invadisse o teatro enquanto se apresentava (ele achava que o distraía).

Eu não amava Vegas ainda, apesar de a cidade ter se provado a única constante na minha vida durante décadas. As coisas estavam mudando por lá também, conforme a era do Rat Pack e da antiga máfia se esvaía. Novos prédios inovadores estavam se espalhando pela rua principal. Eu me vi em boa companhia, com amigos como Diana Ross se apresentando no Caesars, e The Eagles e Tina Turner fazendo apresentações em locais próximos. Johnny Cash e Willie Nelson também estavam na cidade, e havia uma energia diferente em todo canto.

Quem abria o meu show *Take Me Home* era o excelente comediante Michael Keaton, uma das pessoas mais engraçadas que já conheci. Também tínhamos cinco dançarinos, três cantoras, o figurino espetacular de Bob Mackie, todo tipo de adereço que se pudesse imaginar, como um cavalo selvagem e um sapato vermelho enorme com um escorregador no lugar do dedão, assim como, é claro, nossos imitadores, que davam a impressão de trocas instantâneas de figurino, além das suas habilidades como dançarinos e apresentadores em geral. Eu trocava de um figurino incrível para outro, fazendo jus à minha regra de nunca vestir a mesma roupa por mais de dez minutos. Usávamos os filmes caseiros que Sonny tinha feito de Chas e Elijah como tela de fundo e soltávamos uma fita com a voz da minha mãe dizendo: "Ela sempre gostou de ficar pelada", enquanto apareciam fotos minhas com pouquíssima roupa quando pequena. Toda noite, fazíamos o primeiro show às 20 horas e o segundo à meia-noite. (Eu dormia entre os dois e acordava pensando: *Meu Deus, como é que vou fazer isso de novo?*)

Após o segundo show, o elenco e a equipe iam para algum lugar desanuviar. Às vezes, era o Cleopatra's Barge, que chamávamos de "The D Cup" em homenagem aos uniformes de armadura com seios salientes das garçonetes. Deb ia antes para dar uma olhada geral e usava o telefone vermelho exclusivo dos funcionários para me reportar a situação. Outras vezes, íamos para uma boate para dançar a noite inteira e precisávamos lembrar uns aos outros de levar óculos escuros para quando finalmente emergíssemos horas depois na luz do sol da manhã.

Embora todo mundo tirasse sarro da minha cara — graças a Deus não havia mídias sociais naquela época —, nosso show recordista tinha um dos ingressos mais disputados da cidade. Vovó veio me ver uma vez e pediu um pouquinho de uísque para bebericar enquanto assistia. Ela prosseguiu bebendo mais e mais, até ficar embriagada. Nós a levamos para o quarto, mas ela queria descer e jogar no cassino, então falei: "Deb, tire os sapatos dela do quarto." Dessa forma, ela não poderia sair. Vovó ficou muito brava e gritava com Deb: "Deborah, quero meus sapatos!" Deb respondeu que não, e a Vovó começou a bater nela com a bolsa.

A equipe e eu nos tornamos tão emocionalmente dependentes que parecíamos uma família, e muitas dessas pessoas permaneceram comigo por anos e anos. Foi o que tornou ainda mais arrasador quando a aids surgiu pouco depois e tirou a vida de Kenny Sacha e de tantos outros amigos queridos, incluindo meus dançarinos Michael Perea, Peter Tramm e Randy Wander. Todos eles tinham 30 e poucos anos quando morreram. Fui a tantas despedidas em leitos hospitalares que aquilo quase me matou.

Depois da minha temporada em Vegas, nós nos apresentamos na Kennedy Center Opera House, em Washington, o que acabou sendo interessante pelos motivos errados. No ensaio, percebi um monte de seguranças esperando. Apesar de estarmos no coração político do país, achei estranho para um show da Cher e perguntei ao meu novo agente. Billy Sammeth era um agente júnior, conhecido por todos como "Bumper". Ele deu de ombros e disse: "Ah, sabe, é assim que eles trabalham. Gostam de proporcionar segurança extra para as pessoas no Kennedy Center."

O show começou e, como de costume, um adolescente correu e tentou pular no palco. Em poucos segundos, havia polícia armada e agentes do FBI ao redor dele, como um enxame de abelhas. Eles o retiraram de uma forma tão violenta que gritei: "Ele é só um garoto!" Parecia uma reação tão extrema. Depois da apresentação, o FBI continuou me seguindo, indo a todos os lugares aonde eu ia. Nervosa, perguntei a Bumper o que estava acontecendo, mas ele desconversou. Eu queria sair sozinha e disse que ia comprar sorvete, mas os agentes continuaram me seguindo. Por fim, me perderam de vista quando virei à esquerda em uma rua que tinha uma loja de que gostei. Quando voltei para o hotel, cheia de sacolas nas mãos, todo mundo estava muito ansioso. Bumper finalmente teve que explicar que alguém havia entrado em contato com o Kennedy Center antes do meu show avisando que ia atirar em mim. Bem, acho que essa pessoa perdeu a chance.

Naquele Natal, fui para Aspen com Pauli, Gee, Chas e Lijah, que já estava com três anos. Para começar, alugamos um apartamento, mas depois comprei nossa amada cabana de madeira com sua imensa lareira. Passar as férias na cabana acabou se tornando uma tradição. Eu preparava toda a comida, nós decorávamos a casa inteira e, todo ano, fazíamos uma competição de biscoitos de Natal que eu sempre ganhava. A cabana tinha um pé-direito alto e pontudo, e pude fazer um quarto em cima da cozinha para minha irmã. Era muito aconchegante, mas não tinha escada, então coloquei uma escada de mão para ela subir e descer. Às vezes, eu a prendia lá em cima e ela ficava muito brava. Nós nos divertíamos levando as crianças ao cinema ou ao restaurante favorito delas, o Shaft, que tinha uma varanda enorme como o interior de uma mina, com caminhões de carvão, ferramentas e pratos que lembravam peneiras de ouro. Quando Elijah saiu lá de dentro e deu de cara com uma nevasca, vendo neve pela primeira vez, franziu a testa, olhou para mim e disse: "O que é isso? Mas o que diabos é isso?" Eu menti a idade dele para que pudesse fazer aulas de esqui, imaginando que só queriam mesmo saber se ele ainda usava fralda ou não. Além disso, ele era alto, então não saberiam a diferença. Ele se tornou um esquiador destemido, assim como Chas antes dele.

De volta ao trabalho no início de 1980, levei meu show para a Europa e depois para o restante do mundo. Para preencher meu tempo, comecei a tricotar de novo. Gene ainda estava na minha vida, mas raramente estávamos na mesma cidade ao mesmo tempo, então ele me pediu para pensar em me mudar para Nova York com as crianças. Fomos procurar uma casa juntos e Gene escolheu um prédio antigo na esquina da Quinta Avenida com a 64th Street, em frente ao zoológico do Central Park. Quando ele voltou para sua turnê, meu arquiteto foi de LA para Nova York para criar a casa perfeita, e eu ajudei Ronnie Wilson a fazer a decoração, mas minha relação com Gene já tinha terminado quando o apartamento ficou pronto. Nossa amizade, contudo, durou anos.

A vida seguiu e eu finalmente me mudei para minha casa egípcia em LA, que me custou uma fortuna. Na verdade, ela tinha sugado meu dinheiro mais rápido do que eu conseguia ganhá-lo, além dos 1,4 milhão de dólares que tive que pagar a Sonny em um acordo por não completar todo o tempo do contrato que havia assinado antes de nos separarmos. Quando quebrei o contrato, nos dávamos tão mal — ele tentava ficar com a guarda de Chas e provar que eu era uma "mãe inapta" — que eu não podia nem imaginar me apresentar com ele de novo. Não via outra opção além de sair fora. Com todo aquele dinheiro deixando a minha conta bancária, me vi na mesa da cozinha olhando para papéis de falência, sem querer assiná-los. Não me importava com o quanto era "melhor do que perder tudo", supostamente. Enquanto encarava a papelada, minha mãe chegou e disse: "Encontrei uma casa ótima e fiz uma oferta."

"Bem, espero que não aceitem, pois não tenho dinheiro", respondi. Eu achava que estivesse indo bem. Não entendia como tinha gastado tanto dinheiro. Foi quando Joe D me disse: "Tem alguma coisa errada. Seus empresários estão ganhando mais dinheiro do que você." Pensei comigo mesma: *Ah, então não calculei errado*, e rapidamente me livrei deles. Mas não foi isso que me salvou da falência. Quando eu estava prestes a assinar os papéis, meu novo empresário me ligou. "Cher, você deve ser a pessoa mais sortuda do mundo", disse ele. Em uma época em que tinha dinheiro para fazer investimentos, eu fora aconselhada a comprar prédios residenciais, mas havia vendido para um homem que estava me pagando em parcelas. Do nada, ele resolveu que pagaria menos impostos se quitasse tudo de uma vez, e foi isso que me salvou. *Muito obrigada, Deus.* Jurei nunca mais me exceder desse jeito. (Não que a promessa tenha durado — venho me excedendo de milhões de maneiras a vida inteira!)

A casa valeu toda a ansiedade que me causou. Eu estava muito feliz lá e fazia um churrasco todo domingo para os meus amigos. Eram muitas comidas diferentes. Com frequência, cozinhava um prato fabuloso que Jake havia me ensinado: tomate, azeitona, batata em cubos, maionese, aipo, algumas outras coisas e um molho salgado chamado *Beau Monde*. Outro prato favorito era repolho roxo ralado com sour cream e *Beau Monde*. Todos os homens faziam churrasco porque é isso o que caras fazem: carne. Mas quem quer fazer isso?

Certa noite, quando eu morava lá, minha grande amiga Kate Jackson e eu estávamos jantando em um restaurante japonês longe de Mulholland e começamos a discutir sobre algo, não lembro o quê. Eu estava me explicando, realmente dizendo a Kate o que pensava e pontuando cada brilhante questão com um gole de saquê. Era a primeira vez que eu bebia saquê. "E tem mais!", eu dizia e dava mais um gole. O saquê não parecia fazer efeito algum em Kate, mas, quando acordei no dia seguinte, desejei que não tivesse aberto os olhos. Nunca havia tido uma ressaca antes, e aquilo era um tormento. Com a cabeça latejando, liguei para o meu médico. "Arnie", resmunguei, "é possível morrer de ressaca?" Aparentemente não, mas eu poderia jurar que sim.

As crianças também amavam a casa. Elijah ainda era pequeno e se metia em bagunças o tempo todo. Ficou maluco quando o Papai Noel deu a ele um daqueles carros elétricos de Natal, e eu explicitamente disse a todos na casa que ele não podia andar na nossa entrada de carros enorme. Um dia, quando Elijah estava zanzando por aí, me viu chegando no meu Jeep e, animadíssimo, dirigiu na minha direção para me cumprimentar, mas não havia ninguém lá para impedi-lo. Ele pegou velocidade demais descendo a rampa e estava indo em direção ao Jeep. Quase passei por cima dele e desviei no último segundo, mas ele desapareceu da minha visão e eu tive certeza de que estava debaixo do carro. Mal consegui sair de lá de dentro; estava assustada demais e não sabia se meu filho estava vivo ou morto. Fiquei com medo de ter arrancado a cabeça dele. Ele não emitia um mísero som. Eu o encontrei intacto após ter batido no pneu, o que tinha sido minha intenção ao desviar, quando percebi que nós íamos colidir. Fiquei enlouquecida. Entrei em casa gritando com todo mundo, demitindo cada um que aparecia na minha frente por deixá-lo sozinho. Tremendo, subi a escada, entrei na banheira quente e comecei a soluçar de tanto chorar. Naquela noite, iríamos assistir ao filme *Mamãezinha querida*. Putz. E sim, mais tarde, naquela mesma noite, recontratei todo mundo.

Quando eu não estava em casa, levava as crianças para a turnê comigo. Em Vegas, os dois se divertiam com a equipe, comendo em lanchonetes, brincando na piscina o dia inteiro e ficando acordados até tarde. Estar ali fazia com que se sentissem adultos e, para onde quer que fossem, minha equipe e os funcionários do Caesars sabiam que tinham que tomar conta deles. Quando fazia turnê em lugares como Austrália e África do Sul, eu ia durante o verão para que meus filhos pudessem me acompanhar. Se fôssemos no inverno, eu os levava mesmo assim, mas também levava um professor conosco. Era uma vida nada convencional, mas era a que Lijah e Chas conheciam.

Durante um intervalo entre shows, fui fazer uma miniturnê do meu disco de rock *Black Rose* e namorei Les Dudek, que tocava guitarra na banda. Era um homem gentil, com um ótimo senso de humor, e um guitarrista muito respeitado. Tinha tocado com os Allman Brothers, ajudado Dickey a escrever a música "Jessica" e também tocado com Steve Miller Band, Boz Scaggs, Mike Finnigan e Stevie Nicks. Lembro que ele tinha um Porsche preto com uma placa que dizia "EFlat", e, antes de conhecê-lo, eu vira o carro na rua e perguntara: "Quem é o cara do Porsche com a placa 'EFlat'?" Todo mundo sabia: *Ah, sim, é Les Dudek.* Eu me diverti muito com ele.

Minha vida era animada e completa. Tinha meus dois filhos que amava, minha casa desenhada por mim mesma, uma onda de sucesso de três programas de TV diferentes e múltiplas turnês mundiais, minha equipe que era uma família na estrada e, pela primeira vez, estava fazendo isso sem ninguém segurar minha mão e sem nenhuma rede de proteção. Ainda assim, por mais que eu amasse a Califórnia e que minha vida fosse lá, eu tinha um desejo de algo mais. Ainda queria ir em busca do meu sonho de atuar.

Com meu show em Vegas, eu ganhava dinheiro e fazia as pessoas felizes. Estava orgulhosa disso. Quando os turistas perguntavam aos motoristas de táxi o que deveriam fazer, eles sempre diziam: "Vá ao show da Cher." Mas eu queria o meu sonho. Queria comover as pessoas, tocá-las, não só com a minha voz, mas com minhas habilidades de atuação. Nunca desisti de descobrir se Jeff Corey e Rosalind Russell estavam certos. A experiência, até então, tinha me mostrado que ninguém me levava a sério. Eu me sentia estagnada.

Certa noite, então, eu simplesmente saía do palco, ainda cega pelos holofotes, quando ouvi uma voz gritar: "Cher!" Não consegui enxergar quem era a princípio, mas, depois de piscar, finalmente vi que era Francis (Ford Coppola). Fiquei muito feliz de ver o velho amigo que costumava frequentar minha casa e de Sonny em Encino para jogar baralho e fazer competição de quem comia mais mariscos. Com quatro Oscars na estante depois de *O poderoso chefão* e *Apocalypse Now*, ele era um grande nome em Hollywood e eu não podia estar mais orgulhosa. Um ano antes, eu o tinha visitado em seu Zoetrope Studios, descrito como o "precursor da DreamWorks" devido à sua ideia inovadora de ter roteiristas, cinegrafistas e diretores trabalhando juntos sob o mesmo teto. Passamos dois dias mágicos juntos, e ele era muito engraçado, levou a mim e seu filho Gio para andar de bicicleta pelo lote de quatro hectares do Hollywood General Studios, na esquina do Santa Monica Boulevard com a Las Palmas Avenue. Francis sabia o nome de todo mundo e, enquanto pedalávamos, se fingia de guia de turismo, apontando para diferentes lugares e explicando o que iam construir ali. Mostrou para Gio e para mim o set inacreditável construído em um piscar de olhos para o seu filme *O fundo do coração*, estrelando Nastassja Kinski e minha amiga Teri Darr. Depois, voltamos para o seu bangalô no lote e Francis tinha uma reunião com Gene Kelly, então, Gio e eu nos sentamos em um dos quartos dos fundos e ficamos ali, esperando e conversando. Gio me mostrou seu novo walkman que Francis tinha comprado no Japão. Depois da reunião, nós conversamos por mais um tempo, até que tive que ir embora.

Sentados juntos no meu camarim no Caesars Palace, Francis e eu ficamos nostálgicos. Ele me contou o quanto tinha gostado do meu show e, depois de uma pausa breve, acrescentou: "Por que você não está fazendo filmes?"

Quase desabei em lágrimas, e pensei: *Como você está vendo algo em mim que ninguém mais consegue ver?* Em vez disso, contei a ele sobre as rejeições que tinha recebido por ser velha demais, étnica demais, alta demais ou caricata demais. Eu era "Cher, de Sonny & Cher" — um desfecho engraçado para minha vida pessoal complicada. Expliquei como produtores e diretores insistiam que eu só poderia fazer comédia na TV, nunca nada sério ou real.

Francis foi empático e acrescentou: "O problema é que, até você fazer algo, ninguém vai acreditar que consegue. O pior que pode acontecer é fracassar, mas pelo menos terá tentado." Eu falei que seu conselho me lembrava de algo que Shelley Winters havia me dito uma vez: "Se você está falando sério mesmo sobre atuar, Cher, então pare de ficar de palhaçada e vá para Nova York."

Francis sorriu. "Tá bom", disse. "E o que você está esperando?"

agradecimentos

Escrever este livro foi como pular de um penhasco, mas não fiz isso sozinha.

Meu obrigada aos companheiros de viagem:

Roger Davies — maestro e empresário

Lindsay Scott — maravilhosa e empresária

Wendy Holden — por ouvir e interpretar

Julia Leatham — por me conduzir à linha de chegada com graça, talento e muita dedicação

Hillary Matthews — pela resistência

Liz Rosenberg — pela proteção

A equipe inteira da HarperCollins dos Estados Unidos e do Reino Unido

Carrie Thornton — publisher, com perseverança

Katya Shipster — editora do Reino Unido

Liate Stehlik, Heidi Richter, Allison Carney, Ben Steinberg, Rachel Meyers, Jennifer Eck, Renata De Oliveira, Mark Robinson, Melanie Bedor, Tracey Menzies, Susan Kosko — Dey Street Books

Alan Nevins — pela paciência máxima

Janet Zand — sempre a uma ligação de distância

Joe D Carlo

Sonny — & Cher

Gregory — Chooch

David — Meu bem

Paulette Howell, Angie Best, Joanna Staudinger e Deb Paull — quatro mulheres incríveis

Jen — milagreira

Alexander & Slash — Amor

Mãe, Georganne e Ebar, Chaz e Elijah — para sempre

Este livro foi impresso pela Lisgrafica, em 2024,
para a HarperCollins Brasil. O papel do miolo é pólen
natural $70g/m^2$, e o da capa é cartão $250g/m^2$.